中国文化产业概论

Introduction to
China Cultural Industries

张延兴 岳晓华 董佳兰 等 • 著

山东人民出版社

国家一级出版社 全国百佳图书出版单位

图书在版编目（CIP）数据

中国文化产业概论/张廷兴等著. —2 版. —济南：
山东人民出版社,2015.1
ISBN 978-7-209-08497-0

Ⅰ.①中… Ⅱ.①张… Ⅲ.①文化产业—概论—中国
Ⅳ.①G124

中国版本图书馆 CIP 数据核字（2014）第 281648 号

责任编辑：麻素光

中国文化产业概论

张廷兴 岳晓华 董佳兰 等著

山东出版传媒股份有限公司
山东人民出版社出版发行
社　　址:济南市经九路胜利大街 39 号　邮　编:250001
网　　址:http://www.sd—book.com.cn
发行部:(0531)82098027 82098028
新华书店经销
日照市恒远印务有限公司印装

规　格　16 开(169mm ×239 mm)
印　张　26
字　数　390 千字
版　次　2015 年 1 月第 1 版
印　次　2015 年 1 月第 1 次
ISBN 978 - 7 - 209 - 08497 - 0
定　价　45.00 元

文化产业是在全球化的消费社会背景下发展起来的一门新兴产业,被公认为 21 世纪全球经济一体化时代的朝阳产业或黄金产业。我国文化产业在上世纪 90 年代初发轫,在最近十多年获得蓬勃发展,甚至成为各地的支柱产业、主导产业。2012 年,中国文化产业总产值突破 4 万亿元,文化产业在 GDP 中所占比重逐步提升,已经占到 GDP 总值的 8.5%,对社会经济发展的拉动作用正逐渐增强。

一、中国文化产业研究现状

进入 21 世纪以来,我国文化产业研究领域以文化产业为研究对象,从文化及文化产业理论研究、文化产业经济学研究、文化产业与社会发展研究、文化产业政策法规研究、技术应用与文化产业融合创新研究等多个层面入手,对重要国家和地区以及我国文化产业发展的重大理论问题和实践问题进行了基本的、个案的、综合的理论与应用研究,涌现了大量高层次的喜人的研究成果。

1. 我国文化产业发展现状研究

该研究侧重于我国文化产业发展现状,取得的成就与存在的问题,以及提出推动发展的建议与对策。如张晓明连续 12 年出版的《中国文化产业发展报告》,就是由中国社会科学院文化研究中心与文化部、上海交通大学国家文化产业创新与发展研究基地合作共同编写的年度性国家文化产业报告。该报告既有将产业分析与政策分析相结合对全国文化产业发展形势的宏观分析,又有对文化产业不同行业的权威年度报告;既有对过去一年的评估,又有对新的一年的预测。再如叶朗的《教育部哲学社会科学系列发展报告:中国文化产业年度发展报告》,欧阳友权的《文化品牌蓝皮书:中国文化品牌发展报告》,王亚南等的《文化蓝皮书:中国文化消费需求景气评价报告》《文化蓝皮书:中国中心城市文化消费需求景气评价报告》《文化蓝皮书:中国乡村文化消费需求景气评价报告》,于平的《文化创新蓝皮书:中国文化创新报告》,王国华的《创意城市蓝皮书:北京文化创意产业发展报告》,涂可国的《打造新优势:山东文化蓝皮书》,丁未的《粤港澳台文化创意产业发展报告》,马达的《创意城市蓝皮书:青岛文化创意产业发展报告》,以及各省市自治区、各地市、某些文化产业重点发展县市区的地方文化产业发展报告等,均为每年一本,提供了大量鲜活的发展经验与理论创新成果。

2. 国外文化产业研究成果的介绍

该研究以文化产业发展迅速、影响巨大的国家和地区为研究对象。如熊澄宇的《世界文化产业研究》、孙有中的《美国文化产业》、张讴的《印度文化业》、汤莉萍的《世界文化产业案例选析》、张晓明等的《国际文化产业发展报告》、中共中央宣传部干部局与中共中央宣传部文化体制改革和发展办公室联合编写的《透视美国文化产业》、张京成等的《中国软科学研究丛书:中外文化创意产业政策研究》。或引进国外先进的文化产业理论著述,如赫斯蒙德夫著、张菲娜译的《文化产业》。

3. 文化产业某一范畴、个案的研究

针对文化产业某一领域、某一个案或某个问题进行专题研究。如《我国文化产业政策文献研究综述(1999~2009)》,欧阳权的《文化产业政策与文化产业发展研究》,马萱的《我国区域文化产业竞争力研究》,胡惠林的《我国文化产业发展战略理论文献研究综述》,江奔东的《文化产业经济学》《文化产业创意学》《文化产业规制学》,吴存东的《文化创意产业概论》,金元浦的《文化创意产业概论》,魏鹏举的《文化创意产业导论》,王国华的《文化产业热点问题对策研究》,范建华的《文化与文化产业发展新论》《首都文化贸易发展报告(2011)》,吕学武的《文化创意产业前沿》,周玉波的《文化产业与经济发展》,皇甫晓涛的《创意中国与文化产业》,左惠的《文化产品供给论——文化产业发展的经济学分析》,陈忱的《中国民族文化产业的现状与未来:走出去战略》,牛维麟的《国际文化产业园发展报告》,顾江的《文化产业研究(辑刊)》《文化产业经济学》与《文化产业规划案例精选》,刘牧雨的《北京文化创意产业发展理论与实践探索》,谭玲殷俊的《动漫产业》,邱宛华的《现代文化产业项目管理》,

邵培林的《文化产业经营通论》，施惟达的《云南文化产业研究》，叶取源等的《中国文化产业评论》，朱希祥的《文化产业发展与文化市场管理》，陈柏福的《我国文化产业走出去发展研究——基于文化产品和服务的国际贸易视角》等。

还有大量学术论文、博士论文和硕士论文，对文化产业的某个领域做了深入细致的研究和探讨。

4.综合研究

该研究是为适应高校基础理论学科的教学工作，从构建文化产业的理论体系入手，对文化产业进行系统、全面的分析、论述。如欧阳友权的《文化产业概论》，为文化产业教学用书，被列入高等院校"十一五"国家级规划教材，具体包括文化事业与文化产业、世界文化产业的发展状况、中国文化产业的产生与发展、文化产业的资源与分类、文化产业创意与核心竞争力、文化产业项目评估、广播影视产业等方面的内容。该书设立"导论""上篇"和"下篇"三个板块，导论阐述"文化、文化事业和文化产业"，上篇阐明的是文化产业的一般原理，包括文化产业的历史与现状、资源与分类、文化产业与文化市场、文化产业的功能与机制、文化产业的新经济业态、文化产业经营与管理、文化产业创意与竞争力，以及文化产业项目评估等，下篇"文化产业分论"是知识应用部分，分别论述了纸质传媒业、广播影视业、网络文化业、广告业、动漫业、休闲文化产业、艺术、体育及其他产业等产业门类，逐一辨析了它们的业态特征、经营管理方式和发展对策等。胡惠林的《文化产业概论》则基本按照一般产业的理论去构架体系。李思屈、李涛的《文化产业概论》主要针对中外文化产业实际，探讨文化产业的本质特征和规律。蔡尚伟的《文化产业导论》主要侧重于传媒和文化产业史的论述。周正兵的《文化产业导论》在梳理和吸收西方文化经济研究前沿成果的基础上，力图从经济学角度探究文化产业的发展规律，揭示文化产业的经济特质，建构这一学科的学理根基。

二、本书编写思路

本书属于文化产业应用理论综合研究，初版编著出版于中国广播电视出版社(2008年)。它以前人大量的研究成果为基础，以建立系统、科学、规范的文

化产业理论体系为目的,实现其对文化产业领域理论研究、实践指导以及教材
建设的规范作用。

1.整合理论成果,构建理论体系

文化产业被称为真正的"朝阳产业",与我国社会、经济发展中的支柱、新
兴产业密切相关,被党的十六大、十七大、十八大报告纳入国民经济发展的重点
产业行列。文化产业不仅成为我国产业结构调整、地域经济发展的重头戏,也
吸引了经济学科、历史学科、文学艺术学科研究者和学科建设者的广泛关注。

由于其跨学科、边缘性等特点,文化产业在应用理论研究方面还存在很多
问题:一是理论原创性奇缺,生搬硬套国外理论多。用国外的文化产业理论套
用我国文化产业理论研究,而忽视了我国文化产业发展的基本国情,研究成果
缺乏针对性、可行性。二是研究专业性差,虚热研究多。从研究人员的组成来
看,大都是文艺学、文学、旅游、经济管理、产业经济专业的研究者以及一线的文
化部门、新闻部门、宣传部门等实践者,受知识积累和实践能力的局限,导致研
究取向或更多地注重文化的功能,忽视了文化产业的产业功能和经济功能,或
过多地强调社会效益而忽视了其产业化的特点。另外,这些研究对文化产业的
一些基本概念、本质、特征等缺少深入的、理性的、规范性的探讨与表述,多强调
其"注意力经济""朝阳产业"的吸引力,以种种生动甚至夸张的描述为主。三
是方法上的缺憾。以定性分析为主,缺乏对个案的定量的统计分析和数理分
析。四是研究成果的集成度不高。研究成果多为个人或者小范围的集成,没有
从更广阔的视野和更规范的立场上进行整合,研究成果个体特征明显而普遍适
用性差。

本书的这次修订版从中国文化产业发展实际出发,整合该领域的最新研究
成果,以期建立起系统的、具有普遍指导意义的中国文化产业理论体系。

2.解决实践问题,提升指导价值

在我国文化产业实践领域,从党的十五届五中全会提出发展文化产业,到
党的十六大提出全面建设小康社会的目标,都强调必须大力发展社会主义文
化,发展文学艺术、新闻出版、广播影视等事业,大力发展文化产业;一直到党的
十七大、十七届六中全会、十八大提出全面推进文化创新,我国文化产业获得急
速发展。

　　目前，我国一大批文化产业已逐步建立起来，文化产业的经济实体迅速发展，其中音像业、图书业、高档娱乐业、演艺业、影视业、报业等率先走上产业化道路。在沿海经济发达地区，不仅文化产业获得了迅速发展，而且文化市场迅速开拓，逐渐形成了一系列与国际接轨的文化市场。音像市场最早脱颖而出，初具规模；演出市场渐趋成熟，冷冷热热；图书市场发展迅速，规模巨大；工艺美术品市场沟通海内外，机制健全；而文物市场与艺术品拍卖市场则从无到有，起点不凡；电影电视市场起起落落，交易热烈；娱乐、文化旅游市场遍及全国，迅速壮大；特别是文化广告与网络传播市场异军突起，势头凶猛。

　　目前我国不少地方都制订了"文化强省""文化强市"的文化产业发展规划，明确了文化产业发展目标。先是北京、上海、广州、深圳等发达城市编制了文化产业发展规划，紧接着江苏、浙江、山东、湖南、湖北、天津、四川、重庆等地也都纷纷制订文化产业发展规划。在所有这些规划中，一个共同的目标就是力图使文化产业成为新的经济增长点，并成为当地经济发展的支柱产业。目前有些地区的文化产业、旅游产业的平均增长率已经超过了20%。

　　但是，实践领域的问题也越来越突出：一是文化产业的发展观念问题。尽管各地高度重视文化产业发展问题，但是受传统观念的影响，有些领导还没有形成文化力是衡量一个国家或地区的综合实力的重要标志的观念，认为文化属于一种务虚花钱的事情，没有认识到文化产业已经是一门新兴的朝阳产业，对经济增长和社会进步的贡献率已经越来越大；而有些地方还没有出台文化产业发展规划，还没有把发展文化产业作为新的经济增长点。二是文化产业的总体规划、发展体制与机制、配套政策和资源配置等问题迫切需要解决。文化产业是涵盖文化产品生产、传播、流通和提供各种文化服务的行业，在现行机制下，它隶属于文化、新闻出版广电、旅游等诸多部门，处于条块分割的状态。目前还没有建立和形成一个能在现行体制下，指导文化产业健康发展的协调机制，致使影响文化产业发展的许多重大问题得不到协调和解决。三是对文化产业发展的实践指导薄弱。各地现有的文化产业规模小，集约化程度低，科技含量低，融合性差，市场竞争力弱，成为文化产业发展壮大的制约因素，急需解决文化产业从规划、创意、论证到开发、包装、市场策划、产品质量等多个层面的具体问题。四是对内对外交流和研究缺少平台。包括理论研究和学术交流平台、发展经验交流平台、决策参与平台、对外宣传交流平台、融合发展平台等。五是文化产业发展人才奇缺。文化产业人才的缺乏是制约文化产业发展的一个瓶颈。人才观念与政策、学科建设、培训、内引外联等方面问题突出。

本书将突出探讨并力求解决上述实践中的诸多问题，使研究成果更贴近实际，更切合现实需求，以提升成果的科学指导性。

3. 加强理论教材的规范

在人才培养领域，随着文化产业的兴起以及相应的人才需求的激增，短短的十几年时间，我国已有300多所院校出现了20多个文化产业类专业或方向，招生规模每年都在大幅度扩大，其培养人才的目标是能够把文化、文艺转化为产品并推向市场的复合型人才。但是，这些专业普遍存在基础理论研究滞后的问题，甚至连起码的规范性通用教材都奇缺。文化产业对专门人才的知识与能力结构有着特殊的要求，建立系统的、综合性的理论研究性教材规范迫在眉睫。

本书作为文化产业与相关专业的理论教材，能使学生了解文化产业基本知识、发展状况，了解电子网络、文化出版、影视演艺和文化旅游等产业的经营特点与运作规律，了解整合文化资源、创意策划、经营和管理文化产业的经验和方法，掌握研究上述问题的前沿理论和研究路径。

三、本书的基本内容与分工

本书为中国文化产业应用理论的综合研究成果，主要任务是：①推动文化产业应用性研究向理论研究方面发展，努力对文化产业理论的相关概念和基本问题作出明确解答；②推动文化产业研究向文化资源开发和文化创意两个方面发展，努力探讨我国特色的文化产业发展道路和发展规律；③推动文化产业研究向学科建设体系和教材建设方面发展，努力建构科学、规范的学科理论体系。

本书主要内容是：①文化产业定位与文化产业研究的基本概念和基本理论问题。包括产业定位，基本概念与研究范围，发展状况与存在的问题，发展的形势与趋势，文化产业发展的意义。②文化产业特点与发展规律。包括文化产业的特点，文化产业与文化建设，与创意产业的区别和联系，国内外文化产业的发展经验，我国文化产业的特殊性。③文化资源与文化消费。包括文化资源类型、特点与产业化潜力，文化商品与文化市场，文化需求与文化消费，世界文化市场的开拓。④文化产业的生产与营销。包括生产要素与生产类型,生产过程与生产模式,文化创意与策划,运行体系与企业管理,文化产品营销,行业协会与行业自律。⑤文化产业的监管。包括文化产业发展体制与机制改革,文化产业法律法规,文化产业的管理,文化产品的消费引导。⑥文化产业的倍增发展。包括发展观念,发展定位与机制建设,发展规划,发展政策,市场培育与宏观管理,发展环境与发展人才。⑦人才培养和学科建设。包括专业定位与专业设置,专业人才培养模式,专业建设和教材建设,师资力量的培训。

本书要解决的关键问题有四个:①文化产业理论的相关基本概念和基本问题;②文化产业特点与发展规律;③推动文化产业发展的思路、对策;④人才培养和学科建设的建议。

本书的研究方法有三个:①以创新系统研究方法为主,不但要系统研究和建构文化产业相关的理论体系,而且还要研究系统的更微观的层次问题和要素,解决基本的概念、判断、原理;②本书强调个案调研方法,从解剖个案入手,分析具体问题的各个环节、因素及其相互联系和变化规律,从中归纳、上升到普遍的规律认识;③本书加强了文献资料的整合,充分利用近期的相关研究成果,开阔视野,打开思路,吸收消化,丰富、深化对问题的认识。

本书是集体劳动的成果。第一稿的篇章结构、纲目章节由张廷兴策划、安排,由张廷兴修改初稿,由张廷兴通稿。具体章节的撰写人员有张廷兴、岳晓华、董佳兰、刑永川、陈满运、周甲、姚岚、张扬、张文娟、赵丽萍、温雅、阮晓静、齐宏明、刘涛、李恺兰、雷蕾、姜焕龙、江澄、黄圣銎、王大明、戴仙良、王钰。

本修订稿由张廷兴、董佳兰完成,重写的内容有三分之一,修订的内容占80%以上,特此说明。

本书在编写过程中,参考、吸收了大量的相关论文、论著等研究成果,在此一并向原作者表示衷心的感谢。可以说,本书是我国文化产业相关学科众多学者的集体劳动成果和结晶。如果涉及版权和著作权,请相关的作者直接联系本书著者,我们将按照国家的相关规定支付相应的稿酬。

目　录

第一章　文化产业的定义与特点

🌀提示

　　本章主要阐述文化、文化产业的定义与特点，分析文化与文化产业的不同性质，探讨文化产业与创意产业的关系。

第一节　文化产业的定义

文化产业研究和实践领域里,对于什么是文化产业,它包括哪些具体的内容、项目与行业,是经常被提及且争议颇多的一个问题。这个问题的存在,影响到有关行业和产业如何发展,以及发展方向、发展政策,影响到文化产业的产值在国民生产总值中所占比重的统计学口径。

一、文化的定义

一般意义上的文化,是个历史的、复杂的概念,有古今的差异、国内外的差别和宽泛狭义等多种划分。大致上有四个内涵与范畴:一是我国文化发展进程中的定义;二是国外的理论定义;三是国家统计学定义;四是社会、民众的定义。

1. 我国古代的定义

在我国古代,从文、化两字的起源来看,文化的意义是十分明确的。

文:《易·系辞下》:"物相杂,故曰文。"《礼记·乐记》:"五色成文而不乱。"《说文解字》:"文,错画也,象交叉。"

本义:标记与符号。

如雕题,是古代东夷民族的氏族部落标志,在额头上刻上交叉的符号。东夷民族为当时最先进的民族,首先发明了弓箭和文字。因社会地位比较高,讲究比较多,有了五彩审美的标志。文代表了知识、能力强。

化:《庄子·逍遥游》:"化而为鸟,其名曰鹏。"《易·系辞下》:"男女构精,万物化生。"《黄帝内经·素问》:"化不可代,时不可违。"《礼记·中庸》:"可以赞天地之化育。"

本义:变化;通过社会或他人的影响,使之发生变化。

西汉以后,"文"与"化"方合成一个整词,如"文化不改,然后加诛"(《说苑·指武》),"文化内辑,武功外悠"(《文选·补之诗》)。因此,"文化"一词即"以文教化",有"文明""文治"和"教化"等含义,表示对人的性情的陶冶、品德的教养,属精神范畴。

本义:用文去教育、引导、培养。文化是一个人的内心修养和品格形成,即外界对其重在道德与品行的培育。

武功则是用武力征服。文治武功成为历代统治者治理天下的两大法宝,于是便有了教育、学校。

在漫长的中华民族文明进程中,"文化"二字的内容不断丰富起来。"文",既指包括语言文字在内的各种象征符号,又指文物典籍、礼乐制度、人为修养、美善德行之义;后来,文又细分天文、人文。天文即天道,自然规律;人文指人伦社会规律,即社会生活中人与人之间纵横交织的关系,如君臣、父子、夫妇、兄弟、朋友。"化",既指事物形态或性质的改变,又引申为教行迁善之义。

2. 我国近代的定义

在近现代,随着西方文明的传入,特别是西方哲学的影响,我国的文化有了宽泛和狭窄两个概念。

宽泛的文化是人与自然、主体与客体在实践中的对立统一物。这里的"自然",不仅指存在于人身之外并与之对立的外在自然界,也指人类的本能、人的身体的各种生物属性等自然性。文化则是从事改造自然、改造社会、改造自我的活动与成果。即人类在社会历史实践中所创造的物质财富和精神财富的总和。在这个视野里,凡是超越本能的、人类有意识地作用于自然界和社会的一切活动及其结果,都属于文化。例如人类对自然界的认识,对礼仪的规范,对艺术的体会,对劳动工具的发明创造等等。文化是一种社会现象,是人们长期创造形成的产物。同时又是一种历史现象,是社会历史的积淀物。

故而宽泛文化有三个层面:第一个层次是物质文化,它是经过人的主观意志加工改造过的。第二个层次是制度文化,主要包括政治及经济制度、法律、文艺作品、人际关系、习惯行为等。第三个层次是心理层次,或称观念文化,包括人的价值观念、思维方式、审美情趣、道德情操、宗教感情和民族心理等。

狭义的文化则指社会的意识形态以及与之相适应的制度和组织机构。例如社会伦理道德、法律、文学艺术、教育科学、礼仪行为规范、宗教、历史、地理、风土人情、传统习俗、生活方式、思维方式、价值观念等。

3. 目前我国常用的文化的含义

狭义的文化及文化部门、文化行业,指的是我国政府管理、统计所使用的行政概念,即文化事业、文化行业。传统的文化事业、文化行业指新闻服务、出版发行和版权服务、广播电视电影服务、文化艺术服务;改革开放后发展起来的文化产业又增添了网络文化服务、文化休闲娱乐服务以及其他文化服务。

一般社会用语里,文化又与识字、知识、文明、科技、学历混合在一起。

文化产业里的文化,是作为产业统计提出的概念,具有统计学的意义。它所规定的文化及相关产业是指为社会公众提供文化产品和文化相关产品的生产活动的集合。这个含义里的文化,既与古代、近现代文化的范畴不同,也与政府行政概念中的文化、西方文化的范畴不同。根据各类文化活动的特征和同质性,全部文化产业活动可划分为九大类别,即新闻服务、出版发行和版权服务、广播电视电影服务、文化艺术服务、网络文化服务、文化休闲娱乐服务、其他文化服务、文化用品、设备及相关文化产品的生产、文化用品、设备及相关文化产品的销售。

4.西方的定义

在西方,"文化"一词源于拉丁文的 Cultura,本义为"耕作",即土地的开垦及植物的栽培,后转为对树木、禾苗等植物的培养,进而引申为对人类的心灵、肉体和精神的培养与化育。

康德(1724~1804)将文化定义为有理性的实体为了一定的目的而进行的能力的创造。

伏尔泰(1694~1778)将文化指认为训练和修炼心智(或思想、趣味、情趣等)的结果和状态,即受过教育的人的实际成就,以及良好的风度、文字、艺术、科学等。用以描述知识、精神、美学发展的一般过程。

19世纪下半叶以后,许多学者分别从人类学、社会学、文化学、行为学、历史学等角度对文化进行定义,几十年的时间里就达到164种之多。

泰勒(1832~1917),英国人类学家,文化史和民族学进化学派的创始人之一。1871年泰勒在他的《原始文化》一书中提出的对文化的定义仍然是涵盖面最广、最精确的定义:所谓文化和文明,乃是包括知识、信仰、艺术、道德、法律、习俗以及作为社会成员的个人而获得的其他任何能力、习惯在内的一种综合体。

他认为,文化首先是人类的生活。文化表示一种生活方式,不论是一个民族、一个时期、一个群体或者整个人类的生活方式,每种文化都包含一整套习惯的传统的思维感觉和反应的方式。这些方式是一个特定社会在一个特定的时间解决问题的特殊方式。社会由人组成,而他们行动的方式即是他们的文化。文化包括了一个社区社会习惯的所有表现形式,个人受到社会习惯的影响所作的反应以及由这些习惯所决定的人类活动的结果,为一个民族的活动、风俗和信仰的总和。也是社会成员通过学习或者模仿而获得的思想、规定性的感情反应以及习惯行为模式的总和。这些思想、反应和行为模式为社会成员在不同程度上所共有。这些人类社会活动,包括语言、结婚、财产制度、礼仪、工业、艺术等。

其次,文化是一种传统。文化为人群共有的能够代与代相传、国与国相传的行为。文化包括继承下来的实物、技术过程、思想、习惯和价值观念。人群的区别在于他们的文化和社会继承。作为成年人的人行为有别,因为他们的文化不同。他们出生在不同的生活方式之中,他们必须按照这些方式生活,对此他们没有选择。文化成为一个人群的整个生活方式,个人从群体中获得的社会遗产。文化是一个社会集团过去和现在做事与思考问题方式的总和。它是传统(传承下来的信仰)和风俗(传承下来的程序)的总和。

所以,泰勒所强调的是知识、习俗、能力、习惯等,而不是具体的实物。

更多学者则认为,文化指狭义的文学艺术。文化用以描述智力,特别是艺术活动的实践和成果。

这些定义讨论了文化的一些共同特点:文化是人们通过长时间的努力所创造出来的,是社会的遗产;文化既包括信念、价值观念、习俗、知识等,也包括实物和器具;文化是人们行动的指南,为人们提供解决问题的答案;文化并非生而知之,而是后天所学会的;价值观念是文化的核心,可以根据不同的价值观念区分不同的文化。

二、文化产业一词的由来

文化产业这一术语产生于 20 世纪初。最早注意到"文化产业"这一现象的,是本雅明 1926 年发表的一篇文章《机械复制时代的艺术作品》。他提出了20 世纪二三十年代出现的一个新的文化现象,就是收音机、留声机、电影的出现带来的文化方面的变化,提出复制技术使文学艺术作品出现质的变化,艺术品不再是一次性存在,而是可以批量生产的。机械复制就成了文化作为产业标志性的理论。只要不是机械复制的,都不算是现代意义上的文化产业。

"文化产业"最初出现在霍克海默和阿多诺合著的《启蒙辩证法》一书之中。它的英语名称为 Culture Industry,可以译为文化工业,也可以译为文化产业——资本主义的发展已经使电影和广播转变成了产业,故以"文化产业"指代这些新的文化现象。

文化产业是启蒙运动的产物。从 18 世纪初至 1789 年法国大革命是一个新思维不断涌现的时代。这个时期的启蒙运动,覆盖了各个知识领域,如自然科学、哲学、伦理学、政治学、经济学、历史学、文学、教育学等等。启蒙时代的学者亦不同于之前的文艺复兴时代的学者，他们不再以宗教辅助文学与艺术复兴，而是力图以经验加理性思考而使知识系统能够独立于宗教的影响，作为建立道德、美学以及思想体系的方式。

20 世纪 60 年代中期以后，在社会高度工业化、技术化和商品化条件下，文化领域中出现了使文化产品具有鲜明的技术性、复制性、批量性、商品性的文化产出方式。也就是说，文化产品像工业产品一样，借助感光、光电等技术手段，按照工业生产程序与原则大批量产出，作为商品进入市场交换。

到上世纪 90 年代初，美国前总统克林顿提出了文化产业（Culture Industry）的概念。文化产业的范围涵盖了文化艺业、广播电视业、新闻出版业、信息网络服务业、教育业、旅游业、体育业、广告业、会展业、咨询业等。

三、文化产业的定义

1. 文化产业发达国家的定义

版权产业。美国从文化产品具有知识产权的角度进行界定。主要包括广播影视业、录音录像业、图书、报刊出版业、戏剧创作业、广告业、机软件和数据处理业等的生产、制作、销售。

创意产业。英国靠个人创意、技能和天才，挖掘和开发智力创造财富来界定。包括广告、建筑、美术和古董交易、手工艺、设计、时尚、电影、互动休闲软件、音乐、表演艺术、出版、软件、电视、广播等部门。

消闲产业。西班牙的界定。包括宾馆、饭店和专门的健身、桑拿、游泳、按摩等设施及项目。

文化产业。日德韩等国的界定。凡是与文化相关联的产业都属于文化产业。除传统的演出、展览、新闻出版外，还包括休闲娱乐、广播影视、体育、旅游等，又称之为内容产业，更强调内容的精神属性。

2. 联合国教科文组织的定义

联合国教科文组织关于文化产业的定义如下：文化产业就是按照工业标准生产、再生产、储存以及分配文化产品和服务的一系列活动。是从文化产品的工业标准化生产、流通、分配、消费的角度进行界定的。

这个界定只包括可以由工业化生产并符合四个特征（即系列化、标准化、生产过程分工精细化和消费的大众化）的产品（如书籍报刊等印刷品和电子出版物有声制品、视听制品等）及其相关服务，而不包括舞台演出和造型艺术的生产与服务。

四、我国文化产业的定义

1. 我国文化产业的提出

党的十五届五中全会"关于十五计划的建议"中首次使用"文化产业"一词,由此文化产业进入国家发展战略视野。在党的十六大的报告中,有了"文化事业和文化产业"并重的提法,大会报告中多次使用文化产业概念。党的十六届四中全会进而提出"解放和发展文化生产力"的积极主张,提出了中国文化建设和文化产业发展的时代要求。党的十六届五中全会关于第十一个五年规划的建议,在"丰富人民群众精神文化生活"一段中,陈述了文化产业的一系列任务。

2004 年国家统计局公布我国首个《文化及相关产业分类》,其中将文化产业定义为:为社会公众提供文化、娱乐产品和服务的活动,以及与这些活动有关联的活动的集合。分成三类:核心层,包括新闻、出版、广电和文化艺术等,主要属文化部、广电总局、新闻出版总署管理范围;外围层,包括网络、娱乐、旅游、广告、会展等新兴文化产业;相关服务层,包括提供文化用品、文化设备生产和销售业务的行业,主要指可以负载文化内容的硬件产品制作业和服务业。

《国家"十一五"时期文化发展规划纲要》专门列出"文化产业"一章,全方位地布置了"十一五"期间文化产业发展的任务和要求,提出:一要发展重点文化产业。二要优化文化产业布局和结构。三要转变文化产业增长方式。四要培育文化市场主体。五要健全各类文化市场。六要发展现代文化产品流通组织和流通方式。

党的十七大报告提出了"文化软实力",标志着党和政府对文化产业的高度重视和深刻全面的认识,并将其放在"推动社会主义文化大发展、大繁荣"里面进行论述,认为"当今时代,文化越来越成为民族凝聚力和创造力的重要源泉、越来越成为综合国力竞争的重要因素,丰富精神文化生活越来越成为我国人民的热切愿望。要坚持社会主义先进文化前进方向,兴起社会主义文化建设新高潮,激发全民族文化创造活力,提高国家文化软实力,使人民基本文化权益得到更好保障,使社会文化生活更加丰富多彩,使人民精神风貌更加昂扬向上"。报告高屋建瓴地提出:"大力发展文化产业,实施重大文化产业项目带动战略,加快文化产业基地和区域性特色文化产业群建设,培育文化产业骨干企业和战略投资者,繁荣文化市场,增强国际竞争力。运用高新技术创新文化生产方式,培育新的文化业态,加快构建传输快捷、覆盖广泛的文化传播体系。"

2.我国文化产业的两个定义

一是文化部的定义。2003 年 9 月,文化部制定下发的《关于支持和促进文化产业发展的若干意见》,将文化产业界定为:"从事文化产品生产和提供文化服务的经营性行业。文化产业是与文化事业相对应的概念,两者都是社会主义文化建设的重要组成部分。文化产业是社会生产力发展的必然产物,是随着我国社会主义市场经济的逐步完善和现代生产方式的不断进步而发展起来的新兴产业。"

二是统计学意义上的定义。在与中宣部及国务院有关部门共同研究的基础上,2004 年统计局制定了《文化及相关产业分类》,从国家有关政策方针和课题组的研究宗旨出发,结合我国的实际情况,将文化及相关产业界定为:为社会公众提供文化、娱乐产品和服务的活动,以及与这些活动有关联的活动的集合。

2012 年国家统计局又进一步将文化产业归纳为:为社会公众提供文化产品和文化相关产品的生产活动的集合。与 2004 年的《文化及相关产业分类》相比,2012 年的《文化及相关产业分类》对文化产业的定义更完善,并在范围的表述上对文化产品的生产活动(从内涵)和文化相关产品的生产活动(从外延)作出解释。

所以,我国对文化产业的界定是文化娱乐的集合,区别于国家具有意识形态性的文化事业。

根据以上定义,我国文化及相关产业的范围包括:①以文化为核心内容,为直接满足人们的精神需要而进行的创作、制造、传播、展示等文化产品(包括货物和服务)的生产活动;②为实现文化产品生产所必需的辅助生产活动;③作为文化产品实物载体或制作(使用、传播、展示)工具的文化用品的生产活动(包括制造和销售);④为实现文化产品生产所需专用设备的生产活动(包括制造和销售)。

其范围包括为社会公众提供实物形态文化产品的活动,如书籍、报纸的出版、制作、发行等;为社会公众提供可参与和选择的文化服务和娱乐服务,如广播电视服务、电影服务、文艺表演服务等;提供文化管理和研究等服务,如文物和文化遗产保护、图书馆服务、文化社会团体活动等;提供文化、娱乐产品所必需的设备、材料的生产和销售活动,如印刷设备、文具等生产经营活动;提供文化、娱乐服务所必需的设备、用品的生产和销售活动,如广播电视设备、电影设备等生产经营活动;与文化、娱乐相关的其他活动,如工艺美术、设计等活动。

　　我国《文化产业振兴规划》确立了文化产业发展重点:以文化创意、影视制作、出版发行、印刷复制、广告、演艺娱乐、文化会展、数字内容和动漫等产业为重点,加大扶持力度,完善产业政策体系,实现跨越式发展。文化创意产业要着重发展文化科技、音乐制作、艺术创作、动漫游戏等企业,增强影响力和带动力,拉动相关服务业和制造业的发展。

五、创意产业的定义

1. 约翰·霍金斯简介

　　约翰·霍金斯(John Howkins)为世界创意产业之父,创新模式的推动者,英国著名创意文化产业研究专家。约翰·霍金斯是哥伦比亚国际互联网公司负责人之一,他曾为包括澳大利亚、加拿大、中国、法国、意大利、日本、墨西哥、摩洛哥、波兰、新加坡、英国和美国在内的20多个国家的政府及公司提供咨询。1997年英国布莱尔政府听从了霍金斯的建议,开始扶持创意产业,霍金斯由此被称为"创意产业之父"。霍金斯曾多次访问中国时在重大会议、论坛、电台和电视上发表演讲,并多次受邀就政府政策和商业策略问题提出咨询意见。他于1979年首次访问中国时完成了《中国大众传媒》一书,用第一手材料记录、研究了中国发展中的电视、电影、出版和通讯产业。

2. 霍金斯关于创意的观点

　　约翰·霍金斯在《创意经济》(2001年出版)一书中对创意经济提出如下观点:

　　(1)人人都能创意。创意并不被艺术家所垄断,任何人——科学家、商人甚至是经济学家都可以有创意。

　　(2)要使创意挣钱。创意要成为商业利益的主要驱动力,要扶植商业创意行为,企业要通过创意及创新上的竞争来实现真正的增长。

　　(3)创意是以后挣钱的主要方式。人类创造的无形资产的价值,总有一天会超越我们所拥有的物质数据的价值。

　　(4)要为创意提供好的条件和环境。因为创意经济依赖于人的一些创意、想法,所以这个发展过程是非常艰难的。具体来说,当前全球创意经济发展面临四大挑战。一是创意不容易被观察。霍金斯说,创意经济时代将是一个崭新的社会,所有的元素都是新的,所以关于相关原则的教育至关重要。二是创意经济需要全新的概念和标准。创意经济的核心价值并不是来自于资本、土地,而是人们的想象力,所以工业经济价值标准,包括利息、利率的变化,与人脑中创意的方法是完全不同的。三是知识产权的问题。如何维护对创意的所有权，需要平衡两个方面，一方面是制度，另一方面则是收益。四是更多的合作。霍金斯说，将各种不同的声音融在一起，相互吸收，结果会更好。

3.英国、美国、新加坡对创意产业定义的完善

2004年，英国首相布莱尔又提出 Creative Industry 的新概念，直译为创造型产业。按照英国政府和专家的意见，"创意产业"就是源于个人创意、技巧和才华，通过知识产权的开发和运用，而形成具有创造财富和就业潜力的行业。范畴包括13个行业，即：广告、建筑、艺术和文物交易、工艺品、设计、时装设计、电影、互动休闲软件、音乐、表演艺术、出版、软件、电视广播等。

美国将创意产业分为6类：文化艺术、音乐唱片、出版业、影视业、传媒业、网络服务业。

新加坡将创意产业分为三大类13个行业。第一类艺术与文化：摄影、表演及视觉艺术、艺术品与古董买卖、手工艺品；第二类设计：软件设计、广告设计、建筑设计、室内设计、平面产品及服装设计；第三类媒体：出版、广播、数字媒体、电影。

4.创意产业与文化产业的关系

文化产业更为广泛。它包括传统文化产业、民族文化产业、新兴文化产业、大众文化产业、时尚文化产业、融合性文化产业等。

创意产业则是依靠创意人才的智慧、灵感和想象力，借助于高科技对传统、民族文化资源的再创造、再提高，它是文化产业中真正创造巨额价值的部分。

创意包括内容的创意和形式上的创意，创意产业已经成为文化产业的核心，故又称之为文化内容产业。

第二节　文化产业的特点

一、文化产业作为产业的特点

1.我国产业的划分

第一产业为农业。农业是指利用动物、植物等生物的生长发育规律，通过

人工培育来获得产品的各部门,统称为农业,包括农、林、牧、副、渔各业。农业为我国的基础产业。

第二产业为工业。工业是指采集原料,并把它们在工厂中生产成产品的工作和过程。工业由轻工业、重工业和化学工业三大部分构成,包括采掘、制造、自来水、电力、蒸汽、热水、煤气和建筑等各行业。

第三产业分流通和服务两部分,共 4 个层次:①流通部门,包括交通运输、邮电通讯、商业、饮食、物资供销和仓储等业;②为生产和生活服务的部门,包括金融、保险、地质普查、房地产、公用事业、居民服务、旅游、咨询信息服务和各类技术服务等业;③为提高科学文化水平和居民素质服务的部门,包括教育、文化、广播、电视、科学研究、卫生、体育和社会福利等业;④为社会公共需要服务的部门,包括国家机关、政党机关、社会团体以及军队和警察等。

2. 产业化基本内涵

产业化指的是以市场为导向,以效益为中心,依靠龙头带动和科技进步,对经济实行区域化布局、专业化生产、一体化经营、社会化服务和企业化管理,形成现代经济的经营方式和产业组织形式。

依此,产业具有三个基本特点:市场依赖性、规模性和一般消费性。

(1)市场依赖性。产业存在着产品价值的生产、分配、交换和消费等环节,而这些环节的实现必然离不开市场。必须要有市场的需求才能得到发展,没有市场需求的产业产品没有效益。产品最终也只能通过市场这一途径才能到达消费者的手里进行消费。

从分配来看,产业化是以市场为调节进行分配的,通过市场这双无形的手,控制和调节着各个产业产品的分配。优胜劣汰的法则激励了各个产业的自我发展。

交换上也是以市场为主体,通过完善的市场服务体系提供一个公平、竞争、合作的交换市场,为产业化的产品提供优良的流通平台。在价格上也是通过市场的调节来上下波动进行交换。

(2)规模性。规模产生效益;规模决定效益。首先,市场的扩大需要产业化的大规模性;其次,技术的发展是产业规模化的基础;再次,资本的驱动促使产业的规模性。

(3)一般消费性。产业的产品具有消费性,没有消费性的产品不可能进入市场,也不可能形成产业,也就是说没有使用价值。

3. 文化产业作为产业的特点

第一,产业以市场为主体,具有市场依赖性,这点对我国现在处理文化产业的双重属性和区分发展文化产业和文化事业有着特别的指导意义和借鉴经验。也就是说,只要是生产市场需求的产品的,一律叫文化产业,这些单位就必须改革,改为企业、公司、集团,就有了文化产业核心产业、核心层产业之说。

第二,产业具有规模性,以追求最大的利润为目标。正是由于生产技术工艺的进步和市场不断发展的需求,文化产品的生产过程才有可能按标准批量生产,才能大大提高劳动生产效率,降低文化产品的价格,使文化产品由原来向精英阶层提供到走进寻常百姓家,由精神产品变为商品。

第三,产品具有一般消费性,文化产品作为产品也具有一般消费性。无论是书籍还是影视作品或者其他类型的文化产品,都是为了满足人们的需要,是用于"消费的"。只是这种消费性主要体现在提高人的文化素质和能力方面,是一种无形的精神消费和符号消费,与一般的物质的消费不太一样。也就是说,它满足的是精神需求、心理需求,价格不固定,利润相对较高。

此外,文化产品不像其他产业的产品那样只具有一次消费性或随着消费的增加其效用不断递减甚至消失,而是具有反复的消费性,而且它的效用伴随着消费性的增长而增长。例如书籍,不会因为一次的阅读而效用递减,相反,其效用反而上升。

二、文化产业作为文化的特点

文化产业是从事文化生产与服务的产业,从而无法与文化脱离联系;由于文化本身的特性与复杂性,使得文化产业还具有与文化相关的其他特征,正是这些特征成为其自身特有的标志性特征。

所以,文化产品是人类在精神生产领域内创造的智力成果,主要用于促进人们的精神生活的丰富和精神质量的改善,满足人们的观赏和娱乐,因而文化产品也被称之为精神产品、知识产品。

第一,必须具有强烈的文化熏陶意识,提升审美能力。文化产品对人的熏陶和提升,主要有三个渠道:一是个人可以通过而且必须通过学习和接纳文化知识从而熏陶个人的意识,提升自己的审美能力。二是在文化产品的消费过程中提升。文化产业化使标准化大批量生产成为常态,但仍不能取消非标准个性化的文化产品的创作,即文化产品仍然具有艺术价值。三是通过创意、生产文化产品实现提升。市场的激励竞争、优胜劣汰的法则也在背后推动着文化产业的创意性发展;如果产品的文化内涵少,层次不高,审美性差,肯定卖不出去。因此,必须在生产过程中增加审美要素,使之成为一个文化商品。

第二,传递性与传承性特征明显。文化是一个累积的过程,是不断累积增加的。从古代的文化到现代的文化,都是在前一种文化的基础之上通过取舍而创新发展的。所以,文化具有鲜明的传递性和传承性。文化一经产生就要被他人模仿、效法、利用,它包括纵向传递和横向传递两方面。传递性指的是文化的横向传播(地域、民族之间的传播);传承性指的是文化的纵向性传播(代代相传)。所以,生产的文化产品,也只有具有横向传播和纵向传承的价值,才能占有一定的市场。文化的本质就是为了传递,传递文化内在的精神和品质,而不是为了把文化束之高阁。不同民族、不同群体所拥有的文化资源是可以相互交流、借鉴、学习的,正是这种不同文化之间的交流、借鉴和学习,才使得人类的文化不断丰富、发展起来。

在文化产业方面,传承性的最主要的表现为横向传递。通过大规模的复制和创造,文化产品突破了单个或者是狭小的范围,以更低廉的价格和方式向大众普及,超越了民族国家的范畴,进行全世界范围的传播。

如果不具备文化的传递性与传承性这两个属性,一种产品就不是文化产品,只能作为个人的、临时的欣赏品,对其他群体、对其他历史时期毫无价值。

第三,丰富的民族性、地域性和多样化。世界的经济可以一体化,但是,世界的文化必须是多种多样的。人类文明的诞生就不是单一的而是多元的文化,最起码现在公认的有四大文明,即古巴比伦文明、古埃及文明、古代中国文明、古印度文明。世界经济的一体化进程促进了不同文化之间的交流和融合,衍生和繁殖了新的文化形式,在一定程度上更是加深了文化的多样性。"越是民族的,越是世界的",文化产业的这种特性要求我国文化产业的发展应当从民族所有的特色出发,尊重自己的国情,采取有效的措施和政策,壮大和推动文化产业的建设与发展。

同时,文化产业对文化的依赖与传承性,必然面临着一个文化差异(中外差异、传统与现代的差异)的问题。在一定的区域内,如同民族、同地区、同部门、同企业、同年龄段,其文化具有明显的认同性,这就要讲究民族文化品牌和市场认可相统一;同时还必须在文化层面上加强文化的认同工作。所以,文化产业的生产和消费过程实际上就是一种建构认同实践。

第四,文化消费又具有明显的个性化、多元格局。文化产业能满足不同群体和个体的需求。比如山东省惠民县河南张的拴娃娃,本来是二月二庙会不孕妇女求生育的一种必需品。因庙会上还有很多其他目的的人,河南张便生产了许多观音、弥勒佛等的塑像。有钱的人可以买大的,一般的人可以买中等的,穷人买小的;喜欢艺术的买色彩鲜艳的,喜欢听声音的可以买带声控的。所以,文化产品又具有明显的小、散、灵的特点。

因此,一方面,文化产业与文化产品涉及面广、参与面大、投资见效快,大企业、小企业、个体都能参与生产经营;另一方面,其风险也很高。文化产品主要以它的精神、心理、文化、社会方面的功能来满足消费者的个性消费,那么同一件产品,例如一段音乐、一幅画、一个视频,有的人喜欢,有的人则不需要。于是,文化产业的风险性就变得突出起来了。这种风险包括需求风险、投资风险、政策风险、克隆盗版风险和引导培育市场的风险等多个方面。

由此看来,提高产品的市场成功率,在文化产业领域尤其重要。一般来讲,开发组合性的多种产业,加大产品的种类和数量来避免各种风险,是一条路子;紧紧抓住市场,如电视剧拍摄续集、打造明星品牌等也是一条路子。此外就是培育、引导文化消费,开拓文化市场,利用文化产业产品高制作成本与低复制成本的特点,降低成本。

当然,这种降低成本也为投机者所利用,盗版就是最明显的例子。所以,文化市场的繁荣依赖于对知识产权的保护。如果保护不力,会造成私人知识产品和私人收入的极大差距,极大打击原创者的积极性。可以通过建立品牌壁垒、发展连锁店、控制终端消费等方式加以应对。当然,最好是降低价格,降低到盗版价格的程度。

三、文化产业的意识形态性突出

意识形态(Ideology)是指一种观念的集合,首先由德崔希伯爵在18世纪末提出,被用来界定一种"观念的科学"。包括世界观、历史观、政治观、价值观、人生观、社会观、生活观、爱情观、道德观等。

我国意识形态非常具体。如三好学生、八荣八耻。所以与学生有关的影视剧必须具有正面引导的意识;与大众相关的娱乐与文学艺术也必须引导民众提升素养和审美水平。因此,文化产业必须关注社会效益。

第一,具有符号性。即人们消费的是符号,不是物质承载形式。文化产品是作为一种观念符号进行消费的。文化产业的生产设备或文化服务的设施、工具等,如广播影视设备、印刷出版器具、电子网络以及演出服装道具、剧场等都是一种物质性的文化载体,它们必须与具有意识形态的各种文化结合,将其承载,才能形成文化的生产能力,生产出具有相应意识形态属性的文化产品,最后形成现实的文化产业。

文化的符号,就是情感的魅力。所以文化产品必须将情感当作主要卖点。

第二,直接的意识形态属性。文化与经济结合才能形成文化产业,由于文化自身具有意识形态属性,属于上层建筑范畴,所以,文化产品也就必然具有意识形态属性。

一般的物质产业形式和生产过程及所生产的产品都具有物质属性,如钢铁厂生产的钢铁、食品厂生产的面包。其使用价值属性是显而易见的,它们的生产和消费,是一种纯粹的物质性消耗,是没有意识形态属性的。虽然在这个物质产品及其生产过程的背后,隐含和体现着生产该物质产品的生产关系属性,但它只是隐含其中、体现其中,并不像文化产业及其文化产品的意识形态那样存在于自身,直接具有意识形态属性,去反映和保护自己的生产关系和经济基础,要为它的阶级、社会、民众服务。

第三,主观能动性。文化作为上层建筑中的意识形态,具有相对独立的能动力量,它影响甚至支配着作为生产力主体的人,使之发挥其主观能动性,从而对经济发展起推动作用。

所以,文化产业是文化走向市场经济的产物,具有经济和社会双重属性。它不仅能在经济领域产生巨大的经济效益,而且能在思想文化领域里以批量化生产的文化产品、广泛的文化服务,潜移默化地改变文化产品生产国和文化产品输入国广大民众的文化心态、知识结构乃至世界观、价值观,成为对内对外的政治宣传、意识形态的载体,这正是文化产业有别于普通产业的特殊功能。这也要求文化产业的发展不仅要注重其经济效益,更要注重其社会效益。

在我国文化产业这一特殊功能的实现具体表现在以下三个方面:精神的传承性与影响力——塑造人;舆论宣传的引导性——反映党和人民的心声与正能量;防御文化殖民——保障民族文化安全。

四、文化产业强调创意的作用

创意就是创造性和创新性的一些想法。创意一是形式的创意;二是内容的创意,特别是内容创意。缺乏创意的文化产品无法保持产业长期持续的发展。如何才能在多元的、繁盛的、多样的文化背景与文化市场竞争下脱颖而出、吸引更多的注意力?这就需要创意。因此文化产业化、标准化大批量生产,更需要具有创意性。如冰糖葫芦可以串起来卖,莲子、大枣、西红柿、山药也可以串起来;剧院演出没人看,景点演出便游人蜂拥。

第一,企业生产要素要有创意。企业生产要素包括经营、销售、职工、流水线、车间、资金等要素。一般的产业里,它主要与高新技术有紧密的联系,但是在文化产业里,起决定作用的是文化创意因素。一般的生产企业,其员工是以生产线为中心的,员工并不是主体;而创意企业是以管理创意人员为对象的,从他们本身来说,自主性很强,不接受生产线的管理,他们不知道自己创造的产品到底能不能成功,可能会有多少市场收益,即使让他们提出一个明确的市场占有率,也是不可能的,客观上也有不可能性,这就使得创意活动的管理本身成为管理学上的一个新课题。

第二,文化艺术创作要素要有创意。这本来是文学艺术的主要特征,但是,在目前时尚语境下,往往跟风模仿抹杀了文学艺术的创意。

第三,媒介——演艺公司、策划公司等的要素要有创意。文化产业是一个高度分化的产业,各种复杂的要素要靠媒介去链接,市场、融资、消费者,需要有专门的要素作为媒介连接起来。演艺公司、策划公司就应运而生了。但是我们看到的也是相亲节目、选秀节目的模仿与跟风。

第四,文化产业的发展需要其他相关产业、技术要素的发展。比起其他产业的发展,文化产业更依赖于相关产业的发展。技术的发展和信息产业的发展都是文化产业发展的必然要求。

上海,是以创意为主,文化、艺术为辅的文化创意产业发展的典型代表城市。截至2013年,上海共有大中型的文化创意产业园区、聚集区、基地超过100家,企业数量接近10000万家,文化创意产业年产值超过1000亿元。从企业分布来看,设计类、技术类、软件类等以创意为导向的文化创意企业数量超过了整个企业数量的大部分;从从业结构上看,从事创意、设计、网络等行业的人数占到了总人数的一大半;从经济效益上看,像环同济设计创意产业集聚区、张江文化科技创意产业基地、上海动漫衍生产业园等三个以创意为核心的园区就占到了总园区营业收入的43%。其影响因素在于:上海市经济、社会、文化开放度比较高,国际文化交流、交往密切,比较容易接触国际最新的创意理念;上海是我国各类高层次、高级人才、创意人才最主要的集聚地之一;居民整体科技、教育和消费水平在全国居领先地位。

北京,是以艺术为主,文化、创意为辅的文化创意产业发展的典型代表城市。北京拥有全国大部分的影视、艺术等资源,拥有包括北京"798"、北京数字娱乐示范基地、朝阳大山子艺术中心、国家新媒体产业基地、"宋庄"原创艺术与卡通产业集聚区等众多的影视、艺术类文化创意产业聚集区;拥有北京电影学院、北京舞蹈学院、中央音乐学院、中国传媒大学等艺术专业较强的高校资源;拥有中央电视台、国家大剧院、北京人民艺术剧院、北京京剧院、中国电影集团公司、中视国际传媒(北京)有限公司、北京保利演艺经纪有限公司等艺术类文化创意产业单位和企业。这些优势条件为北京文化创意产业的发展奠定了坚实的基础,同时也为北京文化创意产业印上了"艺术"的印记。

西安,是世界著名的历史文化名城,拥有众多的文化资源和深厚的文化底蕴,这些都为西安发展文化创意产业提供了独一无二的文化资源。所以,西安发展文化创意产业以历史文化为主,以创意、艺术为辅。西安集中力量建设了八大文化产业园区:①西安临潼文化旅游产业区,以秦兵马俑、秦始皇陵、华清池等珍贵历史文化遗迹为主体,以骊山、渭水等自然环境为依托,建设秦始皇陵遗址公园、华清池椒园和芙蓉园等,形成集旅游观光、娱乐休闲、度假疗养等为一体的综合型文化旅游园区。②西安曲江新区文化旅游产业区,以盛唐文化为特色,建设大雁塔文化广场、大唐芙蓉园、大唐不夜城、唐城墙遗址公园、曲江海洋科普世界、中国西部国际博览中心等重点项目,形成集旅游、休闲、娱乐、会展、科教等功能为一体的新型文化旅游产业园区。③西安高新区现代文化产业创业园,以数字化、信息化高科技文化产业为特色,依托软件园和高新技术平台,建设数字文化产业园和文化娱乐区、动漫游戏区、体育休闲区、中央商务文化区,形成现代文化主题突出的产业园区。④延安革命文化区,综合开发延安革命旧址和延安革命纪念馆等革命文化资源,充分发挥其爱国主义、革命传统和延安精神教育基地的功能,使之成为红色旅游首选地。⑤黄帝陵人文始祖文化园,以人文始祖文化为主体,重点完成黄帝陵二期整修工程,扩大游览区域。搞好一年一度的祭祀大典活动,开展海外民间祭祖活动,把黄帝陵建成海内外炎黄子孙寻根祭祖活动的文化园区。⑥法门寺文化园区,以佛教文化为主题,规划建设佛、法、僧三区,重点建设合十舍利塔及广场、佛教文化坛,扩建法门寺博物馆,恢复法门寺唐代风格佛教建筑群,使之成为集佛教文化旅游、佛教文化研究、佛事活动为一体的国际佛教文化中心。⑦杨凌现代农业观光休闲区,以杨凌高科技农业为依托,建设农业博览园,开发田园风光旅游,形成农业观光、农业科普、休闲健身园区。⑧西安御苑生态旅游区,以秦岭北麓自然生态风光为依托,重点建设西安秦岭野生动物园、西安园艺博物园、西安生态科技园,形成集观光旅游、休闲度假、健身娱乐为一体的综合性自然生态旅游区。

五、文化产业作为审美的特点

审美是指人与世界形成的一种无功利的、形象的和情感的关系,是人类掌握世界的一种特殊形式。人的审美追求,在于提高人的精神境界,促进和实现人的发展,在于促进和谐发展、创建和谐世界。人的审美行为,包括开发自然美、积极创造美、弘扬心灵美、实践行为美、培养内在美、修饰外在美。

文化是审美的主要内容,包括建筑、音乐、舞蹈、服饰、陶艺、饮食、装饰、绘画等领域。

第一,文化产业创造出大批健康的文化产品,给人们带来精神愉悦与美的享受。它提供多样化的文化服务,特别是文化旅游业、休闲娱乐业,为现代人缓解压力、释放不良情绪提供了渠道。人们在文化消费过程中,可以促进情趣的培养、智慧的启迪、情操的陶冶,提高审美能力。

第二,文化产业的审美性,主要表现为大众的审美性。本来文化产业就是大众经济、大众文化体验达到一定程度的产物,所以,文化产品主要用来满足大众文化审美的需求。大众审美的特点,一是产品必须具有一定的实用功能和一般服务功能,二是这些功能必须与审美、文化体验相结合。例如"三言二拍"与现代市民文化体验。

第三,大众的审美需求具有鲜明的特色,既是生活必需品,又是精神享受、审美体验的符号。所以,才有了"名牌""明星"效益。例如私家车,其功能、价位固然重要,但是具有大众审美的品牌、颜色、款式、节能、绿色、个性化等要素,日益成为私家车生产的重要因素。具有实用价值的车,被大众打上了深深的文化烙印。

第二章　文化产业的发展定位

提示

　　文化产业在西方发达国家已经发展成为成熟的产业之一；在我国，文化产业如同东升的旭日，是我国经济发展中的朝阳产业。本章论述我国文化产业的各个定位与特点，以明确文化产业在我国经济发展现阶段中的地位；分析国外文化产业的定位，把握文化产业在各个定位中的特点和应该发挥的重要作用。

第一节 产业定位

一、产业定位与作用

在国民经济行业分类中,一个行业(或产业)是指从事相同性质的经济活动的所有单位的集合。在统计分类中,行业与产业在英语中都被称为"industry"。对国际上的有关分类我国一般翻译为"产业",而我国相对应的分类叫"行业"。目前,在我国使用"产业"一词,往往更强调其经营性或经营规模。

产业定位是指某一区域根据自身具有的综合优势和独特优势以及所处的经济发展阶段和各产业的运行特点,合理地进行产业发展规划和布局,确定某一产业为主导产业、新兴产业、支柱产业或者基础产业的过程。

产业定位直接影响着产业的性质、产业的发展和相关政策制定,也是国家中长期发展规划一项重要的内容和工作。具体来说,一是确立在整个国民经济中的地位;二是进行规划和布局;三是出台区别对待的政策。

例如农业作为基础产业,尽管不可能给我国财政收入和 GDP 的增长带来明显的效益,但是事关 13 亿人的吃饭问题,所以必须是我国的基础产业,国家要出台一系列的政策稳住农业,推动农业发展,进行种粮补贴。

二、各国文化产业的发展定位

由于不同国家的政治文化背景以及经济发展水平的不同,文化产业在不同国家的发展定位也不尽相同。

在美国,文化产业在经济领域不具有特殊地位,美国政府认为文化产品与钢铁、汽车等其他产品没有什么不同,文化不需要特殊的规划和"保护",政府所应做的只是提供公平合理、充分竞争的文化舞台。

在英国,20 世纪 90 年代,英国专家学者率先提出了创意经济这个概念。经过十多年的努力,创意产业在英国已成为与金融业相媲美的支柱产业,帮助其国民和政府突破了经济发展的困境,找到了新的经济增长点。

在韩国,1997 年金融危机后,韩国政府开始将资源投入资讯、娱乐产业等与文化相关的产业。对文化产业的人才、研发到完成生产后的国际行销等一列环节进行协助和辅导,为韩国文化产业兴起做了准备。韩国在发展文化创意产业方面偏重游戏产品以及数码、电子网络等新兴产业。

在日本,政府把提高文化竞争力作为提升本国产品竞争力的重要举措,认为通过文化产品可以加深世界对日本文化的理解,使日本重新获得尊重,从而使日本产品提高文化含量和附加值。2001 年日本明确提出知识产权立国战略。

第二节　文化产业是新兴产业

一、新兴产业的定义

新兴产业是指随着新的科研成果和新兴技术的发明、应用而出现的新的部门和行业。新兴产业具体包括电子、信息、生物、新材料、新能源、海洋、空间等新兴产业部门。

一是新技术产业化形成的产业。如生物工程技术发展为生物工程产业,数字技术发展为 IT 产业。

二是用高新技术改造传统产业形成新产业。如改造钢铁行业成为新材料产业,生产复合材料以及抗酸、抗碱、耐磨、柔韧性好的新兴材料;用新技术改造传统的商业变成物流产业。

三是对原本属于社会公益事业的行业进行产业化运作。如传媒业本来是事业,现在走向市场成为传媒集团企业。

二、新兴产业的特点

一是以科技、知识、文化为基础。科技、知识、文化已成为经济发展的重要资源和依托。

二是由电子、信息、生物、新材料、新能源、海洋、空间等新技术的发展而产生和发展。

三是属于国家战略性产业。国家规划发展,出台政策推动发展,并占有工业增长值较大比重。我国规定,到 2020 年,战略性新兴产业占工业增加值比重可望达到 20% 以上。

四是产学研一体的发展模式。研发是关键的一环。

三、我国新兴产业七个领域诸多重点方向

2010 年 10 月 10 日国务院发布《关于加快培育和发展战略性新兴产业的决定》,确定节能环保、新兴信息产业、生物产业、新能源、新能源汽车、高端装备制造业和新材料七个行业为新兴产业。

(1)节能环保产业。重点开发推广高效节能技术装备及产品,实现重点领域关键技术突破,带动能效整体水平的提高。加快资源循环利用关键共性技术研发和产业化示范,提高资源综合利用水平和再制造产业化水平。示范推广先进环保技术装备及产品,提升污染防治水平。推进市场化节能环保服务体系建设。加快建立以先进技术为支撑的废旧商品回收利用体系,积极推进煤炭清洁利用、海水综合利用。

(2)新一代信息技术产业。加快建设宽带、泛在、融合、安全的信息网络基础设施,推动新一代移动通信、下一代互联网核心设备和智能终端的研发及产业化,加快推进三网融合,促进物联网、云计算的研发和示范应用。着力发展集成电路、新型显示、高端软件、高端服务器等核心基础产业。提升软件服务、网络增值服务等信息服务能力,加快重要基础设施智能化改造。大力发展数字虚拟等技术,促进文化创意产业发展。

(3)生物产业。大力发展用于重大疾病防治的生物技术药物、新型疫苗和诊断试剂、化学药物、现代中药等创新药物大品种,提升生物医药产业水平。加快先进医疗设备、医用材料等生物医学工程产品的研发和产业化,促进规模化发展。着力培育生物育种产业,积极推广绿色农用生物产品,促进生物农业加快发展。推进生物制造关键技术开发、示范与应用。加快海洋生物技术及产品的研发和产业化。

(4)高端装备制造产业。重点发展以干支线飞机和通用飞机为主的航空装备,做大做强航空产业。积极推进空间基础设施建设,促进卫星及其应用产业发展。依托客运专线和城市轨道交通等重点工程建设,大力发展轨道交通装备。面向海洋资源开发,大力发展海洋工程装备。强化基础配套能力,积极发

展以数字化、柔性化及系统集成技术为核心的智能制造装备。

（5）新能源产业。积极研发新一代核能技术和先进反应堆，发展核能产业。加快太阳能热利用技术推广应用，开拓多元化的太阳能光伏光热发电市场。提高风电技术装备水平，有序推进风电规模化发展，加快适应新能源发展的智能电网及运行体系建设。因地制宜开发利用生物质能。

（6）新材料产业。大力发展稀土功能材料、高性能膜材料、特种玻璃、功能陶瓷、半导体照明材料等新型功能材料。积极发展高品质特殊钢、新型合金材料、工程塑料等先进结构材料。提升碳纤维、芳纶、超高分子量聚乙烯纤维等高性能纤维及其复合材料发展水平。开展纳米、超导、智能等共性基础材料研究。

（7）新能源汽车产业。着力突破动力电池、驱动电机和电子控制领域关键核心技术，推进插电式混合动力汽车、纯电动汽车推广应用和产业化。同时，开展燃料电池汽车相关前沿技术研发，大力推进高能效、低排放节能汽车发展。

其中，信息技术5个细分领域多为文化产业。《电子信息产业调整振兴规划》确定了电子信息产业的三大重点任务，分别为：完善产业体系，确保骨干产业稳定增长，着重增强计算机产业竞争力，加快电子元器件产品升级，推进视听产业数字化转型；立足自主创新，突破关键技术，着重建立自主可控的集成电路产业体系，突破新型显示产业发展瓶颈，提高软件产业自主发展能力；以应用带发展，大力推动业务创新和服务模式创新，强化信息技术在经济社会各领域的运用，着重在通信设备、信息服务和信息技术应用等领域培育新的增长点。包括4G领域如上海普天、广电信息、华胜天成、振华科技、烽火通信、航天通信、三维通信、中天科技、联创光电、中兴通讯、中创信测、长园集团、武汉凡谷、浪潮软件、上海贝岭、亿阳信通、新大陆、长江通信、光迅科技、东信和平等公司；物联网领域如大华股份、远望谷、赛为智能、金证股份、合众思壮、歌尔声学、太工天成、四维图新、北斗星通、上海贝岭、厦门信达、大立科技、东信和平等公司；3D领域中如得润电子、利达光电、奥飞动漫、中视传媒、宁波GQY、出版传媒、华谊兄弟、海信电器、四川长虹、TCL集团等公司；三网融合领域如粤传媒、永鼎股份、拓维信息、中天科技、北纬通信、电广传媒、天威视讯、华闻传媒、出版传媒、博瑞传播、同方股份、二六三等公司。移动支付领域如长电科技、大唐电信、浙大网新、南天信息、新大陆、生意宝、恒宝股份、康强电子、证通电子、卫士通、焦点科技、国民技术、乐视网等公司，很多都属于文化产业领域。

四、文化产业的新兴性特点

随着经济全球化进程的加快，文化产业已成为21世纪发展最快的朝阳产业之一,它与信息产业并称为21世纪的两大新兴支柱产业,成为世界经济增长的两个新亮点。

一是融合性。知识文化与经济融合成为一个产业形态。以往的文化知识只是一个人的符号,就是有文化,有知识,值得民众尊重;而文化产业将文化与知识变成了钱,形成了知识市场、文化市场,产生了大量的新兴业态,如书画市场、古玩市场、音像业、拍卖行、策划公司、文化传播公司。

二是支撑性。经济发展需要知识文化的支撑;文化产业融入经济之后,给经济发展以很大的支撑。如日本的动漫业,就支撑起了日本经济的半壁江山。再例如功夫熊猫、恐龙、灰太狼等动漫形象,都远远超过了以往电影明星的价值,为影视业的发展注入了活力。

三是精神性。满足的是民众日益增加的知识文化等精神需求。旅游景点并没有因为游客的到来而被分割卖掉,游客消费的是看到的景色风光与文化体验感受;看完电视连续剧,并没有用有线电视费用买到发行权、复制权,只是为剧中人物命运感慨。故而一些专家提出了文化产业符号消费的理论。

四是发展性。文化产业有很大的市场空间和发展潜力,具有产业常有的创造价值财富、促进就业等产业功能。

五是创造性。文化产业尽管也以文化企业作为生产单位,但是除了经营、生产、运作、营销、服务等生产链条之外,特别强调策划、创意。

五、文化产业作为新兴产业的意义

第一,文化产业使文化经济化。它改变了文化塑造人的功能,更加强调其经济功能;有了需求、购买、市场,使得很多事业单位逐步走上企业化、公司化、集团化的市场改革之路。

第二,文化产业使文化商品化。它使得文化的常态存在变为文化产品的存在;有了价值、价格。

第三,文化产业使文化大众化。由祖先的文化创造转变为当地政府的一种商品,资源由全民的转变为政府、企业垄断的。必须走一条大众化之路,才能有消费市场和市场效益。例如文化景点、旅游景区。另外,由漫长时期形成的精神创造转化为移植、仿造、嫁接、创造等产品,满足大众各种消费需求,为大众消费提供更简捷的消费形式。

第四,文化产业使文化娱乐化。它突破了意识形态的文化属性,变成一种市场生产与消费;放大了娱乐与消遣的功能,使得文化走下了神圣的殿堂。

第三节 文化产业是支柱产业

一、支柱产业的定义与特点

1. 支柱产业的定义

支柱产业（pillarindustry），是指在国民经济中发展速度较快，对整个经济发展起引导和推动作用的先导性产业。

2. 支柱产业的特点

支柱产业强调大规模产出。支柱产业着重强调产业的净产出占国民经济或地区经济的比重，是对当地 GDP 和财政收入做出最大贡献的产业。

支柱产业强调现在。现在比重大的产业就是支柱产业，即便其比重呈下降趋势，只要比重还较大，仍可称为支柱产业。

支柱产业强调发展。支柱产业要求市场扩张能力强、需求弹性高，发展快于其他行业。要求生产率持续、迅速增长，生产成本不断下降。

支柱产业强调带动作用。支柱产业要求产业关联度高、长期预期效果好。具有较强的连锁效应，可诱导新产业崛起。

支柱产业强调影响力。对为其提供生产资料的各部门产生影响；影响所处地区的经济结构和发展变化；扩大就业；节约能源和资源；推动科技进步；推进融合。

3. 各国的支柱产业

美国的支柱产业：房地产业；重工业（如汽车，机械制造）；钢铁；航空；高科技产品（如电脑、软件）；金融行业（银行，金融类衍生产品，如股票期货）；农业（美国是多种作物的出口国）；军工；电影业；食品业。

英国的支柱产业：媒体业；金融业；服务业；大学教育。

日本的支柱产业：电子；汽车；钢铁；数字媒体；动漫；游戏；渔业。

瑞士的支柱产业：金融业；保险业；精密机械制造业。

韩国的支柱产业：影视；美容美体；钢铁；汽车；造船；电子；纺织；半导体；石

油化工;游戏。

　　澳大利亚的支柱产业:畜牧业;农业;矿业;机械设备;金属产品;烟草;石油、煤炭;化工。

　　俄罗斯的支柱产业:军工;石油、天然气;木材。

　　德国的支柱产业:机械制造;航空航天;电子电器;汽车制造。

　　法国的支柱产业:旅游;农业;发电设备。

二、我国的支柱产业

　　在三大产业农业、工业、第三产业中,我国以工业为主导,机械电子、石油化工、汽车制造和建筑业房地产,都是我国的支柱产业。目前石油和化工行业是国民经济的重要基础和支柱产业,在宏观经济的发展中占有举足轻重的地位。主要有农用化学品和炼油、乙烯为龙头的石油化工、能源替代、精细化工和专用化学品等。

　　具体分布:珠江三角洲一块的省份以轻工业、服务业为主、农业;长江三角洲一块的省份以轻工业、进出口制造业、金融业为主;东北三省主要重工业、林业为主;中南省份以运输业、轻工制造业为主;西北以服务业、农林牧业为主。

三、作为支柱产业的文化产业

　　国家十二五规划要求发挥市场机制积极作用,培育骨干文化企业和战略投资者,鼓励和引导非公有制经济进入,发展新型文化业态,增强多元化供给能力,满足多样化社会需求,繁荣社会主义文化市场,推动文化产业成为国民经济支柱性产业。

　　文化产业作为支柱产业的主要贡献与拉动作用如下:一是为工业和农业的生产和产品提供创意策划。例如对农副产品的绿色食品、有机蔬菜等的策划与包装。二是有利于建设以文化产业为主的城市产业群。历史文化名城多为文化产业城市,生态宜居城市也必须以文化产业为主体经济。三是用农村文化产业拉动农村经济发展,靠文化产业带动千家万户经营市场。四是发挥地域文化优势,以地方文化产业为龙头,形成地域文化产业特色群与集聚区。

第四节　文化产业属于服务业

一、服务业的定义

服务业概念在理论界尚有争议。一般认为服务业即指生产和销售、提供服务商品的生产部门和企业的集合。即生产、销售服务商品的部门和企业。

二、服务业的特点

服务业是现代经济的一个重要产业。在我国,与工业农业一起支撑着整个国民经济。

服务产品与其他产业产品相比,具有非实物性、不可储存性和生产与消费同时性等特征。看电影,欣赏的是内容,而不是购买的胶片、放映机;看演出门票钱买的是演出的即时状态,不是买的演员;买书享受的内容和知识,不是买断了版权,不能随便使用书本里面的内容,否则视为抄袭。

在我国国民经济核算实际工作中,将服务业视同为第三产业,即将服务业定义为除农业、工业、建筑业之外的其他所有产业部门。

三、我国服务业的 15 大范畴

(1)交通运输、仓储和邮政业,简称交通服务业、物流业。

(2)信息传输业,计算机服务和软件业,简称信息电子服务业。

(3)批发和零售业,简称商业。

(4)住宿和餐饮业,简称酒店行业。

(5)金融业。包括投资类、保险类。如银行、证券、保险、财务公司、投融资公司等。还包括商业银行的租赁业务,即商业银行作为出租人,向客户提供租赁形式的融资业务,包括融资性租赁和经营性租赁。

(6)房地产业。是从事房产开发、经营、管理和服务的行业。

(7)租赁和商务服务业。租赁业包括房屋、场地、汽车、机械等租赁业务;

商务包括电子商务、国际商务等。

　　(8)科学研究、技术服务和地质勘查业,统称咨询服务业。

　　(9)水利、环境和公共设施管理业,即公共服务业。

　　(10)居民服务和其他服务业,即社会服务业。

　　(11)教育。

　　(12)卫生、社会保障和社会福利业。

　　(13)文化、体育和娱乐业,即文化产业。(2012年国家统计体系将体育业排除在统计之外)

　　(14)公共管理和社会组织。

　　(15)国际组织。

四、国家对服务业的要求

　　十二五规划要求加快发展服务业。把推动服务业大发展作为产业结构优化升级的战略重点,建立公平、规范、透明的市场准入标准,探索适合新型服务业态发展的市场管理办法,调整税费和土地、水、电等要素价格政策,营造有利于服务业发展的政策和体制环境。大力发展生产性服务业和生活性服务业,积极发展旅游业。拓展服务业新领域,发展新业态,培育新热点,推进规模化、品牌化、网络化经营。推动特大城市形成以服务经济为主的产业结构。

　　党的十八大提出最近几年重点发展的服务业:①文化产业;②老龄服务业;③文化旅游业;④快递业;⑤信息服务业。

五、文化产业作为服务业的作用

　　1.有利于经济结构战略性调整

　　经济结构调整的三大原则:坚持把经济结构战略性调整作为加快转变经济发展方式的主攻方向;坚持把科技进步和创新作为加快转变经济发展方式的重要支撑;坚持把建设资源节约型、环境友好型社会作为加快转变经济发展方式的重要着力点。

　　经济结构调整的重点产业:重点发展先进制造业、战略性新兴产业、现代信息技术产业和信息消费、劳动密集型产业、服务业、传统产业改造升级以及绿色环保等领域。

　　文化产业对经济结构调整的意义重大,文化消费推动经济结构调整,有助于现代产业经济转型升级。

第一,当前国际市场需求低迷,世界范围内经济的强劲复苏在短期内难以实现,国内经济增长存在下行压力。文化产业具有消费空间大、产业能耗低,相关带动性强的特点,加快其发展有利于扩大内需,推进产业结构的优化升级。按照惯常的说法,也是文化强国的过来者经验,当人均 GDP 超过 3000 美元时,文化消费会快速增长;接近或超过 5000 美元时,文化消费则会井喷。而我国在2008 年,人均 GDP 已经超过 3000 美元。

第二,除了传统意义里面的影视出版、报纸音乐、发行广告、动漫网游以及新媒体产业外,文化产业更是一个需要与其他产业充分融合的产业,可以和旅游融合,可以和科技融合,可以和金融融合,可以和工业产品融合,还可以和农业生产融合。它的融合度非常强,范围非常广,几乎涉及国家社会经济的方方面面。否则其市场属性难以充分体现,消费属性更无从谈起。

文化产业结构调整的主要任务有以下几个方面。

第一,构建现代文化产业体系。"十二五"规划对构建现代文化产业体系的要求,除了"积极发展和壮大出版发行、影视制作、印刷、广告、演艺、娱乐、会展等传统文化产业,加快发展文化创意、数字出版、移动多媒体、动漫游戏等新兴文化产业,规范发展文化产业园区"之外,还强调要"推动文化产业与旅游、体育、信息、物流、建筑等产业的融合发展,提升品牌价值,增加物质产品和现代服务业的附加值和文化含量"。

第二,培育现代文化市场。所谓现代文化市场体系,是指文化产品、文化服务市场和各文化要素市场在相互联系和相互作用中形成的文化市场有机整体。《中共中央、国务院关于深化文化体制改革的若干意见》提出深化文化体制改革的目标之一是形成统一、开放、竞争、有序的文化市场体系,更大程度地发挥市场在文化资源配置中的基础性作用。培育现代文化市场体系要从加强文化产品和要素市场建设、完善现代流通体制、建立健全市场中介和行业组织、加强文化市场监管等四个方面做起。

第三,鼓励文化企业走出去。推动中华文化走向世界,是不断增强我国文化软实力和国际竞争力,提升综合国力的客观要求。要扶持重点文化企业海外发展,推动开拓国际市场;推动文化产品和服务出口,鼓励扩大文化产品和服务出口规模;扩大文化企业对外投资和跨国经营;培育文化贸易品牌;加强营销能力建设;提升运用现代高新技术的水平;积极发展新兴业态。

以深圳华强文化科技集团股份有限公司、北京保利文化艺术有限公司、深圳华侨城集团公司、拓维信息系统股份有限公司、深圳市腾讯计算机系统有限公司等为代表的文化产业各领域龙头,已经成为我国文化企业的领航者。以中国对外文化集团公司、天创国际演艺制作交流有限公司、俏佳人传媒股份有限公司等为代表的外向型文化企业,已经成为参与国际文化竞争的排头兵。

2. 是区域经济的重要支撑

第一,文化产业重点项目、重点园区、基地推动了区域经济发展。例如红色旅游产业园区就可以推动革命根据地经济发展。

第二,文化产业规模总量迅速扩大。如广东2010年文化产业增加值占全省地区生产总值比重为5.6%。

第三,文化产业对整体经济发展的支撑作用显著增强。全国文化产业增加值年均增长率为23%~24%,高于同期生产总值增长水平。文化产业在转变经济发展方式中优结构、扩消费、增就业、促跨越、可持续的独特优势逐步得到发挥。

第四,能培育一批优势的文化产业集群。平面媒体、广播电视、数字出版、印刷复制等产业集群规模大;文化新业态蓬勃兴起,如数字出版、动漫、网络游戏、自主研发制造的电子游艺游戏设备等。

3. 可满足民众日益增长的文化消费需求

文化需求是人的一项基本需求。自古以来,人类生存发展历史就是一个文明进步的过程,今天,我们更必须既要认识到经济发展与文化需求的关系,也要认识到文化需求自身发展的规律。所谓精神文化消费需求,就是人们在学习、娱乐、教育、旅游等方面的支出。精神文化方面的消费需求人人需要,天天需要,不断更新,永无止境。比如说人们对书报、音像、影视、艺术产品的需求,对娱乐服务、旅游服务、信息与网络服务的需求等,而且即使是物质上的衣食住行需求也文化化了,人们更多关注的是品牌、流行和时尚。

4. 有利于完善城市和区域功能与产业集聚

所谓产业集聚,是指在一个较大的区域范围内,大量产业联系密切的企业以及相关的支撑机构,高度密集地集聚在一起。产业的空间集聚形式能够发挥很强的群体竞争优势和集聚发展的规模效益,进而极大地促进产业的形成和壮大,提升区域竞争力。产业集聚一般包含三个要点:一是以某种专业产品为主导,二是以某个地理区域为集聚地,三是有相当数量的企业按照产业链条的联系集聚于此。文化产业的集聚形成了各具特色的文化产业园区,园区化也成为文化产业发展的一个显著特征和重要趋势。文化产业园区具有人力科技资源丰富、园区企业集聚发展、服务平台建设完备等显著特点。文化产业园区一方面在促进资源整合,营造文化创新氛围,实现科技、人才、企业等多方面要素集聚上有着先天的优势;另一方面,文化产业园区的建设更可以充分引起社会对文化产业的关注,为文化产业提供更大的物质空间载体,也会为地方经济发展以及社会进步发挥重大作用。

文化产业集聚区能够强化区域文化认知,增强文化发展责任感。文化特别是特色文化是一个地区在历史中长期沉积而成的,是一个地区的文脉延续,是一个地区的个性体现。一方面,要强化文化认同,通过文化认同增强人们的责任感。文化认同就是指对人们之间或个人同群体之间的共同文化的确认,它是指民族、国家、区域范围内成员对其文化的理解、接受和实践的文化心态,是一种特殊的心理状态,它体现着区域成员的共同利益,并在心理上、情感上形成对区域共同体的归宿感、依赖感,由此而焕发出牢固的内聚力。个人对社会的认同,主要体现在个人的社会化,即对社会所创造和拥有的文化的学习与接受。人们之间在文化上的认同,主要表现为双方相同的文化背景、文化氛围,或对对方文化的承认与接受。不同地域存在着文化的差别,在每个区域内都有自己的文化认同,文化认同的内在吸引力来自于对区域文化的接受与欣赏。

特色文化产业集聚区有利于引导文化消费,培育市场需求。特色文化产业集聚区既是文化产品的创新、生产中心,也应该是文化产品集散、消费中心。要通过多种渠道进行宣传推介,强化特色,突显优势,刺激、引导需求,使区域内外的人们对特色文化产品的需求形成一种偏好和向往,从而使人们对特色文化消费变成一种自觉的习惯行为。并且使集聚区品牌成为区域文化代表,就有利于增加特色文化产业集聚的动力。

有利于挖掘资源,传承特色。建立特色文化产业园区可以文化资源禀赋深厚的地方文化资源为依托,积极开发相关文化产品。

有利于坚持"政府引导、市场主导、企业主体"。坚持政府主导和市场拉动相结合,两者相互作用、相互补充、相互刺激,政府的推动和市场的拉动构成了两股力量,促使特色文化产业园区最大限度地发挥共生优势。

有利于创新体制,塑造品牌。塑造品牌,打造精品,打破了地方、部门分割,取得了良好的社会效益和可观的经济效益。

有利于调整结构,形成规模。美国的好莱坞电影区在国际电影市场上的占有率达到85%,伦敦西区的剧院数占据伦敦剧院数超过40%。

5. 有利于推动传统文化现代化

一方面中国传统文化在现代社会面临挑战,遇到千年未有之大变局,一些传统文化在城市化进程中逐渐消亡；另一方面，科技创新也为传统文化传承与发展创造了前所未有的机遇，不少传统文化借助新的科技手段以另一种面目出现，重新获得生命，为人们所接受。

第一，利用先进的科技手段抢救、保存、保护、传承传统文化。对于包括文物、建筑群、遗址在内的物质文化遗产，除了采取建博物馆和原地保护的方式，还可利用三维立体扫描技术建设数字博物馆。同时，高仿、复制、修复、修补、温控、保湿等技术的不断提高也使静态的物质文化遗产保护更上一个新台阶。而传统的非物质文化遗产由于是以人为载体的活态文化，传承的链条非常脆弱。随着一批又一批老艺人的去世，一些具有特殊技艺的文化门类也随之消亡。这方面的工作尤其值得重视。

第二，利用大众传媒传承与传播中国传统文化，打造具有影响力的文化品牌。如《百家讲坛》《舌尖上的中国》《春节联欢晚会》《探索·发现》《中国记忆》等。

第三，利用现代科技，改良生产方式，实现传统文化产业的升级转型。

第四，利用现代科技改变传统文化业态，使传统文化进入现代生活，成为当代文化的一部分。目前，国外文化产业发展的重点领域主要集中在技术含量高、创意含量高、前景好的电视、电影、网络、动漫、游戏、数字媒体等方面，以更好地呈现传统文化的多样性，让文化与当代生活紧密联系起来。

第五，利用现代科技创造新的文化体验方式，丰富传统文化的呈现与接受方式。传统文化产业在今天之所以缺少吸引力，就在于文化的呈现方式与体验方式过于单一，互动性差，缺少趣味和韵味，激不起人们的欣赏兴趣。而要改变这一状况，必须利用科技手段，让视觉、听觉、味觉、触觉等广泛参与。

6. 有利于中国文化"走出去"

只有民族的，才是世界的，我们要掌握民族文化的灵魂和核心要素，立足本国、本民族的文化，保持本国民族特色，才可能借助独特的民族文化使世界认识自己，从而走向世界。如何在对外文化传播和交往中既体现中国文化的民族特色和精神，又符合世界的视角，成为了中国在传统文化走向世界所面临的必须解决的问题。

有利于确立文化的战略地位。把文化产业列入国家战略，大力推动和扶植文化产业。要详细制定文化发展战略目标、战略措施和文化发展政策，加快发展文化事业和文化产业，推进文化体制改革，完善文化产业政策，推动其发展成为国家战略性产业。

有利于抵御西方软实力。近来美国《混合语》杂志不断爆料:美国中央情报局在 1996 年后加紧了对第三世界学术界的渗透,出巨款让一些人宣传推进全盘美国化,打压第三世界那些保护和振兴本民族文化的人。在弗朗西丝·斯托纳·桑德斯的《文化冷战与中央情报局》一书披露:为了渗透美国的霸权思想,中央情报局在文化领域展开了长达半个多世纪的文化输出活动:举办讲座和研讨会,创办学术刊物,开设图书馆,资助学者互访,捐助讲座教授位置等。因此,法国、德国、加拿大等国家一致致力于维护本国本民族的文化,尤其以法国为甚。为抵制美国文化的入侵,保护法国文化,针对美国在关贸总协定的乌拉圭谈判中提出的文化产品贸易自由化,法国坚持"文化例外"政策,反对将视听产品纳入世贸组织贸易规章制度中。法国为此对欧洲各国进行不懈的游说,终于使得 1993 年欧洲议会采纳了"文化例外"原则。2001 年 12 月 2 日,联合国教科文组织大会通过了《世界文化多样性宣言》,该宣言第五条规定:"文化权利是人权不可分割的一部分。创造多样性的繁荣有赖于文化权利的全面实现。"

有利于中国文化走出去。中国政府对于全球化时代的文化问题有着自己的主张,提出了中国自己的文化安全观,改革开放以来历任国家领导人的文化立场,多在于强调合而不同,求同存异,鼓励和加强超越意识形态和社会制度的文明对话。中国也开办了孔子学院和语言文化学院,希望有 3000 万甚至 3 亿的外国人都来学汉语。我们的学者、作家、艺术家能否不断创造出文化精品,我们的企业、地区和文艺院团能否逐步形成一些国际知名的文化品牌,是衡量我们的民族文化是否具有强大而持久的国际影响力的重要标准。最近几年,一些中国电影逐渐走出国门,在为世界所认知的同时,也赢得了部分海外市场,其中贡献大者如张艺谋、陈凯歌等。

必须培养一批具有世界眼光的知识分子和文化产业人才。他们知道什么是最中国的、最优秀的、最能成为世界性的文化;知道什么是全球市场;知道谁在消费中国,谁在了解中国,否则很可能将导致文化生产过剩或者错位。中国人懂文化的不懂市场,懂市场的不懂文化,甚至是懂文化的看不起市场,懂市场的也看不起酸文人。

必须进一步吸收世界各国优秀的文明成果以及各国人民共同接受的一些基本价值。如民主法治、公平正义等政治价值,公共服务、终身教育、生活质量、生态文明等社会文化价值,去粗存精,去伪存真,为我所用,促进我国文化软实力的不断提升。还应借鉴西方的模式。美国用三大片(薯片、芯片、影片)策略就征服了世界。可借鉴其制作模式、宣传模式、广告模式、营销模式、收回成本模式等。

必须展现形象。党和国家领导人在出访的时候,身体力行地宣传"和谐世界"理念中蕴涵的中华文化思想,充分展示社会主义中国的面向现代化、面向世界、面向未来的国际形象,恳切表达中国人民同世界各国人民一道努力建设一个持久和平、共同繁荣的和谐世界的美好心愿,为提升我国的国家形象的亲和力作出贡献。

中国的科学家、艺术家、体育明星都是很有影响力的形象大使。中国游客、留学生、商人、官员等在其他国家的言行举止同样也会被看作是中国人的文明水平的代表。

必须开拓中华文化的国际传播渠道。我们不仅要发挥各级政府和国有企业、事业单位的作用,而且要发挥民间团体和公民个人的作用;不仅要发挥文化单位和外宣部门的作用,而且要发挥旅游、商贸、会展、教育、科研、体育、侨务等各个部门的作用。在对外文化宣传中,我们也应该根据文化传播的不同内容和不同对象选择最为适合的传播形式,使中华文化为世界上更多的人了解、理解和认同。作为市场经济的组成部分,文化产业的成长和发展有助于进一步提高国家的经济实力;作为一种以文化为内容的现代产业,文化产业的拓展和提升则有助于中华文化走向世界,加强国家形象的国际亲和力和民族文化的国际影响力。

必须大力发展文化产业,实施重大文化产业项目带动战略,加快文化产业基地和区域性特色文化产业群建设,培育文化产业骨干企业和战略投资者,繁荣文化市场,增强国际竞争力。

第五节　文化产业属于战略性产业

战略性新兴产业是以重大技术突破和重大发展需求为基础,对经济社会全局和长远发展具有重大引领带动作用,知识技术密集、物质资源消耗少、成长潜力大、综合效益好的产业。

我国的战略性产业就是主导性产业，就是新兴产业。包括新能源、节能环保、电动汽车、新材料、新医药、生物育种和信息产业。

战略性产业突出了政府的职责和功能的发挥。政府应该是文化体制改革的推动者，文化产业政策的制定者，文化市场发育的管理者和社会文化产业发展的服务者。即在发展文化产业中要加强规划，培育环境，制定政策，注重引导，为产业发展提供动力、支持与保障。

一、必须确立大文化产业观，深化文化体制改革

大文化产业观即不要只简单看到经营性文化生产和服务业，更不应该只看到盈利性文化生产和服务业，而是把文化作为一个产业系统。即用大文化产业观念指导，认识到无论是投资非经营性项目，还是投资经营性项目，都属于产业的战略全局，不应将它们割裂开来。

大文化产业观拓展了文化产业的范畴，规划了文化产业的战略格局，看到了文化产业与文化事业之间的联系，提出了必须打通二者之间的关联而使其融为一体，从而强调了文化体制改革的必要性。

而目前我国的文化市场是按部门、行业和区域分割的，使本应完整的文化创意产业链条发生断裂，导致市场配置资源的基础性作用无法得到充分发挥。所以必须在文化体制改革和制度设计的层面上进行改革。

所以，政府的第一个职能就是深化文化体制改革，改革国有企业和事业单位。同时，完成政府职能转换。政府在文化产业发展中的角色转换和管理方式转变至关重要。政府对文化产业的行政管理，要以服务导向代替传统的政府中心主义，担任提供服务、协调社会秩序的角色；要由以往的直接控制、直接经营转变为以单位调控为主的管理模式。

二、必须加强法规政策建设，强化引导作用

健全的适应国情和国力的政策法规对文化发展具有根本性促进作用。比如知识产权的法律法规、财政金融政策等。

在文化产业政策研究方面走在最前列的并非文化产业最发达的美国，而是欧洲国家，特别是欧盟各国，文化产业和文化政策已经成为众多欧洲议会的主要议题。基本内容是：该由政府给力的政府给力；该由市场给力的市场给力。不能一味用行政代替，更不能推向市场不管不问。

政府必须通过政策的制定推动发展：第一，文化产业创造了就业机会，应该

被纳入国家的全面就业战略中去,出台相关的扶持或优惠政策,在新兴的文化产业领域如媒体产业创造就业机会。第二,文化创新可以为文化产业创造出新的增长点,应该把信息、科技、创新等新技术运用到文化活动中去,应该出台推动融合的相关政策。第三,对于发展速度快、效益好的产业,应该用倍增计划推动。第四,对于社会资金关注的重点投资领域,应该考虑加快投融资体制改革,制定资本融合等相关政策,并建立积极的资助体系,包括政府和私人两个方面,其中私人资助又包括个人、基金会和公司。第五,建立公平竞争的市场机制。第六,支持文化走出去。第七,建设文化产业园区、基地、文化创意集群、产业集聚区。第八,保护内容产业的知识产权。

三、必须制定文化产业的发展战略,规划其发展

2009 年 7 月 22 日,我国第一部文化产业专项规划——《文化产业振兴规划》由国务院常务会议审议通过。这是继钢铁、汽车、纺织等十大产业振兴规划后出台的又一个重要的产业振兴规划,标志着文化产业已经上升为国家的战略性产业。

此外,我国主要的文化产业规划还有《文化部“十二五”文化科技发展规划》《文化部“十二五”时期文化改革发展规划》《文化部“十二五”时期文化产业倍增计划》《国家“十二五”时期文化改革发展规划纲要》。

(1)国家重点推进的文化产业包括:文化创意、影视制作、出版发行、印刷复制、广告、演艺娱乐、文化会展、数字内容和动漫等。

(2)《文化产业振兴规划》指出,文化产业作为战略产业,着重发展重点文化产业、实施重大项目带动战略、培育骨干文化企业、加快文化产业园区和基地建设、扩大文化消费、建设现代文化市场体系、发展新兴文化业态和扩大对外文化贸易。

(3)加强文化产业区域布局。支持东部地区加快发展动漫游戏、创意设计、网络文化、数字文化服务等行业,培育科技型文化产业集群。引导中西部地区及限制开发的主体功能区,依托当地丰富的文化资源,重点发展演艺、文化旅游、艺术品、工艺美术、节庆会展等文化产业,走特色化、差异化、集聚化发展之路。结合国家各项区域性专项规划,主动将文化产业发展纳入区域发展总体框架,加快发展地方特色文化产业。

(4)统筹城乡文化产业发展。发掘城市文化资源,发展特色文化产业,建设特色文化城市。支持大型城市和城市群发挥技术、人才、资金密集优势,加快

发展新兴文化业态,形成一批具有国际影响力的文化创意中心城市和城市群。发挥首都全国文化中心的示范作用。鼓励大型城市和城市群科学制定功能区域规划,形成各具特色、合理分工、重点突出的文化产业空间布局。支持中小城市完善文化消费基础设施,利用特色文化资源打造产业亮点。鼓励资源型城市合理利用其闲置旧厂房、废弃工业设施等,发展创意设计、演艺、会展、文化旅游等文化产业项目。鼓励发展农村手工艺品、民间演出和乡村文化旅游,培育打造一批特色文化产业乡镇和文化产业特色村,扩大农村就业,增加农民收入。

(5)培育区域性特色文化产业群。挖掘各地特色文化资源,通过规划引导、政策扶持、典型示范等办法,引导特色文化产业有序聚集,发展壮大一批特色明显、集聚度高的特色文化产业基地。鼓励各地积极发展依托文化遗产的旅游及相关产业,打造一批特色文化产品和服务,培育一批民族演艺、文化旅游、工艺美术等文化产业集群,着力推进藏羌彝文化产业走廊等重大项目,增强特色文化产业群发展的聚集力、辐射力和竞争力。

(6)发展新兴文化业态。采用数字、网络等高新技术,大力推动文化产业升级。支持发展移动多媒体广播电视、网络广播影视、数字多媒体广播、手机广播电视,开发移动文化信息服务、数字娱乐产品等增值业务,为各种便携显示终端提供内容服务。加快广播电视传播和电影放映数字化进程。积极推进下一代广播电视网建设,发挥第三代移动通信网络、宽带光纤接入网等网络基础设施的作用,制定和完善网络标准,促进互联互通和资源共享,推进三网融合。积极发展纸质有声读物、电子书、手机报和网络出版物等新兴出版发行业态。发展高新技术印刷。运用高新技术改造传统娱乐设施和舞台技术,鼓励文化设备提供商研发新型电影院、数字电影娱乐设备、便携式音响系统、流动演出系统及多功能集成化音响产品。加强数字技术、数字内容、网络技术等核心技术的研发,加快关键技术设备改造更新。

(7)扩大对外文化贸易。落实国家鼓励和支持文化产品和服务出口的优惠政策,在市场开拓、技术创新、海关通关等方面给予支持。制定《国家文化出口重点企业和项目目录》,形成鼓励、支持文化产品和服务出口的长效机制。重点扶持具有民族特色的文化艺术、展览、电影、电视剧、动画片、网络游戏、出版物、民族音乐舞蹈和杂技等产品和服务的出口,抓好国际营销网络建设。支持动漫、网络游戏、电子出版物等文化产品进入国际市场。鼓励文化企业通过独资、合资、控股、参股等多种形式,在国外兴办文化实体,建立文化产品营销网点,实现落地经营。办好国家重点支持的文化会展,通过中国(深圳)国际文化产业博览交易会、中国(深圳)国际文化产业博览会、中国国际广播影视博览会、北京国际图书博览会等推动文化产品和服务出口。支持文化企业参加境外图书展、影视展、艺术节等国际大型展会和文化活动。

四、必须培育和管理文化市场，建设现代化市场体系

(1)培育骨干文化企业。以建立现代企业制度为重点,加快推进经营性文化单位改革,加快公司制股份制改造,完善法人治理结构,形成符合现代企业制度要求、体现文化企业特点的资产组织形式和经营管理模式,培育合格市场主体。培育一批核心竞争力强的国有或国有控股大型文化企业或企业集团,在发展产业和繁荣市场方面发挥主导作用。在国家许可范围内,引导、扶持、规范非公有资本进入文化产业,非公有制文化企业在资金扶持、项目评审、投融资、税收优惠、人才引进、奖励表彰、土地使用等方面与国有文化企业一视同仁,营造公平参与市场竞争、同等受到法律保护的体制和法制环境。鼓励有实力的文化企业以资本为纽带,实行跨地区、跨行业、跨所有制、跨媒体兼并重组,形成一批有影响、有品牌、有竞争力的企业或企业集团,打造一批具有较强国际竞争力的"文化航母"。

(2)扶持中小文化企业。通过政府采购、信贷支持、加强服务等多种形式扶持中小文化企业发展,形成富有活力的中小企业群体。简化创办手续,降低准入门槛,支持个体创作者、文化工作室、民办非企业文化机构、文化产业专业合作社发展。鼓励各类中小文化企业向"专、精、特、新"方向发展,强化特色经营、特色产品和特色服务。培育文化产权鉴定、评估、拍卖、经纪等机构,大力发展演艺经纪、票务销售、会展策划、版权代理、创意设计等文化企业。

(3)鼓励集聚发展。建设10家左右高起点、规模化、代表国家水准和未来发展方向的国家级文化产业示范园区和一批集聚效应明显的文化产业示范基地。开展特色文化产业示范区创建工作,在特色文化资源富集地区,培育100个左右特色鲜明、主导产业突出的特色文化产业集群和一大批特色文化产业乡镇。

(4)促进产业融合。建立健全产业融合发展的体制机制,优化产业融合发展的政策环境,促进文化与旅游、体育、信息、物流、工业、建筑、会展、商贸、休闲等行业融合,提高国民经济的文化附加值。支持各类企业加大创意设计投入,提升纺织、轻工、包装等行业的文化内涵,推动创意设计向家具、家电、家纺、家饰生产延伸。打破文化产业门类的边界,促进不同文化行业之间的联姻融合,

整合各种资源,延伸文化产业链。

(5)打造文化品牌。强化品牌意识,以国家文化产业示范基地为依托,培育300家左右品牌文化企业。开展国家文化产业示范基地影响力评价活动,激励示范基地争创一流、扩大影响、打造品牌。打造10个左右社会影响大、综合效益高的文化会展和节庆活动。完善传统工艺、技艺的认定保护机制,保护创意设计知识产权。建立健全品牌授权机制,建立文化品牌营销推广平台,扩大优秀品牌产品生产销售。

(6)引导消费。第一,培育文化消费习惯。营造良好的文化消费环境和氛围,转变城乡居民文化消费观念,提高文化消费自觉性和积极性。鼓励实施文化消费补贴制度,引导城乡居民文化消费,有条件的地方要为困难群众和农民工文化消费提供适当补贴。鼓励在商业演出中安排一定数量的低价场次或门票,鼓励网络文化运营商开发更多低收费业务。发挥文化精品的市场影响力和带动力,激活文化消费市场。第二,改善文化消费条件。发展文艺演出院线,支持建设、改造剧院等文化消费基础设施。提高基层文化消费水平,引导文化企业投资兴建更多适合群众需求的文化消费场所。支持社会力量兴办各类文化设施,鼓励机关、学校和部队的文化设施面向社会开放。加快全国文化票务网络建设。发展连锁经营、物流配送、电子商务等现代流通组织和流通形式,构建以大城市为中心、中小城市相配套、贯通城乡的文化产品流通网络。积极开发文化消费信贷产品,活跃文化消费市场。第三,进文化消费升级。拓展大众文化消费市场,开发特色文化消费,提供个性化、分众化的文化产品和服务,培育新的文化消费增长点。加强文化市场需求和消费趋势预测研究,引导文化企业开发适销对路的文化产品和服务。挖掘节假日和各类节庆活动的文化内涵,提升丰富其文化内容和形式。大力开发适宜互联网、移动终端等载体的网络文化产品,促进动漫游戏、网络音乐娱乐等数字文化内容的消费。提升城市文化消费的质量和层次,促进居民消费结构升级。加强农村文化网点建设,扩大农村文化消费。

五、必须提供公共文化服务

1.公共文化服务的定义

文化可分为公共文化与文化产业。公共文化属于公共产品与服务的范畴,其特点是具有非竞争性,容易出现市场失灵,因此,主要由政府来提供与承担。此外,文化产业作为经济领域的一部分,虽然主要应由市场调节,但是由于文化产业属于新兴产业,需要政府的大力扶持,特别是对于发展中国家。

公共文化服务是政府公共服务的重要内容。它是指以政府部门为主的公共部门提供的、以保障公民的基本文化生活权利为目的、向公民提供公共文化产品与服务的制度和系统的总称,包括公共文化服务设施、资源和服务内容,以及人才、资金、技术和政策保障机制等方面内容。

2.公共文化服务的基本要求

要加大政府投入力度,加快构建覆盖全社会的公共文化服务体系,加强公益性文化事业建设,特别是加强社区和乡村文化设施建设。

应按照结构合理、发展平衡、网络健全、运行有效、惠及全民的原则,以政府为主导、以公益性文化单位为骨干,鼓励全社会积极参与,努力建设以公共文化产品生产供给、设施网络、资金人才技术保障、组织支撑和运行评估为基本框架的覆盖全社会的公共文化服务体系,切实保障人民群众看电视、听广播、读书看报、进行公共文化鉴赏、参加大众文化活动等基本文化权益。

3.公共文化服务的主要任务

(1)大力加强重大公益性文化工程建设,认真组织实施广播电视村村通、全国文化信息资源共享、乡镇综合文化站和基层文化阵地建设、农村电影放映、农家书屋建设等公共文化服务工程。

(2)建立健全公共文化设施网络,充分发挥现有文化设施作用,积极开展公益性文化活动,加大产业支撑和市场供给,增强公共文化产品的生产供给能力。这些文化基础设施既要能保护和促进公共利益,又能促进市场有效运作。对于发展中国家,新兴文化创意产业在价值链的各个环节都需要基础设施,尤其需要的是信息与通信技术。

(3)提供财政与投资支持。政府文化部门要对某些项目、机构和大型企业,特别是对图书馆、艺术馆、博物馆、科技馆、广场、景点景区等公共文化与群众文化设施加大投入。

(4)推进文化事业单位改革,创新文化服务方式,创新公共文化服务技术,创新公共文化服务运行机制。

六、必须培养文化产业人才

培养文化产业人才包括传媒、文化旅游、演艺娱乐、数字娱乐、文化会展、体育休闲、广告、创意设计等文化人才的培育、引进、使用、保护、流动、激励。

如何培养呢? 具体来说,一要营造有利于人才积聚和成长的良好创业环境。二要完善人才引进、使用与管理政策。三要完善收入分配、激励与保障机制。四要加强人才培养和培训,打造人才建设平台。

第六节　文化产业是主导产业

一、主导产业的定义

主导产业是在区域经济发展中起主导作用的产业,即那些产值占有一定比重、采用了先进技术、增长率高、产业关联度强,对其他产业和整个区域经济发展有较强带动作用的产业。

产业关联度是判断主导产业的一个基本准则,也就是说,必须选择能对较多产业产生带动和推动作用,或者说具有较强后向关联、前向关联和旁侧关联的产业,作为政府选择主导产业的优先对象。

必须将主导产业的产业优势辐射传递到产业关联链上的各产业中,以带动整个产业结构的升级,促进区域经济的全面发展。

主导产业也是区域相对比较优势度高的产业。

二、文化产业的主导特点

第一,文化产业是潜在的主导产业。潜在主导产业是指与经济发展的未来特定阶段相联系的,预期在该阶段将具有很高的创新率,能迅速引入技术创新,并对该阶段的技术进步和产业结构升级转换具有重大的关键性的导向和推动作用,本身成长性很高,带动性和扩张性很强,但目前还处于幼小或形成状态的产业。

第二,文化产业具有产业的带头作用。随着社会的发展,社会财富的形态也发生了变化,从过去重视物质形态、精神形态转变,知识经济、知识产权、信息产业的文化财富含金量,大大超过了以金、银等为基础的物质财富含金量。特别是文化产业的发展,会促进人们更新观念,带动经济更快发展,使得社会财富更快增长。

第三,文化产业看好不久的将来。文化具有很强的渗透性。随着文化与经济日益交融,文化产业充分体现了优结构、促转型、扩消费、零污染、广就业、可持续等作用和优势,对经济增长和转变经济发展方式的贡献越来越大;文化产业与旅游、休闲、制造、电信、交通等产业相融合,使文化产业成为国民经济新的增长点和现代服务业的支柱产业。

第四,文化产业生产率快。意味着文化产业投入减少、成本降低、收益增加的速度加快。

发达国家文化产业发展的趋势

第三章　文化产业发展现状

提示

目前，发达国家文化产业发展强劲，我国文化产业发展前景远大。 文化产业专业作为新兴专业，专业空间大，就业预期好。

第一节　发达国家文化产业发展强劲

进入新世纪,文化产业在一些发达国家发展迅速,已成为国民经济的支柱产业之一,成为当代综合国力和国家竞争力的重要组成部分。据统计,2000~2012 年期间,美国文化产业的产值占 GDP 的 12%,英国文化产业产值占 GDP 的 10%,意大利文化产业产值占 GDP 的比例更是高达 25%。

文化产业的发展已成为全球经济新的增长点。一部《泰坦尼克号》或《狮子王》,竟能创下十几亿美元的票房价值,可与我国几大产业的利润相匹敌。而其所依靠的就是新颖的创意和三维动画技术。美国的视听产品是仅次于航天航空产品的第二大出口产品。日本的娱乐业发展迅速,日产游戏软件充斥市场,其年产值早在 1993 年就超过了汽车工业的年产值。韩国在亚洲金融风暴中经历了惊涛骇浪的考验,使其平安涉险的救星也是文化产业。韩国的影视、歌曲,造成了冲击全球、势不可挡的"猎猎韩风"和"滚滚韩流"。英国文化产业的年产值将近 60 亿英镑,从业人员约占全国总就业人数的 5%。在许多发达国家和地区,居民文化消费已占据总消费额的 30% 以上。

当今世界的文化市场上,美国的市场占有率约 43%,欧盟 34%,日本约 10%,韩国为 5%,而中国仅为不到 4%。全国 500 多家出版社的收入总和,还不及德国贝塔斯曼集团一家的年收入。全世界每 100 本图书,85 本由发达国家流向不发达国家;全世界每 100 小时音像制品,74 个小时由发达国家流向不发达国家。美国生产的电影占全球影片数量的 10%,却占用了全世界一半的观影时间。

一、美国文化产业的成熟

美国是目前世界文化产业第一强国。20 世纪 30 年代到第二次世界大战前,美国初步形成了文化产业的基础和框架。

1939~1945 年,开始了文化工业阶段,美国制造业的指数增加 96%。生产自动化和产品标准化水平的不断提高,流水作业线的日趋精细,为文化工业提供了现代的劳动组织形式和生产管理方法。媒体被几十家公司控制,电视、广播、报纸靠广告,图书靠销售,电影靠门票收入和向电视台出售拷贝,杂志既靠发行又靠广告。

20世纪中期,美国文化产业进入快速发展时期。美国之所以成为文化产业的龙头,有其深刻的社会历史原因。科技是第一生产力。20世纪50年代,彩色电视问世;60年代,计算机集成电路化;70年代,光导纤维投入生产;80年代,卫星通讯投入使用;90年代,信息高速公路开通。所有这一切,又带来排版印刷、音像制作以及其他信息处理技术的飞跃,从而为文化产业的生产、流通和消费开拓出一片广阔的天地。制造业的发达为文化产业规模化生产提供了工业基础。

80年代以后,随着文化商品化程度的加深,美国凭借经济、技术和知识等方面的优势,开始向世界其他国家、特别是发展中国家进行文化产品的倾销;进入90年代,随着经济全球化的不断深入,各国文化产业壁垒不断被打破,企业兼并重组浪潮汹涌澎湃,在美国出现了一批超级跨国文化产业集团,引领着全球文化产业的发展。

1992年,美国联邦通讯委员会FCC放宽一家公司在同一城市所能拥有的广播电视台的数量;1996年,美国国会通过《电信法》,进一步打破媒体之间的壁垒,允许多个媒体在市场上的相互渗透,从而促进了竞争。随着管制的放松,在90年代以来的第五次传媒兼并浪潮中,迪斯尼公司(Disney)收购了大都会/美国传播公司(Capital Cities/ABC);美国在线(AOL)收购了时代华纳(Time Warner);威亚康姆(Viacom)收购了哥伦比亚公司。

如今,美国文化产业已发展到一种巅峰状态,其总体实力和竞争优势无人能及。图书出版产业、报纸产业、杂志产业、广播电视产业、电影产业、网络文化产业、广告产业以及艺术、会展、旅游与知识产权产业全面强势;牛仔、肯德基、耐克鞋,成为全球强势生活文化品牌。

作为世界首屈一指的文化产业强国,美国拥有2300多家日报、8000多家周报、1.22万种杂志、1965家电台和1440家电视台,还拥有美国广播公司、哥伦比亚广播公司、全国广播公司三大电视巨头以及全世界最具影响力的电影生产基地好莱坞。作为美国文化产业的重要成员,电影业为美国文化产业的发展作出了重要贡献。据统计,2008年美国共有6269家影院和40194块银幕包括5400多块数字银幕,美国电影票房收入占全世界总额的近三分之一。图书出版业也举足轻重,据统计,美国2010年共发行各类图书31亿册,发行唱片17.3

亿张。2010 年美国文化产业经营总额高达 7000 亿～7500 多亿美元,而全世界的总产值 12000 多亿美元,其中美国占 60% 左右。在 400 家最富有的美国公司中,有 72 家是文化企业。美国的文化产业已经超过航天航空工业,居出口贸易额的第一位,占全美 40% 的国际贸易市场份额。

影视业。美国公司出产的影片产量只占全球影片产量的 6.7%,却占了全球总放映时间的 50% 以上和电影票房的三分之二,许多第三世界国家的电视节目有 60% 至 80% 的内容来自美国,美国已控制了世界 75% 的电视节目的生产和制作。好莱坞的巨制电影,三大电视网络中的娱乐节目,时代华纳的流行音乐,经营名列前茅。一部《坦泰尼克号》拿走了中国 3.2 亿元的票房收入,而当年中国的票房总收入只有 14.4 亿元,美国的一部片子就拿走了近 1/5。"熊猫"和"功夫"这两个 100% 的中国元素,被好莱坞梦工厂包装成《功夫熊猫》,全球累计票房收入达 6.3 亿美元。

博彩业。拉斯维加斯的博彩业世界一流。博彩业使一个荒无人烟的戈壁滩变成一座拥有上百万人口的美丽城市。每年这座城市为政府创造税收一千多亿美元。

旅游文化产业。各种旅游文化商品应有尽有,让人眼花缭乱、目不暇接;演出市场十分活跃,在纽约,百老汇音乐剧、华盛顿大剧院的现代艺术表演秀,座无虚席;娱乐市场,仅好莱坞环球影视城每天接待游客不低于 10 万人,平均每人按 100 美元消费,就是一个不小的数字。

文化产业集团垄断。大型文化产业集团凭借它们雄厚的财力,采用高科技、新技术,广揽优秀人才,对文化产业的主导及垄断作用日益加强。这些大集团主要包括美国在线集团、时代华纳集团、维亚康姆集团、新闻集团、通用电器集团。这五大集团对美国媒体市场的占有率已上升到 28%。

文化产业全球化。随着美国文化产业集团垄断下的人力资源、物流资源、资本资源和文化产品大规模跨国流动,文化产品供应日趋国际化。时代华纳公司就有 4000 多家子公司分布在全球各地为其服务;CNN 以各种语言向世界 200 多个国家和地区播放,在全球电视新闻频道中占有霸主地位。

高科技引领发展。卫星技术、网络技术、数字化技术和多媒体技术等高科技广泛运用,与文化深度融合。电脑设计成为美国创作的主流,电脑特技三维、四维、五维技术成为确保影视票房满座的最大卖点,成功地开拓了世界电影市场。

休闲产业突起。在美国,文化产业正在向休闲产业过渡和转型。到 2015

年,预计美国的文化产业将占全部休闲产业的 50% ,因此,也可以说文化产业
是休闲产业中最重要的产业。

2007 年 7 月 21 日,畅销书《哈利·波特》系列的第七部《哈利·波特与死
亡圣器》全球同步首发,当天在英国、美国和德国售出约 1135 万册。英国女作
家 JK·罗琳在创造了"魔法男孩"传奇故事的同时,也创造了一个文化产业的
销售神话。至《哈利·波特》系列小说问世 10 周年为止,这一系列小说已被译
成 65 种语言,总销量达到 3.25 亿册。《哈利·波特》发端于英国,真正开花结
果是在美国。美国的出版商和电影公司可谓大赚特赚。在全球公映的影片
《哈利·波特与凤凰令》,两周内创下票房收入新纪录,北美市场收益 1.4 亿美
元,国际市场收益 3.5 亿美元。而这也是美国文化产业中诸多成功运作案例中
的一个典型。

二、韩国文化产业的亚洲文化定位

21 世纪初,当"哈韩""韩流"之类的街头流行打扮被中国的少男少女们顶
礼膜拜的时候,人们还只是嗤之以鼻:一阵流行风而已。但今天,当韩剧和韩星
充斥甚至"霸占"了中国从中央到地方的电视台荧屏的时候,没有人再敢漠视
这一次"韩流"的袭击和威力:韩国人依靠美女帅哥、华服豪宴和传统老套的爱
情剧情,捕获的不仅是十多亿中国人的眼球,还有中国人刚刚鼓起来的钱袋子。

韩国,一个被很多人评价为没有什么古老文化、甚至缺少原创文化的国度,
曾经连文字都是从中国"拿来"的东方小国,如今却创造了令全球关注的文化
产业业绩,成为向中国出口文化产品的大国。

韩国的文化产业经历了两个发展阶段。

第一个阶段:1997 年,韩国前总统金大中在他的就职演说中,明确提出了
"文化立国",要把文化产业培育成为 21 世纪的骨干产业,随后韩国制定了《文
化产业振兴基本法》。在政府的框架下,建立了文化产业振兴院,成立了电影
产业振兴委员会、动漫产业振兴委员会、韩国游戏支援中心,提出到 2010 年文
化产品在世界上的占有率要达到 5% 。正是在政府的支持下,以电影、电视剧
为代表的韩国文化产品横空出世。韩国的旅游、餐饮、服饰等也乘势走向世界。
从流行音乐、电影到网游、电视剧,席卷亚洲。在电影方面,韩国政府每年拨出
巨额经费,重点支持 20 部国产电影的拍摄,并且规定韩国影院每年放映国产影
片不得少于 126 天,国产影片市场占有率超过了 46% ,2001 年韩国推出 273 部
影片,《朋友》《我的野蛮女友》《新罗月夜》等等,都很成功。2006 年韩国电视

剧出口突破 1 亿美元大关。

第二个阶段:2007 年以后,韩国提出了打造亚洲文化的概念。韩国冀望于通过文化的引领推动本国经济发展,同时在全世界塑造一个亚洲文化主战场的形象。韩国文化体育观光部长官柳仁村曾于 2008 年底发表一项投资游戏产业的计划,提出将在未来 3 年内向游戏产业投资 3500 亿韩元,力争使韩国在 2012 年成为世界三大游戏产业强国之一,游戏产业市场扩大至 10 万亿韩元,出口规模达到 36 亿美元。

三、法国文化产业的国家战略

法国是文化大国,法国的文化产业在欧洲乃至世界上均占有一席之地。法国仅在文化遗产领域相关部门工作的从业人员就达 50 余万人,经济规模达 210 亿欧元,是国民经济的一个重要组成部分。尤其是以电影和出版为代表的法国文化产业更是享誉天下,无论是戛纳电影节还是龚古尔文学奖都享有极高声誉。法国还是旅游大国,其名胜古迹每年都吸引着数以千万计的游客,法国人因此而备感自豪。

法国文化产业分为三个组成部分:一是文化相关产业,由文化遗产、通讯信息产业、画廊、博物馆和旅游业组成,这是广义上的文化产业;二是创意产业,指表演艺术、创意设计、建筑、广告、摄影、服装等行业;三是狭义上的文化产业,由广播电视、出版印刷和音乐组成。

1. 政策的有力推动

法国政府非常重视文化事业的发展。法国政府认为,国家发展与文化繁荣应并行不悖,并且应该把文化权利作为一项福利提供给公民,降低居民参与文化活动的门槛,提倡"参与并享受文化"。法国政府还把文化产业作为促进经济发展的有效途径。

为此,法国政府制定了一系列保护和发扬文化的政策,对文化事业及相关产业给予不同形式的财政支持或扶持。其中,政府直接提供赞助、补助和奖金是重要一环,政府对一些国家文化机构、团体以及与国家有合同关系的文化团体,每年给予固定补贴,还通过减税等措施,鼓励企业为文化发展提供各类帮助,有关企业可享受 3% 左右的税收优惠。

"文化产品不能完全屈从于商业,贸易自由化不适用于文化产品和文化服务。"法国于 1993 年在关贸总协定乌拉圭回合谈判中正式提出"文化例外"的概念,呼吁在自由贸易的同时遵循文化例外原则,主张政府介入文化管理,保障各国公民持续享有丰富文化生活的权利。

自进入网络时代以来,面对着数字化产业的汹涌之势,向来保护传统的法国人开始担忧数字化浪潮可能对传统文化造成的冲击。该如何升级传统文化产品、如何包装数字产品,防止网络巨头对文化的单一垄断?法国决定,重新调整"文化例外"政策以应对数字化时代的冲击。2013 年 5 月 13 日,法国《文化例外 2 号法》协调行动政策建议报告出炉。报告指出了网络和视频点播服务对艺术文化创作的威胁,要求保障创作者的利益和资助创作。将打击网络非法下载行为转向重点打击营利性盗版行为。此外,建议中还提出将对一切可联网媒介,包括手机、平板电脑、阅读器、游戏机等征税。

2. 政府的公共投入

法国采取"公共投入为主、国家扶持、多方合作"的政策。1959 年,法国政府成立了文化部,改变了对文化事业单一而零散的扶持,开始构建系统的公共文化政策体系。作为中央政府最主要的文化机构,文化部的宗旨就是通过"确立文化领域内的各项标准、各种准则,来影响文化领域的价值标准和导向",并"建立起一整套客观的价值体系,以此为依据从财政上给予资助"。文化部成立后的主要工作之一就是机构制度建设,在地方建立分支机构,不断完善管理体系。在上世纪 80 年代以前,法国中央政府是文化事业的最主要投资者。后来,地方政府逐渐与中央政府形成合作关系,通常由中央政府提供专业技术和人员支持,辅以一定财政投入,由地方政府提供主要资金。法国文化产业形成了以中央和各级地方政府公共投入为主导的发展模式。

自上个世纪 90 年代以来,法国文化部预算基本保持稳定增长的态势,2009 年达 28.10 亿欧元,同比增长 2.6%;2010 年为 29.21 亿欧元,同比增长 3.9%。

法国政府非常重视文化基础设施的建设,每年都拨出几十亿法郎用于兴建图书馆、博物馆、剧场等文化设施。这些资金先由政府拨给文化部,再由文化部分配给各施工项目。近几年,法国兴建了一批大型文化工程,如巴士底歌剧院、新国家图书馆、大卢浮宫扩建工程等。这些工程耗资巨大,施工时间长,每年均需十几亿法郎的投资。1999 年,文化部用于文化基础设施建设的资金为 35.43 亿法郎。因此,文化设施的建设是法国最重要的文化产业。

国家级文化设施的董事会由文化部、财政部官员和职工代表组成。省市级文化设施的董事会由地方政府官员和职工代表组成。国家级文化设施的行政负责人,如国家图书馆馆长、国家剧院院长等,由文化部长任命。省市级文化设施的行政负责人由省长或市长任命。在一般情况下,公共文化设施虽然能创造一部分经济收入,如门票费、场租费、小卖部收入等,但大部分经费仍来自政府拨款。

法国还把文化遗产当做维护法国"个性及文化"的大事,拨出专门款项,用于急需修复的诸多文化遗产及名胜古迹。据法国文化部公布的统计,法国2009年用于文化遗产维护的费用达4亿欧元。

专项拨款还用于一些地区文化设施的修复工作,如枫丹白露、国家图书馆及卢浮宫等一些重要的馆所、省级档案馆及一些地方艺术品种的传承与演出场地。

3.图书出版产业成熟

图书的出版、发行和销售均由私人企业经营,文化部通过国家图书中心对图书出版业给予扶持和资助。图书中心是政府机构,创办于1947年,中心主任由文化部图书阅览司司长兼任。1998年,国家图书中心为图书出版业提供了1.36亿法郎的资助。图书中心的资金主要来自图书生产和销售方面的税收。

在图书税收方面,将图书增值税回落到5.5%,并设法保持独立书店的存在和运转。独立书店是法国传统文化的重要象征,为避免独立书店在与大型连锁店的竞争中被淘汰,法国政府创设了特殊担保基金机制,以低利率或者延长贷款期限等方式帮助独立出版商和独立书店从银行获得更优惠的贷款。同时政府拨出专款扶持实体书店的发展和帮助发展有困难的独立书店。

法国是图书生产、销售和出口大国,图书出版是法国重要的文化产业。法国有各类出版社1300余家,其中规模较大的有300多家,年营业额超过5000万法郎的有41家。法国出版界设有自己的行业组织——全国出版协会,全国最主要的300多家出版社均为该协会的成员。法国最大的出版集团是阿歇特(HA-CHETTE)出版集团,它是一家规模庞大、资金雄厚的集团公司,有自己的创作、印刷、经销和发行系统。阿歇特出版集团主要分为两大部分:阿歇特新闻出版公司和阿歇特图书出版公司。阿歇特新闻出版公司是世界上最大的新闻杂志出版公司,每年的营业额约为123亿法郎,年利润为4.57亿法郎。阿歇特图书出版公司是法国最大的图书出版公司,有工作人员5500多名,每年出版图书1000多种,年营业额达55亿法郎。

图书发行主要通过数家大的发行公司来进行。一些大的出版社拥有自己的发行系统,但许多出版社只编辑出版图书,而不发行,它们将图书委托给发行公司发行。有的发行公司承担数十家出版社的发行业务。

4.资助电影生产

1895年,卢米埃尔兄弟在"巴黎科技代表大会"上展出并演示了自己的作品,从而宣告电影的正式诞生。

法国政府通过国家电影中心对电影业进行政策指导、法律监督、行政管理和财政资助。国家电影中心既是文化部直属机构,又是电影行业的协调组织,它具有法人资格和财政自主权。为了促进和保护本国电影业的发展,提高国产影片的竞争力,法国1948年便颁布了政府令,规定国家对电影业的生产、发行和放映等各个环节给予扶持性资助。政府对电影的扶持资金均由国家电影中心管理和提供。1998年,共提供了26.3亿法郎的资助,其中24.25亿法郎来自本行业的各种税收,2.05亿法郎来自国家的拨款。国家用于资助影片的资金主要来自以下几方面:门票税、电视播放税、录像带税、对色情和一般暴力影片征收的特别税,以及其他收入,包括企业和个人的赞助、保险公司的赔款等。法国的电影制作、发行和放映公司均可获得政府资助。

法国西部拉罗歇尔电影节每年从中央、大区、省、市政府分别得到17%、13%、9%和22%的补助,再加上欧盟5%的赞助和企业赞助、门票收入,不仅可以平衡44万欧元的总预算,甚至略有盈余。

5. 旅游强国地位

法国拥有许多历史名城,大约有1.4万座古代建筑和遗址被列为历史古迹,有4000多个博物馆。法国不但拥有众多的名胜古迹,而且兴建了许多新型的文化设施,其中不乏在国内外具有重要影响的大型文化工程,如蓬皮杜文化中心、新国家图书馆、大卢浮宫工程等。这些名胜古迹和文化设施吸引了大量的国内外参观者,使法国成为世界上接待外国游客最多的国家。

政府还鼓励私人开办和兴建文化旅游设施,以达到既促进文化事业发展,又增加旅游收入的目的。地处安布瓦斯市的克鲁吕斯城堡就是一处对公众开放的私营博物馆,文艺复兴时期的著名画家达·芬奇在此度过了他一生中的最后三年,并在此逝世,城堡中存有他的绘画作品和珍贵文物,每年前来参观的游客超过25万人,为该市创造了几十个就业机会,并获得了可观的旅游收入。该城堡将扩建成达·芬奇艺术展示中心,不仅介绍他的绘画成就,还展示他在解剖、天文、航天、机械、水利等方面的研究和成果。该项目得到了政府的支持和资助。

6. 注重文化活动

2004年法国北部的里尔市,被选为欧洲的文化之都。里尔市借助火车站的改造、设置公共艺术、把公共空间重新利用并结合艺术转化,进行一连串的文化转型。在2004年创造了17000位艺术家参与、200万人次访客的惊人数字,同时超过 1 万名居民参与文化活动。

马赛为赢得 2013 年欧洲文化之都的评选资格,大规模地展开地方艺术文化与建筑物等展演设施的改造计划,设置一座位于旧海港旁边、以地中海文化为主题的特色博物馆,实施了一系列的产业遗址更新与再利用,开展了包括船只游行活动等象征当地海洋文化的文化展演。

四、英国文化产业的内容创意

在英国,文化产业指出自个人的创造性、技能及智慧,通过对知识产权的开发生产可创造潜在财富和就业机会的产业,即创意产业,包括出版、音乐、表演艺术、电影、电视和广播、软件、游戏软件、广告、建筑、设计、艺术品和古董交易市场、手工艺品以及时装等 13 种行业。

英国文化产业年产值近 600 亿英镑,相当于本国汽车工业总产值,平均发展速度是经济增速的两倍。每年约有 650 个专业艺术节在英国举行,其中爱丁堡国际艺术节是世界上最为盛大的艺术节。英国有许多拥有世界声誉的剧作家、工艺师、作曲家、电影制作人、画家、作家、歌唱家和舞蹈家。这类创造性的产业在英国的国民经济中占据着重要地位,每年能产生 810 亿元人民币的利润,并解决 140 万人的就业问题,就业人数占全国总就业人数的 5%。

1. 戏剧演出

英国人喜欢各种各样的音乐,从古典音乐到各种形式的摇滚音乐、乡村音乐和流行音乐,各取所好。爵士乐、民间音乐和世界音乐、铜管乐队,都拥有固定的受众。流行音乐和摇滚乐产业通过唱片销售、巡回音乐会,为英国带来可观的海外收入。英国还有几个著名的交响乐团、室内乐团、合唱团和唱诗班。利兹国际钢琴比赛和加的夫世界歌唱比赛吸引了来自全世界的优秀青年艺术家。

伦敦共有约百家剧院,其中 40 多家位于西区。15 家剧院永久性地属于由国家拨给经费的剧团,包括皇家剧院和总部在莎士比亚故乡艾玛河畔特拉特福的皇家莎士比亚剧团。西区剧院特指由伦敦剧院协会的会员管理、拥有或使用的 49 个剧院。西区是世界上戏剧演出最为集中的区域之一,堪与美国纽约的百老汇相提并论,是英国商业戏剧的中心。根据侦探小说家阿加莎·克里斯蒂的小说改编的《捕鼠器》连续演出了 55 年,共 2 万多场,是西区上演最久的戏剧;《悲惨世界》演出了 20 年,是西区上演最久的音乐剧;《歌剧魅影》和《黑衣女人》各上演了 22 年;《妈妈咪呀!》和《狮子王》各上演了 9 年。仅 2007 年,伦敦西区就上演了268部来自世界各地的新作,共演出1.7万场。2008年伦敦戏剧市场的音乐剧、戏剧、歌剧和舞蹈演出共吸引观众近1381万人次,票房收入总值达到4.8亿英镑。

2. 音乐产品

2008年,英国的音乐出口收入上升了近2000万英镑,英国音乐人在海外表演和音乐产品出口年收入超过1.396亿英镑,而前一年的音乐出口收入是1.212亿英镑。音乐制品销售连续10年以10%的速度增长,其中流行音乐占三分之二,古典音乐占7%,国外音乐占3.9%。人们对歌剧的兴趣正在升温,每年约有300万成年观众欣赏歌剧演出。全国大约有6万人从事舞蹈,使其成为英国人参与程度最高的活动之一。皇家芭蕾舞蹈剧团、伯明翰皇家芭蕾舞蹈剧团、北方芭蕾剧院以及兰伯特舞蹈团都是世界上顶尖的舞蹈团。

3. 英国文化之城

英国传媒文化与体育部2009年发起了首届"英国文化之城"评选,利物浦击败了伯明翰、卡迪夫、纽卡斯尔、牛津和布里斯托等竞争对手,当选2008年"欧洲文化之都"。利物浦自开始申办"欧洲文化之都"以来,投入了2亿多英镑用于城市的文化和旅游基础设施建设。巨型购物中心"利物浦一号"融资10亿英镑,将利物浦打造成英国购物目的地。据预计,占地42英亩(1英亩约合0.4公顷)的中心建成后,利物浦的购物消费额有望在2017年增加34%,使该市成为英国第六大消费城市,还能提供5000个就业机会。

4. 文化馆

英国全国有2500多座博物馆和画廊,5000家图书馆,仅牛津大学就有科学历史博物馆、牛津博物馆、庇特河博物馆和大学自然博物馆四大博物馆。伦敦的博物馆就有200座之多,犹如百科全书。大英博物馆收藏之丰富闻名遐迩,却可以免费参观。英国大的国家博物馆从2001年开始都免费开放,如维多利亚和阿尔伯特博物馆、国家画廊、自然历史博物馆、科学博物馆等。其他还有专项博物馆如战争博物馆、交通博物馆、扇子博物馆、玩具博物馆,等等。另外,还有200多个艺术中心给人们提供一系列参与活动的机会。

2001年12月,英国财政部通过一项新规定,即政府支持的博物馆和美术馆的永久陈列品若对公众免费开放,就可以享受增值税返还。到2005年10月,免费开放制度又扩展到英国48所大学的博物馆和美术馆。

为此,英国文化、新闻和体育部每年拨出4000万英镑补偿属下12家博物馆因免费开放损失的门票收入,而该部门主管的所有22家博物馆和美术馆每年还能享受总额为 3.2 亿英镑的预算支持。

5. 教育与旅游

英国普及了高中教育,除了剑桥和牛津两所世界名牌大学外,还有许多高等学校,近年来面向世界各地招生,仅牛津每年就有一千多名中国留学生前来求学,另外还有大批的预科生到英国就读。各国的留学生为英国的教育事业注入了新的活力,推动了教育产业的发展,给英国带来了一笔可观的收入,同时培育了一大批文化的消费者。

另外,英国是一个有深厚文化积淀的国家,他们注重在发展旅游中对文化因素的开发和利用,旅游与文化保护互相滋润、相互促进、良性循环,使英国的旅游资源不断丰富。旅游业年产值 700 多亿英镑,占世界旅游收入的 5% 左右,在世界旅游大国中名列第五。

6. 推进经济与文化融合形成产业链

英国的主要做法是注重商品与工艺美术的结合提高商品的附加值。比如在作为日常用品的饭桌上配上优美的图画和各种各样新颖的图案;对每个知名的旅游景点进行综合性开发,开发出各种各样的旅游商品,如明信片、图书、音像制品、工艺美术品等;以节庆活动为依托,进行产品的推介,每年夏季的爱丁堡艺术节,现在已成为国际艺术盛会。

五、日本文化产业的输出

日本已经完成了从产品制造大国向文化产业输出大国的转型。

1. 动漫游戏

日本动漫产业从 20 世纪 60 年代开始繁荣,动画影片的流行程度迅速反超美国,原因是多方面的,其中著名漫画艺术家手冢治虫(Osamu Tezuka)功不可没。这不仅因为他创办了第一家电视动画制作室,或者是他的《铁臂阿童木》让世界认识了日本动画,更重要的是他影响了日本人对动漫画的态度。手冢治虫在日本非常受欢迎,他的作品涉及各个领域,遍布在各类人群中。他认为漫画这种艺术表达形式可以被各类人群所接受,所以他既为孩子画小儿书、为女性读者画浪漫故事画册、为男性杂志画幽默漫画,也为报纸画政治卡通漫画。手冢治虫的动漫理念有效地传达给了他的读者,使动漫作品成为一种老少皆宜的艺术欣赏形式。70 年代,日本动画作为文化产业概念迅猛发展。动画市场的规模,包括动画电影的票房收入、电视动画的收入和售卖和出租录像带、DVD的收益,1975 年为 46 亿日元,1980 年达到了 120 亿日元,90 年代上升至千亿元的规模。2002 年的总收入达到了 2135 亿日元,这主要得益于影片《千里千寻》。2003 年日本动画市场因没有具有冲击力的作品出现,规模萎缩到 1912亿日元,下降了 10.4%。2004 年,日本国内电影院上映的动画片约为 81 部,由于《哈维尔的移动城堡》轰动性的成功,电影票房、电视动画和录像带等的总收入又重拾上升趋势。仅 2003 年 3 月,就有 20 部动画片在美国电视台播放。所以,日本动画公司非常重视美国市场,东映动画已经于 2004 年 3 月在美国建立了它的子公司。2003 年销往美国的日本动画片以及相关产品的总收入为43.59 亿美元,是日本出口到美国的钢铁总收入的四倍。近年来,宫崎骏(Hayao Miyazaki)、押井守(Mamoru Oshii)、大友克洋(Katsuhiro Otomo)等动漫大师的辉煌崛起,更是在国际市场掀起了一波又一波浪潮。《哆啦 A 梦》《忍者神龟》《蜡笔小新》《灌篮高手》《火影忍者》等动漫作品部部火爆。

在日本的出版物中,漫画作品占了 40%,漫画杂志达 350 种,平均每天有25 本漫画单行本问世。仅 2001 年,日本发行漫画杂志就达 15.9475 亿册,单行本 7.835 亿册,纯利润 5864 亿日元(相当于人民币 350 亿元)。漫画还带动了其他相关商品的制作与消费,如漫画中主人公的服饰,漫画中人物、动物造型的食品和生活用品、体育用品、玩具等,销路很广。此外,漫画杂志和单行本漫画又为电影、电视动画片、电子游戏等提供了素材。

日本现在已经进入了"ACG"时代。所谓"ACG",是 Animation(卡通动画)、Comnics(漫画)、Game(游戏)的简称。日本是"ACG"这一新时代的领跑者。目前,日本动漫产业市场的总体规模,包括动漫衍生产品市场,诸如动画人物的使用授权、动画人物的玩具制造等,据估计已经达到 2 兆多日元,广义动漫产业占日本 GDP 的十多个百分点,已经成为日本第三大产业。

2. 艺术产业

日本的戏剧、文艺演出、电影、美术展览等也已产生一定影响。如日本每年观看戏剧的观众为 1130 万人次,市场规模为 1230 亿日元;音乐会和演唱会的观众为 2210 万人次,市场规模为 1890 亿日元;观看其他演出的观众约为 590万人次,市场规模为 280 亿日元。另外,日本每年要邀请多个外国艺术团来日演出,各种演出达 3100 多场次。

3. 旅游产业

旅游业也已成为日本文化产业的重要支柱产业。到日本旅游的海外游客2001 年创下了 529 万人次的历史最高纪录,而在日本国内旅游的日本人更是数以亿人次计。

4.酷日本产业

据报道,日本品牌的影响力在亚洲年轻人中逊于韩国品牌,日本文化的曝光率也显著降低。从 2011 年开始,日本对文化产业专门提出相应发展战略以及发展重点,并且提出一些新的概念,比如"COOLJAPAN"。为了让"COOLJA-PAN"的思路更加清晰、有条理,还专门提出一个新的经济发展衡量指标,叫做国民酷总值(Gross National Cool)。国民酷总值主要是衡量国家在文化产业、内容产业方面的影响力的数值,具体包括饮食、动漫、流行音乐、时装、电子游戏及图书相关产业的数字。

日本政府希望通过把"酷日本"活动定位为国家发展战略,在未来五年,实施文化产业发展六项重点战略:有效支援文化产业发展;培养和创造相关人才;把年轻人和孩子作为文化产业重点;向下一代传播传统文化产业意识;推动各地域有特色文化产业发展,并且通过旅游和相关的产业加以充实和振兴;提升相关文化产业的国际传播水平和经济效益,夺回日本文化在海外市场的地位。明确提出发展文化产业的六大重点领域,即时装、美食、内容、地域产品、住宅、观光。

经济产业省 2010 年 6 月 8 日专门设立"酷日本室",通过在世界各地开设展销窗口,促进动漫、电影、流行音乐、电子游戏、时装和美食出口。随后出台的日本"新增长战略"又把"酷日本"在海外开展业务作为经济增长的战略重点。提出力争到 2020 年把日本动漫等文化产品的出口额从目前的 4.5 万亿日元提高到 12～17 万亿日元。

5.靠创意融合

日本的"内容产业"已像串烧一样,把新闻、出版、广告甚至手机、汽车等众多产业结合起来,衍生出与传统概念中的文化产业完全不同的"新文化产业"。包括《著作权法》《文化艺术振兴基本法》等在内的一系列法律保障了创作者的权益。在数字技术普及后,日本还发明了保护知识产权、防止复制的技术,在网络时代有效保护了著作权。

第二节　我国文化产业迅猛发展

一、增加值占 GDP 比重加大，产业地位突出

我国文化产业虽然起步较晚，却在短时间内获得了长足的发展。经过 20多年的培育和建设，我国文化产业已经初具规模，初步形成了包括新闻出版业、广播影视业、音像业、演出业、娱乐业、艺术培训业、文化旅游业、群众文化业、图书馆业、文物业、博物馆业、会展业、广告业、咨询业、博彩业、竞技体育业、网络业等在内的综合型文化产业体系，已经成长为我国社会主义市场经济体系中的重要组成部分，其产值占 GDP 的比重不断提高。

国家《文化产业振兴规划》虽然没有提出全国文化产业增加值实现的具体目标，但相当多省、市、区的文化产业规划中均提出，到 2015 年，文化产业增加值占 GDP 的比重达到或超过 5%，如北京、广东、山东、浙江、山西、广西、福建。其中广东到 2020 年计划达到 8%，湖南则计划在 2015 年就达到 8%。北京最突出，计划在"十二五"末期达到 15%。在一些经济文化发达城市，文化产业增加值占 GDP 的比重都大大超过了 5% 这个目标。如广东的珠三角地区，到 2020 年计划达到 10%。

2008 年，北京、湖南、云南、上海、广东成为全国文化产业增加值占 GDP 比重率先突破 5% 的五个省市。2007 年北京文化创意产业创造增加值占全市 GDP 比重达到 10.6%，2004 ~ 2007 年平均增幅在 17.4%，2008 年达到 11%；2008 年湖南省文化产业的总产值达到 1090 亿元，实现增加值 530 亿元，占 GDP 比重 5%，成为湖南五个千亿产业之一。

2010 年我国文化及相关产业法人单位增加值达到 11052 亿元，占 GDP 的比重达 2.75%。

从国家统计局的数据可以看出，从 2004 年到 2008 年，文化产业增加值的增长幅度平均保持在 23.2%，从 2008 年到 2010 年这一数值保持在 24.2%。

2011 年文化产业法人单位增加值达 13479 亿元，占 GDP 的比重达 2.85%；文化产业法人单位增加值占 GDP 的比重从 2004 年的 1.94% 增至 2011 年的 2.85%，年平均增长 23.35%。

2012 年，文化产业增加值达到 16000 亿元，维持 18% 至 20% 的年均增速。我国文化产业法人单位增加值与 GDP 的比值为 3.48%，文化产业对当年经济总量增长的贡献为 5.5%。

《2013 中国文化产业发展指数报告》显示，北京、广东、浙江、江苏、山东、上海等省市成为中国文化产业发展"新十强"。

"十二五"期间文化产业实现跨越式发展，实现 2016 年成为国民经济支柱性产业的目标，中国尚有很大发展空间。

山东省人民群众文化消费十分活跃，社会力量投资文化产业的热情高涨，文化产品和服务丰富多样，演艺娱乐、文化旅游、工艺美术等传统文化产业需求旺盛，动漫、游戏、网络文化、数字文化服务等新兴文化产业等行业消费市场也逐步形成，文化产业增加值年均增速远高于同期 GDP 增速，凸显出成长为国民经济支柱性产业的巨大潜力。据 2012 年山东省政府统计公报，全省共有艺术表演团体 104 个，艺术表演场馆 93 个，博物馆 200 个，公共图书馆 150 个，群众艺术馆、文化馆 158 个，文化站 1828 个，农村文化大院 5.9 万个。国家级文化产业示范基地 12 个，省级文化产业示范基地 104 个。全国重点文物保护单位 101 处，省级文物保护单位 687 处。全年出版各类图书 14892 种，报纸 87 种，杂志 261 种。年末广播人口综合覆盖率为 98.3%，电视人口综合覆盖率为 98.0%。全年发行影片 305 部，票房收入 5.8 亿元，比上年增长 39.3%。年末加入城市电影院线的影院达 225 家。

二、形成了各具特色的产业群

1. 文化产业的经济实体迅速发展

近 10 年来，我国文化产业实体经济发展迅速，其中音像业、图书业、高档娱乐业、影视业、报业等率先走上产业化道路。

文化产业的集群化发展格局明显，并围绕重点行业、重点企业形成园区化、集团化模式。经组建的包括广播影视集团、演艺集团、出版集团、新华发行集团等文化产业集团，涵盖多个行业门类，发展模式各有特点，逐渐形成了复合型、关联式业态，构建起了较为完善的文化产业生态链。

以北京为例，2006 年，中关村创意产业先导基地、北京市数字娱乐产业示范基地、中国(怀柔)影视基地、北京市 798 艺术区等首批 10 家市级文化创意产业集聚区正式挂牌,当年共实现收入 490 亿元,约占全市文化创意产业总收入的 14%,集聚区新增企业近千家,一批具有带动作用的骨干、龙头企业相继落户。2008 年,又有 CBD 国际传媒产业集聚区、顺义国展产业园、琉璃厂历史文化创意产业园区等 11 个文化创意产业集聚区获得认定。到 2008 年底,北京市集聚的文化创意产业企业总数超过一万家,文化创意产业集聚区发展格局已经形成。

2. 形成了地方经济发展龙头

第一,很多富有地方特色的文化产业,已经成为地方经济发展的龙头。如中国的长寿之乡和长寿食品。

第二,各地政府都在积极推动文化体制改革和文化产业的发展,除出台各项优惠政策外,还从以下几个方面积极进行宏观调控和有效监管:出台文化产业发展规划,争抢各种文化资源;加快文化产业市场主体培育步伐;设立文化产业发展专项资金;抓住关键环节解决融资问题;充分挖掘利用本地文化资源优势,扶持培育重点文化产业和特色文化产业发展;加大人才培养和理论研究力度。不少地方都制定了"文化大省""文化强市"的文化产业发展规划,明确了文化产业发展目标。先是北京、上海、广州、深圳等发达城市编制了文化产业发展规划,紧接着江苏、浙江、山东、湖南、湖北、天津、四川、重庆等地也都纷纷制订文化产业发展规划。从 2010 年底,在中央文化工作会议结束前后,地市级、县级开始制定自己的十二五文化产业发展规划。在很多地方,文化产业已成为当地经济发展的支柱产业。

第三,不少地方文化产业的增长速度高于国民经济的整体增长速度,成为提供就业岗位的重要行业、产业结构优化的朝阳行业和经济增长的支柱产业,为促进当地经济增长、加快经济发展方式转变做出了积极贡献。北京、上海、广东、湖南、云南等省市文化产业增加值占国内生产总值的比重超过 5%。湖南省文化产业增加值占国内生产总值的比重,由 1990 年的 1.4% 上升到 2008 年的 5.1%,文化产业对经济增长的贡献率由 2003 年的 2.3% 上升到 2007 年的 6.5%。云南省 2008 年文化产业增加值达 300 亿元,占国内生产总值的 5.8%。近 5 年来,深圳市文化产业增加值以年均约 20% 的速度增长,占全市国内生产总值的 7%。

3. 进入快速发展时期

随着文化体制改革的不断深入和人民群众精神文化需求的不断增强,我国文化产业已经从探索、起步、培育的初级阶段,进入快速发展的新时期,呈现出朝气蓬勃的新局面。

随着网络、数字、信息技术的发展,动漫游戏、数字音乐、数字电影、网络视频、移动多媒体广播电视、公共视听载体、数字出版、网络出版、手机出版等新兴文化产业迅速崛起,拓宽了文化产业的领域。

文化产业的快速发展,调动了全社会参与文化建设的积极性,打破了计划经济体制下国家办文化的单一局面,形成了多门类、多层次、多样化的文化生产和服务体系。

文化产品和服务"走出去"步伐不断加快,中华文化国际影响力日益提升。2009 年,我国境外商业演出团组数约为 426 个,演出场次 16373 场,实现演出收益约 7685 万元。国产影片海外销售收入 4 亿美元左右,各类电视节目出口超过 1 万小时,外销金额共约 5898 万美元。2009 年 1 至 11 月,我国核心文化产品出口 94 亿美元,图书版权进出口比例由 2003 年的 9∶1 下降为 2009 年的3.4∶1。成功举办了法兰克福国际书展中国主宾国活动,实现版权输出 2417项。以天创国际演艺制作交流有限公司、中国国际电视总公司、安徽出版集团有限责任公司等为代表的文化企业加快"走出去"步伐,增强了国际竞争力。

三、重视文化创意与市场运作

1. 文化创意广泛开展

文化创意已经广泛表现在休闲游戏软件、软件及计算机服务、电视与广播、出版、表演艺术、音乐、电影与录像、时尚设计、手工艺品、广告、建筑艺术、时装设计、艺术和古董市场等行业。

北京是典型代表。整合优质资源,积极培育发展一批具有竞争力的大型文化企业集团和文化产业集群;做强做大文艺演出、出版、广播影视、广告等优势产业,不断壮大动漫、网络传媒、网络游戏等新兴产业;打造一批具有国际一流水准、浓郁北京特色的文化精品和知名品牌,逐步把北京建设成为全国的文化演出中心、出版发行和版权贸易中心、影视节目制作和交易中心、动漫和网络游戏研发制作中心、文化会展中心和古玩艺术品交易中心;大力发展研发设计、建筑设计、咨询策划、时尚消费等创意行业。

2. 城市文化运作初见成效

我国城市文化运作具体表现在影视业、音像业、文化娱乐业、文化旅游业、网络文化业、图书报刊业、文物和艺术品业、艺术培训业等 9 大门类中。

城市文化形象运作。城市形象的构建就是要从多个方位打造一个城市的印象，或者是一个城市独特的文化。南京的金陵文化、潍坊的风筝文化、郑州的殷商文化、重庆的巴文化，由青岛啤酒、青岛海尔和青岛海港等凝聚而成的青岛文化等，这些独特的城市文化构成了城市形象和城市品位。

城市文化设施运作。城市文化设施是满足城市居民学习、娱乐、健身等需要的设备和场所，是城市形象的重要组成部分。包括城市文化景观，如雕塑、街景等；城市的标志，如济南的泉城标志，青岛的广场，潍坊的风筝等。

文化资本运作。文化资本运作就是把文化作为一种可以为社会带来利益的东西，通过市场的运作实现价值的增值。文化资本运作的核心在于通过发掘城市人文历史并借此推动城市经济发展。城市文化资本包括城市的知识经济、科技发展和城市整体教育规模、水平与能力。

文化人力资源运作。人才本地化有利于企业运作效率的提高，有利于企业文化水平的提升。于是，跨国企业逐渐实现了人才本地化，用以推动企业全球化战略。

企业文化运作。一是内化于心，就是企业要通过种种教育手段如培训、灌输、宣传等，让全体员工从内心深处认知、认同、认行企业文化，使企业与员工之间通过文化纽带从精神上达成某种特殊的默契，让员工切身感到有如此文化的企业令人敬重、值得为之付出。二是外化于行，企业文化既是企业未来生存的战略指针，也是全体员工必须遵守的行动指南，一般来说，有什么样的企业文化就有什么样的企业行为，所以，员工一旦从心理上与企业达成了契约，企业就要不断激励全体员工从行动上把企业文化的内涵充分表现出来，这就是文化外显，集中到一起就是企业形象。三是固化于制，企业文化通过内化和外化，形成一定的气候或者变成企业习惯，企业就要不失时机地将企业文化的内容形成相关的企业管理制度，这就是变无形为有形，变柔性为刚性，为企业文化的持续推进提供有力的制度保证。

动漫的运作。如喜羊羊与灰太狼的运作。《喜羊羊与灰太狼》系列动漫是我国近年来动漫市场中最为炙手可热的一部动画片，观众基础从少儿至成人，遍布各年龄阶层，火热的市场与商业化的运作，使得《喜羊羊与灰太狼》成为国产动画的成功典型，有力地带动了我国动漫市场的繁荣发展。

公司化运作。如深圳上市公司奥飞动漫斥资 6.342 亿元并购意马全资子公司资讯港管理，同时奥飞动漫与自然人刘蔓仪、李家贤、黎丽斯签订了股权转让协议，约定以 3639.6 万元人民币受让 3 人持有的广东原创动力合计 100% 股权。资讯港于2006年11月成立,拥有《喜羊羊与灰太狼》等系列品牌商品化的独家运营权;原创动力则早于2004年10月成立,是《喜羊羊与灰太狼》的开发者。交易完成后,奥飞动漫将《喜羊羊与灰太狼》及其创作团队悉数收归旗下。

四、重视非物质文化产业化

非遗的申报运作。我国是一个历史悠久的文明古国,不仅有大量的物质文化遗产,而且有丰富的非物质文化遗产。党和国家历来重视文化遗产的保护,弘扬优秀传统文化,为此做了大量的工作并取得了显著成绩。但是,随着全球化趋势的增强,经济和社会的急剧变迁,我国非物质文化遗产的生存、保护和发展遇到很多新的情况和问题,面临着严峻形势。履行我国加入联合国教科文组织《保护非物质文化遗产公约》的义务,国务院制定了国家级非物质文化遗产代表作申报评定暂行办法,要求各地保护并申报非物质文化遗产。

将非物质文化产业化。与旅游业相结合,充分发挥非物质文化遗产在构建和谐社会中的积极作用。如成都市锦里一条街的打造,采用了古色古香的仿古建筑形式,将大量的富有民族民间特色的旅游产品作为其营销内容,如今已成为展示川西传统民俗风貌和非物质文化遗产项目的一处重要旅游亮点。绵竹采取"年画下乡"的做法,将山清水秀的棚花村打造成"年画村",同时大力开发农家乐,既有效地保护了传统文化又取得了较好的经济效益。另外,还可以将一些非物质文化遗产项目,开发成旅游产品,在旅游景区展出销售。

将非物质文化品牌化。如各地开展创建的"特色文化之乡""民间艺术之乡"等活动,作为文化建设的标志性成果,也成为区域文化形象。

五、国家战略规划成为推动力量

2009年7月22日,我国第一部文化产业专项规划——《文化产业振兴规划》由国务院常务会议审议通过。这是继钢铁、汽车、纺织等十大产业振兴规划后出台的又一个重要的产业振兴规划,标志着文化产业已经上升为国家的战略性产业。文化产业振兴规划对文化产业发展的推动力极大。

指导思想。全面贯彻党的十七大精神,坚持以邓小平理论和"三个代表"重要思想为指导,深入贯彻落实科学发展观,紧紧围绕《国家"十一五"时期文化发展规划纲要》确定的文化产业发展的各项目标任务和文化体制改革的重点,大力培育市场主体,加快转变文化产业发展方式,进一步解放和发展文化生产力,切实维护我国文化安全,推动文化产业又好又快发展,将文化产业培育成国民经济新的增长点。

基本原则。坚持把社会效益放在首位,努力实现社会效益和经济效益的统一;坚持以体制改革和科技进步为动力,增强文化产业发展活力,提升文化创新能力;坚持走中国特色文化产业发展道路,学习借鉴世界优秀文化,积极推动中华民族文化繁荣发展;坚持以结构调整为主线,加快推进重大工程项目,扩大产业规模,增强文化产业整体实力和竞争力;坚持内外并举,积极开拓国内国际文化市场,增强中华文化在国际上的影响力。

规划目标。完成经营性文化单位转企改制,文化市场主体进一步完善,活力进一步增强,文化产业规模不断扩大,推动经济社会发展的功能和作用得到较好发挥。具体实现以下 12 项目标:

(1)文化市场主体进一步完善。按照创新体制、转换机制、面向市场、增强活力的原则,基本完成经营性文化单位转企改制;文化市场主体进一步完善,活力进一步增强。

(2)文化产业结构进一步优化。重点行业和项目对文化的拉动作用明显增强,文化创意、影视制作、出版发行、印刷复制、广告、演艺娱乐、文化会展、数字内容和动漫等产业得到较快发展,以资本为纽带推进文化企业兼并重组取得重要进展,力争形成一批跨地区跨行业经营、有较强市场竞争力、产值超百亿的骨干文化企业和企业集团。

(3)文化创新能力进一步提升。文化体制机制创新取得实质性进展,文化产业发展活力明显增强,以企业为主体、市场为导向、产学研相结合的文化创新体系初步形成,文化原创能力进一步提高,数字化、网络化技术广泛运用,文化企业装备水平和科技含量显著提高。

(4)现代文化市场体系进一步完善。市场在文化资源配置中的基础性作用得到更好的发挥,文化产品和生产要素合理流动,城乡文化市场进一步发展,现代流通组织和流通形式逐步成为文化流通领域的主要力量,文化消费领域不断拓展,在城乡居民消费结构中的比重明显增加。

(5)文化产品和服务出口进一步扩大。一批外向型骨干文化企业和国际知名品牌初步形成,对外文化贸易渠道和网络进一步拓展,文化产品和服务出口大幅增长,文化贸易逆差明显缩小,成为我国服务贸易出口的重要增长点。

(6)发展重点文化产业。以文化创意、影视制作、出版发行、印刷复制、广告、演艺娱乐、文化会展、数字内容和动漫等产业为重点,加大扶持力度,完善产业政策体系,实现跨越式发展。

(7)培育骨干文化企业。着力培育一批有实力、有竞争力的骨干文化企业,增强我国文化产业的整体实力和国际竞争力。坚持政府引导、市场运作,科学规划、合理布局,在重点文化产业中选择一批成长性好、竞争力强的文化企业或企业集团,加大政策扶持力度,推动跨地区、跨行业联合或重组,尽快壮大企业规模,提高集约化经营水平,促进文化领域资源整合和结构调整。鼓励和引导有条件的文化企业面向资本市场融资,培育一批文化领域战略投资者,实现低成本扩张,进一步做大做强。

(8)加快文化产业园区和基地建设。加强对文化产业园区和基地布局的统筹规划,坚持标准、突出特色、提高水平,促进各种资源合理配置和产业分工。对符合规划的产业园区和基地,在基础设施建设、土地使用、税收政策等方面给予支持。建设若干辐射全国的区域文化产品物流中心,建设一批文化创意、影视制作、出版发行、印刷复制、演艺娱乐和动漫等产业示范基地,支持和加快发展具有地域和民族特色的文化产业群。

(9)扩大文化消费。不断适应当前城乡居民消费结构的新变化和审美的新需求,创新文化产品和服务,提高文化消费意识,培育新的消费热点。加强原创性作品的创作,打造一批具有核心竞争力的知名文化品牌。努力降低成本,提供价格合理、丰富多样的精神文化产品和服务。加快建设具有自主知识产权、科技含量高、富有中国文化特色的主题公园。开发与文化结合的教育培训、健身、旅游、休闲等服务性消费,带动相关产业发展。

(10)建设现代文化市场体系。建立健全门类齐全的文化产品市场和文化要素市场,促进文化产品和生产要素的合理流动。重点建设传输快捷、覆盖广泛的文化传播渠道。

(11)发展新兴文化业态。采用数字、网络等高新技术,大力推动文化产业升级。支持发展移动多媒体广播电视、网络广播影视、数字多媒体广播、手机广播电视,开发移动文化信息服务、数字娱乐产品等增值业务,为各种便携显示终端提供内容服务。

(12)扩大对外文化贸易。落实国家鼓励和支持文化产品和服务出口的优惠政策,在市场开拓、技术创新、海关通关等方面给予支持。

政策措施:

(1)降低准入门槛。落实国家关于非公有资本、外资进入文化产业的有关规定,根据文化产业不同类别,通过独资、合资、合作等多种途径,积极吸收社会资本和外资进入政策允许的文化产业领域,参与国有文化企业的股份制改造,形成以公有制为主体、多种所有制共同发展的文化产业格局。

（2）增加政府投入。中央和地方各级人民政府要加大对文化产业的投入，通过贷款贴息、项目补贴、补充资本金等方式，支持国家级文化产业基地建设，支持文化产业重点项目及跨区域整合，支持国有控股文化企业股份制改造，支持文化领域新产品、新技术的研发，支持大宗文化产品和服务的出口。大幅增加中央财政"扶持文化产业发展专项资金"和文化体制改革专项资金规模，不断加大对文化产业发展和文化体制改革的支持力度。

（3）落实税收政策。贯彻落实《国务院办公厅关于印发文化体制改革中经营性文化事业单位转制为企业和支持文化企业发展两个规定的通知》中相关税收优惠政策，研究确定文化产业支撑技术的具体范围，加大税收扶持力度，支持文化产业发展。

（4）加大金融支持力度。鼓励银行业金融机构加大对文化企业的金融支持力度。积极倡导鼓励担保和再担保机构大力开发支持文化产业发展、文化企业"走出去"的贷款担保业务品种。支持有条件的文化企业进入主板、创业板上市融资，鼓励已上市文化企业通过公开增发、定向增发等再融资方式进行并购和重组，迅速做大做强。支持符合条件的文化企业发行企业债券。

（5）设立中国文化产业投资基金。按照有关管理办法，由中央财政注资引导，吸收国有骨干文化企业、大型国有企业和金融机构认购。基金由专门机构进行管理，实行市场化运作，通过股权投资等方式，推动资源重组和结构调整，促进国家文化发展战略目标的实现。

保障条件：

（1）加强组织领导。地方各级人民政府要按照科学发展观的要求，切实将《规划》的实施列入重要议事日程，把《规划》提出的目标任务纳入经济社会发展总体规划，建立相关的考核、评价和责任制度，作为评价地区发展水平、衡量发展质量和领导干部工作实绩的重要内容。文化行政主管部门在党委宣传部门协调指导下，具体组织实施，相关部门密切配合，确保《规划》提出的各项任务落到实处。

（2）深化文化体制改革。通过深化文化体制改革，进一步解放和发展文化生产力，激发全社会的文化创造活力。要紧紧抓住转企改制、重塑市场主体这个中心环节，加快推进出版发行单位转企改制和兼并重组，加快电影制片、发行、放映单位和文艺院团转企改制，抓好党报党刊发行体制和广播电视节目制播分离改革。大力推动行政管理体制改革和政府职能转变，建立统一高效的文化市场综合执法机构。

（3）培养文化产业人才。继续抓好全国宣传文化系统"四个一批"人才培养工程，着力加强领军人物和各类专门人才的培养。继续办好经营管理人才培训班，培养一批熟悉市场经济规律，懂经营、善管理的人才。吸引财经、金融、科技等领域的优秀人才进入文化产业领域。注重海外文化创意、研发、管理等高端人才的引进，为我国文化产业发展提供强有力的人才保障。

（4）加强立法工作。进一步完善法律体系，依法加强对文化产业发展的规范管理。完善国家知识产权保护体系，严厉打击各类盗版侵权行为，促进国家文化创新能力建设。

第三节　文化产业人才培养情况

一、高等院校人才培养情况

1.本科院校招生积极

2004年，山东大学、中国海洋大学、中国传媒大学、云南大学等全国和地方重点高校开办本科文化产业管理专业；2005年又批准了中央财经大学、湖南师范大学、江西财经大学、华东政法学院、山东艺术学院、中国传媒大学南广学院、湖南师范大学树达学院等高校和两所独立学院开办该专业并开始招生。在这之前，上海交通大学、华中师范大学、山东艺术学院、中央文化干部管理学院、广东技术师范学院、山西大学等高校，已在相关专业招收与文化产业管理有关的文化管理、文化艺术事业管理等本科专业方向。据教育部统计，目前我国开办文化产业管理及其相关专业的高校已达到69所，加上高职，已达到300多所。文化产业管理及其相关专业已成为近年来高校新办专业中发展最快的专业之一。2011年5月5日，教育部网站公布的《普通高等学校本科专业目录（修订一稿）》已把文化产业管理专业正式列入其中，为管理学一级目录下工商管理类的一个方向。这为本学科的硕士研究生教育提供了发展空间。

2. 学科学理研究层面的硕士、博士高层次人才的培养十分稀缺

文化产业管理专业目前只有山东大学设有硕士研究生授权点。其他高校的硕士研究生培养,都是在一些相关专业设置的相关方向,是在历史学、文学、新闻与传播学、美学、艺术学、经济学、管理学单一的学科基础上扩展延伸出来的边缘学科,不是按照文化产业管理自身的理论体系和框架搭建起来的规范的科学的学科体系,而是各有侧重,这严重影响和制约了学科的发展与高层次人才的培养。

由此看来,本学科的研究生教育远远落后于蓬勃发展的本科教育。由于缺乏文化产业硕士博士研究生的培养,本学科的高层次人才处于严重紧缺状态。这导致了三个严重问题:一是师资力量严重不足,大量的本专业文化产业教学师资力量多是半路出家,学科理论、学理体系架构残缺,只是从原来的学科向文化产业学科稍加延伸甚至稍有关联,严重影响了本专业教学质量;二是满足不了文化产业迅猛发展的现实需求,高层次的创意研发人才、运作与管理人才奇缺,严重制约了文化产业的理论研究、产业研发、高层次运作与管理;三是大量的本科毕业生缺少继续深造的平台,高层次研究生教育成为本科教育发展的制约瓶颈,影响了大量高层次人才的培育。

二、文化产业人才严重缺乏

调查显示,文化产业从业人员中本科以上学历只占 24%,大专以下学历占 76%,人才比率很低。复合型、创业型的人才稀缺。比如文化产业的核心领域传媒业,现在从业人数 60 多万,据估计,真正懂传媒经营管理的人才,还不足 1%。

文化产业人才跟经济发展是一样的,呈现出一种东高西低的态势。从从业人数、资源的拥有数和从业单位的数量来看,东部地区占 66%、69% 和 78%,远远高于中西部地区。从收入情况来看,东部地区营业收入占到全部收入的 82%。另外从人才的省际分布来看,北京市的文化产业从业人员达到 89 万,广州市达到 82 万,青海省在 2004 年统计的时候不到 3 万人。

各方面的人才结构都有问题,文化产业的领导人才、经营人才、从业人员、教学研究人才,都处于严重缺乏状态。

三、文化产业专业人才培养问题突出

1. 学校教育与市场需求基本脱节

从国家层面来看,国家教育主管部门并没有很好地把握住国家产业调整的

脉搏,也没有及时跟上国家文化产业调整的政策。至今还没有建立起与文化产业市场发展相适应的文化产业人才培养体系。从学校层面来看,尽管很多学校都设立了文化产业的相关专业,招生量也不小,但是并没有很好地去研究文化产业的人才市场,很多是受经济利益驱动来招生的。比如一般学生收费5000元,文化产业和艺术相关的专业就是10000元,很多学校并没有根据自己的实力和特色招生,最后培养出来的学生,并没有在文化产业领域内就业。

2.理论与专业实践脱节

目前文化产业专业教学存在着重理论、轻实践的倾向。具体操作的东西讲得比较少,有的学校甚至以理论代替实践环节。有的尽管有实践环节,但是形式和内容比较少,比较单调,所占比重也比较小,有一些实践环节只是观摩,并没有让学生进行现场参与。

3.师资与教学的要求基本脱节

文化产业属于一个新兴行业,因此至今为止,还没有形成有文化产业背景或者是文化产业专业出身的师资队伍,我们过去缺乏这方面的师资筹备,因此教师中具备技术运用和动手能力的比较少。另外由于高校对教师的考核评价机制不完善,导致了很多教师重科研、轻教学,重学术、轻应用。

4.学术研究与专业教学基本脱节

目前对文化产业的性质和规律探讨不太深入,没有形成相对成熟的理论体系,也没有形成相对成熟的文化产业研究队伍,研究的方法比较单一,尤其是对文化产业人才培养、科学研究和学科建设研究很不够。由于文化产业的学术研究不够,导致了学科和专业的定位不清晰,人才培养的目标也不够明确。结果是,开设了很多与本专业不太相关的课程,有些新兴课程没有教科书,教师的理论和相关经验不足。专业培养方向不明确,很多学校都是文学的东西来点、美术的东西来点、管理营销的东西来点,就拼出个文化产业管理专业,学生样样学,样样不精。结果文化知识比不过文史哲专业,美术知识比不过美术动漫专业,管理营销知识又比不过经济管理专业。而在产业实战中,文化产业公司的岗位又划分很细,这种大而全、粗而浅的知识结构肯定不能合企业的"胃口"。

四、专业定位与培养目标

第一,专业学习与实践要定位在经营管理上。要求从文化产业的创意设计到产品,到商品,到渠道,到市场,都能发挥经营管理作用。

第二,注重大学生素质训练与养成。本科教育是一种素质教育,学生要在大学进行基础的知识结构建构和人文素养的提升,完成一个人的知识储备和素质训练,不指向确定的职业,不是职业教育。有些问题高校课程和教学解决不了的,还可以在实践和职场中培养。

素质训练与养成包括人品与作风——思想成熟;勤恳踏实,从最基础的工作做起;严格要求自己;具有上进心和理想追求;不怕压力和困难。社会认知与合作——符合社会规范;有良好的团队合作精神。终身学习的能力形成良好的学习习惯与学习能力。设计与规划人生的能力——人生有计划有目标。能及时调整自己——调适心态。

第三,培养训练较强的专业知识和能力——热爱本专业;掌握一定的理论和原理;有一定的实践经历和实践能力。包括扎实的文化基础知识和良好的文化艺术鉴赏能力;广阔的国际视野;掌握文化产业的经营特点和运作规律;了解国内外文化艺术发展趋势;具备现代管理、现代经济和法律知识。

第四,按照复合型专门人才定位培养。开设的专业基础课程应有:中国文化史、世界文化史、语言文学、美学与艺术概论、管理学、产业经济学、文化传播学、文化政策与法规、项目策划与管理、信息与网络技术等;专业核心课程包括文化产业概论、世界文化产业概要、文化学、文化资源学、文化经济学、文化市场营销学、文化人力资源学、创意设计等。

第五,明确职业方向。文化产业管理专业所培养的人才涉及了文化创意产业、信息服务业、会展业、旅游业和国际文化贸易、公共文化服务、传媒业、休闲娱乐业、博彩业等众多领域。毕业生的主要就业领域为文化企事业单位、文化传播公司、政府机关、新闻出版业(广播、影视、报刊、出版、音像制品业等)、文化旅游业、广告业、文博展演、娱乐业、网络文化与动漫游戏业和体育产业等。

第六,争取实习实践机会。一些企业和单位为了确保自己的经济利益而拒收实习生或工作经验不足者,在文化产业企业中,这种现象尤为突出。文化产业人才的培养,必须加强实践能力的培养,建立各地文化产业人才培训基地,使当地政府同学校、企业、社会力量优势互补,共同搭建起一个集人才培养、实践培训、创新研究三位一体的人才培训平台。特别要与文化企业联合建设文化产业人才培养基地,加快培养培训文化创意研发设计、运作、经营管理、营销经纪人才。

第七,加强就业指导。指导学生从事以下方面的职位:一是报考公务员招考职位,如党委宣传部、文化部(局)、新闻广电局、教育部(局)、旅游局。二是考选调生、村官、西部支持计划、三支一扶、志愿者,到西部及基层、老少边地区做文教宣传等工作者。三是报考事业单位即公共文化服务行业,如图书馆、公园、科技馆、博览馆、博物馆、产业园、科研院所、学校,以及行政机构中的事业编制,如文化局、旅游局、园林局、开发区、社团群妇组织。四是市场就业,可应聘新闻媒体、影视产业、音像制作、出版发行、演艺娱乐、动漫与数字产业、网络游戏、艺术品市场、文化贸易与投资、文博、文化旅游、会展、广告传播等文化企业、公司的文员、创意策划、管理职位,或应聘到公司、企业从事企业文化建设、企业品牌和形象设计、项目策划、文职人员等工作。五是考研考博深造,以后从事教学研究工作。推荐学校主要有北京大学、清华大学、中国传媒大学、中国人民大学、中国经贸大学、山东大学、浙江大学、中山大学、广西大学、云南大学、贵州大学、西南大学、中南大学、上海交通大学、郑州大学、湖南大学、济南大学、中国海洋大学等。

第四章 文化产业的产业体系与产业结构

提示

　　文化产业有三大产业体系，即市场要素体系、关联要素体系、要素研究体系；有四大产业结构，即旧三层结构说和新四大结构说。其范围包括文化产品的生产和相关产品的生产两大类别。

第一节　文化产业的四大体系

一、市场要素体系

市场要素就是生产要素。

市场是商品经济运行的载体或现实表现。其具有相互联系的3层含义：一是商品交换场所和领域，如外贸市场、小商品市场、钢材市场、版权市场、文化人才市场、文化市场、拍卖市场。二是商品生产者和商品消费者之间各种经济关系的汇合和总和，生产者和消费者作为市场主体，缺一不可。三是有购买力的需求，消费者或者社会必须有一定的购买能力，才能建立起生产者和消费者共同需求的市场。市场是社会分工和商品经济发展的必然产物。劳动分工使人们各自的产品互相成为商品，互相成为等价物；社会分工越细，商品经济越发达，市场的范围和容量就越扩大。同时，市场在其发育和壮大过程中，也推动着社会分工和商品经济的进一步发展。市场通过信息反馈，直接影响着人们生产什么、生产多少，以及上市时间、产品销售状况等。市场联结商品经济发展过程中产、供、销各方，为产、供、销各方提供交换场所、交换时间和其他交换条件，以此实现商品生产者、经营者和消费者各自的经济利益。

文化产业的市场要素包括：①生产、经营者要素。如创意设计（即研发）、策划（市场传播、营销）、版权（知识与文化的核心内容）、生产（文化产业企业、公司）、营销（专门的公司）、采购、销售、投资、融资、文博会（产品展览）、服务体系（展览、设计、广告、代理、外包公司、产业园、孵化器、经纪人）、企业管理、从业人员与人才等。②消费者要素。一是消费者的经济状况，即消费者的收入、存款与资产、借贷能力；二是消费者的职业和地位；三是消费者的年龄与性别；四是消费者的性格与自我观念、消费意识；五是社会发展的整体状况，它决定着市场的消费能力。当我们的物质生产极大地满足了民众的需求和购买力以后，文化精神产品必然成为整个社会共同的消费品。

二、关联市场要素体系

对文化产业关联最大的生产要素市场有金融市场(资金市场)、劳动力市场(人力资源市场)、房地产市场、技术市场、信息市场、产权市场、文化资源市场等。

金融市场。是整个市场体系的枢纽,它指的是货币资金的自由流通,包括货币资金借贷和各种有价证券买卖。按资金性质来分类,金融市场可分为货币市场和资本市场。按融资方式来分类,可分为直接融资市场和间接融资市场。

劳动力市场。在劳动力市场中,劳动力资源通过市场机制来配置。其主要特征是:劳动力可以自由流动;用人单位和劳动者在劳动关系中是平等的主体,可以互相选择;价值规律对劳动力市场发挥调节作用,劳动报酬将主要由劳动生产率和劳动力市场供求关系来决定。

技术市场。技术市场是指科技知识和科技成果交易的场所及其交易关系的总和。技术市场经营的项目一般包括科技成果转让、技术引进培植、科技信息交流、技术协作攻关、科技咨询、科技培训、接受委托代为试验等。

房地产市场。凡从事土地开发、房屋建设,或对开发建设后的房地产进行经营管理,以及提供咨询服务、信贷保障、劳务支持等项社会经济活动的单位和部门,均属于房地产从业者。房地产市场是房地产从业者和消费者交易的场所和交易关系的总和,它有三个组成要素:交易的主体、交易的客体和交易的行为。

信息市场。信息产业部门(或个人)与信息需求者双方进行有偿转让交易的活动场所和信息商品交换关系的总和称之为信息市场。信息市场上,有企业诊断型信息交换关系,有咨询型信息交换关系(如商业信息、金融信息等),有科技成果型交换关系(如专利机构经营的科技信息商品),有媒介型信息交换关系(如广告机构等)。

产权市场。指企业兼并、出售、拍卖、租赁、股权转让、闲置资产调剂等产权交易的市场。

版权市场。是文化产业的一个重要组成市场,其核心是作品版权的产生、转移及其价值实现。

文化资源市场。包括创造者(作家画家)、文化遗产、文化成果。

三、文化产业研究体系

与我国对文化产业的研究尚处于起步阶段不同,西方发达国家对文化产业的研究已有六七十年的历史。许多国家、地区和国际组织相继建立了完备的决策和研究机构,拥有一批专业的研究人员及其相关的网站,一些私人团体、基金会和公司也纷纷参与了对文化产业的研究。可喜的是,我国文化产业研究经过近20年的发展,也取得了一些理论成果,而且发展势头强劲。

1. 西方国家文化产业研究

当代西方对文化产业的研究,包括了对文化产业概念内涵和外延的界定,对文化产业性质和功能的分析,对文化产业政策和战略的探讨,以及对文化产业的个案研究、区域研究、行业研究、比较研究和人文理论研究等等。特别是近年来,世界各国对文化产业都给予了高度重视,专家学者们纷纷以报刊、专著、网络、会议、决策机构和统计机构发表的年度报告等为载体,对文化产业展开热烈的讨论。

(1)西方文化产业理论演变历程。法兰克福学派的"文化工业"理论是西方主流文化产业理论的源头。法兰克福学派是指与法兰克福大学社会研究所有关的一群德国知识分子,该研究所成立于1923年。该所将马克思主义与精神分析学融为一体,被称为"批判理论学派"。法兰克福学派的主要代表人物阿多诺和霍克海默于1947年合著的《启蒙辩证法》中首次提出了文化工业(Culture Industry)的概念。后来,法兰克福学派其他代表人物马尔库塞、本杰明、哈贝马斯等人对这一概念进行了扩展,形成了法兰克福学派"文化工业"理论,其研究成果见于他们的一系列代表性著作中。例如,阿多诺的《论流行音乐》和《文化工业的再思考》、霍克海默的《艺术和大众文化》和《作为文化批判的哲学》、马尔库塞的《文化的肯定性质》、哈贝马斯的《科学技术即意识形态》等。而且在《启蒙辩证法》中,霍克海默和阿多诺从艺术和哲学价值评判的角度对文化工业进行了猛烈的抨击和全面的否定。

从20世纪70年代以后,文化产业代替文化工业,在西方学术圈内广为传播。特别是1980年以后,从"文化产业化"的观点出发,人们对文化产业的研究全面具体化了。继法兰克福学派之后,西方对文化产业的理论研究又有了长足的进展,基本上是沿着两条线索展开:一条是从英国伯明翰大学理论文化研究中心开始的"文化研究"中对大众文化和文化产业的研究,也被称为学院派;另一条是与各国文化产业实践、文化产业政策紧密结合在一起的,侧重于解决实际问题的理论探索,被称为文化产业的应用理论研究。

学院派把研究重点放在"对文化产品的符号所包含的内容"进行意识形态的探讨,注重研究文化产业的符号生产机制及符号生产的原则。学院派的代表人物有雷蒙·威廉姆斯、斯图亚特·霍尔、约翰·费斯克。雷蒙·威廉姆斯在他的《文化与社会》一书中提出，文化研究不应只关注部分文化，还应当关注整个文化的生产过程，这是文化研究的一个重大进步。霍尔则研究了典型的大众传媒如电视文本和传媒受众，他发现大众对文化产品的消费过程并不是一个既定意义的简单接受过程，而是一个意义选择和重构的复杂过程，这是文化产业研究的重大转折，由前期的批判性研究转向对大众传媒的具体研究。约翰·费斯克则另辟蹊径，从经济学的角度对文化的产生、消费及价值交换进行解释，为文化产业理论提供了一条新的思路。

应用理论研究侧重于文化产业化的理论探索，以解决实际问题。研究内容包括：文化产品的开发、生产和营销以及文化产品提供企业的管理和运作等，使用的概念多为经济学、社会学和管理学名词。应用理论研究的代表人物有查尔斯·兰蒂、安迪·C.普拉特、尼古拉斯·伽纳姆等。查尔斯·兰蒂的贡献在于将经济学上的"价值链分析"引入了文化产业，提出了文化产业整个过程的五个阶段，包括文化产品的创意、产生、流通、传送与最终接受。安迪·C.普拉特则认为，文化产业与以文化形式出现的材料生产中所涉及的各种活动有联系，在全球化条件下构成一个巨大的产业链，包括创意、生产、再生产和交易四个环节，形成一个庞大的文化产业体系。这一结论能够为文化产业政策的制定提供一定的根据。①

自20世纪30年代，从阿多诺、霍克海默到本雅明，再到现在的著名学者詹姆逊、卡斯特，虽然由于历史环境和知识语境的局限，有关文化产业的概念存在较大的争议，但正是通过他们的论述文化产业的概念充分展示出来。随着社会的发展、产业的完善，文化产业的概念正逐渐取得共识性的意见。

西方学者认为，文化产业是以经营符号性商品和信息为主的活动，这些商品的基本经济价值源于它们的文化价值，并形成了一个从创意、生产到再生产和交易过程的巨大产业链，它不仅包括了传统的广播、电视、出版、视觉艺术等文化产业，还包含如互联网等高新技术产业。文化产业越来越成为高科技产业的内容，而高科技产业则成为这些文化产业的载体。文化产业在经济和社会发展中的地位和作用越来越重要，被国际学界公认为朝阳产业，在许多发达国家已成为国民经济的支柱产业之一。

（2）西方文化产业理论研究特点总结以欧、美国家为主的文化产业的有关

① 孟鹏、余来文：《国内外文化产业理论演变综述》，《商业时代》2008年第16期。

研究,其特点可以概括为以下几点。①

从研究的对象来看,目前国外对文化产业还没有权威的界定,其内涵因国家或研究者的不同而存在差异。这些差异既是各国文化背景、政策制定、经济发展等实际状况的差异的反映,也是各国对文化产业的性质、功能等方面认识上的差异的反映,同时还是文化产业飞速发展的结果。

从研究的领域来看,随着现代科学技术对传统文化产业的不断渗透,文化产业的外延也在不断拓展,不再局限于文学、电影、电视、美术、音乐、舞蹈等传统行业,而是进一步把教育、旅游、建筑、体育、互联网、文化遗产等也纳入文化产业研究的视野,而且越来越多地表现出新技术和高智力含量的双重特征。在这种情况下,对文化产业的行业界定和分类系统的建构成为文化产业发展所面临的首要问题。

从研究方法上看,国外对文化产业共性的、一般性的研究比较多,而对各国差异的比较分析则少。这种流于抽象的、共性的研究可以看做目前有关研究的一个缺陷。而实际上,对于加深我们对文化产业的认识来说,比较研究各国文化产业发展的异同是一个很好的办法。

从研究的侧重点来看,国外文化产业的研究也存在着某些缺陷,即对城市的关注较多,对农村和地方发展的关注则少之又少。本来农村可以利用的资源就很少,而当文化产业的蓬勃发展可以成为农村发展最大的助推器时,如果不给予相关的政策指导和产业推动,农村就会因失去这一机遇而进一步拉大与城市之间的差距。

从政策的取向来看,并非只有推向市场的文化活动和文化部门才可以被称为文化产业。也就是说,并非只有盈利的文化部门才属于文化产业,才应该鼎力支持。我们看到,西方文化产业比较发达的国家始终把弘扬民族优秀文化、保护环境资源和文化遗产、促进民族融合和认同、鼓励社会平等、改善居民整体利益和基本福利状况作为文化产业的一部分,作为政府文化政策的长期目标和努力方向;而西方专家学者也把政府和私人文化资助体制的研究作为文化产业和文化政策研究的一个重要方面。

2. 国内文化产业研究

(1)国内文化产业理论演变历程。国内对文化产业的研究起步较晚,20世纪90年代才开始对文化产业理论进行探索和研究,并开始关注西方文化产业

---

① 苑洁:《当代西方文化产业理论研究概述》,见《世界文化产业发展前沿报告(2003～2004)》,社会科学文献出版社2004年版,第319页。

理论研究方面的变化和最新发展情况。最早对大众文化进行研究的学术文章是发表在 1991 年《上海文论》第一期上的有关"大众文艺"的一组文章。这些文章初步讨论了涉及大众文化的运行机制、特性、艺术规律以及生产、流通和消费方式等问题。1997 年,《读书》杂志第二期推出了一系列关于大众文化的文章,以韩少功的《哪一种"大众"》为导火索,掀起了关于大众文化与精英文化讨论的热潮。在这场争论中,大众文化的地位逐步得到了普遍的承认,社会的商业化推动了文化的市场化发展,中国的文化产业迅速从以政治为主导的社会形态下解放出来,全面导向大众市场。但是,国内却缺乏关于文化产业的理论研究和政策研究。目前,国内学界对学院派的研究,已经有很多介绍和研究性的著作、论文。但总的来说,缺乏系统的总结,没有形成理论体系,特别是有中国特色的文化产业理论体系。

对于应用理论方面的研究,目前国内研究性的论文尚不多见,也没有形成完整的理论体系。由于理论准备的不足,中国文化产业应用理论的研究直接源自于实践。从文化产业实践的发展阶段来看,以党的十六大"支持文化产业发展,全面提高我国文化产业的整体实力和综合国力"的战略部署为标志,将之前国内对文化产业的研究归入"理论启蒙时期",将之后国内对文化产业理论的研究则归入"理性发展时期"。在理论启蒙时期,研究的主题主要集中在文化产业的概念、文化产业的性质、文化产业的政策和战略探讨、文化产业的区域研究。不足之处在于,研究显得表面化,没有触及文化产业中深层次的问题,诸如产业机制、运作等。在理性发展时期,这是中国文化产业应用理论研究的黄金时期,这方面的文章开始挖掘深层次的问题。[1]

总之,我国的文化产业根植于我国的政治、经济、文化土壤,尽管目前世界范围内各种思想文化相互激荡,但与西方发达国家将追求感官享乐作为文化主流、文化产品和服务完全商业化的文化产业还是有着本质的区别。随着市场体制的转型,文化需求的高涨,人们越发意识到文化不仅是思想宣传的载体,还是能够取得经济效益的产业。我国文化产业打破了计划经济时代单一文化的格局,呈现多样化趋势,全面实现文化产业价值。

(2)文化产业研究的成就。近年来,我国文化产业研究领域以文化产业为研究对象,从文化及文化产业理论研究、文化产业经济学研究、文化产业与社会发展研究、文化产业政策法规研究、技术应用与文化产业创新研究等多个层面

① 孟鹰、余来文:《国内外文化产业理论演变综述》,《商业时代》2008 年第 16 期。

对各地以及全国文化产业发展的重大理论问题和实践问题进行了基本的、个案的、综合的理论与应用的研究,出现了大量高水平的研究成果,研究成果和研究趋势多集中在以下四个方面:

文化产业发展现状研究。如连续七年的《中国文化产业发展报告》,就是由中国社会科学院文化研究中心与文化部、上海交通大学国家文化产业创新与发展研究基地合作共同编写的年度性国家文化产业报告,力图将产业分析与政策分析相结合,既有对全国文化产业发展形势的宏观分析,又有对文化产业不同行业的权威年度报告;既有对过去一年的评估,又有对新的一年的预测。

国外文化产业研究。一部分专家学者通过分析世界上一些典型国家文化产业的发展状况,为我国文化产业的发展提供借鉴,并形成了一些专著和译著,如孙有中《美国文化产业》、张讴《印度文化业》、汤莉萍《世界文化产业案例选析》、张晓明等《国际文化产业发展报告》、赫斯蒙德夫著张菲娜译《文化产业》等。

文化产业某一范畴、个案的研究。如吕学武《文化创意产业前沿》、皇甫晓涛《创意中国与文化产业》、陈忱《中国民族文化产业的现状与未来:走出去战略》、牛维麟《国际文化产业园发展报告》、顾江《文化产业经济学》与《文化产业规划案例精选》、刘牧雨《北京文化创意产业发展理论与实践探索》、谭玲殷俊《动漫产业》、邱宛华《现代文化产业项目管理》、邵培林《文化产业经营通论》、施惟达《云南文化产业研究》、叶取源等《中国文化产业评论》、朱希祥《文化产业发展与文化市场管理》等。

综合研究。如欧阳友权《文化产业概论》,作为文化产业教学用书,被列入高校"十一五"国家规划教材。胡惠林的《文化产业概论》,则基本按照一般产业的理论去构架体系。李思屈、李涛的《文化产业概论》,主要从中外文化产业实际出发探讨文化产业的本质特征和规律,个案多,分析多。蔡尚伟的《文化产业导论》主要侧重于传媒史的论述。

3.国内文化产业研究的趋势

(1)文化产业研究机构纷纷成立。党的十六大以来,在国家文化产业政策的积极引导和文化体制改革的有力推动下,我国的文化产业从探索、起步、培育的初级阶段,开始步入快速发展的新时期。与此相呼应,文化产业理论研究工作取得了积极成果,诸如中国社会科学院的年度文化产业蓝皮书以及部分省份和高等院校编撰的文化产业发展报告等。其中,由文化部文化产业司主持、相关文化研究机构编撰的《国家文化产业课题研究报告》,为文化产业应用研究提供了一份很好的范本。

　　另外,由国家文化部牵头,依托全国重点高校、科研院所的科研力量,成立了许多国家级的文化产业研究机构。如1999年和2002年,文化部分别与上海交通大学、北京大学共同组建了国家文化产业创新与发展研究基地。2006年,又与清华大学、华中师范大学、南京航空航天大学、中国海洋大学、云南大学、南京大学共建了国家文化产业研究中心,还与中国传媒大学、深圳特区文化研究中心组建了国家对外文化贸易研究基地。目前,这些文化产业研究机构已成为我国文化产业理论研究的一支重要力量。研究基地和研究中心自成立以来,在文化部文化产业司和所在院校领导的共同指导下,不断加强自身建设,集聚了一大批具有较高学术造诣的专家学者,在文化产业理论研究、人才培养、学术交流、服务地方等方面做了大量有益的工作,为推动我国文化产业快速发展发挥了重要作用。

　　(2)当前文化产业研究存在的问题。文化产业作为新兴的产业、学科,不光成为我国产业结构调整、地域经济发展的重头戏,也吸引了经济学科、历史学科、文学艺术学科研究者的广泛关注。

　　但是,由于其具有跨学科、边缘性等特点,在应用理论研究方面还存在很多问题:一是理论原创性奇缺,生搬硬套国外理论。用国外的文化产业理论套用我国文化产业理论研究,而忽视了我国社会主义初级阶段文化建设与文化产业协调发展的基本要求,研究成果缺乏针对性、可行性。二是研究专业性差,虚热研究多。从研究人员的组成来看,大都是文艺学、文学、旅游、经济管理、产业经济专业的人才,加上一线的文化、新闻、宣传等部门的实际工作者,其知识积累和实践能力的局限,使得中国文化产业目前的研究取向或更多地注重文化的功能,忽视了文化产业的产业功能和经济功能,或过多地强调了社会效益而忽视了其产业化的特点。对文化产业的一些基本概念、本质、特征等缺少深入的探讨,多强调其"注意力经济""朝阳产业"的吸引力,造成了种种生动甚至夸张的描述,导致的"财富想象"极大地激发人们的热情而不能做理性的思考。三是研究方法上的缺憾。多以定性分析为主,缺乏对个案的定量统计分析和数理分析。四是研究成果的集成度不高。研究成果多为个人或者小范围的集成,没有从更广阔的视野和更规范的立场上整合研究成果,研究成果个体特征明显而普遍适用性差。

　　(3)我国文化产业研究的趋势。文化产业是在全球化的消费社会背景中发展起来的一门新兴产业,与我国社会、经济发展中的支柱、新兴产业密切相关,被党的十六大、十七大、十八大纳入国民经济发展的重点产业行列。

与国外发达国家比较,我国的文化产业还处于刚刚起步的阶段,国外许多文化产业发展的经验需要大量引进,我们在文化产业发展道路上的教训也亟待总结。这些工作的目的是为了让我国的文化产业能够在有限的时间内缩小同西方发达国家之间的差距,更好地满足我国人民群众日益增长的精神文化需求,进而抢占国际经济文化发展制高点,使文化产业真正成为社会经济发展的巨大动力。

在文化产业的发展进程中,理论研究要跟上甚至要超前,以指导文化产业的良性发展。新一轮的文化产业理论研究将会如火如荼地展开,我国的文化产业理论界应该做好这方面的准备。

4. 建立和完善研究体系

包括研究中心、产业园区与示范基地等。

(1)研究中心

四川大学文化产业研究中心。为四川大学所属从事文化传播与文化产业基础理论、应用理论、管理决策理论研究的跨学科、跨院所的综合性研究机构,2011年获批成为首批全国版权示范基地。中心的宗旨是发挥四川大学新闻传播、文学艺术、工商管理、历史文化、软件工程、外国语言等学科的综合优势,主要运用现代化的以实证调查为基础的社会科学研究手段,深入研究世界文化产业特别是亚太地区文化产业发展的历史、现状及走向,为中国特别是西部地区文化产业的发展提供建设性思路与方案,提供有关决策咨询服务,培养和培训有关专门人才,集科学研究、决策咨询和人才培养为一体,为文化产业的可持续发展提供智力支持。

中国人民大学文化创意产业研究所。是中国人民大学直属的文化创意产业研究机构,研究所依托中国人民大学文化科技园,整合来自中国人民大学相关科研院所及产业链相关的优秀资源,开展以文化创意产业为主题的课题研究、标准制定、战略规划、决策咨询、园区建设、人才培训、品牌推广、投资促进等系列活动。所长金元浦被誉为中国文化创意产业理论之父,是中宣部《文化体制改革总体方案》和《中国文化发展纲要》起草工作小组专家组成员,北京市政府、深圳市政府等8省市文化创意产业发展顾问。中国人民大学文化创意产业研究所为多个国家部委、省市级城市和数十家文化产业园区提供过咨询服务,是国内文化创意领域拥有成功实践案例最多的文化创意研究机构。

清华大学文化产业研究中心。为加强文化产业领域的学术研究,促进我国文化产业的发展,根据中央领导有关指示精神,2004年5月,经清华大学校务会议批准,该校以新闻与传播学院、经济管理学院、公共管理学院、法学院、人文学院、美术学院、信息学院等 7 个与文化产业研究相关的实体学院为依托,建立了校级跨院系的清华大学文化产业研究中心。中心有一支多学科权威学者和高层行业管理人员组成的研究团队,在文化产业、创意产业和非物质经济等相关领域取得了丰富的研究成果和良好的国际学术声誉,2005 年被批准为国家级哲学社会科学创新研究基地。2006 年,中心被命名为国家文化产业研究中心。中心以国家文化体制改革精神为指导,以在国家经济社会发展中具有特殊地位的文化产业发展的理论和实践为研究对象,以提升中国文化产业的竞争力和创新能力为宗旨,面向市场,面向国际,面向未来,努力建设一个设备先进、机制灵活、人才荟萃、成果丰富、研学产管一体化的国家基地,为政府决策、产业发展和学科建设做出积极的贡献。

上海社会科学院文化产业研究中心。是上海社会科学院设立和领导的专业研究机构,以建设国际一流的文化智库为目标,以理论研究为基础,以规划应用为重点,以决策服务为特色,长期从事文化产业、创意经济、城市战略、企业文化、体育经济等方面的专业研究和规划设计。

(2)产业园区与示范基地

产业园区。文化部自 2007 年以来,本着少而精的原则,共命名了 8 家国家级文化产业示范园区和 7 家国家级文化产业试验园区,旨在通过规划引导、政策扶持、典型示范,带动引领全国文化产业快速发展。通过强化管理,引导地方政府完善政策服务,国家级文化产业园区获得了快速发展,产业规模化、集聚化水平大幅提升,已经成为我国文化产业发展的重要载体。截至 2011 年底,15 家国家级文化产业园区已聚集各类文化企业近 8000 家,文化产业从业人员总数超过 40 万人。2011 年,园区内文化企业实现总收入超过 1200 亿元,实现总利润 168 亿元,实现总税收 90 亿元,逐步成为地区经济发展的重要支撑和我国文化产业发展的骨干力量。

产业基地。从 2004 年至今,文化部先后命名了五批 266 家国家文化产业示范基地,四批 8 家国家级文化产业示范园区和首批 4 家国家级文化产业试验园区,其中上市公司有 100 多家。

四、监管体系

文化产业的监管体系主要包括行业协会、行政监管、政策法规等,还包括人大、政协的监管,媒体的监管,其他社会组织的监管,民众包括消费者的监管。

第二节 文化产业的结构

一、旧三层结构说

旧三层结构是 2004 年国家统计局提出来的,尽管 2012 年重新进行了厘定,但是,文化产业基本结构没有根本改变。

1. 文化产业核心层

核心层具有以下特点:文化产业生产规模大、市场份额多、产品为文化产业的核心产品、国家垄断。原来都属于国家事业单位,最近几年,特别是十七届六中全会以后,才逐步走向市场,进行了企业化、集团化改革。他们担负的责任不光是创造经济效益,更重要的是熏陶人、教育人、引导人,作为党和人民的喉舌,将社会效益放在第一位,属于国家的意识形态部门。

核心层的范围:包括新闻、书报刊(出版)、音像制品、电子出版物、广播、电视、电影、文艺演出、文化演出场馆(演艺)、文物及文化保护(文物与非遗)、博物馆与文物、图书馆、档案馆、群众文化服务、文化研究、文化社团、其他文化服务等。

2. 文化产业外围层

外围层为核心层提供传播、包装、策划、推介服务。属于配角,放归市场运作。

范围包括互联网、旅行社服务、游览景区文化服务、室内娱乐、游乐园、休闲健身娱乐、网吧、文化中介代理、文化产品租赁和拍卖、广告、会展服务等。

3. 文化产业相关层

这个层面直接关系到文化产业与科技的融合,主要指技术与技术生产部门。器械生产的技术含量,直接关系到文化产业内容与产品的前途。

范围包括文具、照相器材、娱乐文化产品生产的辅助生产活动、文化用品的生产活动和文化专用设备的生产活动以及乐器、玩具、游艺器材、纸张、磁带、光盘、电子器材、印刷设备、家用视听设备、工艺品的生产和销售等。

二、新四个方面说

《文化及相关产业分类（2012）》与 2004 年的《文化及相关产业分类》相比，在产业结构的提法方面发生了变化。由于目前我国文化体制改革已取得新突破，文化业态不断融合，文化新业态不断涌现，许多文化生产活动很难区分是核心层还是外围层，因此本次修订不再保留三个层次的划分。

新分类分为文化产品的生产、文化相关产品的生产两大结构，而在文化相关产品的生产中，又分为文化产品生产的辅助生产活动、文化用品的生产活动和文化专用设备的生产活动等三个方面，从而用文化产品的生产活动、文化产品生产的辅助生产活动、文化用品的生产活动和文化专用设备的生产活动等四个方面替代了三个层次。其中文化产品的生产活动构成文化及相关产业的主体，其他三个方面是文化及相关产业的补充。

第三节　## 文化产业的类别与范围

为适应我国文化产业发展的新情况新变化，2012 版分类对原有的类别结构和具体内容作了调整，增加了文化创意、文化新业态、软件设计服务、具有文化内涵的特色产品的生产等内容和部分行业小类，删除了旅行社、休闲健身娱乐活动、教学用模型及教具制造、其他文教办公用品制造、其他文化办公用机械制造和彩票活动等。

根据 2012 年国家统计局《文化及相关产业分类》统计的范围、分类与标准，文化产业的类别与范围分列如下。

一、文化产品的生产

1. 新闻出版发行服务

（1）新闻出版发行：新闻业；图书出版；报纸出版；期刊出版；音像制品出版；电子出版物出版；其他出版业。

（2）发行服务：图书批发；报刊批发；音像制品及电子出版物批发；图书、报刊零售;音像制品及电子出版物零售。

2. 广播电视电影服务

广播;电视;电影和影视录音服务(电影和影视节目制作、电影和影视节目发行、电影放映、录音制作)。

3. 文化艺术服务

文艺创作与表演服务:文艺创作与表演;艺术表演场馆。

图书馆与档案馆服务。

文化遗产保护服务:文物及非物质文化遗产保护;博物馆;烈士陵园、纪念馆。

群众文化服务与群众文化活动。

文化研究和社团服务:社会人文科学研究;专业性团体的服务(包学术理论社会团体的服务、文化团体的服务)。

文化艺术培训服务:美术、舞蹈、音乐辅导服务;其他未列明教育。

其他文化艺术服务。

4. 文化信息传输服务

互联网信息服务;增值电信服务(文化部分);广播电视传输服务(有线广播电视传输服务、无线广播电视传输服务、卫星传输服务——传输、覆盖与接收服务;设计、安装、调试、测试、监测等服务)。

5. 文化创意和设计服务

广告服务。

文化软件服务:软件开发(多媒体、动漫游戏软件开发);数字内容服务(数字动漫、游戏设计制作)。

建筑设计服务:工程勘察设计;房屋建筑工程设计服务;室内装饰设计服务;风景园林工程专项设计服务。

专业设计服务。

6. 文化休闲娱乐服务

景区游览服务:公园管理;游览景区管理;野生动物保护(动物园和海洋馆、水族馆管理服务);野生植物保护(植物园管理服务)。

娱乐休闲服务:歌舞厅娱乐活动;电子游艺厅娱乐活动;网吧活动;其他室内娱乐活动;游乐园;其他娱乐业。

摄影扩印服务。

7. 工艺美术品的生产

工艺美术品的制造:雕塑工艺品制造;金属工艺品制造;漆器工艺品制造;

花画工艺品制造;天然植物纤维编织工艺品制造;抽纱刺绣工艺品制造;地毯、挂毯制造;珠宝首饰及有关物品制造;其他工艺美术品制造。

园林、陈设艺术及其他陶瓷制品的制造。

8. 工艺美术品的销售

首饰、工艺品及收藏品批发。

珠宝首饰零售。

工艺美术品及收藏品零售。

二、文化相关产品的生产

1. 文化产品生产的辅助生产

版权服务(知识产权服务——版权和文化软件服务)。

印刷复制服务:书、报刊印刷;本册印制;包装装潢及其他印刷;装订及印刷相关服务;记录媒介复制。

文化经纪代理服务(文化娱乐经纪人、其他文化艺术经纪代理)。

文化贸易代理与拍卖服务:贸易代理;拍卖(艺〈美〉术品、文物、古董、字画拍卖服务)。

文化出租服务:娱乐及体育设备出租(视频设备、照相器材和娱乐设备的出租服务);图书出租;音像制品出租。

会展服务:会议及展览服务。

其他文化辅助生产:公司礼仪和模特服务;大型活动组织服务;票务服务;其他未列明商务服务业。

2. 文化用品的生产

办公用品的制造:文具制造;笔的制造;墨水、墨汁制造。

乐器的制造:中乐器制造;西乐器制造;电子乐器制造;其他乐器及零件制造。

玩具的制造。

游艺器材及娱乐用品的制造:露天游乐场所游乐设备制造;游艺用品及室内游艺器材制造;其他娱乐用品制造。

视听设备的制造:电视机制造;音响设备制造;影视录放设备制造。

焰火、鞭炮产品的制造。

文化用纸的制造:机制纸及纸板制造(文化用机制纸及纸板制造);手工纸制造。

文化用油墨颜料的制造：油墨及类似产品制造；文化用颜料制造。

文化用化学品的制造：文化用信息化学品的制造。

其他文化用品的制造：装饰用灯和影视舞台灯制造；其他电子设备制造（电子快译通、电子记事本、电子词典等制造）。

文具乐器照相器材的销售：文具用品批发；文具用品零售；乐器零售；照相器材零售。

文化用家电的销售：文化用家用电器批发；家用视听设备零售。

其他文化用品的销售。

3. 文化专用设备的生产

印刷专用设备的制造。

广播电视电影专用设备的制造：广播电视节目制作及发射设备制造；广播电视接收设备及器材制造；应用电视设备及其他广播电视设备制造；电影机械制造。

其他文化专用设备的制造：幻灯及投影设备制造；照相机及器材制造；复印和胶印设备制造。

广播电视电影专用设备的批发。

舞台照明设备的批发。

第五章　文化产业的发展规律

〽 提示

　　文化产业所形成的"软实力"及其发展前景越来越为许多国家和地区所重视。科技、文化、商业、金融已成为发展现代文化产业的四大动力。

　　在国外，文化创意产业是21世纪成为先进国家竞争力的核心构成。美国、英国、韩国等国家均制定了文化创意产业发展的国家战略，并在全球市场取得了优秀成绩，积累了发展文化产业的一些经验。这些经验对于我国发展文化产业、推动文化产业向创意文化产业、文化创意产业转化、发展，具有一定的借鉴意义。

　　在我国，一个地区以及一座城市，从没有像今天这样如此深切地感知文化的力量，体验到它在与经济的交融中所累积的爆发力。文化产业抑或文化创意产业正以其特有的知识、文化与创新含量，以及大幅提高产品附加值的能力，在国家以及城市经济的进一步繁荣发展中扮演日益重要的角色，经济、政治、社会各项事业都已经开始向文化型的方向迈进，研究文化事业、文化产业的发展现状，以及文化向各个领域延伸和渗透的规律，对于树立大文化产业的观念，推动文化产业参与工业、农业和旅游业、信息业、金融业等相关产业的发展，意义重大。

第一节　西方发达国家文化产业的发展规律

文化产业经过近百年的探索和发展,发达国家的文化产业已经成为国民经济的支柱产业。美国、法国、韩国、日本是当今世界的文化强国,其发展文化产业的经验、措施尤其值得我国学习和借鉴。

一、国外文化产业的发展历程

美、法、韩、日各国的政治、经济、文化背景不同,文化产业的发展过程与推进措施也不相同。纵观其文化产业发展的一般历程,总结其文化产业发展的一般经验,我们可以将其发展过程划分为三个阶段。

1.20 世纪 30 年代~50 年代:对文化产业的认识期

20 世纪初,文化仅仅作为一种公益事业来发展,只在政治、思想、精神领域起作用,很少涉足经济领域。随着社会的发展,许多国家开始逐步意识到文化所带来的经济效益。文化产业的发展是经济发展到一定阶段的历史必然。从 20 世纪 30 年代开始,一些发达国家意识到文化产业的重要性,为了发展本国的文化产业,他们开始修改原来的文化政策,并且制定了一系列法律来保障文化产业的发展。

这一时期,以美国为代表的西方发达国家初步形成了文化产业的基础和框架。美国文化产业的发展基础是立法。美国是世界上较早实行知识产权保护制度的国家之一,1790 年就颁布实施了第一部《版权法》。此后,根据经济、科技和社会发展的需要,美国国会不断地对《版权法》加以调整和完善,以加强对文化产业的保护。例如为了保证音乐、戏剧和摄影作品及其作者的权益,国会分别在 1831 年、1856 年和 1865 年对《版权法》作了修改,增加了对上述产品的保护条款。如此反复修订,美国的版权保护制度已经成为世界上规定较为详尽、保护范围较为广泛的知识产权制度之一。[①]

---

① 刘锦宏、闫翔:《透析美国文化产业发展战略》,《经济导刊》2007 年第 9 期。

文化产业舞台,则是好莱坞唱主角。20 世纪 20 年代至 30 年代,经典好莱坞电影在海外极受欢迎。迷人的影星、动人的故事、撩人的音乐、惊人的外景地——好莱坞塑造的现代银幕形象,向全世界推销美貌、青春、财富和快乐。20 世纪 30 年代,好莱坞各大公司在上海创造了独霸首轮影院的辉煌。于是,美国商界就惊喜地发现,美国影片的放映常常引起对美国商品需求的增加。据当时的估计,出口 1 英尺长拷贝的美片即可以促销 1 美元的美国产品,出口 12 万个电影拷贝就等于派出 12 万个"美国大使"。在这种情况下,好莱坞一方面加强自律,在 1927 年就列出"不能及不宜拍摄"的敏感内容的条款,另一方面,实施了占领全世界文化产业战略和文化侵略战术,为了逼迫日本开放电影市场,曾以大量拍摄日本黑帮片来要挟日本,电影作为其国家"文化形象代言人"的功能不言而喻。好莱坞的发展,为美国文化产业发展提供了思路、基础、模式。①

2.20 世纪 50 年代~80 年代末:法律政策的调整期

20 世纪 60 年代以后,美国和一些西方国家的文化产业开始进入发展高峰时期,其文化产品、文化经营以及科技水平在全球范围内占有领先地位。在这个阶段,许多国家已建立起完备的文化法律体系来保障文化产业的发展,并且颁布和实施文化经济政策,依靠法律政策手段有效调整社会的文化关系。

为了保护日益发展起来的文化产业,美国采取了一系列法律措施,不断加强国内外的知识产权保护,有效地促进了文化产业的发展。法国政府发展文化艺术事业的方针政策在原来的基础上还增加了"促进文化产业的发展"这一条,提供优惠政策和资助,促进文化产业的发展。日本先后制定和修改了扶持文化艺术的政策,使得日本的文化产业开始向高度化发展。②

这一时期,发达国家的文化产业开始迅速发展,并且逐步调整文化产业政策和产业结构以适应其文化产业的发展。美国在 20 世纪 60 年代顶着国内外巨大压力进行了社会结构调整,其后又进行了三次国家总体产业布局的调整,每一次调整都进一步加大和突出了文化、知识和高新技术的含量,在那个时候,文化产业的产值占 GDP 的比重就达到了 2% 以上。其后,20 世纪 80 年代美国实施了"正确转向"战略,电视网络被主要的跨国公司和传媒联合公司接管,其

---

① 张英进:《好莱坞成功背后的秘密:文化工业与全球化策略》,http://www.nen.com.cn/74334682619052032/20050912/1757695.shtml。

② 刘小蓓,石应平:《世界文化强国发展文化产业的经验及借鉴》,《中华文化论坛》2003 年第 2 期。

中实力强大的集团公司获得对国家主流媒介的控制。例如,在 80 年代,美国三大电视网络公司被主要的公司联合集团接管:ABC(美国广播公司)在 1985 年被资本中心(Capital Cities)接管,NBC(全国广播公司)被通用电气公司(GE)接管,CBS(哥伦比亚广播公司)被吉奇金融集团(Tisch Financial Group)收购。从而加快了文化产业的发展进程。

3.20 世纪 90 年代以后:全球化发展期

从上个世纪 90 年代开始,随着发达国家国内文化产业的迅速壮大,世界文化强国凭借其强大的经济实力和日渐完备的管理手段,利用新兴科学技术,不断扩大文化产业市场。他们已不满足本国的文化产业市场,开始进行全球化发展。在对外输出文化商品获取高额利润的同时还将本国的世界观、价值观、意识形态向国外渗透。

尤其是近些年来,美国文化产业的经营总额已高达几千亿美元,在每年美国商品的出口项目当中,文化产业视听产品的出口额总是名列前茅(紧随航空业和食品业之后)。美国的文化产业取得了全世界的霸权地位,文化产业已发展到一种巅峰状态,其总体实力和竞争优势无人能及。以至于一些国家开始制定民族文化保护政策,抵制美国文化的侵蚀,尤以法国为代表。

与此同时,一些后起之秀,如日本、韩国、新加坡、香港等国家和地区的文化产业也迅速发展起来。进入 21 世纪以来,各国的文化产业都有了不同程度的新的调整和计划,文化产业成为本国经济新的增长点甚至支柱。

这一时期,发达国家凭借本国文化产业日趋完备的管理模式进入世界市场并产生广泛影响。其在立法、政策、产业运作、人才战略和调控措施等方面取得的丰富的成功经验,值得我们借鉴。

二、国外文化产业的发展经验

1.美国文化产业的发展经验

(1)不干涉的政策。美国是政府职能完善的文化产出大国,却至今也没有一个正式的官方文化政策文件,在行政体制上也不像一些国家的政府那样设有专门的文化部门。美国政府对于文化发展,在传统上持有不干涉的态度,不干涉就是对文化产业的大力扶持。这种支持并非是来自政府、自上而下实现的,而是自下而上将文化艺术活动放置于市场经济和民间社会中成长来完成的,政府为之提供了宽松的外部环境和严格的法律保障

(2)投资主体和融资渠道多元化。一方面,联邦政府的资金投入面向所有

符合政策导向的团体;另一方面,积极吸收非文化部门的外来投资,并且以此形成了比较完善的融资体制。

政府主要通过国家艺术基金会、国家人文基金会和博物馆学会对文化艺术业给予资助,州和市镇政府以及联邦政府某些部门在文化方面也提供资助。与此同时,美国的不少财团都与文化产业有着千丝万缕的联系,文化艺术团体得到的主要社会资助来自于公司、基金会和个人的捐助等,其数额远远高于政府资助。如1997年美国文化艺术业的经费总额为175.83亿美元,其中社会赞助为37.6亿美元,政府直接资助为20.96美元。通过与财团的合作,美国文化产业获得了发展所需要的大量资金。

(3)加大科技投入和文化创新。美国重视科技对文化产业的推动作用。科技含量高,产品附加值不断增加,是美国文化产业的一个重要特征。尤其是在大众传播媒介领域,电子排版、网络传输、地球通讯卫星等高新技术的广泛应用,使美国的文化产品得以在全世界迅速扩展。美国文化产业除了注重使用高新科技外,还非常强调文化产品内容和形式的创新及对其他国家民族文化的吸收和借鉴。例如2008年,美国梦工厂的《功夫熊猫》对中国文化资源的利用与开发,展现了东方情调,是不囿于故事题材本身而进行的文化内容与形式的创新。

(4)利用法律法规和政策促进和保护文化产业发展。早在1917年,美国联邦税法就规定对非盈利性文化团体和机构免征所得税,并减免资助者的税额。1965年,美国通过了《国家艺术及人文事业基金法》,依据这项法律,创立了国家艺术基金会与国家人文基金会,对文化艺术事业的发展提供资助。此外,版权法、合同法和劳工法等对美国文化产业的发展也发挥着极为重要的作用。

(5)文化产业人才管理和培养机制。美国政府非常重视应用文化产业理论的研究和文化管理人才的培养,拥有丰富的人才是美国能够在文化产业领域领先的另一个重要原因。全美有多所大学开办了艺术管理专业,培养本科生、硕士生和博士生等大量高质量的文化管理人才。除此之外,美国还从世界各国搜罗大量优秀人才,丰富的人才使美国能够在文化产业中保持竞争优势。

(6)政府支持文化商品贸易。美国坚持在市场竞争机制下,依靠商业运作,让其文化产品流行于市场。美国政府一直利用强大的国际政治经济优势支持美国文化商品占领国际市场,致力于在WTO框架下推动包括文化商品在内的所谓贸易和投资领域的自由化。例如,美国与欧盟专门就影视业的开放问题举行过谈判。针对发展中国家文化产品盗版现象比较严重的情况,应用知识产权等手段确保美国文化产品在国外市场的相关利益。

(7)渗透美国的精神和价值观念。美国文化产业带来的社会效益更为可观。美国文化工业对于美国价值观的宣传,非常注重艺术性、隐蔽性和渗透性。一般情况下,总是感性层面的东西先行,如音乐、舞蹈、广告、麦当劳、肯德基、可口可乐等,然后一步步引向理性层面。即使是有明显意识形态内容的东西,美国人也不搞赤裸裸的说教。比如电影《拯救大兵瑞恩》,其实是美国的人权神话。但是必须承认,这个神话是从情节和形象中流露出来的,因此很容易打动涉世不深的观众。很多青少年看了这部片子以后情不自禁地竖起大拇指,说:"当个美国人,值!"特别应当指出的是,在必要时,美国人还可以在现实生活中导演出"好莱坞大片",比如伊拉克战争期间关于拯救女兵林奇的故事。把美国的意识形态宣传战叫作"渗透战",可谓恰如其分。

2.美国文化产业发展的深刻教训

当然,意识形态和精神产品并不完全等同于商品。美国文化产业存在着膏肓。

第一,享乐主义将追求感官享乐作为人生的唯一价值目标。美国很多文化作品追求即兴冲动、同步反应和本能共鸣,生产和消费的指向在于刺激消费者的视觉神经和听觉神经,以引起兴奋、冲动、震惊、恐怖等反应,从而得到麻醉、宣泄或者黄粱梦式的替代性满足。经过现代印刷手段的大批量复制,电视、广播、影院、网络等滔滔不绝的推销,这些东西像乱花飞絮一样飘荡在人们周围。无论白天还是夜间,消费者都可以随着这些形象的移动、变幻,在性、暴力、仇恨、贪婪、犯罪和死亡的海洋上冲波激浪。待到几天或几个星期过后,这些产品便会因失去刺激效果而不再时髦,成为消费过的垃圾而被排放。这时,文化工业就会制造新的时髦,送上新的形象,来刺激消费者的新的欲求,于是又形成新的一波消费潮流。制造→消费→排放,就是美国文化工业往复循环的三部曲。

性的泛滥程度,是衡量享乐主义深度的一把标尺。在美国,虽然不断有公众组织和个人以至国会批评色情文化的泛滥,发出净化文化的呼吁,但是毕竟抵挡不住它的汹涌流势。可以说,色情文化是美国文化工业最为浓重的一道风景线。多数传媒都有或多或少、或明或暗的色情内容。专门渲染色情的录像、音乐、杂志、图书也是不胜枚举。仅以性杂志而论,不但有面向男性的《花花公子》,还有面向女性的《风流女子》。这些杂志以每年数十亿册的规模行销美国及世界各地。色情图书遍布书店、商店、摊点,不管男女老少,可以随意翻阅、随处购买。据有关出版商估计,色情大师哈罗·罗宾斯的作品,高峰期每天可以销售 4 万册。

第二,从增值资本的目的出发,推行政治上的保守主义(维护现存体制)、经济上的拜金主义(贪婪地攫取利润)、文化上的享乐主义(刺激本能欲求),是文化工业的基本内容。它所制造的享乐主义文化,有效地控制了大众的意识,诱导了金钱——享乐的生活方式,从而化解了反抗,保障了资本的持续增值,维护了资本主义社会正常发展。

第三,它磨灭意志,涣散精神,瓦解社会凝聚力,消解系统的有序性,最后必然导致销蚀美国精神,使得民族精神的整个系统发生结构性的崩溃。美国有些文化学者明确提出,创业时期的资产阶级洋溢着的那股蓬勃的朝气已经荡然无存。富兰克林所概括的 13 种"有用的品德",即不喝酒、沉默、有条理、果断、俭省、勤奋、真诚、公正、温和、清洁、安宁、贞节和谦逊,均成为历史。

3. 法国文化产业的发展经验

法国是世界上特别强调文化发展战略的国家,政府的干预对文化产业的发展具有举足轻重的作用。

(1)政府主导与资助。法国政府对文化发展和管理的重视在欧洲国家中应该说是最为突出的,政府的干预对文化的发展具有举足轻重的影响。法国文化政策的传播是由政府专门的文化领导机构——文化事务部来推动的。每年文化部的财政预算均占国家财政总预算的 1%。除此以外,法国地方各级政府还要投入两倍于国家预算的资金,用于发展本地文化。在法律制度方面,法国健全的著作权法和社会保险体制为艺术创作提供了有效的保障。税收方面,有关部门降低了图书、唱片等文化产品的增值税,以促进市场销售。法国政府积极支持文化产业的发展,为其提供了相当的优惠政策和资助,以此来增加就业,带动经济发展。

(2)保护民族文化特色和文化独特性。近年来,为了限制美国文化的渗透和影响,保护和扶持民族文化的发展,法国还采取了多种具体措施:电视台增加播放本国文艺节目的比例大力宣传本国文化,资助本国影视制作业,加强同欧盟国家的文化合作等等,以维护民族文化的正常发展。1997 年法国文化事务部在《文化例外与文化多元化》一文中,把文化领域分为可以参与全球化市场妥协部分(戏剧、出版、新闻、建筑等)和不可妥协部分(电影、广播、电视、图书馆、博物馆、档案及其他相关领域)。为此,"文化例外"的政策成为世界上许多发展中国家保护自身文化的一个典范。

(3)重点发展以艺术为中心的文化产业。由于艺术在法国文化中占据核心地位,因此,法国最重要的文化产业门类是艺术文化产业。法国在积极推动文化产业发展方面有两大特点:一是有悠久的传统,二是保持历史的连续性。政府采取各种有效措施对图书出版、电影、艺术表演、音乐以及旅游业这些法国文化产业的支柱进行扶持和帮助。不仅仅注重提高经济效益,而且还培养了国民的艺术修养,发挥了文化产业的社会效应。

(4)政府靠文化投资拉动经济增长。法国政府的文化产业政策是通过文化产业的发展创造就业机会,促进国民经济的发展。法国把文化投资作为解决就业、拉动经济增长的重要手段。由于政府增加了文化投资,文化机构和设施则成为解决就业的途径之一,同时文化经费得到充足的保障。

法国政府非常重视文化基础设施建设,每年都拨出几十亿法郎用于兴建图书馆、博物馆、剧场等文化设施。这些资金先由政府拨给文化部,再由文化部分配给各施工项目。近几年,法国兴建了一批大型文化工程,如巴士底歌剧院、新国家图书馆、大卢浮宫扩建工程等。这些工程耗资巨大,施工时间长,如新国家图书馆工程建设资金为80亿法郎,1989年开工,1996年建成,工期为7年,每年均需十几亿法郎的投资。1999年,文化部用于文化基础设施建设的资金为35.43亿法郎。因此,文化设施的建设是法国最重要的文化产业。①

4.韩国文化产业的发展经验

(1)政府鼎力支持,完善组织管理机制和法律法规。韩国文化产业的发展得到了政府的支持,韩国政府明确地将文化产业的发展与国家的经济发展紧密地联系在一起。韩国负责文化产业管理的政府部门主要是文化观光部,政府以"文化观光部"为主要推动部门,不遗余力地推动国内文化的发展。金大中任总统期间,就提出了"文化立国"的战略口号,并将文化产业作为21世纪发展国家经济的战略性支柱产业,之后短短几年时间内,韩国文化产业就实现了跨越式发展。韩国为规划和发展文化产业,2001年成立文化产业振兴院,该院每年可得到政府5000万美元的资助。"文化产业振兴院"为韩国文化产业的快速发展起到了孵化、催生和推动的作用。在法制建设方面,韩国政府先后制定或修订了《文化产业振兴基本法》《著作权法》《电影振兴法》《唱片录像带及游戏制品法》等,还建立了文化产业局、文化产业振兴委员会、文化产业振兴中心等机构,全面负责文化产业的各项事务。同时,还成立了各种行业协会,具体负

① 《法国文化产业的发展》,http://www.yinxiangcn.com/xueshu/200611/2340.html。

责协调每个行业的发展,如韩国卡通形象产业协会等。

(2)多方筹措,确保资金供给。韩国举国上下都十分重视文化产业的开发和经营,政府和民间都投入了大量资金进行文化市场的开发。韩国政府通过加大国家财政投入、设立专项基金、动员社会资金、完善相关文化经济政策等措施,保证了文化产业的迅速发展。其次,实施官方和民间的"投资组合",以政府与社会共同融资的方式支持文化产业发展。除此之外,韩国还利用税费减免补偿、信贷优惠等经济杠杆,对文化产业进行间接的资金支持。近几年韩国加大对影像、游戏、动画、音乐等重点文化产业的奖励力度,这些措施也可以看作国家对文化产业发展资金的供给。

(3)加强人才培养和管理。韩国在经济发展中始终牢牢抓住开发人力资源的环节,把教育放在优先地位。为提高全社会人口的文化科学素质,韩国实行教育"高投资"政策。2000~2005年间,韩国政府投资2000万韩元,培养跨学科的复合型人才和电影、卡通、游戏、广播影像等文化产业的高级人才。同时扩大文化产业从业者与纯艺术创作者之间的交流,实现了文化艺术和文化产业双赢的目的。近几年,韩国已经初步构建了一个较为完善的文化产业人才培养和管理体系。

(4)扩大对外文化交流,开拓海外文化市场。韩国在重视引进和吸收西方国家先进的科学技术、社会文化管理经验和相关成果的同时,也充分重视保护和开发具有独创性和民族特性的文化产品。韩国政府充分认识到国内市场狭小,为此瞄准国际大市场,以中国、日本为重点,大力促进出口,通过海外市场创造赢利。

第一,针对不同国家和地区推出适销对路的产品。第二,集中力量打造国际性知名品牌,以提高韩国文化产业在国际市场的竞争力。近年来,韩国的电影、电视剧、音乐等流行文化在中国的年轻人中影响很大,被形象地称为"韩流"。韩国影视产业的发展速度令人咋舌:韩国影视出口额1995年仅为21万美元、1997年为49万美元,到2003已增长到3098万美元。第三,积极开展国际合作,弥补资金和技术上的不足。第四,积极举办和参加文化产业方面国际性的商贸展销和洽谈活动。

5.日本文化产业的发展经验

(1)政府积极推动和支持。日本于1995年确立了21世纪的文化立国方略,2001年全力打造知识产权立国战略,2003年又制定了观光立国战略。2004年6月4日,日本正式公布了《内容产业促进法》,同时内阁会议决定将内容产业划入《创造新产业战略》。日本政府不仅制定了明确的文化发展战略,而且还设置了专门的机构负责文化产业的相关管理。同时,地方政府也积极参与推动文化产业的发展。对振兴地区和地方文化,日本政府有明确规定,如政府支援地区文化活动,包括振兴具有地方特色的文化遗产、民间艺术、传统工艺和祭祀活动等;制定长期规划,对具有地方特色的文化艺术提供综合援助;中央政府与地方政府联手举办全国规模的文化节等。这些举措给当地带来良好的经济效益,也促使地方政府更加重视文化产业的发展。

(2)文化和市场深入结合。日本拥有一大批专业性和综合性的文化企业公司,比如东映公司、宝歌剧团、大日本印刷公司、艺神公司等。正是依靠这些文化企业发挥作用,日本文化的产业化运作才得以成功实现。在日本,大型文化交流活动的举办,多依赖于企业、公司的参与和资金赞助。企业也常常通过支援文化艺术协议会来参与文化体育活动,以扩大影响,提高知名度。这种日本独有的现象对文化产业的发展也起到积极的推动作用。

(3)成熟完善的文化中介组织和管理制度。日本文化行业协会很多,作用十分突出,如日本音乐著作权协会、日本电脑娱乐提供者协会、电影管理委员会等等,它们被看作是政府职能的延伸。这些行业协会在规定行业规则、审查文化产品、维护成员利益方面起到了政府难以替代的作用。这些行业协会负责制定行业规则、维护会员合法权益、进行行业管理以及文化产品的审查、把关等。另外,经纪人在日本的作用非常大,他们不仅起到发掘和培养画家、演员和歌手的作用,更重要的是,激活和培育了良好的文化艺术市场,有效地规范了文化产业市场。

(4)多种文化产业综合经营。围绕同一作品,电影、戏剧、书籍、唱片等同时推出,以获得综合效益。一部小说出版后,改编成电影,同时发行电影音乐磁带,这是日本电影、出版和音乐的一种综合经营模式,也是文化产业中较为成功的做法。日本政府充分利用和挖掘文化资源,通过漫画图书、动漫影视、游戏软件、卡通玩具、音乐唱片、主题公园等多种文化产业相结合,形成庞大的产业链条,从而带动整个文化产业的全面发展。

(5)大力扩展海外市场。近年来,日本掀起了世界范围内的"哈日风",极大地推动了日本文化产品的出口。2002年8月,日本经产省与文部省联手促成建立了民间的"内容产品海外流通促进机构",拨专款支持该机构在海外市场开展文化贸易与维权活动,这一举措表明了政府对海外文化市场的高度重视。

三、世界文化产业发展模式与发展动力

1. 世界文化产业飞速发展的模式

全世界发展文化产业有三种模式:美国模式为市场引导型;以英、法等国投入文化资源和财政资源为代表的类型;以韩日为代表的政策引导型。面对金融危机,在产业转型中,政府要寻找有发展前景的新兴产业,如日本锁定动漫,韩国锁定影视、网游等,即把有限的政府资源集中投入产业发展中。两国政府都制定了很多政策,也建立了很多产业基金来推动文化产业发展。

2. 世界文化产业强势发展的原因

一是机械化、工业化、产业化的发展,实现了机械化复制文化产品,使得文化产品成为能够批量生产的文化商品。

二是充分利用现代科技——上世纪 50 年代彩色电视问世;60 年代计算机集成电路化;70 年代光导纤维投入生产;80 年代卫星通讯投入使用;90 年代信息高速公路开通。每一次现代科技的进步,都大大推进了文化产品的规模化发展。

三是西方强国凭借经济、技术和知识等方面的优势,开始向世界其他国家、特别是发展中国家进行文化产品的倾销。

四是跨国文化产业集团实力雄厚。随着经济全球化的不断深入,各国文化产业壁垒不断被打破,企业兼并重组浪潮汹涌澎湃,在美国出现了一批超级跨国文化产业集团,引领全球文化产业的发展。

五是从立法、政策、产业运作、人才战略和调控措施五个方面采取措施全面推动。全面立法,保护知识产权;政策扶持,促进产业发展;跨国公司运作,纵横全球。

第二节 我国文化产业的发展意义与存在的问题

自 2001 年国民经济和社会发展第十个五年计划首次提出文化产业的概念起,短短 10 多年间,文化产业在中国逐步彰显出功能多样化的产业属性,得到

了有力的推动发展。2013 年文化产业产值达 2.172 亿元,占 GDP 的 3.77%。2009 年中科院报告认为,中国的文化影响力指数在全世界排名第七,居于美国、德国、英国、法国、意大利、西班牙之后。

一、我国发展文化产业意义重大

我国经济社会的持续发展和人民生活水平的日益提高,为文化产业发展提供了坚实的物质基础、广阔的市场空间和良好的发展机遇。

首先,文化产业可以满足人民群众日益增长的精神文化需求,繁荣和发展社会主义先进文化。随着我国社会生产力的发展和物质生活水平的提高,人民群众的精神需求必然会日益增强,这就要求我们在大力发展物质文明的同时,积极进行文化建设。文化产业的丰硕成果在精神文明与政治文明建设中,通过不断落实人民群众文化权利,繁荣和发展社会主义先进文化,为全面构建社会主义和谐社会做出了贡献。

其次,发展文化产业是产业结构升级优化、经济转型和可持续发展的要求。我国文化产业是建立在中国独有的文化资源基础上的产业,在全球市场竞争中有着自己的优势。文化产业是朝阳产业,与高新科技紧密相连,又可以容纳大量劳动力,解决就业问题。因此,文化产业必将成为 21 世纪中国经济的支柱产业和最重要的增长点。

再次,发展文化产业是文化走出去战略的需要。在经济全球化的大背景下,我国加入 WTO 后文化建设与经济建设一样,既迎来了大好机遇,又面临着严峻挑战。中华文化如何永葆其生命力和吸引力,发挥其创造力和影响力,昂首阔步走向世界,参与国际市场竞争,这是我们必须做出回答的一个大问题。当今世界,文化、经济和政治相互交融,在综合国力竞争中的地位和作用越来越突出;跨国文化产业集团的影响和渗透越来越强;信息技术和网络手段在文化产品开发和传播中的应用更加深入和广泛。中国加入 WTO 后,扩大了文化市场的准入范围,允许国外文化资本和文化产品、文化服务进入国内市场,这都已经成为事实。对此我们不能漠然视之,不能无所作为,必须增强危机感和紧迫感,转变观念,迅速行动,把自己的文化产业做大做强,把自己的文化产品做多做好,把自己的文化服务做优做全,以此来应对外来资本和外来产品的冲击,抵制西方文化的负面影响,使我们在激烈竞争中争得主动和有利的地位。

此外,幸福社会和谐文化建设的发展需要文化建设与文化产业发展。党的十八大提出,由经济建设转变为社会建设。随着我国温饱问题基本解决,加快社会建设,促进经济社会协调发展成为新的发展阶段和新的主要任务。要以保障改善民生为重点,大力推进就业、社会保障和科技、教育、文化、卫生等各项社会事业,推进基本公共服务均等化。要加强和创新社会管理,以维系社会秩序为核心,通过政府主导,多方参与,规范社会行为,协调社会关系,秉持社会公正,解决社会问题。化解社会矛盾,维护社会秩序,促进社会和谐。要实现由满足物质需求到提高全民族的文化、科技、文明素质的转变。

最后,发展文化产业是推进创新型国家建设的重要措施。习近平提出的中国梦,需要靠科技与创新。文化产业的创意,推动我们利用文化资源推陈出新,走出中国特色的复兴之路。

二、我国文化产业存在的主要问题

近 20 年我国产业的发展,大致上分为三个阶段:第一阶段是以家电、电子产业为代表的信息化带动工业化发展阶段,现已形成规模;第二阶段是目前正在全力推进的重化工业发展阶段;第三阶段重点将是高新技术产业和文化产业的融合发展。

1. 文化产业发展极其不均衡

统计显示,广东文化产业增加值和从业人数均居全国各省市区之首。其中,广东广电事业总资产、净资产、经营收入和有线电视用户数等主要指标连续5 年排名全国第一,广东报纸的种类、印数、总收入、报刊进口销售总额等主要指标均名列全国第一;广东出版社数量、出版图书种类及图书销售量均居全国前列,录音制品发行总量占全国十分之一,录像制品品种数和发行量在全国列第一位,光盘生产能力和市场占有率占全国的一半;广东的对外文化贸易起步早、发展快,是我国文化产品制造和出口大省,2004 年全省文化类产品进出口总额 436 亿美元,其中出口 361 亿美元,居全国第一。

上海文化产业 2004 年的总产出就达到 1563. 87 亿元,实现增值 445. 73 亿元,按可比价格计算,比上年增长 15. 3%,占全市生产总值的比重为 6%。其中网络文化服务业增幅最高,实现增加值 51. 29 亿元,比上年增长 28. 7%。2004年,全市影院票房收入 2. 4 亿元,连续 12 年居全国第一。

作为经济大省的山东,全省文化产业 2006 年实现增值 604. 4 亿元,占 GDP的 2. 74%,对经济增长的贡献率达 2. 5%,拉动 GDP 增长 0. 4 个百分点;2007

年实现增值 713 亿元,占 GDP 的 2.8%。

而 2004 年内蒙古文化产业增加值仅 32.54 亿元,从业人员 11.1 万人,资产总额 78.1 亿元,全年营业收入 85.7 亿元。从增加值来看,内蒙古文化产业增加值仅占内蒙古 GDP 的 1.07%。

山西作为中西部结合的省份,到 2007 年全省文化产业实现增加值才 160.75 亿元。即使这个数字,也比 2006 年增加 36.03 亿元,增长 28.9%,占 GDP 的比重由 2006 年的 2.65% 提高到 2.80%,已超过金融业占 GDP 总量的比重。其中新兴的文化休闲娱乐服务和网络文化服务增加值年均增长速度分别达到 39.5% 和 36.4%,成为文化及相关产业九大类别中增长最快的类别,核心层的出版发行和版权服务平均增速也达到 29.5%,均高于文化产业 24.5% 的平均增速。而传统的文化艺术服务年均增速仅有 3.7%,比平均增速低了 20.8 个百分点。

文化产业发展不平衡是与经济发展不平衡紧密相关联的。我国经济发展不平衡,已经形成了东部、中部以及西部和农村等地区差异。

北京、上海、广州等市,以及东部发达地区的大城市等,从经济发展的角度说,这些地区人均 GDP 已经达到 4000~6000 美元的中等发达国家水平,文化市场、各种现代商业传媒业已经充分发展,"传媒汇流"(三网合一)进展迅速,开始从文化产业进入"内容产业""创意产业"阶段。

在各省会城市,以及中部比较发达地区的中心城市,人均 GDP 达到 1000~3000 美元,这些地区文化市场正在形成,现代商业传媒业正在迅速发展普及,可以说从商业文化进入文化产业阶段。

在农村地区和广大西部地区,人均 GDP 在 500~1000 美元之间,文化市场还未形成,现代传媒业如广播、电视等刚刚进入百姓生活,现代通讯刚刚开始普及,商业文化阶段刚刚开始。[①]

2. 产业结构不尽合理

从我国文化产业的结构分层看,以提供新闻、出版发行、广播影视、文化艺术等服务产品的"核心层"仍是文化产业的主体,以提供网络文化、文化休闲等服务产品的"基础层"则在近年才有一定规模。

从中西部地区的发展情况看,集中表现为传统文化产业比重过大,新兴文化产业比重偏小,基本上以传统文化经营为主,以信息化、数字化为核心的新兴

---

① 张晓明:《认识文化产业发展的不平衡规律》,http://www.yinxiangcn.com/Chanye/jiaoyu/200710/5247.html。

产业如软件业、影视业、会展业、音像业等发展缓慢,有的传统产业如出版业急需用信息化、数字化对其进行改造,使其结构优化,达到产业升级的目的,但进展一直不快。此外,区域内各地区文化产业结构雷同,各自为战,搞的产品项目大多一窝蜂,同一产品同一项目重复生产重复建设,质量没有保证,没有着力发展地区独特的文化产品项目,进行同板块大手笔的资源整合,难以形成互通有无的文化产业链,造成总体落后。①

3.现有体制机制制约着文化产业发展

党的十六大以来,文化产业领域中出版、发行、影视制作、演艺等经营性事业单位整体转制取得新的突破,文化事业单位改革不断深化,公共文化服务的投入机制和运行机制不断完善,文化产业融资渠道逐步拓宽,文化传播渠道建设和整合速度逐年加快,以文化企业为主体的对外文化贸易取得新的进展,文化产品和服务出口出现可喜增长势头,但是,也存在明显的体制机制制约发展的问题。必须坚持以体制机制创新为突破口,进一步增强文化产业的发展活力。

(1)文化体制机制改革还不深入、不彻底,制约文化发展的深层次矛盾和问题依然突出,影响了全社会文化创造活力的充分释放。具体来说,第一,文化体制中的政事分开、管办分离还没有全部到位。没有把政府职能真正由主要办文化转到加强文化管理和提供公共服务上来,加快建立覆盖全社会的比较完备的公共文化服务体系,做到该管的管住、该做的做好、该放的放开。第二,没有深化文化事业单位内部改革,彻底解决能干不能干一个样、干多干少一个样、干好干坏一个样等问题,使运行机制灵活起来、员工积极性调动起来、创造活力迸发出来。第三,文化企业产权制度的改革尚未到位。文化事业单位要面向市场,走产业化发展的路子,首要的是法人身份的变换,即"事改企"。而目前在推动经营性文化单位转企改制上力度不够,一些经营性事业单位没有脱离事业性质、政府包养之胎,弱不禁风、缺乏自生能力,有的甚至搞"翻牌"公司、穿新鞋走老路。第四,在扩大市场准入、放宽投资领域方面,没有放开体制,鼓励、支持和引导社会资本、非公有资本进入非特殊性文化领域,形成各种市场主体平等竞争、相互促进的新格局。② 第五,对文化产业发展起着重要作用的制度安排,如投融资制度、特殊税收制度等,还没有建立和完善起来。

① 《内蒙古文化产业发展总体加快,结构不合理》,http://old.news.hexun.com/2356200.shtml。
② 徐光春:《加快文化建设需要把握的几个问题——学习党的十七大精神的体会》,《河南日报》2007年12月10日。

（2）在推进民营文化产业的发展上，思路不够开阔，手笔不够大气，力度明显不足，还存在一些体制性、制度性的障碍需要突破。一些民办文化企业思想保守、小富即安，满足于小打小闹，不愿扩大规模，占领更广阔的市场。

（3）创新体制机制不足。目前还没有形成或者全部形成科学有效的宏观文化管理体制，富有效率的文化生产和服务的微观运行机制，以公有制为主体、多种所有制共同发展的文化产业格局，统一、开放、竞争、有序的现代文化市场体系，完善的文化创新体系，以民族文化为主体、吸收外来有益文化推动中华文化走向世界的文化开放格局。

（4）在坚持公益性文化事业和经营性文化产业方面认识模糊，没有形成两手抓、两加强的机制。在改革的思想和观念上，还没有彻底摆脱落后的思想观念和思维模式，不能冲破一切妨碍文化发展的思想观念，改变一切束缚文化发展的做法和规定，树立新的文化发展观，朝着解放和发展文化生产力这个目标迈进，造成了一方面以政府为主导的公益性文化事业繁荣不起来，另一方面无力推动以市场为主导的经营性文化产业跨越式发展。[①] 例如图书馆、博物馆，一方面享受着政府的财政包养，另一方面又用名目繁多的收费限制了大众的使用。

4. 文化产品本身不适应市场经济要求

（1）文化产业的发展程度不能适应政治、经济、文化协调发展和人的全面发展的要求。许多跨国文化企业陆续进入中国的文化市场，而中国文化产业的整体实力还不能完全应对这种激烈竞争。随着高新技术的飞速发展，特别是数字技术的应用和互联网的普及，带来了文化产品、文化服务和文化传播领域的重大变革。而我国的文化产业还缺乏主动性和适应性。[②]

（2）文化产品供给不足，质量不高。服务意识的淡薄、经营观念的落后，导致所能提供的文化产品和文化服务的数量和质量，不能适应广大群众日益增长的消费需求和多层次、多形式、多样化的消费特点。

（3）文化市场普遍存在经营分散、规模较小、层次低的问题，特别是核心层文化企业少，科技含量低，除报纸、广电、新华书店等几大国有文化单位外，规模以上企业很少，文化产品经营主要集中在休闲娱乐、图书音像发行、流通及艺术表演、广告制作等领域，许多门类特别是科技含量高的门类大都处于空白。一

---

① 人民日报评论员：《深刻领会深化文化体制改革的精神实质——二论学习贯彻〈中共中央国务院关于深化文化体制改革的若干意见〉》，《人民日报》2006 年 1 月 14 日。

② 郑淑荣：《中国文化产业：问题与发展》，《科学新闻》2007 年第 1 期。

些文化产品至今停留在展品、礼品上，没有变成能够走向市场的商品。

5. 文化产业政策不足

由于文化产业政策不足，市场发育不健全，开放程度不高，市场主体规模弱小，文化产业发展的方向和战略不明确，产业链不长，产业间的有机联结不密切，产业群体没有很好地形成，产品的规模优势也没有得到发挥。一是投入政策不够，文化基础设施落后，满足不了群众的文化生活需求。二是市场政策、税收政策、金融政策不足，对文化市场培育能力不足。三是还没有把发展文化产业列入重要议事日程，讲起来重要，干起来次要，忙起来不要。

6. 市场监管不力

一是对文化执法队伍的建设力度不够。二是由于缺乏相关的法律法规，开放搞活政策与市场监管衔接不好，管理不规范，管理手段不能适应社会主义市场经济体制的要求，造成了监管不力，形成了"一放就乱，一管就死"的尴尬局面。三是监管体制和制度建设存在问题，社会监督、举报核查、信息通报和报告制度还不健全，文化、公安、工商等部门对文化市场的长效管理机制还没有形成。

7. 文化产业人才奇缺

文化经营人才缺乏，文化产业管理人才、经纪人才和文艺创作人才特别是创意人才严重匮乏。这已经成为制约我国文化产业发展的最大瓶颈。

一是人力资源开发相对滞后，人才缺口较大。要实现文化产业发展的目标，必须从人才培养入手，培养出一批从事文化产业研究、开发、生产、经营与服务的专门人才。

二是人才培养力量薄弱。文化产业人才需要多元集纳，自强创新。文化产业本身就是多元集纳的产业，涵盖着传统的、现代的、民族的、地域的、国际的、精神的、物质的综合内容，涉及文化学、社会学、艺术学、美学、传播学、经济学、农学、建筑学、信息技术等多个学科门类。目前存在的学科建设不规范，师资力量薄弱，培养目标不明确等问题，都影响到文化产业人才培养的质量。

8. 缺少对文化产业发展基本理论问题的探讨

（1）文化产业和文化事业混杂在一起。文化产业是经济问题，还是文化问题？文化产业的经济效益和社会效益之间的关系如何？文化产业与文化事业如何划分？这些都是当前我国文化产业理论与实践研究方面急需解决的问题。

（2）研究阵营对立明显。从当前的研究状况看，文化产业理论研究明显分为两大阵营：一是由哲学、文化、艺术等学术界专家组成的文化研究阵营；一是由文化产业经营人员和经济管理类研究人员组成的经济研究阵营。目前缺少打通两大阵营的研究成果与研究力量。

第三节　世界文化产业发展的趋势与我国文化产业的发展优势

我国文化产业正处在最佳发展时期。经济一体化条件下全球范围内文化产业的蓬勃发展,为我国文化产业的发展提供了广阔的国际舞台,国家关于文化建设和产业结构调整的相关政策为文化产业发展大开绿灯。环境好,条件好,机遇好。把握好我国文化产业发展的形势和趋势,意义重大。

一、世界文化产业发展趋势

1.新的发展态势

目前,全球范围内文化产业发展呈现出九大趋势:

第一,新媒体、网络和手机媒体创造的市场份额已经超过了传统媒体,传统媒体将受到挑战。

第二,文化活动经济风起云涌,活动经济通过人为创设的文化活动,来实现规模消费,如主题公园就是活动经济的一个重要载体。

第三,青少年和家庭成为文化消费的主体。

第四,文化资源在很大程度上掌握在政府手里,怎样把这些资源让企业来共享,让市场来运作,要靠政府去推动。

第五,文化产业链的经营成为趋势,产业链条可以带来巨大的经济效益。

第六,注重品牌带动,有了一个文化品牌,就衍生出若干个文化企业、文化品种和新的文化形态。

第七,娱乐产业和消费品产业有机结合,如与服装、食品、医药、酒业、武术结合,形成新的产业。

第八,创意产业拉动制造业,制造业品牌的提升,制造业附加值的提高,制造业的包装,加入了文化的要素,加入了文化的创意,使制造业达到了一个新的境界。

第九，文化市场的国际化，文化企业通过并购、嫁接及资本运作，推动市场资源的市场化、国际化，做大做强文化产业。①

2. 面临的巨大挑战

据专家分析，目前世界文化市场可谓四分天下：美国占有市场总额的43%，欧洲34%，亚洲、南太平洋国家19%，其他国家占有剩余的份额。而在亚洲、南太平洋国家19%的市场份额中，除去日本的10%和韩国的5%，留给中国的已不多，中国文化产业的发展面临着巨大的挑战。

（1）全球文化产业被西方发达国家垄断。在世界范围的产业结构调整和经济全球化浪潮中，发达国家依仗自身雄厚的经济实力，通过掌握文化产业的话语权和规则制定权，逐步推动全球文化产业向垄断化、规模化和高投入、高科技化发展，从而更加巩固了其在文化产业中的垄断地位。当前，时代华纳、迪斯尼、贝塔斯曼、新闻集团、索尼等九大巨头成为世界文化产业格局中的"第一世界"，九巨头中五家是美国公司。美国传媒业控制了世界75%的电视节目和60%的广播节目的生产与制作。美国片源在许多第三世界国家的电视节目中占比高达60%~80%。法国等欧盟国家公开提出"文化产业例外论"，反对全面开放国内文化产业市场，掀起了抵御好莱坞入侵、捍卫民族文化的保卫战。日本从上世纪60~70年代就提出了文化立国的战略，大力扶植本国文化产业的发展。到80~90年代，日本通过并购吞并等方式加速向美国文化产业进军。以电影业为例，索尼公司一家就收购了美国好莱坞7大片场中的3个。此外像法国的服装设计与表演业、德国的国际会展业等等，都在争夺全球文化产业市场的激烈竞争中占据了一席之地。②

（2）各个发展中国家纷纷抢占制高点

面对着良好的发展机遇，发展中国家大多提出了文化立国的战略。如韩国制定了文化产业发展的五年计划和远景规划，并以电器文化、汽车文化和电视剧为龙头，争得在世界文化产业市场中的份额，电视剧《蓝色生死恋》《我的野蛮女友》《大长今》等使韩国文化产业迅速崛起，成为世界第五大文化产业国。

二、我国文化产业巨大的发展潜力

尽管中国的文化产业还处于起步阶段，面临着如何将我国丰厚的资源优势

---

① 赵勇：《稳步推进文化体制改革，大力发展文化产业，为实现我省更快更好发展作贡献》，http://www. hbcycy. org/Article/view. asp？id=48。

② 李双伍：《全球文化产业掀起"瓜分浪潮"》，http://news. xinhuanet. com/politics/2006-02/14/content_4179766. htm。

和巨大的市场优势转化为竞争优势和产业优势,使我国从文化资源大国走向文化产业大国,从文化市场大国走向文化生产大国的重任,发展压力大,发展空间小,但是,我国经济发展稳定快速,人口众多,社会稳定,传统文化具有强大的吸引力,并与国际社会普遍建立起良好的国际关系,文化产业发展潜力很大。

1. 国内文化消费需求大

国内民众文化消费与需求不断加大。对文化产业的需求,既包括城乡居民的文化产业需求,又包括政府、企业等非居民的文化产业需求。2007 年全国城乡文化消费需求总量达到 6000 多亿元;2008 年突破 7000 亿元,文化产业的总产值超过 40000 亿元。

2. 文化市场空间宽阔

我国文化产业的市场可以分为国内市场和国外市场。国内市场有着数量庞大的消费群体和消费资金,可通过完善国内市场经济体制、建立文化市场的规则、提高文化企业科技竞争力和产品质量,去适应市场的发展,满足国内消费者的需求。由于中国文化的影响力,我国文化产业在国外也有很大的市场,政府可从财政扶持、信贷支持、出口信用保险、出口退税等方面着手,支持具有中国民族特色的文化艺术、演出展览、动漫游戏、音像制品以及民族音乐、舞蹈、杂技等文化产品进入国际市场,扩大我国文化产业的覆盖面和国际影响力。

3. 社会资金多

我国 2008 年出台了《文化产业投资指导目录》,引导社会资本进入文化产业领域。目前,文化部所管理的文化企业普遍规模较小,注册资本低于 50 万元的占绝大多数,而且大都没有固定资产可以抵押,金融机构一般不愿意为文化企业提供贷款。截至 2007 年底,全国文化企业在 A 股上市的仅有 11 家,在香港 H 股上市的仅两家,这使得文化企业的提升发展面临着很大的困难。而到 2010 年底,就达到了 23 家。因此,吸引社会投资就成为文化产业筹集资金的主要渠道之一。可通过完善文化产业政策、鼓励投资,为文化企业建立无形资产质押贷款、信用担保和资信评估体系,帮助文化企业吸纳社会资金。

4. 市场体系日益健全

随着时代发展与科技进步,我国文化市场的品种愈加丰富,目前已初步形成了包括演出、娱乐、音像、电影、艺术品、动漫、网络文化以及图书报刊、文博市场等在内的门类比较齐全的文化市场体系。不但网吧和娱乐业等场所成为我国文化市场的主体,随着动漫和网络文化等新兴文化市场迅猛发展,文化市场也从单纯的文化娱乐消费场所向文化产品和服务延伸拓展。

5. 市场政策发挥的效能高

为了推动文化产业的发展,我国政府充分利用国家各项政策手段。例如,为了壮大国有动漫行业发展,文化部制定了较为科学的产业布局政策,批准建立了上海、湖南等五大国家动漫游戏产业基地,发挥其产品研发、人才培训、国际合作和产业孵化等多项功能,既充分发挥地方优势,又避免遍地开花,为带动本地区和促进全国动漫游戏产业发展起到了积极作用;为鼓励扶持民族原创、健康向上的网络文化产品的创作和研发,引导中国网络文化产业从引进为主向原创为主转型升级,我国制定实施了原创动漫游戏振兴计划,并相继出台了关于网络游戏、网络音乐发展和管理的若干意见,近年来国产网络游戏产品在数量上已占据国内市场的主导地位,涌现出盛大、新浪、腾讯等国际型企业,改变了传统文化市场"小散滥差"和从业人员素质偏低等局面。

6. 培育多元化市场

应以满足人民群众日益增长的精神文化需求为根本宗旨,将文化市场各个领域全面向国内非公有资本开放,打破所有制、部门和地区壁垒,降低市场准入门槛,取消和下放行政审批权限,简化审批程序,培育多元市场主体,解放和发展文化市场生产力。

目前,由文化行政部门主管的文化市场领域的所有行业和所有环节已实现了对国内非公有资本的全方位开放。在音像、娱乐、动漫和网络文化等市场领域,非公有资本则更为活跃,显示出旺盛的生命力和强大的竞争力。

三、文化建设和产业结构调整为文化产业发展提供保障

1. 文化建设为发展文化产业奠定了文化基础和产业条件

党的十六大以来,我国文化建设开创了新局面。社会主义核心价值体系建设扎实推进,马克思主义理论研究与建设工程成果显著;公民思想道德教育深入开展,未成年人及大学生思想道德教育生动活泼;新闻媒体牢牢把握正确舆论导向,在贴近实际、贴近生活、贴近群众方面取得明显成效;公共文化投入不断增加,公共文化服务体系正在建立;文化体制改革稳步推进,文化及相关产业蓬勃发展;文艺创作空前活跃,精品迭出;"汉语热"席卷世界,中华文化迈开大步"走出去",国际影响力日益提升。当代中国文化正呈现出一个绚烂多姿、生机勃勃的新面貌。所以党的十七大报告明确提出"推动社会主义文化大发展、大繁荣"。

　　在十七大报告里,党对于文化的认识也非常深入,认为"文化越来越成为民族凝聚力和创造力的重要源泉、越来越成为综合国力竞争的重要因素,丰富精神文化生活越来越成为我国人民的热切愿望"。为此,"要坚持社会主义先进文化前进方向,兴起社会主义文化建设新高潮,激发全民族文化创造活力,提高国家文化软实力,使人民基本文化权益得到更好保障,使社会文化生活更加丰富多彩,使人民精神风貌更加昂扬向上"。

　　于是,提出了文化建设的四大任务:一是建设社会主义核心价值体系,增强社会主义意识形态的吸引力和凝聚力。要开展中国特色社会主义理论体系宣传普及活动,推动当代中国马克思主义大众化;要繁荣发展哲学社会科学,推进学科体系、学术观点、科研方法创新,推动我国哲学社会科学优秀成果和优秀人才走向世界。二是建设和谐文化,培育文明风尚。要积极发展新闻出版、广播影视、文学艺术事业,坚持正确导向,弘扬社会正气;重视城乡、区域文化协调发展,着力丰富农村、偏远地区、进城务工人员的精神文化生活;大力弘扬爱国主义、集体主义、社会主义思想,以增强诚信意识为重点,加强社会公德、职业道德、家庭美德、个人品德建设;动员社会各方面共同做好青少年思想道德教育工作,为青少年健康成长创造良好社会环境;深入开展群众性精神文明创建活动,完善社会志愿服务体系,形成男女平等、尊老爱幼、互爱互助、见义勇为的社会风尚。三是弘扬中华文化,建设中华民族共有精神家园。要全面认识祖国传统文化,取其精华,去其糟粕,使之与当代社会相适应、与现代文明相协调;要加强对各民族文化的挖掘和保护,重视文物和非物质文化遗产保护,做好文化典籍整理工作;要加强对外文化交流,吸收各国优秀文明成果,增强中华文化国际影响力。四是推进文化创新,增强文化发展活力。要创作更多反映人民主体地位和现实生活、群众喜闻乐见的优秀精神文化产品;要深化文化体制改革,完善扶持公益性文化事业、发展文化产业、鼓励文化创新的政策,营造有利于出精品、出人才、出效益的环境;要大力发展文化产业,繁荣文化市场,增强国际竞争力;要运用高新技术创新文化生产方式,培育新的文化业态,加快构建传输快捷、覆盖广泛的文化传播体系。

　　这样的决策和安排,不但把文化产业当作文化建设的重要部分,而且政府推动的其他文化建设,如文化基础设施建设、基本的文化服务文化教育等,也给文化产业大发展提供了很好的环境和发展机遇,奠定了文化基础和产业条件。反映优秀人民警察的电视剧《任长霞》,以真情打动了观众,其首播收视率最高达到 7.9% ,平均收视率高达 6.23% 。2005 年国务院发布《关于加强我国非物质文化遗产保护工作的意见》,成立中国非物质文化遗产保护中心并投入了大量的经费;通过实施昆曲艺术抢救、保护和扶持工程,这项我国最古老的剧种从濒临失传又重新焕发了生机,北昆每年演出达100多场。再如公益性文化事业的投入,本身就刺激了文化产业的发展。"十一"五期间,农村文化建设的财政投入5年累计159.44亿元;如以全国文化信息资源共享工程、中国民族民间文化保护工程、送书下乡工程、广播电视村村通工程等为代表的一大批公共文化服务项目全面铺开,当代中国文化正呈现出文化事业和文化产业比翼齐飞的良好局面。

2.产业结构调整迎来了文化产业发展的大好机遇

我国产业结构调整的目标,就是推进产业结构优化升级,促进一、二、三产业健康协调发展,逐步形成农业为基础、高新技术产业为先导、基础产业和制造业为支撑、服务业全面发展的产业格局。

文化产业发展政策就是在这样的大背景下出台的。增加财政对公益性文化事业的投入,重点扶持图书馆、博物馆等重要文化设施,加强党报党刊、电台电视台等重要新闻媒体改革,以及实施对重要文化遗产和优秀民间艺术的保护。

国家对文化产业给予优厚的发展政策。第一,税收优惠政策。如经营性文化事业单位转制为企业后,按规定免征企业所得税;原有的增值税优惠政策继续执行;对在境外提供文化劳务取得的境外收入不征营业税、免征企业所得税;对生产重点文化产品进口所需要的自用设备及配件按照国家税法规定免征关税和进口环节增值税,对文化产品出口按规定享受出口退税政策;由财政部门拨付事业经费的文化单位转制为企业,对其自用的房产、土地免征房产税、土地使用税;对政府鼓励的新办文化企业,自注册登记之日起免征3年企业所得税;试点文化集团的核心企业对其成员企业100%投资控股的,经国家税务总局批准可合并缴纳企业所得税;对在境外提供文化劳务取得的境外收入不征收营业税、免征企业所得税;图书馆、博物馆、文化馆(站)、纪念馆、美术馆、展览馆、书画院、文物保护单位等举办文化活动的门票收入和宗教场所举办文化、宗教活动的门票收入免征营业税。

第二,金融政策。如党报、党刊、电台、电视台等重要新闻媒体经营部分剥离转制为企业,在确保国家绝对控股的前提下,允许吸收社会资本投资;国有发行集团、转制为企业的科技类报刊和出版单位,在原国有投资主体控股的前提下,允许吸收国内其他社会资本投资;广播电视传输网络公司在广电系统国有资本控股的前提下,经批准可吸收国有资本和民营资本。

第三,财政政策。如对引进国内外著名文化企业总部、地区总部、采购中心、研发中心等自建、购买或租赁办公用房的,由所在地政府给予补贴,在规划区内选址建设的,政府在土地供应等方面予以优先支持;投资文化企业、设立有限责任公司,允许其注册资本在2年内分期注入,允许投资人以实物、知识产权、土地使用权等可以用货币估价并可以依法转让的非货币财产作价出资组建文化企业。

第四,保护政策。如对城乡建设确需拆除或改变其功能、用途的图书馆、文化馆(站)、博物馆、纪念馆、美术馆、新华书店、体育场(馆)、青少年宫、工人文化宫、广播电视发射塔、转播台、微波站、卫星上行站等文化设施,必须按照国家有关规定报批;文化事业单位改企转制应坚持以内部消化为主,妥善安置富余人员,不得将职工推向社会。

3.文化产业本身的结构调整,整合了资源,注入了发展动力

(1)培育优势文化产业门类。立足区域发展优势和文化特点,适应文化与科技、文化与经济、文化与旅游结合度日益提升的趋势,优先发展文化旅游业、现代传媒业、数字娱乐业、会展业和艺术品业等产业门类。

(2)大力发展民营文化产业。制订完善非公有资本参与国有文化单位改革、文化设施建设和兴办各类文化产业的政策,培育若干重点民营文化企业,发展一批"专、精、特、新"的中小型文化企业,鼓励社会力量参与公益性文化事业建设和管理。

(3)积极推进文化领域科技创新。改造传统的文化创作、生产和传播模式,延伸文化产业链;加大对数字广播、数字电视、数字报纸、数字出版、动漫、网络游戏等产业扶持力度;加大对印刷业、电影制作放映业和演出业的技术改造;在网络整合基础上,建设先进安全的现代广播电视传输网络,继续推进"三网融合"步伐;扶持文化创意产业,提升文化产品的技术含量和工业、服务业产品的文化含量。

(4)推进产业集团、产业园区建设。推进文化集团组织形式创新,鼓励组建多媒体文化集团;鼓励和引导有条件的文化集团走出去,积极开展对外投资;推进产业基地、产业园等文化产业园区和集聚区建设。

<h2>第四节　中国文化产业发展的特殊性</h2>

文化产业是在全球化的消费社会背景中发展起来的,它是适应群众在物质生活逐步富裕的情况下日益增长的文化消费与精神消费的需求而产生的。

我国文化产业作为一种产业,有自己特有的性质和特点。首先具有一般产业的共同特点,如消费性、市场主导性、规模化等;同时,又具有文化产业的特殊性,如对文化资源的依赖性、创意性等。

<h3>一、文化资源丰厚</h3>

我国地大物博,历史文化悠久,具有厚重而丰富多彩的民族民间文化资源,为文化产业发展奠定了坚实的物质基础,这是其他国家和地区无法比拟的。

文化产业的发展必须以文化资源作为底蕴,文化资源是发展文化产业最重要的基本要素。中华民族有着悠久的文明历史,五千年的中华文化源远流长,丰富多彩,举世公认。这些文化经过长期的积淀,形成了中华民族特有的文化和文明底蕴,不仅使中华民族的传统文化屹立于世界文化之林中,而且为文化产业的发展提供了极大的价值资源。

1. 自然景观、人文景观多姿多彩

中国拥有 960 万平方公里的国土,幅员辽阔,地形地貌复杂多样,加上五千年灿烂文明的历史积淀,使得中国的自然景观和人文景观多姿多彩,为中国文化发展积累了丰富的素材,构成了中国文化产业用之不竭的资源。

截至 2014 年 5 月,中国已有 40 多处世界文化遗产,在全球处于第三位。在全球化背景下,这些文化遗产将是参与未来文化竞争的品牌,大大促进了文化旅游业的发展。比如山西平遥古城,在列入世界文化遗产名录之前,年旅游收入不到 20 万元人民币,但被列入世界文化遗产名录之后,年旅游收入已经超过 500 万元人民币。

2. 文物、典籍、人物遗迹举世惊叹

中华民族五千余年的文明史上,留下了大量的文物、典籍及人物遗迹,可以作为当代文化产业发展的宝贵素材。

中国是世界上著名的四大文明古国之一,在久远而辽阔的时空进程中创造了极为丰富的文化财富。中国人凭着勤劳、坚韧、勇敢、顽强、聪明、智慧等优秀品质,在建立人类文明、推动社会进步、创新世界的过程中取得了丰富的成果。浩如烟海的典籍、举世惊叹的遗存、卓越非凡的发明,构成了当代文化产业的最好素材。

3.对文化资源进行产业整合的效益好

一些文化资源相对缺少的国家如日本、韩国,却成为文化产业大国,这说明文化资源大国并不等于文化产业强国。在发展文化产业过程中,如何充分挖掘利用丰富的文化资源,始终保持中华民族优秀文化的灿烂辉煌,是一个十分重要的问题。

丰厚的历史文化积淀为文化产业资源提供了广阔的背景,发展文化产业需要做的,即是如何从消费市场和现代产业角度提炼文化资源的市场价值要素,并进行有效的开发和利用。"中国文化产业的未来,最终将建立在对文化资源进行产业整合的基础上"。①

我们既要坚持和弘扬民族文化的传统,又要不断为传统文化注入新的时代气息,满足现代人的审美情趣,创造新时代的中国文化,使中华文化充满旺盛的时代感染力和生命力,创作出今天的观众喜闻乐见的文化产品形式。例如,桂林的大型实景表演《印象刘三姐》,以其新颖、独特的创意独树一帜、先声夺人,创造了一个全新的艺术形式,令观众耳目一新,给人一种振奋性的文化、艺术、感官冲击,受到国内外观众的欢迎,获得了很好的社会和经济效益。那么,我们还可以思考,像春节这样的中国传统节庆,能否经营成一个广受中国甚至世界人民欢迎的民族文化品牌,逐渐形成一个大的国际性节日,围绕春节打造包含过年、生肖、标识、音乐、表演、展览、饮食、服饰、鞭炮、通讯等内容的庞大的产业链,形成国内外相连的春节文化产业? 另外,像京剧这样的已经广为人知的艺术形式能不能成为具有市场意义的品牌产品?《三国演义》《西游记》《水浒传》《红楼梦》这样的名著能不能在多种形式上形成品牌性文化产品?

4.扶持民族特色品牌前景广阔

政府制定政策,真正扶持具有民族特色的文化创意产业。如北京,应深入调查四合院的文化资源,除了保护建筑以外,挖掘前门、大栅栏地区的人文资

---

① 张国洪:《文化资源的产业整合》,http://www.ccnt.com.cn/html/forumandclasr/forum.htm? id=221&fn=。

源,扶持部分当地民间艺人,用活的人文资源传承老北京的文化。

政府应重点扶持特色品牌。香港目前已斥资1亿港元在湾仔茂萝街展开"旧区活化"项目,协助推进文化创意产业发展;其他省市也将文化创意产业纳入到重要产业支柱中,如广西的《印象刘三姐》、甘肃的《丝路花雨》、新疆民族歌舞之魂、河南的《风中少林》等等,都让外国人震撼。这些都是文化创意的典范,也是政府重点扶持的结果。

二、市场空间巨大

消费市场是文化产业发展的基础条件,中国的文化产业具有得天独厚的国内外市场优势。国内有着巨大的文化消费市场,13亿人口具有巨大的文化产品和服务消费需求。同时,中国文化在国际的影响力,也为开拓国际市场奠定了基础。

1.国内市场空间

中国是世界上人口数量最多的国家,拥有13亿人口,对文化产业发展而言,具有其他国家无法企及的世界上独一无二的巨大的国内文化消费市场。同时,由于中国拥有几千年相对独立的文明发展史,即使19世纪以来,西方国家在各个方面各个领域都对中国产生了广泛的影响,中国人民在生活方式、价值观念、语言使用方面,仍与西方存在深刻的差异。也就是说,在全球化的背景下,中国民众对中国文化产品消费的需求仍然是最为强烈的。这就决定了中国文化产品在本土市场上具有世界上多数国家和地区都不具备的巨大潜力。

到2020年,中国人均GDP将超过4万元,折算为美元将超过5000美元。随着人们收入的增长,中国家庭的恩格尔系数将继续下降。根据马斯洛的需要层次理论,在满足了较低级需要之后,高一级的需要就会成为人们追求的目标。精神文化需求是一种高级需求,在人们的基本生活需求得到保障之后,精神文化需求就会成为优势需要。因此,人们对文化产品和服务的消费需求将呈快速增长态势。据估计,13亿中国人中商业文化产品的消费人口至少有5亿。

我国有约1500万人经常使用网络教育产品,2500万人经常使用网上招聘,经常上网购物的人数为3000万人,手机用户10亿多人,经常使用博客的达到2800万人。仅从这些数字就可以看出我国文化产业消费市场的巨大潜力。加上春节、"十一"长假、端午、中秋等节假日,人们的闲暇时间充裕起来,文化消费需求空前高涨。巨大的市场需求,13亿人口所蕴藏的巨大文化消费潜力,为文化产业的发展创造了无限的商机和广阔的空间。

随着新农村建设的推进,我国广大农村地区将成为文化产业发展的又一个新的广阔市场。如在东北地区的一些农村,"二人转"文化产业的成功例子已经显现出农村文化产业发展的端倪、市场潜力、现实可能性、社会功能以及广阔前景。

2. 国际市场空间

在国际上,随着中国的和平崛起和综合国力的不断提升,中国与其他国家的政治、文化、经济、军事交流和合作越来越广泛和深入,中国文化的国际影响力和感召力与日俱增,中华文化日益引起世界越来越多的国家和人民的兴趣和关注。

世界上整个华人文化区和汉字文化圈对中国文化产品消费的选择和需求非常强烈,给中国文化产业的发展带来了很大的市场。世界上华语文化区众多,除中国大陆外,台湾有2000多万同胞,香港和澳门有700多万同胞,还有数千万华人华侨分散在世界各地,而受到华语文化历史和现实影响的人口数量更是难以计数。由汉字的诞生地中国以及周边的越南、朝鲜、日本等国家构成的汉字文化圈中,各国历史上都使用过汉字,本国语言大量借用古汉语词汇,其受儒家思想影响深,国民中信仰佛教者众,历史上或现在以汉字作为传播语言和文化载体。现在,朝鲜语、越南语和日本语词汇中的6成以上都是由古汉语派生出的汉字组成的。这些华人文化区和汉字文化圈内的人们有着相近的文化、语言和历史,形成相似的价值观和审美情趣,对中国文化产品产生文化亲同性,这种文化亲同性使中国文化产业拥有了广阔的海外市场。中国可以充分利用这一庞大的文化圈,像韩国利用与中国相近的传统文化、道德准则、伦理思想在中国刮起一股"韩流"那样,发展影视出版业,发展中国的文化产业。

世界文化多样化的呼声日益高涨,虽然西方文化仍被视为国际主流文化,西方文化产品仍占据国际文化市场的绝大部分份额,但独具特色的中华文化产品逐步赢得应有的国际文化市场份额指日可待。

三、导向明确

1. 重视社会效益与经济效益的统一

我国文化产业的政治要求与社会要求高,即高度重视社会效益:一方面推动文化走向市场,一方面必须生产提高民众素质的有良好社会效益的文化产品,体现了经济与社会效益的统一。

资本主义文化产业以市场和利润最大化为其最高宗旨和目标,这是由资本和产业的本性决定的。但是,中国特色的社会主义文化产业从一开始就明确提出注重产业的政治、文化、经济和社会效益的均衡统一,注重文化产业以人为本的内核和产业的全面、健康发展。

文化产品不同于一般物质产品,虽然有其商业属性,更有其道德和意识形态属性,关乎民族的文化传统和精神品质,在特定时期和环境下事关国家的安全和社会的稳定,因而我国的文化产业发展在追求市场经济价值的同时,不能忽视产业的社会、精神、道德功能,不能走某些领域发展中先污染再治理的道路。

2. 坚持文化产业的政治主导方向

中国的文化产业在政治上坚持以邓小平理论、"三个代表"重要思想和科学发展观为指导思想,坚持为人民服务、为社会主义服务的方向,努力争取经济效益和社会效益的平衡和统一;在文化上坚持发展有利于人民道德情操和身心和谐的社会主义先进文化以及健康的娱乐文化,在继承传统文化的同时,注重符合和反映时代特征的现代文化,提倡创新意识,创造表现中国优秀历史思想文化和现代人民精神风貌和时代潮流的新型文化,满足13亿人民迅猛增长且日益多样化的精神文化需求;在经济上服务于国家经济增长方式的转变,通过不断解放和发展文化生产力,向社会提供越来越丰富的文化产品和文化服务,创造社会财富;通过发展对外文化贸易,提高中华文化产品在国际市场上的生命力和竞争力,扩大文化产品和服务的国际文化市场份额;在社会发展中服务于促进文化建设与经济建设、政治建设、社会建设全面协调发展,通过保障广大公民消费文化成果的权利、参与文化活动的权利、参加文化创造的权利、保护文化遗产的权利,促进社会主义和谐社会建设。为达到上述目标,中国文化产业发展实行党委领导、政府管理、行业自律、企事业单位依法运营的文化管理体制和富有活力的文化产品生产经营机制,与此相适应的是建立以公有制为主体、多种所有制共同发展的产业格局和以民族文化为主体、吸收外来健康文化的市场格局。

3. 确保文化产业导向明确

为此,国家一是将文化产业发展纳入国民经济发展规划,详细制定发展指标,围绕艺术创作、群众文化活动、新农村文化建设、文化市场管理、文化遗产保护、文化设施建设、文化产业发展、文化体制改革等方面展开,努力形成构建和谐文化的整体合力,全面提高文化建设水平,大力开展人才开发工作,推进文化设施的规划和建设;二是出台了许多法律法规,保障文化产业社会效益的实现;

三是积极、慎重、稳妥地推进文化体制改革;四是大力推进文化理论和观念的创新。

四、以民族文化产业为主

世界各民族在漫长的历史进程中,积淀了大量的文化内容,形成了本民族鲜明的文化特色和文化审美。民族文化是发展一个国家文化产业的基础和特色。文化是民族的灵魂,是哺育和传承民族生命力的载体,是民族生存和发展的精神支柱。一个民族的文化,往往凝聚着这个民族对世界和生命的历史认知和现实感受,也往往积淀着这个民族最深层的精神追求和行为准则。

1. 中国文化具有鲜明的民族特色

中国是一个多民族的国家,在漫长的发展历程中,民族之间相互交融,形成了既各具民族特色又有统一的民族文化精神的中华民族文化。中国的文化产业植根于一个丰富的民族文化宝库,无论是商周青铜器、秦砖汉瓦、唐宋陶瓷、明清丝绸,还是京剧武术、琴棋书画、诗词歌赋、服饰美食,都极具中国民族文化特色。

这种民族特色对于世界的吸引力和影响力很大。中国文化对外资的吸引力在澳大利亚、巴西、加拿大、法国、德国、印度、意大利、日本、韩国、俄罗斯、新加坡、南非、英国和美国 15 个具有代表性的国家中居第 5 位,京剧、民歌、杂技、风筝、服饰等在国际上得到广泛赞誉和推广,既说明中国的文化资源在国际市场上具有很强的市场号召力,也表明"文化的民族特色是文化走向国际化的持久生命力,只有真正地民族化才能有效地国际化"①。

2. 中国文化具有包容性与开放性

中华民族是一个多民族国家,各个民族文化的交融,形成了中华传统文化特有的包容性与开放性,这为文化产业发展中吸引发达国家先进的经验和将本民族文化特色推向世界提供了便利的条件。

一方面,由于中华民族文化的开放性,使民族文化对外来文化的拒斥变得越来越小,接受外来文化也非常容易,也使本民族的文化能够在很短的时间内自觉地融入到世界一体化当中,不断与其他文化相互交融。因而,文化的融合和创新也就成为可能。而这正是文化产业发展的最重要的因素。

另一方面,中华民族文化在包容与开放之间,始终保持着本民族文化的特

---

① 文城:《中国文化产业发展的十大关系》,http://finance.qq.com/a/20060512/000594.htm。

色,具有中国文化内涵的文化产品将会对目前仍是西方一统天下的国际文化市场增添极具精神和经济价值的文化内容和产品形式,这不仅使本民族的文化以民族特色立足于世界多元文化之中,也将使我国的文化产业以独特的个性立足于全球一体化市场竞争中,从而丰富和完善国际文化市场,向各国人民提供更为丰富多彩的文化产品,切实推动世界文化多元化,促进建立更趋合理的国际文化贸易格局。

五、政府政策积极推进

1. 政府高度重视宏观调控手段,积极推动文化产业发展

与西方市场经济理论不同,我国政府非常注重文化产业政策,整合力量,出台政策,鼓励扶持,推进文化产业快速、超越式倍增发展。

西方自由经济理论认为在经济领域政府干预越少越好,但这并不是绝对的普遍真理,不能不区分国家和地区的经济发展水平而一味套用。实际上,对发展中国家而言,为了集中有限的资源走向跨越式发展,政府在经济和社会发展中需要扮演更积极、更灵活的角色。正如诺贝尔经济学奖获得者刘易斯在他的《经济增长理论》一书中所说的:每一个成功的发展中国家背后都有一个非常明智的政府。

由于社会主义制度的优越性,我国在发挥政府的政策调控功能方面有很大的作为。政府在法律、政策制定,产业体制框架,投资、融资、税收、出口鼓励以及专利注册等重要领域和关键环节,创造、制定了推动文化产业快速发展的法规、社会和经济环境,使我国的文化产业在与国际同行的激烈竞争中较快地占领了国内主要市场并走向国际市场。

2. 政府的改革和发展思路

(1)解放思想,转变观念。总的要求是遵循社会主义精神文明建设的特点和规律,适应社会主义市场经济发展的要求,树立新的文化发展观。坚决冲破一切妨碍发展的思想观念,坚决改变一切束缚发展的做法和规定,坚决革除一切影响发展的体制弊端,做到思想上不断有新解放,理论上不断有新发展,实践上不断有新创造。

(2)文化体制改革重在体制机制的创新。要坚持以改革促发展,坚决革除制约文化发展的体制性障碍,在重点难点问题上有所突破。只要符合社会主义精神文明建设的要求、符合社会主义市场经济规律、有利于发展,什么体制好、什么机制管用,就用什么体制和机制。

（3）发展目标明确、思路清晰。党的十七大报告提出了"加强文化建设，明显提高全民族文明素质"的目标，要求"社会主义核心价值体系深入人心，良好思想道德风尚进一步弘扬。覆盖全社会的公共文化服务体系基本建立，文化产业占国民经济比重明显提高、国际竞争力显著增强，适应人民需要的文化产品更加丰富"，"成为人民享有更加充分民主权利、具有更高文明素质和精神追求的国家"。同时，报告明确指出，"当今时代，文化越来越成为民族凝聚力和创造力的重要源泉、越来越成为综合国力竞争的重要因素，丰富精神文化生活越来越成为我国人民的热切愿望"。在此基础上，向全党全国各族人民发出了"兴起社会主义文化建设新高潮"的号召，吹响了"推动文化大发展大繁荣"的号角。可见，中央的改革和发展思路非常明确。

目前，中国不仅在经济上支持国有文化企业，而且通过政策限制国外境外资本、机构和产品进入国内，同时对于主流的国有文化产业，也采取了一定的保护措施。中国政府在未来估计还会坚持将文化产业列入"贸易自由化"的交易范围，对进口文化产品实行限额或限制。可以说，政府不仅仅担当一个限制和保护的角色，还是一个"构成角色"，利用政府力量来支持本土文化产业的发展，为本土文化产业开辟国际国内市场，客观上就可能为中国文化产业自身的存在和发展提供缓冲空间。

3. 法规和政策的有力保障

各级政府积极制订政策法规，营造环境，做好服务，为文化产业发展铺路，推动了文化产业发展从无到有、从小到大、从弱到强。

（1）大政方针。党的十六大报告指出，"积极发展文化事业和文化产业"，"发展文化产业是市场经济条件下繁荣社会主义文化，满足人民群众精神文化需求的重要途径。完善文化产业政策，支持文化产业发展，增强中国文化产业的整体实力和竞争力"。十六届三中全会通过的《中共中央关于完善社会主义市场经济体制若干问题的决定》指出，"清理和修改限制非公有制经济发展的法律法规，消除体制性障碍"，提出在文化产业领域推行股份制，为文化体制改革指明了方向。十六届四中全会通过的《中共中央关于加强党的执政能力建设的决定》提出要解放和发展文化生产力，并对文化体制改革作出了全面部署。2005年8月8日国务院公布《国务院关于非公有资本进入文化产业的若干规定》，决定逐步形成以公有制为主体，多种所有制经济共同发展的产业结构，有效解决了中国文化产业资金匮乏的问题，降低了文化产业市场准入门槛。2011年十七届六中全会专门作出了深化文化体制改革的决定。2013年十八届三中全会全面深化改革,为文化体制改革创造了更为广阔的空间。

(2)法规、政策建设。近十年来中国已经相继出台了上百个文化法规政策,加上各省、自治区、直辖市制定的地方法规政策,已经基本改变了文化产业、文化市场无法可依的局面,克服了管办不分、资金短缺、任意分割文化市场等问题,促使文化产业政策透明,法规健全,基础设施齐备,从而实现了文化资源共享和文化市场自主化和法制化,促进了中国文化产业迅速发展。

4.定位为主导产业、支柱产业

尽管目前部门和行业分割严重,文化体制改革相对滞后,政府职能转变尚未完全落实,文化政策和法规体系有待进一步完善,人才结构性短缺等问题较为严重,但是,各级政府仍然给予文化产业以很高的定位。

这种定位取得了很大的成效:一是文化产业已具备一定规模,支柱产业的地位初步确立;二是形成了一些文化产业聚集区,产业聚集效应初步显现;三是城乡居民文化消费保持较快增长,市场空间不断扩大。

(1)政府搭建平台加强引导。文化产业有其自身的文化艺术规律、产业规律、市场规律,其发展既有历史必然性,也有可遇不可求的偶然性。近几年来,各级政府的主要精力放在了搭平台、创环境、定规划、保权益上,既注意了整体政策的调整,又重视对个别、重点案例的推进。

(2)解决体制不顺的问题。政府建立了联席会议制度,统一行使文化产业的管理权,以解决条块分割、体制不顺的问题。

(3)制定发展规划。政府及文化相关部门都制定和完善了发展地方特色的文化产业规划,解决好文化产业近期发展与长远发展、文化发展与经济发展之间的关系,加大对文化资源的整合力度,不断探索符合当地实际,形成具有自身特色的文化产业发展之路。

(4)项目牵动,会展驱动,人才推动。各级政府引进了许多重点项目,主办了大量的会展,出台了许多培养人才、引进人才的政策,用大项目带动文化产业的发展,用各类会展提升文化产业发展的总体质量,用发现和使用人才对文化产业的发展产生强劲的推动力。

(5)加强对民办文化产业的宏观管理和政策扶持。把民办文化企业和产业项目纳入文化产业发展的统一规划,与国办文化产业一视同仁,在资金、税收、土地等诸多方面给予大力支持。

(6)完善机构建设。政府狠抓展览等中介机构的发展,充分发挥文化经纪人和中介机构的作用,逐步将一些不适合由政府行使的职能交给行业协会,建立健全行业自律机制,发挥行业协会的作用,维护行业权益,帮助指导文化产业各个门类健康协调地向前发展。

六、文化产业处于大力发展阶段

开创有中国特色的文化产业发展道路,应充分利用目前我国文化产业所处于的大力发展的历史阶段优势。

1.时代创造了科技水平优势

21世纪的主旋律是科学技术,科学技术水平使得文化产品的创造、制造以及传播和贸易变得更加便利和快捷,为文化产业在创意和发展方面提供了前所未有的技术空间和条件。

(1)依靠科技自主创新,加快新技术应用,推动文化企业跨越式发展。科技兴企、人才强企战略,推进了新产品、新技术、新工艺的研究、推广和应用,为文化企业的跨越发展提供了可靠的知识、技术保障,推动其持续、快速、健康发展。

(2)大学科技园、科技成果转化等,提高了知识经济的地位。各地可利用闲置场地建立小企业创业基地,为初创小企业提供低成本的经营场地、创业辅导和融资服务。支持科技企业孵化器等科技中介机构为科技型中小企业发展提供孵化和公共技术服务。对科技企业孵化器、国家大学科技园的税收优惠政策,按照《财政部、国家税务总局关于科技企业孵化器有关税收政策问题的通知》(财税〔2007〕121号)、《财政部、国家税务总局关于国家大学科技园有关税收政策问题的通知》(财税〔2007〕120号)的有关规定执行。对符合条件的创业服务机构为创业企业提供的创业辅导服务,各地也给予一定的支持。

(3)为产业发展提供了信息化舞台。各级中小企业管理部门健全信息服务网络,改善中小企业信息化建设的基础条件,优化技术资源配置,促进中小企业间、中小企业与大学和科研机构间、中小企业与大企业间的技术交流与合作。逐步建立网上技术信息、技术咨询与网下专业化技术服务有机结合的服务系统,提高技术服务的即时有效性。

(4)提供了政策支持。我国先后出台了《中共中央、国务院关于实施科技规划纲要增强自主创新能力的决定》、《国务院关于实施〈国家中长期科学和技术发展规划纲要(2006~2020年)〉若干配套政策》、《国务院关于鼓励支持和引导个体私营等非公有制经济发展的若干意见》,全面提升中小企业的自主创新能力。这些政策主要有四个方面:

第一,激励企业自主创新。鼓励加大研发投入,支持建立研发机构,加快技术进步,大力发展高新技术企业。鼓励发明创造和标准制订,加快中小企业信息化建设,加强人才培养,建立人才培养机制,建立创新人才激励机制,政府采购支持自主创新。

第二,加强投融资对技术创新的支持。鼓励金融机构积极支持中小企业技术创新,加大对技术创新产品和技术进出口的金融支持,加强和改善金融服务,鼓励和引导担保机构对中小企业技术创新提供支持,加快发展中小企业投资公司和创业投资企业,鼓励中小企业上市融资。

第三,建立技术创新服务体系。加大创业服务,培育技术中介服务机构,建立公共技术支持平台,开放科研设施,加强技术信息服务,加强知识产权服务与管理,加强新产品认定和标准化服务,营造公平的人才发展环境。

第四,健全保障措施。加大对中小企业技术创新的支持力度。建立健全统计评价制度,加强工作领导。

(5)加强了知识产权的保护、服务与管理。知识产权部门积极落实《专利法》,广泛开展知识产权宣传、培训活动,提高中小企业知识产权保护意识;建立区域性专利辅导服务系统,为中小企业提供专利查询、申报指导、管理与维护等服务;建立知识产权维权援助中心,为中小企业提供专利诉讼与代理等援助服务,加大对侵权行为的监督、处罚力度。密切跟踪国外行业技术法规、标准、评定程序、检验检疫规程的变化,对中小企业产品出口可能遭遇的技术性贸易措施进行监测,提供预警服务。另外,国家知识产权部门、中小企业管理部门制订完善了一些中小企业知识产权促进政策。

2. 我国文化产业的后发优势得到发挥

(1)经济学的后发优势理论认为,后发国家由于劳动力成本低以及可以直接吸纳先进技术和其他国家不同发展模式的经验,其成本要比最初开发的国家低得多,而速度则可能快得多,因而可以在相对短的时间内追赶或超越先进国家。

(2)我国的文化产业相比发达国家,虽然起步晚,基础弱,但只要认识清晰、目标明确、机制科学、勇于创新,完全可以形成后发优势,实现快速发展。

(3)走新兴工业化道路,使文化产业成为地区经济复兴的重要环节。我国经济发展已经进入了一个全面统筹协调可持续的科学发展阶段,文化产业符合资源节约型和环境友好型特点,发展文化产业是新兴工业化道路的重要选择之一。特别是一些民族文化、特色文化、旅游文化资源丰厚的地区,更可能在发展文化产业方面走出一条新的路子。

（4）我国经济及人民生活水平的提高、人民文化教育素质的提高带来的对精神文化产品的需求，以及国际上对中国文化产品兴趣的增长，为我国文化产品创造了巨大的市场需求，形成我国文化产业发展的阶段优势，成为推动我国文化产业快速发展的有利条件。①

---

① http://theory.people.com.cn/GB/49157/49165/4630027.html，丁伟：开创有中国特色的文化产业发展之路。

第六章　文化资源与文化消费

提示

　　我国地大物博，历史悠久，人口众多，文化资源极为丰富，大量的高品位的传统文化资源、现当代文化资源，是我们发展文化产业的基础和条件。这是我国文化产业独有的特色。研究文化产业的发展，必须研究我国文化资源的特点以及开发方式，将文化资源打造成为文化产品。

　　文化产业是以文化消费作为终端和起点的，它涉及消费需求、文化产品的文化要素以及提升文化商品的内在外在价值和不断引导、培育与开拓文化市场等内容。

第一节　文化资源的类型、特点与产业化途径

一、文化资源的定义及类型

1. 文化资源的定义

文化资源的定义是与文化的定义、资源的定义紧密相关的。《辞海》对文化概念有三种不同解释。一是指人类在历史发展过程中所创造的物质财富和精神财富的总和,特指精神财富,如文学、艺术、教育、科学等。二是考古学用词,指同一历史时期的不依分布地点为转移的遗迹、遗物的综合体。同样的工具、用具,同样的制造技术等,是同一文化的特征,如仰韶文化、龙山文化。三是指运用文字的能力及其一般知识水平。一般意义上,我们认为文化是人类创造的一切物质产品和精神产品的总和,有时特指语言、文学、艺术及一切意识形态在内的精神产品。

《现代汉语词典》对资源的解释是"生产资料或生活资料的天然来源",较偏重于资源的自然属性部分。[①] 资源是人类从事一切生产和生活活动的必要条件,它大致可以分为自然资源和文化资源两大类。

文化资源指的是人类生存发展需要的、以一切文化产品和精神现象为指向的精神要素,泛指人们从事文化生产和文化活动所可以利用的各种资源总和。它既包括物质资源,也包括精神资源;既包括自然资源,也包括社会资源。如科技、教育、观念风俗、文学艺术、新闻出版、广播电视、图书馆、博物馆、文化馆、宗教、建筑园林和旅游等。

自然资源既有世界共同的也有为某地区所特有的,其共性大于个性;而文化资源则是各民族、各地区在自身发展过程中所沉淀下来的文化的物质或者精神载体,它的个性大于共性,也就是说都有其他民族、地区所无法取代的独特之处。

---

① 《现代汉语词典(增补版)》,商务印书馆 2002 年版,第 1662 页。

2. 文化资源的类型

文化资源包含多方面的内容,如民族文化传统和民族精神、科学和教育发展水平、文化事业和文化产业、体制建设和民主法制建设、文化遗产、信息技术等等。

目前,学界对文化资源的分类还没有统一的标准,常见的分类方法主要有以下五种。

结构分类法:社会的文化资源按照结构分类由文化人、文化机构、文化设施、文化生活和文化遗产五大部分组成。包括从事文化工作的人员、地方文化局、文学馆、图书城、音乐厅、电影院、历史遗迹、纪念碑以及一些电影节、电视节等节会活动。

主题分类法:文化资源按照主题,可以分为:①古代历史文化主题,就是历史文化遗产,以文物的形式保存着;②革命文化主题,以根据地遗址、烈士陵园纪念碑、烈士故居遗迹遗物、革命文学等形式存在;③名人文化主题,以名胜遗迹、故里故居、著述、传说等形式存在,包括古代名士、当代名人、先进典型文化;④自然人文景观,即山河湖海泉,包括很多文人墨客留下的珍贵艺术遗产及民众生活痕迹;⑤商业文化主题;⑥历史文化建筑,包括宗教的庙宇塔楼和庄园的、民居官衙的、商业的建筑;⑦现代城市文明主题,包括现代化的体育场(馆)、艺术表演场(馆)、广场、大学、音乐厅、外内环路、高架桥、地铁、公园等;⑧民间文学艺术与民族民俗风情主题,即娱乐参与体验性质的文化,包括传统节庆的文化风俗如庙会、春节团圆、端午赛龙舟、中秋赏月、重阳登高和新兴的节庆,民族风情,婚娶吉庆、人生礼仪风俗,衣食住行文化,生产生活风情等。

形态分类法:可以分为物质形态、活动形态和意识形态三大形态。①物质形态是以建筑物和自然山水为代表的物态层文化。一类是文化资源所依附的各类建筑物,如泰山岱庙等宗教建筑、城堡关隘、烽墩楼台、祠庙陵墓、亭台楼阁、书院、栈道桥梁、山水园林、故居别墅;另一类是以山水为对象直接加工而成的,如以都江堰、灵渠、大运河为代表的古代水利工程,以云冈、龙门、莫高窟及泰山经石峪为代表的石窟造像、摩崖刻石;第三类是经过人类文化开发的山水自然物,如华山的仙掌岩、斧劈石,巫山的神女峰,黄山的迎客松、猴子观海,庐山的瀑布等,它们本来是大自然鬼斧神工的自然物,但是人们赋予了它们美丽神奇的神话传说和优美动人的诗词华章,对它们进行了文化加工。②活动形态是以人群活动为标志的行为制度层文化,有祭祀活动、宗教活动、儒学活动、隐逸活动、争战活动、民俗活动等。③意识形态是组成人的精神方面的无机自然界,即精神食粮,它体现在宗教、哲学、美学和文学艺术等诸多领域中。从社会和民族的角度审视,除了群体共同形成的爱国主义、民族主义精神之外,还有不同群体的不同的意识形态。而后者正是文化资源丰富性的根源。

特征分类法:这是一种针对旅游资源的划分方法。2003年10月开始实施首个旅游资源认定国家标准,将各类旅游资源划分为地文景观、水域风光、生物景观、气象气候与自然景象、遗址、建筑与设施、旅游商品和人文活动等8个主类及37个亚类,共198个类型。

物态分类法:这是文物资源的一种分类方法。按这种分法文化资源可分为有形文物、无形文物;民间文物包括有形民间文物和无形民间文物;纪念物,包括史迹、名胜、天然纪念物;传统的建造物群,即价值比较高的与周围环境融为一体具有历史风貌的传统建筑物。

综合起来看,文化资源按照性质、特点、内容,大致上有以下类型:

(1)历史文化。是在悠长的历史长河中沉淀下来的文化,包括现在还遗留下来的有形的物质,也包括无形的精神财富。有形物质主要是遗迹、文物、古建筑等;无形的精神财富包括民族精神、民间神话、民间传说等等。中国上下五千年历史,蕴含着丰富的历史文化。

(2)时尚文化。是在社会转型时期、知识经济时代逐渐形成的一种文化,并成为现代社会人们不可或缺的文化消费。时尚文化具有崭新性、前沿性、活跃性的特征。新一代时尚文化包括街舞、DJ、涂鸦等嘻哈文化形式;街头篮球、街头足球、滑板、轮滑等街头运动项目;电子游戏、动画漫画以及相关的角色扮演、形象设计等新娱乐文化形式;以新的面貌出现的摇滚音乐、流行舞曲、嘻哈和R&B等音乐风格。

特点是:消费高;青年人为主要群体;变化快。

值得思考的是,为什么轻松搞笑的、颠覆传统的、刺激宣泄文化产品盛行;阳春白雪高雅艺术芭蕾舞、民族舞蹈、京剧、话剧无人问津。原因很复杂:压力大时间紧,民众不愿意接受深沉、沉重的作品;休闲娱乐搞笑适应市场需求;高雅艺术门票高,且脱离了民众的生活,没有现代化,没有时尚化,没有完成自己的转型;政府没有养一些高雅艺术,推动高雅艺术进高校、社区、单位、机关、农民工工棚,培育高雅艺术市场。

应对的策略,一是政府引导民众审美,提高民众素养;二是广播电视、媒体、电影推出高雅的低价位的产品;三是作为高雅艺术完成自己的转型,加入时尚、现代化的、民众需求的元素。

（3）社会文化。每一个社会都有和自己的社会形态相适应的社会文化，并随着社会物质生产的发展变化而不断演变。作为观念形态的社会文化，如哲学、宗教、艺术、政治思想和法律思想、伦理道德等，都是一定社会经济和政治的反映，并又给社会的经济、政治等各方面以巨大的影响作用。社会物质生产发展的历史延续性决定着社会文化的历史连续性，它是随着社会的发展通过自身的不断扬弃来获得发展的。

（4）大众文化。是以工业社会的发展为背景，经技术革命特别是传播技术革命而出现的一种文化。它滋养于现代工业社会高度发达的市场经济，伴随高科技生产而呈现纷繁的物质文化消费，具有很强的商品性、通俗性、流行性、娱乐性及依赖性。包括社区、村落、职业、家庭、性别文化等多种形态。

（5）民族文化。是指各民族在其历史发展过程中创造和发展起来的具有本民族特点的文化，包括物质文化和精神文化。如民族的饮食、衣着、住宅、生产工具、语言、文字、文学、科学、艺术、哲学、宗教、风俗、节日和传统等。民族文化作为意识形态是一定社会政治、经济的反映，也反映该民族历史发展的水平。

（6）地域文化。是在一定的地理区域范围内，由于地域的特殊性并经过长期的历史积淀而形成的文化、遗存、习俗等产物。俗话说一方水土养活一方人，中国地域广阔，地形复杂，不同地域的人群居各处，慢慢形成了各种特色地域文化。如南方多水，多乘船；北方多平原，多骑马；广西人好歌好舞；山东人豪爽等。

（7）企业文化。上世纪80年代初，由美国哈佛大学教育研究院教授泰伦斯·迪尔和麦肯锡咨询公司顾问艾伦·肯尼迪在长期的企业管理研究中提出。它是企业在生产经营实践中逐步形成的，为全体员工所认同并遵守的，带有本组织特点的使命、愿景、宗旨、精神、价值观和经营理念，以及这些理念在生产经营实践、管理制度、员工行为方式与企业对外形象中的体现的总和。企业文化是企业的灵魂，是推动企业发展的不竭动力。

（8）事业文化。是由事业单位设立的面向社会大众的设施及其活动形成的文化，包括教育、卫生、公共事业、社会保障、文化等单位。例如图书馆、博物馆、文化宫、文化活动室等等及其活动形成的文化，这是一种综合性的文化服务活动。

（9）学校文化。是学校全体成员在实现学校发展目标的过程中所创造的各种物质财富和精神财富的总和，是一所学校物质文明状态和精神文明状态的总体体现。它包括学校建筑、校园环境、教学设备、图书资料等物质形态的文化,也包括学校的科学研究成果、教学研究成果、规章制度、行为准则、校歌、校训等精神产品形态的文化和制度文化,还包括学校中师生员工开展的各种形式的文化活动、学校的各种文化组织与学校教职员工在长期的教育教学活动中所形成的价值观念、思维方式、道德风尚、审美情趣、精神风貌等等观念形态或者说心理形态的文化。①

(10)意识形态文化。如广播电视和新闻出版事业。新闻工作运用语言、文字、图像、广播、电视、电脑等各种传播工具反映和沟通整个世界,影响到每一个人,在文化领域中处于十分重要的地位。

为什么电视业必须寻找社会效益与经济效益的结合点、平衡点? 首先必须要经济效益:企业化追求;发展积累资金;进入市场后面临着国外的竞争与国内的同行激烈竞争。其次必须讲究社会效益:文化是意识形态,是党和人民的喉舌,必须将社会效益放在第一位;文化产业提升民众的审美素养与职业道德;文化还必须讲究教育功能,保证给青少年健康、积极、向上的人生价值观念。因此,文化产品的生产经营者必须担当社会责任;靠创新创意打造自己的品牌;提升自我的能力,不断提升市场竞争能力。

(11)商品文化。是以商品本身为文化载体,通过商品传播文化而商品通过文化增值。商品文化的实质是商品设计、生产、包装、装潢及其发展过程中所显示出来的文化附加值,是商品使用功能与审美功能的统一。

(12)服务文化。是随着服务行业的兴起而发展起来的一种文化,是行业内全体成员参与的一项系统工程。服务文化有助于促进行业的发展和行业成员的团结,体现其核心竞争力。包括品牌服务、诚实守信、服务到家等。

3.文化资源的作用

文化资源对人类社会的发展起着方向性、支撑力、凝聚力、推动力的作用。当今文化产业的发展大有如火如荼之势,文化产业的发展必须依靠文化资源作为底蕴。文化资源是发展文化产业最重要的基本要素。中华民族有着悠久的文明历史,五千年的中华文化源远流长,丰富多彩,举世公认。这些文化经过长期的积淀,形成了中华民族特有的文化和文明底蕴,不但使中华民族的传统文化屹立于世界文化之林中,而且为文化产业的发展提供了极大的价值资源。

(1)文化资源是人类社会自身发展的重要动力资源。文化资源既是社会现有的文化底蕴,也是未来发展的文化基础,是一种伟大的经济力量。西方学

---

① 马健生主编:《现代教育制度与思想》,高等教育出版社 2004 年版。

者很早就注意到文化因素对经济发展的作用,韦伯提出的时间观念、节俭积累观念、诚实谨慎观念、计划收支及职业责任等伦理观念,形成了资本主义精神,孕育和推动了资本主义的形成和发展。到了 20 世纪 80 年代,当代西方学者提出了"文化经济学",充分肯定了文化的生产力作用。文化成为一种生产力,也是一个国家综合国力的重要反映。以社会价值观为核心的民族精神、人文精神和科学精神就是一个现代民族、国家的发展基础、凝聚力和发展目标。文化资源又是一种伟大的精神力量,人是物质的,更是精神的,需要有强大的精神支柱。一个民族、一个国家,甚至全人类,没有坚强有力的精神支撑,就不可能获得长久的发展动力。文化作为生产力,具有三个方面的功能:知识的创新与传播功能——它改善着人的智慧和创造力;精神的塑造与升华功能——它净化着人的心灵与社会风气;生活的调适与娱乐功能——它创造文明的生活水准和提供丰富的休闲娱乐情趣。三大功能的完美组合可以培育出优良的人力资源,建构起和谐的社会风尚,塑造出良好的地域形象,从而使地域的生活质量和发展机遇大大提高,竞争力和影响力大大增强。因此,可以说文化资源是人类社会精神、素质、形象、生产、娱乐等精神生活的主要资源。

(2)文化资源对经济发展和社会进步具有一定的制约和引导作用。在文化产业中,文化资源是人们赖以生存和发展的知识资本和精神文明基础。特别是在全球化经济发展的环境下,现代社会文化力的高低,对生产力的发展具有极大的影响力。具体来说,一是文化资源可以成为文化资本。文化资本在社会经济中的比重将不断增大,成为知识经济增长的关键因素。二是文化资源又是形成文化产业的主要资源。市场经济使得文化变成了一种消费,于是,形成了文化市场,有消费人群,有产品、有产品生产。那么,文化资源的开发和利用,顺理成章地成了国民经济新的增长点。三是文化资源对于目前的产业结构调整具有不同寻常的意义。文化资源的开发和利用有利于产业结构的调整。广播电视、教育、科技、文艺、旅游等部门作为文化资源属于第三产业,因而文化资源的开发和利用对于第三产业的发展,对于产业结构合理化和优化有着重要的意义。四是增加工业产品的附加值。对于任何一个企业而言,新产品的开发不再是物质资源的新利用,而是一种文化资源的开发,是一种企业文化的创造。1999 年万宝路的市场品牌价值是 395 亿美元,它给企业所带来的利润之丰厚是可以想象的。另外,消费者的文化消费意识也大大增强,一是对文化消费品的需求量越来越大,而且由于人们的求新、求异、求变的消费心理,对文化消费品的内容、形式、质量等方面的创新要求也越来越高。二是对物质产品中的文化含量的要求越来越高,人们不再仅仅追求商品的实用性,而是更重视产品的外观设计、包装、品牌等。这种消费者对文化的需求通过市场信息的传导转而成为物质产品生产者对文化的追求。

(3)文化资源对民族的振兴与发展产生凝聚力。文化是一个民族、一个国家长期沉淀、积累的结果,融合了这个民族、这个国家个体、群体特有的和共有的文化传统、民族心理、社会印痕,是个性融合于共性之中的、得到成员一致认同的精神资源,表现为共同的信仰、信念、价值观和向心力。特别是在世界各国经济发展极其不平衡的情况下,文化资源的作用更显示了民族凝聚力的重要。目前,美国等强势国家的文化在全球文化竞争中居于主导地位,这些国家在销售本国文化产品并牟取高额利润的同时,也竭力输出其政治观念、文化观念和价值观念,把这当作它们推行一极化、维护其霸权的重要战略。网络时代的到来,更使其如虎添翼,使发展中国家特别是我国的文化主权受到了严重的威胁。西方文化精神悄然侵入发展中国家的生活方式、交往方式、道德价值观,造成这些国家文化混乱,削弱了民族自尊心、自豪感和精神支柱。

此外,文化由于其开放性,文化资源也具有了世界化特点。文化是全人类所共有的,也就是说,文化可以相互借鉴、相互融合。情人节、圣诞节和麦当劳来了,我们的花木兰和大红灯笼、中国龙也去了,并且麦当劳等所有西餐店每当春节也贴对联花纸。可口可乐促销用的是给农民送对联的形式:"新春新年新人新事,可喜可贺可口可乐。"以此来打开农村市场。但是,在借鉴、融合过程中,难免有传统文化与其他民族文化发生冲突、冲撞的事情。正是文化这把双刃剑,使人们重新审视自己已有的文化和文化现状,致使对其文化观念、价值体系得到质疑、变异和创新,引起人们思想的解放,制度的革新,促成社会的变革。

二、文化资源的特点

1.文化资源的一般特点

(1)观念化特征。文化对人的作用常常是间接的、潜移默化的,其最终的成果,就是形成人的人生观,使人成为一个文化的人,成为受一定人生观支配的人。就目前的市场经济社会来说,观念文化对经济发展也产生越来越重大的作用。市场经济是一种自主经济、开放经济、竞争经济,要建立公平竞争的市场秩序,需要运用经济、行政和法律手段,还需要有思想道德文化力量予以保障和协调。正如厉以宁提出的,市场和政府都不是万能的,而道德力量可以使经济体制更好地运转;倡导一种与市场经济发展相适应的人文精神、价值观和伦理道德观是其健康、正常发展的必要条件。从微观上看,企业的发展不仅靠科技、制度、利益杠杆,还要靠共同的利益目标和精神道德方面的纽带。企业文化包括经营理念、企业精神、员工的思想道德文化综合素质,也成为企业发展的重要条件。

(2)物质和非物质特征。从其载体和层次看,文化资源大致可分为四个层次:以器物技术为主的表层;以行为为主的浅层;以制度组织为主的中层;以社会意识为主的深层。其中前者是物质文化,后三者属于精神文化。但是,文化的特征又是很复杂的,有时候其物质的形态和精神的形态又相互混合在一起。如在历史文化、人文景观、民俗风情等文化资源中,既有物质型文化资源,又有精神型文化资源。其中,传统建筑、历史街区与历史遗迹等属物态资源,而民风民俗、地方节庆、饮食文化等则属非物态资源,它们大多需通过一定的表现形式方能转化为物态资源。以观念形式存在的文化资源主要包括精神传统资源、艺术审美资源、民俗风情资源、商业文化资源以及非物质文化遗产资源等,它们是文化产业取之不尽用之不竭的智慧源泉,人们对其进行认识、理解、感知①,并可以重复使用和更新发展。传说和历史可以一代代传下去,群体的历史文化传统也可以代代传承。而新技术、科学思想、先进文化,由于附带了时代的文化特征和延续了人类对自然和自己的探索成果,又成为新的文化资源。但是,物态文化资源大多具有不可再生性,如历史文化遗存、古建筑、传统街区建筑等。物态文化资源的不可再生性特点,要求我们在对文化资源进行开发利用的时候,必须以保护为基础。

(3)共同性和共需性特征。任何一个民族的文化都是一种历史的积累,是其长期形成、发展的结果,这就是文化传统。文化资源是人类智慧的结晶,是全世界、全人类的共同资源、共同财富。在发展过程中,这种文化传统具有稳定性特征,形成了群体共通的思想观念和行为规范。如中华民族天人合一的观念、万物有灵的观念、中和的观念,都具有长时间的稳定性,都是世代需要的理念和智慧。文化资源就是有源之水,有本之木,是历史与现实的统一。那些全盘西化、洗脑的做法,是对文化传承性、整体性的破坏和对文化发展的一种歪曲。我们要不断学习、吸收、掌握先进文化,提升传统文化,向先进文明靠拢。

(4)独特性。"一方水土一方人",各地文化资源由于历史沉淀积累的过

---

① 欧阳有权:《文化产业通论》,湖南人民出版社2006年版,第27～28页。

程、内容、方式不同,其特征也不同,个性特点鲜明。其个性特点,既有自然人文与文化遗产的区别,又有地域、民族文化的差异,还有主流文化、意识形态文化与精英文化、大众文化的不同。另外其独特性也表现为具有独特的文化魅力。它的文化魅力是资源内部生成的,是社会生活和人类活动赋予资源的深厚价值,并且一直蕴含于资源中。与可以明确界定价值的资源有很大的不同,如矿产资源、森林资源等都是自然生成的能确定界定价值的资源。而文化资源的独特文化魅力使得其蕴含着难以确定的巨大价值。

(5)资源性。文化资源也具有一般资源的特性,具体表现为效益性、共享性、消费性、借鉴融合性、可利用性方面。中华民族的传统文化被其他国家、其他民族共同学习、借鉴;一种新知识、新技术、新发明,可服务于全人类。孔子不光是鲁国的、山东的,也是中华民族的、华人世界的,是世界文化名人。一部诞生于封建社会的《红楼梦》,不但为我们喜欢,也成为世界名著。一种文化资源,只要人们认为它对人类有用,便可以永久地使用,它不会因为使用对象的多少,使用频率的高低而枯竭、而灭绝。相反,一种文化资源使用的人越多、频率越高,可能促使其量上的增长,甚至产生新的文化特质。

(6)可利用性强。文化资源特别是非物质文化资源与其他自然资源相比,可利用性更强。首先,它可以重复使用,具有再生性,使用价值越高,使用的次数也会越多。其次,文化资源的利用具有持久性,可以永久地使用,在使用中还会产生新的文化特质,增添文化资源的生命力。最后,文化是经过长期的历史沉淀形成的,形成了就是观念性的东西,不易改变,因此文化资源的使用是很稳定的。正是由于文化资源可利用性强的特征符合人类可持续发展的需要,使得文化产业具有巨大的活力和发展潜力,成为新兴产业、朝阳产业。

2. 我国文化资源特有的品性

我国历史悠久,名人辈出,人杰地灵,文化遗存非常丰富,重量级的文化资源比比皆是。

(1)资源独特而存量丰富。例如山东,孔子故里曲阜,其古建筑群至今保存完整,被联合国教科文组织评为"世界文化遗产";泰山以其雄伟壮丽的自然风光和独特丰富的文化蕴含,被联合国教科文组织评为"世界自然文化遗产";中华民族的母亲河黄河,流经山东610公里,汇入渤海,每天都在产生着中华人民共和国最年轻的土地;省会济南素有"泉城"之称,趵突泉、千佛山、大明湖、灵岩寺,湖光山色,堪称北国江南;海滨城市青岛是中国沿海重要的开放城市之一,独特的市区欧式建筑群和新建的国家级旅游度假区别具魅力;"人间仙境"

蓬莱,既有登州古市风情,海市蜃楼的自然奇观,又是道教文化的象征和爱国主义教育基地。"国际葡萄酒城"烟台、"世界风筝都"潍坊、齐国故都淄博、江北水城聊城以及古典名著《水浒》故事发生地水泊梁山、《聊斋志异》作者蒲松龄的居住地蒲家庄、《金瓶梅》故事发生地临清等,至今古迹犹存,都是独特而又丰富的文化资源。全省有 12 个城市被评为"中国优秀旅游城市"。

(2)文化资源层次高、数量多,大众消费层面少。我国文化资源层次高、数量多。我们有很多全国甚至世界重量级的文化资源。单就建筑来说,岱庙现有古代建筑和仿古建筑 160 余间,其主体建筑天贶殿与北京故宫太和殿、曲阜孔庙大成殿并称为我国古代三大殿。但是,层次高难免曲高和寡,泰山是帝王文化、佛家道教文化、书法知识分子精英文化,后来才衍生了民俗文化,才有了庙会和进香、祈子等风俗;"三孔"是统治阶级文化和知识分子文化,不是大众消费的文化层次。

文化产业的发展要靠市场,靠大众消费,层次高的文化资源民众消费产品更不易开发打造。最近十多年,大众消费群体已经形成。人们在满足了物质的需求以后,开始寻求文化消费,旅游就是一种大众喜闻乐见的文化消费方式。大众消费的特点是参与性、娱乐性、新鲜感,所以需要的是异质文化、娱乐文化、大众文化。大众文化对消费者来说,有相似感、认同感;娱乐文化通过参与,能使心情快乐,增加交往与联系,满足依托感和归属感;异质文化满足刺激,增加知识,开阔眼界,引起比较与鉴别。

(3)我国文化资源多,但是零散,很难整合,不容易产生效益。特别是没有山水资源的地方,以及地面文物资源匮乏没有旅游资源的地区,开发利用更难。

三、我国文化资源的大体情况

1.历史文化资源情况

历史文化资源包括以历史文化名城、历史文化遗存、历史文化建筑、非物质文化遗产、物质文化遗产等形式保存着的文化资源。

(1)历史文化名城。根据《中华人民共和国文物保护法》,历史文化名城是指"保存文物特别丰富,具有重大历史文化价值和革命意义的城市"。因而许多历史文化名城是我国古代政治、经济、文化的中心,是重要城市。在这些历史文化名城的地面和地下,保存了大量历史文物,体现了中华民族的悠久历史。截至 2013 年,中国政府已将 123 座城市列为中国历史文化名城。它们有的曾被各朝帝王选作都城、有的曾是当时的政治经济重镇、有的曾是重大历史事件的发生地、有的因出产精美的工艺品而著称于世、有的则因拥有珍贵的文物遗迹而享有盛名。

第一批中国历史文化名城（1982年公布），24个：北京、承德、大同、南京、苏州、扬州、杭州、绍兴、泉州、景德镇、曲阜、洛阳、开封、江陵、长沙、广州、桂林、成都、遵义、昆明、大理、拉萨、西安、延安。

第二批中国历史文化名城（1986年公布），38个：上海、天津、沈阳、武汉、南昌、重庆、保定、平遥、呼和浩特、镇江、常熟、徐州、淮安、宁波、歙县、寿县、亳州、福州、漳州、济南、安阳、南阳、商丘、襄樊、潮州、阆中、宜宾、自贡、镇远、丽江、日喀则、韩城、榆林、武威、张掖、敦煌、银川、喀什。

第三批中国历史文化名城（1994年公布），37个：正定、邯郸、新绛、代县、祁县、哈尔滨、吉林、集安、衢州、临海、长汀、赣州、青岛、聊城、邹城、临淄、郑州、浚县、随州、钟祥、岳阳、肇庆、佛山、梅州、海康、柳州、琼山、乐山、都江堰、泸州、建水、巍山、江孜、咸阳、汉中、天水、同仁。

增补中国历史文化名城（2001～2013年），25个：无锡、南通、安庆、绩溪、宜兴、金华、嘉兴、濮阳、太原、泰州、泰安、蓬莱、烟台、中山、北海、山海关区（秦皇岛）、凤凰、海口（把琼山纳入一起）、会理、会泽、吐鲁番、特克斯、库车、伊宁、青州。

另外，山西平遥古城、云南丽江古城、安徽皖南古村落、澳门历史城区4处被列入世界文化遗产。

（2）历史文化遗存。指古代人类在特定环境和阶段进行开拓性社会实践活动所创造的大量文化成果，从历史、美学、人种学或人类学角度看，具有突出、普遍价值的人造工程或人与自然的联合工程以及考古遗址地带。

出土文物类：从历史、艺术或科学角度看，具有突出、普遍价值的建筑物、雕刻和绘画，具有考古意义的成分或结构，铭文、洞穴住区及各类文物的综合体。如中国目前已发现的最重的青铜器后母戊鼎、春秋穿鼻的牛尊、唐代妇女三彩陶俑、气势庞大的西安市临潼县骊山脚下的秦始皇兵马俑。

古都遗存类：如安阳的殷墟和甲骨文，西安的秦始皇陵、丝绸之路起点、乾陵无字碑、唐大雁塔，洛阳的白马寺和龙门石窟，北京的故宫、鼓楼、钟楼，南京的太平天国都城、中华民国都城、中山陵，开封的清明上河图，杭州的岳王庙、宋城。

壁画、雕刻类：如甘肃敦煌莫高窟、甘肃麦积山石窟、河南洛阳龙门石窟、山西大同云冈石窟等。

皇家陵寝类:中国皇家陵寝主要有西安临潼的秦始皇陵,陕西汉唐陵,河南宋陵,南京明孝陵和北京明十三陵,清代关外三陵和河北清东陵、清西陵,西藏琼结县藏王墓,北镇辽代皇家墓葬,宁夏银川西夏王陵。

其中有 9 处列入世界文化遗产:①陕西秦始皇陵及兵马俑(1987.12),位于陕西临潼县城东 5 公里,距西安 36 公里,是秦始皇嬴政的皇陵。②周口店北京人遗址(1987.12),位于北京市房山区周口店龙骨山。③中国安阳殷墟(2006.7.13),位于河南省安阳市区西北小屯村一带,距今已有 3300 多年历史。④甘肃敦煌莫高窟(1987.12),位于甘肃敦煌市东南 25 公里的鸣沙山东麓崖壁上,上下五层,南北长约 1600 米。⑤河南洛阳龙门石窟(2000.11),位于洛阳市东南,分布于伊水两岸的崖壁上,南北长达 1 公里。⑥山西大同云冈石窟(2001.12),有窟龛 252 个,造像 51000 余尊,代表了公元 5 世纪至 6 世纪时中国杰出的佛教石窟艺术。⑦重庆大足石刻(1999.12),是大足县境内主要表现为摩崖造像的石窟艺术的总称。⑧明清皇家陵寝(2000.11),包括明显陵、清东陵、清西陵。⑨中国高句丽王城、王陵及贵族墓葬(2004.7.1),主体坐落于吉林省集安市,建筑技艺精湛,堪称同时代工艺的典范。

(3)历史文化建筑。主要指古人利用自然界材料,经过设计、施工修建而成的供人类生产、生活和活动使用的一定形体的地面建筑物。主要包括具有防御功能的长城、城墙和城楼;具有居住功能的宫殿、官署和民居;具有宗教功能的庙宇、道观和教堂;具有祭祀、纪念或标志功能的坛、塔、坊、庙、祠、华表、鼓楼等;具有观赏、休闲功能的亭、台、楼、阁、厅、堂、廊等;具有贸易、服务功能的店铺、当铺、客栈、茶馆、酒楼、戏院等;具有交通、水利功能的桥、堰、运河等。①

其中有 12 处列入世界文化遗产:①长城(1987.12),始建于 2000 多年前的春秋战国时期,秦朝统一中国之后连接成万里长城,它是人类文明史上最伟大的建筑工程。②故宫北京故宫(1987.12),又称紫禁城,位于北京市区中心,始建于 1406 年,为明、清两代的皇宫,有 24 位皇帝相继在此登基执政。③西藏布达拉宫(1994.12),在拉萨西北的玛布日山上,始建于公元 7 世纪,藏王松赞干布为远嫁西藏的唐朝文成公主而建,是著名的宫堡式建筑群,藏族古建筑艺术的精华。④皇家祭坛天坛(1998.11)位于北京的南端,是明清两代皇帝每年祭天和祈祷五谷丰收的地方。⑤河北承德避暑山庄及周围寺庙(1994.12),又名承德离宫或热河行宫,位于河北省承德市中心北部,是清代皇帝夏天避暑和处

---

① 赵玉忠:《文化市场概论》,中国时代经济出版社 2004 年版,第 156 页。

理政务的场所。⑥山东曲阜的孔庙、孔府及孔林(1994.12),位于山东省曲阜市,是中国历代纪念孔子、推崇儒学的表征,以丰厚的文化积淀、悠久的历史、宏大的规模、丰富的文物珍藏以及科学艺术价值而著称。⑦苏州古典园林(1997.12),历史绵延2000余年,在世界造园史上有其独特的历史地位和价值,以写意山水的高超艺术手法,蕴含着浓厚的传统思想文化内涵,展示了东方文明的造园艺术典范。⑧皇家园林颐和园(1998.11),位于北京西郊的西山脚下海淀一带,群峰叠翠,山光水色,风景如画。⑨湖北武当山古建筑群(1994.12),耸立于中国西部山区城市——十堰市境内。⑩广东开平碉楼与古村落(2007.6.28),位于广东省开平市,是中国乡土建筑的一个特殊类型,是一种集防卫、居住和中西建筑艺术于一体的多层塔楼式建筑。⑪四川青城山 - 都江堰(2000.11),青城山位于四川成都的都江堰风景区,是中国著名的道教名山。都江堰位于四川成都平原西部的岷江上,建于公元3世纪,是战国时期秦国蜀郡太守李冰及其子率众修建的一座大型水利工程,为全世界迄今为止年代最久、唯一留存、以无坝引水为特征的宏大水利工程。⑫西湖。

2. 自然人文文化资源情况

自然人文文化资源主要包括自然文化遗产和自然景观。它们具有三个性质:从美学或科学角度看,具有突出、普遍价值的由地质和生物结构或这类结构群组成的自然面貌;从科学或保护角度看,具有突出、普遍价值的地质和自然地理结构以及明确划定的濒危动植物物种生境区;从科学、保护或自然美角度看,具有突出、普遍价值的天然名胜或明确划定的自然地带。

我国自然文化遗产中拥有各类世界遗产10处,其中自然遗产7处、文化和自然双重遗产4处、文化景观1处。其中自然遗产部分有:①湖南武陵源历史风景名胜区(1992.12),位于湖南省张家界市。②四川九寨沟历史风景名胜区(1992.12),位于四川省西北部阿坝州九寨沟县境内,地处青藏高原东南边缘的尕尔纳山峰北麓,海拔在2000米至3000米之间,距四川省省会成都市435公里。③四川黄龙历史风景名胜区(1992.12),位于四川省阿坝藏族羌族自治州松潘县境内。④"三江并流"自然景观(2003.7),位于中国西南部云南省青藏高原南部横断山脉的纵谷地区,由怒江、澜沧江、金沙江及其流域内的山脉组成,整个区域面积达4.1万平方公里。⑤四川大熊猫栖息地(2006.7.12),包括卧龙、四姑娘山、夹金山脉,面积9245平方公里,涵盖成都、阿坝、雅安、甘孜4个市州12个县。⑥中国南方喀斯特(2007.6.27),由云南石林的剑状、柱状和塔状喀斯特,贵州荔波的森林喀斯特,重庆武隆的以天生桥、地缝、天洞为代表的立体喀斯特共同组成。⑦丹霞地貌。

文化和自然双重遗产部分:①山东泰山(1987.12),古名岱山,又称岱宗。自然景观雄伟绝奇,有数千年精神文化的渗透渲染和人文景观的烘托,被誉为中华民族精神文化的缩影。②安徽黄山(1990.12),雄踞安徽南部,是我国最著名的山岳风景区之一。③四川峨眉山—乐山风景名胜区(1996.12),位于中国四川省峨眉山市境内,景区面积154平方公里,最高峰万佛顶海拔3099米,为著名的旅游胜地和佛教名山。④福建武夷山(1999.12),位于福建省北部,属中亚热带地区。境内东、西、北部群山环抱,峰峦叠嶂,中南部较平坦,为山地丘陵区。

文化景观部分:江西庐山风景名胜区(1996.12),位于中国第一大河长江中游南岸、中国第一大淡水湖鄱阳湖滨,是一座地垒式断块山。大山、大江、大湖浑然一体,险峻与柔丽相济,素以"雄、奇、险、秀"闻名于世。丰富独特的庐山文化,具有重要的科学价值与美学价值。庐山有第四纪冰川遗迹,以河流、湖泊、坡地、山峰等多种地貌类型,被誉为地质公园。

自然景观类资源则是自然界中具有观赏价值的地址、地貌、水体、气候、气象等自然现象。[①] 自然景观是我国开发展览、旅游等文化产业所必需的重要资源和条件。主要有:

山岳,如著名的五岳东岳泰山、西岳华山、南岳衡山、北岳恒山、中岳嵩山,以奇松、怪石、云海、温泉著称的安徽黄山,"横看成岭侧成峰"的庐山。

峡谷,如水险山雄、涛飞浪卷、令人驰魂夺魄的长江三峡、大宁河小三峡和雅鲁藏布江大峡谷。

江河,如长江、黄河、淮河、珠江、海河、松花江、辽河并称中国七大江河。

湖泊,如中国主要的五大淡水湖鄱阳湖、洞庭湖、太湖、洪泽湖、巢湖,以及"淡妆浓抹总相宜"的杭州西湖。

瀑布,如位于山东省蒙山的水帘洞瀑布、贵州的黄果树大瀑布、有黄色瀑布之称的壶口瀑布、最大的跨国瀑布德天瀑布、九寨沟的瀑布群、火山瀑布镜泊湖瀑布等。

山水,如"江作青罗带,山如碧玉簪"的桂林山水。

地貌,如广西龙胜县的龙脊梯田、广西独特的喀什特地貌、沂蒙山区独特的崮态地貌等。

---

① 赵玉忠:《文化市场概论》,中国时代经济出版社2004年版,第148页。

3. 名人文化资源情况

名人文化资源是指与不同时期出现的名人名士相关的,具有纪念意义、现实意义和教育意义的著作、传记、故居等。主要包括名人故里故居、名人著作、名人传记以及名人活动遗址等。

(1)名人故里故居。我国的名人故里故居非常多。如位于江油市青莲镇的李白故里,巩义市站街镇南瑶湾村的杜甫故里,浙江绍兴的鲁迅故居,湖南中部韶山的毛泽东故居,孙中山逝世纪念地北京市张自忠路 23 号,位于四川阿坝藏族羌族自治州汶川县的大禹故里,福州市鼓楼区文藻北路的林则徐故居,汉口洞庭街 65 号的詹天佑故居等。

(2)名人著述、作品。我国历代都有大量的名人著述、作品问世,其中诗词曲赋、戏剧曲艺、经史子集,应有尽有。

如春秋战国时期,《论语》《左传》《孟子》《庄子》《韩非子》以及屈原的《离骚》《九歌》等。

两汉时期,贾谊的《新书》,刘安的《淮南子》,司马迁的《史记》,班固的《汉书》等。

三国两晋南北朝时期,曹操的《魏武帝集》,诸葛亮的《诸葛亮集》,陈寿的《三国志》,干宝的《搜神记》,陶渊明的《陶渊明集》,范晔的《后汉书》,刘勰的《文心雕龙》等。

唐朝时期,王勃的《滕王阁序》《送杜少府之任蜀州》,贺知章的《咏柳》《回乡偶书》,王之涣的《登鹳雀楼》,孟浩然的《春晓》,王昌龄的《出塞》,王维的《送元二使安西》,李白的《梦游天姥吟留别》《蜀道难》,杜甫的《兵车行》《春望》,韩愈的《师说》《马说》,刘禹锡的《陋室铭》《乌衣巷》,白居易的《卖炭翁》《琵琶行》,李商隐的《无题》等。

宋朝时期,范仲淹的《岳阳楼记》,欧阳修的《醉翁亭记》,苏洵的《嘉右集》,王安石的《游褒禅山记》,司马光的《资治通鉴》,沈括的《梦溪笔谈》,苏轼的《赤壁赋》《石钟山记》等。

元朝时期,关汉卿的《窦娥冤》,王实甫的《西厢记》,马致远的《天净沙·秋思》等。

明朝时期,施耐庵的《水浒传》,罗贯中的《三国演义》,吴承恩的《西游记》,冯梦龙的《喻世明言》《醒世恒言》《警世通言》等。

清朝时期,洪升的《长生殿》,蒲松龄的《聊斋志异》,吴敬梓的《儒林外史》,曹雪芹的《红楼梦》,李汝珍的《镜花缘》,李宝嘉的《官场现形记》,梁启超的《饮冰室合集》等。

现当代的名人作品更是数不胜数,如鲁迅的《呐喊》《朝花夕拾》,郭沫若的诗集《女神》,茅盾的《蚀》《子夜》,郁达夫的《沉沦》,徐志摩的《志摩的诗》,田汉的《关汉卿》《义勇军进行曲》歌词,朱自清的《背影》《荷塘月色》,闻一多的《红烛》《死水》,老舍的《骆驼祥子》《四世同堂》,冰心的《繁星》《春水》,巴金的激流三部曲《家》《春》《秋》和爱情三部曲《雾》《雨》《电》等。

(3)名人传记,如《毛泽东传》《周恩来传》《刘少奇一生》《伟人邓小平》《邓小平政治评传》《朱德传》《刘伯承传》《聂荣臻传》《叶剑英传》《陈毅传》《林伯渠传》《任弼时传》《罗荣桓传》《徐向前传》《项英传》《潘汉年传奇》《陈独秀传》《从书生到领袖——瞿秋白》《张学良传》《林则徐传》《郭沫若传》《沈从文传》《朱自清传》《老舍自传》《巴金自传》《林语堂自传》《冰心传》《孙犁传》《赵树理传》《曹禺传》《沙汀传》《周作人传》《胡适自传》等。

以上几类资源,都是拍摄影视剧的好资料。美国吉斯尼创意制作的动漫作品《花木兰》获得了极大的成功,取得了很好的经济效益,就是利用我国南北朝时期的叙事诗《木兰辞》以及后来的戏剧《花木兰》等资源和花木兰这个民间艺术形象的影响力。

4.宗教文化资源情况

(1)宗教文化资源的范围

宗教是一种特殊的社会文化体系,它能够适应不同时代的社会的发展,也能够适应同一时代不同性质的社会制度,并且适应人类政治、经济、文化的发展要求。

宗教文化在中国广泛流传,主要包括世界三大宗教佛教、伊斯兰教、基督教,土生土长的中国宗教——道教,以及中国少数民族宗教、民间宗教。

佛教于两汉之际由印度传入我国,经过长期的发展,形成具有民族特色的中国佛教。由于地区民族的文化差异,中国佛教分汉地佛教(汉语系)、藏传佛教(藏语系)以及云南地区南传佛教(巴利语系)三大系。

伊斯兰教于唐代由阿拉伯传入我国,传入的路线有两条,一条是沿丝绸之路,从敦煌传入;另一条是沿海上丝绸之路,从广州、泉州传入。伊斯兰教分逊尼派和什叶派两大宗派,中国的伊斯兰教主要是逊尼派。现在中国穆斯林遍及全国各地,许多城市都建有清真寺。

基督教包括天主教、东正教、新教三大派系,于唐代由叙利亚人从波斯传入我国,传播时断时续,近代随着帝国主义国家的侵略,传教活动更为广泛。

道教是中国土生土长的宗教,产生于东汉中叶,是在中国古代宗教信仰基础上,沿袭方仙道、黄老道某些宗教观念和修持方法而逐渐形成的。

(2)宗教文化资源的内容

宗教的庆祝、纪念等活动。如佛教的浴佛节(农历四月初八)和成道节(农历十二月初八);伊斯兰教的开斋节、古尔邦节和圣纪节;基督教在每周星期天举办的主日崇拜,以及圣诞节、受难日、复活节和感恩节;道教的财神诞日、妈祖诞日、祭药王日等。

宗教典籍。如基督教的《圣经》,伊斯兰教的《古兰经》,佛教的《大藏经》《金刚经》《心经》等,道教的《道德经》《南华经》《正一经》等。

宗教建筑。基督教在中国的主要建筑有天主教教堂和遗迹,如北京南堂和北堂、天津老西开教堂、上海徐家汇天主堂、上海佘山圣母大教堂、广州圣心大教堂等;东正教教堂,如哈尔滨圣索非亚教堂、上海圣母大教堂等;新教教堂,如上海国际礼拜堂、上海沐恩堂、上海圣三一堂、上海景灵堂等。中国伊斯兰教的宗教建筑有礼拜寺(清真寺)、教经堂、教长墓等,如著名的福建省泉州市的清净寺、浙江省杭州市的凤凰寺、北京牛街清真寺礼拜殿等。佛教建筑包括寺院、石窟、佛塔等,北京市著名的有广安门外辽代建造的天宁寺塔、阜成门明代修建的慈寿寺塔、大正觉寺金刚宝座塔、西山余脉聚宝山(寿安山)南麓的卧佛寺、西山东麓的碧云寺等。道教建筑又称宫观建筑,著名道观有位于陕西周至县终南山中的楼台、北京白云观、辽宁沈阳太清宫、四川成都青羊宫、福建莆田湄洲岛上的妈祖庙、苏州玄妙观、位于山西芮城县的永乐宫、上海的海上白云观等。

5.文化典籍资源情况

文化典籍资源是指在人类文明发展过程中不断积累流传下来的典籍,是文化资源的重要组成部分。主要包括:

文学典籍。小说如《三国演义》《水浒传》《西游记》《红楼梦》《警世通言》《醒世恒言》等;诗品《本事诗》《二十四诗品》《后山诗话》《冷斋夜话》《石林诗话》等;文则《文章精义》《诚斋诗话》《沧浪诗话》《诗林广记》等;词源《溏南诗话》《四溟诗话》《艺苑卮言》等;曲律《唐音癸签》《诗薮》《姜斋诗话》等。

历史著作。如《史记》《汉书》《后汉书》《三国志》《资治通鉴》《春秋左氏传》《国语》《战国策》等。

语言典籍。如《尔雅》《小尔雅》《释名》《说文解字》《广雅》《埤雅》《历代钟鼎彝器款识法帖》《通雅》《说文解字句读》《说文释例》《白氏六帖事类集》

《唐宋百孔六帖》《古韵标准》《修辞鉴衡》等。

哲学典籍。如《易经》《管子》《论语》《中庸》《孟子》《荀子》《易传》《大学》《老子》《庄子》《墨子》《韩非子》《孙子兵法》等。

科学技术典籍。包括医学典籍,如《黄帝内经》《伤寒杂病论》《中藏经》《本草纲目》等;算术典籍,如《孙子算经》《九章算术》《五经算术》《数书九章》《算学启蒙》等;农业技术,如《洛阳牡丹记》《荔枝谱》《蚕书》《救荒本草》《农政全书》《三农记》等;地质典籍,如《山海经》《水经注》《大唐西域记》《元和郡县志》、《徐霞客游记》等。

民间文化典籍。包括神话、传说、故事等,如《民间歌谣集成》《民间故事集成》《中国谚语集成》等。

民族文化典籍。如藏族的《格萨尔》、蒙古族的《江格尔》、柯尔克孜族的《玛纳斯》、彝族撒尼人的《阿诗玛》、蒙古族的《嘎达梅林》等。

6.民俗文化资源情况

民俗文化资源直接反映了民众的生活和情感需要,是民众在满足自身需要的文化活动中创造、积累并可以承传和弘扬的文化资源。包括传统节庆、民间艺术、民间风情、土特产等。

(1)传统节庆。是随着生产、生活、信仰活动逐渐演化成的节日。我国的传统节庆是在岁时节令的基础上发展形成的,有农事节日如立春、立夏、立秋、冬至等;有庆贺节日如中国人最重视的春节、元宵节、中秋节、重阳节以及傣族的"泼水节"、彝族的"火把节"、壮族的"三月三"等;有祭祀节日如清明节、中元节、腊八节等;有社交节日如汉族的重阳节、苗族的跳月节、清水江苗族的龙船节、瑶族的盘王节等。另外还有一些地方特色性节日,如河南少林武术节、河北吴桥杂技节、山东潍坊风筝节、湖南岳阳龙舟节等。

(2)民间艺术。是劳动人民直接创造、并在劳动群众中广泛流传的各种艺术,包括民间文学、音乐、舞蹈等。民间文学是劳动人民集体创作、流传下来的文学,如神话、传说、故事、评话、歌谣、谚语、说唱、民间戏曲、民间曲艺等。民间音乐是广泛流行于民间的歌曲和器乐曲,其中著名的民歌如汉族的《走绛州》《走西口》《小白菜》《茉莉花》《绣荷包》等,朝鲜族的《阿里郎》,维吾尔族的《阿拉木罕》等;民乐如汉族的《塞上曲》《春江花月夜》,蒙古族的马头琴曲,哈萨克族的冬不拉曲,哈尼族的"把乌"曲,白族和纳西族的洞经音乐等。民间舞蹈是具有鲜明的民族风格和地方特色的传统舞蹈形式,如汉族的龙舞、绸舞、狮子舞、秧歌舞,蒙古族的安代舞,土家族的摆手舞,傣族的孔雀舞和象脚鼓舞,朝鲜族的扇舞和扁鼓舞等。①

（3）民间风情。包括各个民族的婚礼习俗、服饰习俗、饮食习俗以及居住习俗等。婚礼习俗如汉族的媒妁、订婚和结婚仪式，回族的"花儿会"，傣族的"丢包"等；服饰习俗包括服装、鞋子、饰品、发式，如满族妇女的发髻和旗袍，傣族妇女的窄袖短衣和筒裙，回族男子的白帽子，蒙古族男子的布袍、荷包和蒙古刀，维吾尔族男子的长袍和女子的黑色背心以及四楞小花帽等；饮食习俗更是数不胜数，我国素有"美酒之乡""茶叶之国"的美称；居住习俗则是人们根据天气和地理环境不同而形成的不同习俗，如北京的四合院、黄土高原的窑洞、东北的土炕、蒙古的蒙古包等。

（4）土特产资源。是由于地理环境、历史时期、经济条件、文化技术水平、民族风俗和审美观念的不同，而表现出不同风格特色的资源。包括民间工艺、地方特色食品、地方特产等。民间工艺是以手工为主、就地取材，制造适合生活需要的用品，具有民族风格和地方特色的传统工艺技术。主要包括雕刻工艺、烧造工艺、织染工艺、编扎工艺、绘画工艺、木作工艺、剪扎工艺等。② 地方特色食品如北京烤鸭、天津狗不理包子、上海城隍庙小吃、孝感麻糖、四川麻婆豆腐等。地方特产如杭州的丝绸、海南的八九灯笼椒酱、新疆的哈密瓜等。

7.革命文化资源情况

革命文化资源是指与重大历史事件、革命运动和知名人士有关的具有重要纪念意义、教育意义和史料价值的革命遗址、根据地、纪念物和革命文学。

（1）革命根据地。主要有延安革命根据地、瑞金苏维埃革命根据地、井冈山革命根据地、左右江革命根据地、晋冀鲁豫抗日革命根据地、湘鄂西革命根据地、沂蒙革命根据地等。

（2）革命遗址。主要有战争遗迹，如山东枣庄的台儿庄战役遗址、湖北咸宁的北伐汀泗桥战役遗址、山东威海的刘公岛甲午战争纪念地、湖南平江的平江起义旧址等；事件遗迹，如南京大屠杀遗址、天津塘沽区大沽口炮台、辽宁抚顺平顶山惨案遗址等；会议遗址，如广州国民党"一大"旧址等；军队驻扎、办公遗址，如广西百色与龙州的中国工农红军第七军第八军军部旧址，四川通江的红四方面军总指挥部旧址，陕西西安的八路军西安办事处旧址等。

（3）知名人士墓地和革命烈士陵园。如福州的林则徐墓、厦门的陈嘉庚墓、山东泰安的冯玉祥墓、南京的雨花台烈士陵园、上海徐汇的龙华革命烈士纪

---

① 赵玉忠:《文化市场概论》,中国时代经济出版社 2004 年版,第 164～165 页。
② 赵玉忠:《文化市场概论》,中国时代经济出版社 2004 年版,第 165～166 页。

念地等。

（4）纪念碑、纪念塔和纪念堂。纪念堂如北京毛主席纪念堂、广州中山纪念堂等；纪念碑如人民英雄纪念碑、百团大战纪念碑等；纪念塔如八一南昌起义纪念塔、江苏徐州淮海战役烈士纪念塔、上海人民英雄纪念塔、河南郑州二七纪念塔等。

（5）革命文学。是指为革命斗争服务，为千千万万劳动群众服务的优秀文学作品。如《狂人日记》《苦菜花》《吕梁英雄传》《保卫延安》《红日》《铁道游击队》《海岛女民兵》《西沙儿女》《难忘的战斗》《沸腾的群山》等。

8. 当代文化资源情况

当代文化资源包含的方面十分广泛，涉及新闻媒体、广播电视、文学艺术、校园文化资源、企业文化资源、社区文化资源等各个方面。

（1）校园文化资源。由于学校在整个社会中的地位是极其重要的，因此校园文化格外受到关注。主要有学校建筑环境文化，如北京大学的未名湖和博雅塔、清华园的荷塘和成功湖、武汉大学的樱花等，各个大学都具有各自的历史文化和建筑风格；还有学校经过发展逐渐积淀下来的精神文化，包括学风、校风、教育方针和管理体制等。

（2）现代城市建筑文化资源。指在现代城市建设中形成的具有观赏价值、纪念意义的建筑和场地。包括体育馆，如北京"鸟巢"国家体育场、"水立方"游泳馆、北京工人体育馆、首都体育馆以及各个大学的体育馆等；广场，如天安门广场等；公园，如北京的北海公园、朝阳公园、石景山公园等；高架桥、表演场地、电影院、图书馆、博物馆等。

（3）商业文化资源。是指商品设计、生产、包装、装潢及其发展过程中所显示出来的文化附加值等可重复利用的资源。商品文化资源中品牌资源是最重要的部分，如品牌的名称、品牌标志、商标等。品牌代表着企业的形象，能吸引更多的消费者，是一笔巨大的无形财富。现在我国的企业对打造自身的品牌越来越重视，出现了很多国际性的品牌，如李宁体育用品、联想计算机、伊利与蒙牛乳制品、海尔电器等。

四、文化资源的产业化开发

文化资源是文化产业的核心，是文化产业发展的先决条件。通过对文化资源的认识，不难发现文化资源具有巨大的潜力。特别是五千年的中国文明史，留下了十分深厚的文化积累，其中蕴藏着极为丰富的文化资源。但是，由于不能充分认识、评估文化资源产业化价值及产业化潜力,未能采用积极科学的开发方式激发文化资源的潜力,导致了文化资源大国却是文化市场小国,而一些文化资源小国却成为文化市场的超级大国。① 由此看来,文化资源的多少并没有完全决定文化市场的大小,文化资源要通过产业化的途径,进入市场变成文化资本在市场中运作,才能创造价值。

传统文化资源为中国发展文化产业提供了得天独厚的条件,在开发和利用文化资源时,既要做到物尽其用,让有限的物质资源发挥出最大的文化经济效益;又要用发展的眼光、可持续的眼光来对待文化资源,要在保护的前提下开发,不能图眼前短期的经济利益,而掠夺性地对文化资源加以破坏,甚至毁灭。② 其中主要问题有两个:一是对文化资源价值的评估相对于其他资源较难,所以,正确评估文化资源的价值是开发利用文化资源的基础。二是采用科学的开发利用文化资源的方式,真正运用好文化资源,发挥文化资源的潜力。

1. 正确认识文化资源的经济价值与社会价值

由于资源的内在性,从评价体系而言,文化资源分为可度量的文化资源和不可度量的文化资源两种。可度量的文化资源是指可以建立相应的评价体系来具体估计和测量瞬间价值的资源种类,如历史文物、建筑、工艺品等;不可度量的文化资源是指不可用现实价值来衡量的资源类型,如民俗、戏曲等。从最根本的意义上来说,文化资源不同于其他资源,很难以具体数值来度量。所以,对文化资源的评估带有很强的主观性。③ 这里将文化资源价值评估的因素分为经济价值和社会价值两个部分。

对于文化资源的经济价值,奈斯比特有一个精辟论断:"一个贫困的国家,即使没有丰富的自然资源,只要在文化资源上肯下大的投资,也是可以发展起来的。"毫无疑问,文化资源的经济价值具有巨大的潜力。

文化资源的社会价值主要体现在其文化特质上。文化是一种精神、一种观念,对整个民族、整个国家的影响是不可估量的。根据马斯洛的需求理论,人的需要分成5个层次:生理需要;安全需要;归属和爱的需要;尊重的需要;自我实现的需要。一个人在其他基本需要得到满足以后,自我实现的需要便开始凸

① 王仲尧:《中国文化产业与管理》,中国书店 2006 年版。
② 马海霞:《文化资源与文化产业理论研究》,《新疆师范大学学报(哲学社会科学版)》2008 年第29 卷第1 期。
③ 申维辰主编:《评价文化:文化资源评估与文化产业评价研究》,山西教育出版社 2005 年版,第8页。

显。文化资源在社会中满足人们的需求时属于高级需求,是超越人们对基本生活需要以外的精神需求。文化资源开发能够推动人类自身的发展,能增强民族凝聚力和向心力,是社会发展的推动力,这也就是其社会价值。

2. 文化资源经济价值的评估

文化资源经济价值的评估是文化资源评价工作的重要组成部分和关键环节。它是通过分析影响文化资源经济价值的各个因素,通过各种比较得出各因素的系数,然后综合评定其相应的显性经济价值。一般来说,评估分为定性评价和定量评估两种。定性评价是总体上把握文化资源的开发价值,定量评估则是在细致区分并认真分析各个影响要素的基础上做出来的相对精细确切的经济价值评判。

文化资源经济价值评估,是探讨文化资源的开发利用价值,确定开发的重点和级别,评价文化资源要不要开发、怎样开发、开发顺序、开发规模、开发重点、开发什么商品、开发给什么人消费等的重要基础性工作。

(1)文化资源的评估要素

①资源本身要素:类型;历史文化价值;艺术价值;丰富度;珍贵性(特色、最好、独特);可利用性;关联性(带动其他行业产业,形成产业链条);其他。

②资源区位要素:地理位置(物产的地理坐标,如章丘大葱、桂林米粉等);交通;气候(淡季旺季、四季);其他。

③社会环境要素:经济发展水平(如当地的消费能力、开发能力、基础建设能力);社会安定情形(如生产安全、流行病疾病安全、民风朴实、政治没有动荡、生活富裕);风俗民情(如村落街道民居建筑有民族特色、活动经常开展、具有传统性);其他。

④开发利用要素:新的发展机遇;规划目标;开发方式;开发规模(投入与融资、相关产业配套链条);其他。

⑤产品市场要素:消费者;消费渠道和方式;消费商品的偏好;其他(如消费者权益保护、消费服务等)。

(2)文化资源的评估方法

一是资源本身的评估,即从自然地理条件、科研学术价值、文物考古价值、文化艺术价值、美学观赏价值等资源本身和其一般环境区位、开发条件所作的分析和评价,通常借用如"珍稀、奇特、古悠、规模、保存、审美、组合、知名"等"八度"的评价和"美、古、名、特、奇、用"等六性的评价。

二是从文化资源经济价值不确定的也是关键的特征比较、格局位置、开发、市场、隐性等因素去评价。就是用通过调查得到的有关资源本身的量化数据和特征比较、格局位置、开发、市场、隐性等分析数据,去综合推论、分析其经济价值。这比较符合文化资源经济价值的不确定性特征。

(3)资源自身要素分析

一是是否有特色,是吸引消费者的关键性因素,可通过对调查资源与其他资源的比较研究分析出资源的特色。

二是价值与功能,只有拥有观赏、历史、文化、科学、经济和社会等价值的资源,才能向消费者提供观光、度假、健身、娱乐、增智、文化自觉等服务功能。

三是能否规模开发,这是获得经济效益的重要因素,那些独个孤立的文化资源,即使有特色、价值很高、功能也多,但其经济价值不一定高,如山东的魏氏庄园和旧军孟家就是这种情形。对于这种类型的文化资源,应该以保护为主,用博物馆的形式呈现。

①自身基本要素。文化资源本身的要素主要包括个性特点、完整度、丰富性和文化价值、观赏游览价值、参与体验价值、文化自觉功能。

②自身关键因子。第一,历史性与真实性。文化传统越古老,价值越大;文化遗存越多,产品的真实性越高。在这一方面,主要是看一些古村镇、古街巷、古民居、古建筑的历史性与真实性。第二,资源完整与否。我国各地普遍存在由于开发不当或保护不力导致资源被破坏的现象。有的在城市规划中盲目建造一些高层现代化建筑,这与历史文化名城的古朴风貌极不协调;有的由于资金、技术等原因,对宝贵的文化资源缺乏保护;有的干脆为了建造广场、商场,而拆除、搬迁了大量的古街古巷古民居。如济南只剩下半条芙蓉街,无法多层次多角度展示泉城百姓的生活风情。第三,文化资源的类型。不同的文化资源,其开发利用的经济价值是不同的,不光是资源本身的问题,也是一个消费市场的问题。就目前旅游市场的情况看,城市居民要求外出旅游的比例远远高于农村居民。除了城市收入比农村高以外,现代城市生活的环境恶化和生活压力大是重要原因。人们的经济收入在增长,文化需求也在增长,人们的消费向满足和享受的目标靠拢。文化的满足和享乐是最有吸引力的,以前人们的旅游消费多是集中在名山大川,从20世纪90年代末以来,这种趋势有了变化。人们在欣赏清秀壮美山川的同时,还喜欢体味古老深厚的文化沉淀,喜欢了解其他人的生存状态,生态游、民俗游从求知求乐、参与的角度去满足人们的多种需求。一个周庄古镇的收入,竟然差不多是刘公岛的二倍。即使是自然景点,也多融入了文化的内容。如泰山,假如没有庙会和登山节,假如没有附着在它身上的

平民化的宗教信仰,它是难以成为五岳之首的。所以,作为民族风情文化,因为民族之间的文化差异而特别具有吸引力,成为经济价值较高的一类文化资源。第四,文化资源本身的文化个性。如曲阜作为儒家文化发祥地,打造"东方圣城"、建设现代化历史文化名城符合曲阜的文化个性;作为民俗产品,开发民间礼仪文化、私塾文化、耕读世家文化、修学旅游产品,定位也是准确的。第五,与其他资源的依托性。文化资源对于城市文化具有很强的依赖性,因为它的消费者就是城市的文化消费群体。所以,文化资源经济价值的评估,要看这个资源的区位优势。在城市周边地区的资源,开发的经济效益要高一些,并且依托的城市越大、越有名气,效益越好。另外,文化资源对其他自然文化资源具有较强的依赖性,例如,我国的旅游胜地大多是依靠山、河、湖、海,就是这些自然环境才养育了一方不同于其他地方的人和不同区域不同的生活、生产习俗和我国大大小小不同区域的不同文化。周庄如果没有水乡特色,也就没有这么大的影响。而安徽等民俗村落的开发,则依托深厚的徽州商业文化和徽州的文化名人。第六,文化资源是否具有多角度开发潜力,即是否能形成诸多的文化产品。

(4)市场要素分析

市场影响要素是文化资源经济价值实现的依托、渠道和方式。文化资源开发利用必须坚持以市场为导向的原则。市场的要素应该包括旅游动机分析、游客态度分析和客源市场预测。这其中涉及的一是消费者、消费方式、消费趋势,二是其他同类、类似产品情况,三是市场策划运营、市场效益等。文化产品主要依赖于大众文化消费。

①市场区位。区位条件,指资源所在地区的地理位置、交通条件及与周围旅游区的关系。

②市场条件。能否形成全天候、全年度文化产品,能否形成大范围大区域文化品牌。

③投资条件。所在地政府是否将其作为经济发展战略和给予投资者优惠政策,是否有足够的资金进行充分地开发。

④市场前景。一个是市场环境。就目前来讲,文化市场处在经济全球化和政府政策倾向的背景之中。经济全球化不仅使各国经济依存度逐步加深,也使各国文化资源、文化消费时尚、文化市场日趋国际化。随着进入 WTO,市场靠国际规则不断扩展,其经济价值也在不断增大。据世界旅游组织预测,2020 年中国将成为世界第四大旅游客源输出国,第一大旅游目的地国,将有 1.37 亿国际旅游者到中国旅游。中国多姿多彩的民族民俗文化、独特的人文景观,其经

济价值肯定会迅速提升。一个是市场定位。文化资源经济价值的充分实现,还要靠市场定位。如旅游资源的开发,应该把经济发达省市的消费者作为主体。国内旅游市场的客源主要来自三大区域:以北京为中心的京津地区,以上海为中心的长江三角洲,以广州为中心的珠江三角洲。其次才是周边省市的吸引力和本地区内部的市场。市场不但需求异地大景区的文化感受,也需要经常性的当地文化消费品。低价位的民俗旅游、生态旅游、宗教、健身、嬉水等主题项目及参与性高的娱乐项目吸引大众的经常性消费,就是例子。

⑤市场产品。也就是文化资源开发利用的最终结果和主要形式、规模和效益。产品形式一般有游览、展示、观摩、体验、娱乐、休闲、度假、会议接待、文化商品、包装等。

产品层次因素。同一种文化资源,由于开发层次不同,其文化含量也各不相同,而取得的经济效益自然有别。同是渔家民俗资源开发,同是海疆文化长廊,威海胶东渔家的文化开发,可以作为借鉴。一是海草房,传统渔家以石为墙,海草为顶,冬暖夏凉,与现代渔家遍布村前村后整齐的二层楼房形成比较;二是睡大炕,"夜宿渔家炕,泛舟吃海鲜";三是吃海鲜,去赶小海捉来螃蟹、捡来海螺自己做海鲜宴,孙家疃吃海鲜的游客最多一天达到18000人;四是领略渔家风俗,"上船饺子下船面",每批游客到来,渔家人都要让客人吃到最丰盛的海鲜面,游客走时,都要包上一顿最可口的海鲜饺子,还要按本地风俗烙些"抓果"给客人带上。

新的产品因素。新的产品适应目前出现的新的消费方式,如旅游方面,主要有生态旅游、个性体验和城市休闲等。产品本身有深厚的历史文化沉淀,有独特的风格、独特的人文、独特的景点,并且综合功能好,可进入性良好。

⑥开发规模。包括资金投入;生产经营;产品质量;产品配套;促销力度;其他。如果不能形成规模开发和很好的组合产品,经济效益就会受到很大影响。

⑦前期效益与影响。包括前三年效益、知名度、消费者选择意向等。例如目前我国旅游产品影响效益重要的一个因子,就是山水风光产品缺少娱乐和参与性的旅游项目。与其相对的,是各地开发的第一批民俗、民族村寨产品,如深圳的"锦绣中华""中国民俗村""世界之窗"以及昆明"世博园"。它们体现了"旅游与自然、文化和人类生存环境成为统一体"的文化消费理念,尽管被说成是"文化风俗速食面",只以最短的时间对丰富的民族文化大体浏览,脱离了它生长发育的土地和人民,脱离了滋润它生根发芽的山水,以一种商业的手段来进行复制和栽培,但是,它还是满足了人们对其他生活状态的了解和对自己文

化的反思,受到欢迎。

(5)资源环境和区位要素分析

一是自然环境,资源所在地及其周边地质、地貌、气象、水文、生物等是否有利于开发产品的高质量、高品位和较充盈的时间节律。二是社会环境,所在区域的政治局势、社会治安、医疗保健和当地居民对文化旅游产品的认识等,形成了文化资源和文化产品的社会威望。三是经济环境,指能够满足消费者进行文化消费活动的一切外部经济条件,包括交通、水电、邮电通讯、各种档次的食宿服务和其他旅游接待设施,如可进入性、便捷性等。四是容量,就是文化资源产品在一定时间内能容纳的数量,这里的数量是全面的数量。五是资源在本地区和周边地区的地位。如果本地区和周边地区没有与之实力相抗衡的其他文化资源,那么,这个文化资源其经济价值可能要大得多。六是资源所在区域的地理、交通、文化环境等优势是否显著。优越的地理位置和便利的交通条件,给区域联合创造了条件。①

(6)民俗文化资源的评估②

①古村落的评估。古的遗存越多、越久远、越独特、越完整,其开发的价值越大。具体来说,一是区位、位置、村落有没有民俗学意义。周围坐落的山川的传说、村名由来、村庄历史、独到的民俗事象,在历史长河里有没有特别的影响。二是村古建筑、民居群的民俗学价值和遗存状况。古宗祠、古民居、古巷道,以及古井、古戏剧、古剧场、古石碑,都浓缩着浓厚的民俗文化底蕴。建筑风格是否独特,如院落、房屋、风水,美学、礼教、布局、排列。三是民风民情。是否明礼、诚信、好学、历代名人辈出。各式启学蒙馆、私塾等遗址遗迹是否存在,民间信仰的影响力有多大,现在民风怎样。四是其他民俗遗存物。五是是否民间艺术的发源地或者主要产区。六是有没有其他景观相配套。七是周边影响力。通过庙会、集市、乡镇驻地或者其他活动、其他民风民情对周边地区产生影响,影响的范围多大。

②民俗村的评估。第一是有比较典型的民居民巷和比较典型的民间生产、生活方式,在某一方面,在一定范围内有代表性。首先要从已经取得的开发效益上评估。从收入效益上看,渔村收入普遍比山区高。其次,要从所处的地理环境和地理位置上看。再次,要看包装、推介和宣传。四要看开发深度和开发规模。作为民俗文化资源本身,村镇民俗文化资源开发是综合性的,其中民俗

---

① 张廷兴、艾思同:《山东文化资源开发利用研究》,中国档案出版社 2004 年版。

② 刘德龙、张廷兴:《民俗文化资源开发论纲》,中国档案出版社 2005 年版。

文化是活生生的,最有魅力的,它能展现完整的传统民族文化,包括礼仪风俗、文化娱乐、体育游戏、饮食起居、道德规范、生产活动等。第二是人文及历史建筑群。人文包括移民文化、家族文化、名人文化、历史文化遗迹、革命传统文化,历史建筑群包括民居、街道、庙宇、台阁、院落、祠堂宗庙。第三是节会。举办农民艺术节、民间手工艺大展赛。通过艺术节,搭建一个平台,架起城乡互动的桥梁,围绕统筹城乡经济社会发展的战略性思路,让城市文化伴随时代特征和现代文明进入农村,丰富农村文艺舞台,启迪农民群众的思想观念;让农村文化带着浓郁的乡土气息和淳朴的民间特色走进城市,走进市民,走进市场。第四是有没有民俗产品的审美性。编织、刺绣、雕刻、绘画、软塑、剪纸、根雕、内画、泥人、面人、风车、风筝、皮影都极富乡土艺术韵味;民间艺人现场表演拿手绝活,教学手艺。第五是开发的产品是不是完善。民俗村内一般要求建设表演馆、教育区、娱乐区、民居区、饮食街等。

③古街巷的评估。古街巷融历史文化、人物故事、建筑知识、民俗风情为一体。从内容上来说,古商业街因为集中了富商住宅、老字号商店和集会、娱乐建筑,资源价值大。其次是宗教街道。由于宗教文化的影响、大众宗教信仰广泛,以及其建筑物的审美价值,这类街巷的开发价值也很大。第三是古民居。城市的古民居,主要包括名人宅院、大家宗祠和四合院。如济南是中国典型的内陆城市,有着悠久的历史文明。它的传统民居透着北方院落的严谨与厚重。第四,必须规划、建设、包装。一些建筑要经过精心修葺,装修雕琢精湛,形成景区的亮点;有关部门在对一些古街巷的改造中,还要恢复沿街的传统店铺,增添地方戏曲和民间娱乐等特色文化设施。另外,古街巷要打响自己的品牌,通过恰当的形式和多渠道包装上市。

④主题公园的评估。主题公园完全是展示、表演、参与、移植、整合、提升的民俗,是旅游的民俗而不是民间生活状态。可以民俗村、民族风情园、民俗游乐园、民俗公园等形式开发。对于民俗文化旅游村的开发而言,其经济效益包括两个方面,一是通过饮食、住宿、购物、交通、就业、招商引资等带动地区经济,二是项目自身的经济效益。前者一般只有程度上的差别,后者则是决策关键。区位因素是关键。民俗文化村的旅游开发应慎选区位,尽量依托常住人口和流动人口规模都比较大的城市,且具体位置与依托城市之间不宜超过 1 小时车程,与主要客源区尽量在一日游可及的范围之内且交通便利。如距离偏远,应尽量与其他较具吸引力的景点组合成二日游旅游线路。在投资规模上宜尽量予以控制。不可忽视的一个因素就是园区的非生活状态,处理不好的话,可能影响

园区的经济效益和社会效益。建立园区以后,方便了旅客,但是,由于脱离了原生态,"伪民俗"就出现了。如漓江民俗风情园、融水贝江苗寨、贺州瑶族风情园、龙胜白裤瑶寨、龙脊壮寨、金秀瑶寨、三江侗寨等民俗旅游项目,过于庸俗化,过于艺术化、舞台化,以至失去了民俗的本色与乡土气息,由于未能正确处理好开发与保护的关系,过度开发,大兴土木,将现代建筑材料渗入古街宅中,大大降低了民俗风情的古典纯度。

⑤博物馆的评估。第一,定位要准,要有地方文化特色。是否有典型性。所谓典型性,就是博物馆所处的地区,是否是民俗事象最典型的地区;同类博物馆中,收藏民俗文物是否典型,数量质量是否最多最好。第二,是否展出形式多样,适合大众接受。除展出民间生活用品、乡土风情,衣食住行民俗,年画、风筝、砖刻、泥塑、绒花、剪纸、编织等民间手工艺品和民间戏曲艺术之外,还要举行沿街表演,迎亲嫁娶、夫妻拜堂、洞房花烛、"拴娃"演示,以及不同专题的书画、服饰、刻瓷、根雕、百业画及民间工艺展览和展销活动。第三,是否和其他旅游产品配套性强。民俗博物馆的结合度是第一要素。如石家庄民俗博物馆是石家庄民俗旅游村一个展示民俗文物的平台,是民俗村旅游的主要景区之一,其经济价值较容易实现。该民俗博物馆担当的是历史的厚重,其婚俗院增加了游客的参与性与娱乐性,与推出的"住农家房、吃农家饭、做农家活、随农家俗"主题活动,结合成一个紧密的旅游产品。第四,是否有依托。现在的民俗博物馆,大多依托一些历史文物建筑,将其作为历史或自然文化遗产的一个部分,相生共长。如青岛天后宫为道教宫观,1997年重修后辟为青岛市民俗博物馆。每年定期组织3次民俗文化庙会及民俗工艺品展出、现场制作表演,已逐步成为民间工艺品销售的集散地。

⑥生态旅游的评估。也叫农村旅游,这是不可忽视的一项农村旅游经济。农村旅游包括农业旅游、民俗旅游、生态旅游。有的集新品种培育、旅游观光、采摘体验、农业高科技种植于一身,有的开发民俗旅游资源和旅游项目。一是看能否在满足人们亲近自然、回归自然的愿望的同时,最大限度地减少污染、保护环境,也展现农村的原生态生活。二是看配套产品能否丰富。丰富的产品才能延长旅客滞留时间,才能给旅客自主旅游更大的选择权。三是看能否增加产品的娱乐性和参与性。生态旅游产品其经济价值似乎更依赖于生态景观,与民俗村、古村落相比,民俗旅游中娱乐与参与似乎要求差一些。但是,它作为一个完整的旅游产品,也必须包揽游客的所有吃、住、行。一个好的生态旅游产品,应按照景区、景点,自然风光及历史传说,民间故事,土特产品及民间风味饮食,

历史文化与民族民间文学艺术,民间娱乐等几个方面进行包装。

⑦民间节庆的评估。地方节庆文化应该以民俗文化唱主角。地方节庆文化展示的是一方水土,民俗文化是其主要代表,何况许多节庆文化本来就是当地民俗的展示和繁衍发展。对民间节庆的评估主要包括三个方面:第一,节庆的直接经贸合作、合同收益。第二,节庆带动周边旅游收益。第三,节庆的组合方式即规模和拉动功能的发挥。

⑧土特产的评估。民间土特产不光涉及农副产品,也涉猎瓷刻、木刻、玉刻、青铜器铸造、陶艺、蜡染、青铜器及陶器仿真文物复制等多项艺术领域。其评估要求是,第一,土特产要系列化,以满足市场的批发与零售。土特产品的开发、生产与销售,是完全的生产经营市场行为,但是,作为一个地方独特的产品,又是这个地方文化的载体。山区的豆类、野菜类、小杂粮、山货,放在旅游景点上,不光是绿色食品,也是山文化、山民文化的象征。第二,土特产品要附加文化含量。柴鸡和柴鸡蛋,打的是农家饲养无激素纯绿色食品的品牌;各地酒业打的是当地文化品牌;土里陶、布老虎、泥玩具、风筝、年画、绣花鞋垫、红肚兜,也都是地方特有文化的载体。

3.选取开发利用(即产业化)的方式

文化资源的开发、利用不单单是由物到物的形态转变,或由精神产品向物质产品的物化转变,而是一种质的转变。这种转变既包含了文化资源的样态变化,更蕴涵着其价值的增值。因此,这种转变是一个复杂的过程。[①]

文化资源的开发利用,就是发挥文化资源社会功能的过程。有三种形式:一是沿袭——发掘继承前人的文化遗产;二是转化——将各种非文化资源转化为文化资源;三是创造——建设文化设施、设立文化机构、聚合文化名人、策划文化事件、创造文化精品等,形成新的文化资源。

文化资源的产业化通常有以下几种方式:

(1)项目开发转化模式。项目开发转化模式是指通过对文化资源的挑选、整合与重组,在科学规划的基础上,推出城市文化品牌项目或经典特色项目,进行市场化运作经营,实现特色文化资源的资本转化和价值增值。

(2)文化资源的单体开发转化模式。这种开发转化模式是指对典型性个体特色文化资源进行直接开发和资本转化。这种开发转化模式简单易行,特别适合于城市人文旅游景点、历史街区、古建筑遗址、文化传说、宗教礼仪、饮食习

---

① 蔡尚伟、温洪泉等著:《文化产业导论》,复旦大学出版社 2006 年版,第 129 页。

俗等个性特征突出、独立性较强的文化资源系统。

（3）文化节庆开发转化模式。节庆开发转化模式指以地方节庆为载体，通过对民俗文化资源的挖掘和整合，赋予新的地方文化资源内涵，来实现对地域文化资源的资本转化。这一模式被各地城市政府广泛采用。如山东潍坊的"国际风筝节"、山东曲阜的"国际孔子文化节"、四川都江堰的清明"放水节"、陕西黄陵县的清明"祭黄帝陵"等。这些地域文化节庆已成为在国内及国际有重大影响的地方节庆文化活动。这些文化节庆活动的举办，不仅给地方政府带来了巨大的社会利益，也为地方产生出巨大的经济效益，真正实现了文化资源资本化转化过程中的"双赢"目标。①

文化资源开发最常见的是与旅游开发结合起来。旅游是新兴的经济增长点，文化资源开发利用必须为它服务。这样优势就显示出来了。一是效益好，具有投资少、见效快、回报率高的比较优势，限制因素最少，市场潜力最大，更具开发价值。二是给旅游注入活力和吸引力。从旅游者角度来讲，不管是观光型旅游、度假型旅游、生态旅游，还是滑雪、登山、探险、狩猎等特种旅游，及美食、修学、医疗保健等专项旅游，文化是旅游的核心和灵魂，人们旅游就是为了感受文化；除了自然景观以外，人文景观资源、民俗风情资源、传统饮食资源、文化资源和工艺品资源，以及都市和田园风光资源等，都以文化资源为主体。三是利于可持续发展。一方面是经济发展的可持续性——文化旅游在本质上与环境保护有着内在一致性，是资源节约型和可持续性发展的产业；另一方面，是文化发展的可持续性——文化资源传承着文化，使文化命脉生生不息，播扬四方。四是利于发挥后发优势。文化资源开发利用不同于经济发展，它具有后发优势，经济欠发达国家、地区，其文化资源不一定不丰富，可以超越经济发展而优先发展。

（4）民俗文化资源开发形式②

①品牌经营模式。通过把民俗资源在生产和生活中分散的存在形式进行提升和整合，并进行虚拟包装，使其成为一个完整的产品，形成一个品牌，组成规模化生产，在市场上进行推销。比较典型的有长岛的"渔家乐"、荣成的"胶东渔村"、日照的王家皂、莱芜的"天上人间"等。

②传统街区模式。就是把群众的生活状态当作宝贵的文化资源，将历史街区开发为社区型的旅游区，不设景点，全是生活的正常状态，没有门票，主要收入靠休闲消费、购物、餐饮、娱乐消费来获取，直接受益的是老百姓，而不是旅游

① 蔡尚伟、温洪泉等著：《文化产业导论》，复旦大学出版社2006年版，第129~130页。
② 刘德龙、张廷兴：《民俗文化资源开发论纲》，中国档案出版社2005年版。

公司。烟台的海滨历史街区、青州的回民古街、周村的商业大街、台儿庄的古运河码头,都是这种类型。

③乡村观光体验。以乡村生活和田园风光作为载体,以农业生产和乡村生活风俗为主要内容。它的特点是一村一点。如杨家埠民间艺术遗产村、高密扑灰年画村、郓城天下第一武术村、山亭洪门葡萄生态村、峄城万亩石榴园、章丘朱家峪、莱芜房干村。

④地域民俗主题小院。将本地的传统民俗用农家小院的形式展现出来,如婚俗小院、年俗小院、居家小院等,将博物融合到居民的生活中去,让外地人领略本地最典型的民俗文化。主要活动是吃农家饭、干农家活、做农家人。既提高了单位丰厚度,又保持了原汁原味。

⑤整合全国、全省典型的民俗事象的主题公园。通过模拟、表演、装扮等静态或者动态的方式,展示民间文化精粹,使用的主要是民间生活、生产材料,或者是原来区域的人,而景点全部为移植、仿造,人物的活动全部是表演性质。因为它适应大众消费特点,所以经济效益最高。如有安丘青云山民俗乐园、临沂圣能乐园、济南九顶塔民族风情园、莒南沂蒙乡村风情园等。

它们的经济效益,除了与其区位、自然人文文化资源、产品个性、包装水平、开发形式几个要素有直接的关系以外,单从开发形式看,体验、观光式的文化消费占主要份额。那么,品牌经营、主题公园效益比较好,市场占有率高。

第二节　文化商品与文化市场

在商业社会,一切都可以成为商品,文化也不例外。因此就有了某些特殊的文化商品,和失去真正文化意义的商品文化。

一、文化商品的定义、特点及其类型

1. 文化商品的定义及其产生的条件

(1)精神产品与文化商品

文化商品在本质上是一种精神产品,它是从精神产品中分离出来的、专门

用来交换的劳动产品。

要理解文化商品的含义,首先要清楚精神产品的定义。相对于物质产品和服务产品而言,精神产品是指人类在社会历史发展过程中所创造的、体现社会发展进步的精神成果,包括思想、文化、道德、宗教、教育、科学、文学和艺术等观念形态的产品。在商品经济社会,依据精神产品的消费特点可以将其分为两类:一类是非商品性的精神产品,如政治法律、哲学、宗教、伦理道德、自然科学、语言学、逻辑学等。它们一旦被创造和发明出来,就作为公理、社会准则及社会规范,成为社会共有资源,为社会成员所共享,因此,可以将其称之为公共精神产品。另一类则属于商品性的精神产品,如文学、影视、书籍、戏剧、音乐、舞蹈、绘画、雕塑等艺术品,它们都是文化的商品化产物,按照商品经济的原则参与市场经济活动,这类满足人类精神需求的精神产品可以称之为私人精神产品——文化商品。

综上所述,文化商品为从精神商品中分离出来、专门用来交换的精神产品,它是文化的商品化产物,在商品经济社会中按照商品经济的原则参与市场经济活动,是用于满足人类精神需求的精神产品。

随着商品经济的发展,商品意识在城市社会中迅速滋长和蔓延,并向社会文化生活领域渗透。文学艺术也开始了商品化的进程,许多文艺作品成为文化消费品,由此导致了社会的价值观和审美观的变化。

(2)我国文化商品产生的历史与条件

我国文化商品的大量产生在宋朝。大致原因如下:

①大量的人离开土地涌入城市。那时人们就很重视传统节日,如元宵、清明、端午、七夕等。随着商品经济的发展,这些传统民俗文化已被商品意识所浸润。商人们利用传统节日,销售节日用品和纪念品。如端午节,东京开封"自五月一日及端午节前一日,卖桃、柳、葵花、蒲叶、佛道艾。次日家家铺陈于门首。"由此可见,商品经济已渗透到了传统民俗节日中。许多本来是自产自给的民俗物品都已转变为商品,在相当程度上改变了人们的生活方式。

过去一向表现为清净、庄严、神圣的寺庙道观也不能幸免于商品经济强有力的冲击。庙会,又称"庙市",是我国商品交易的集市形式之一。一般设在寺庙内或其附近,在佛教节日或规定的日期举行。庙会兴起于中唐以后,在宋代十分盛行。北宋东京开封的相国寺是当时一个十分著名的佛教圣地,在商品经济的冲击下成为商品交易活跃的场所。相国寺前门是汴河的一个码头,商贾、货物上下频繁;寺内场地空阔,游人众多,是商品交易的极佳场所。因此,它渐渐成了一个市集中心。

②由于市民阶层的壮大,以满足市民生活和审美需要而出现的文化娱乐也兴盛起来,而这些文化娱乐活动带有明显的消费性和商品化的色彩。宋代市民娱乐的场所主要是瓦舍。吴自牧说:"瓦舍者,谓其来时瓦舍,去时瓦解之义,易聚易散是也。"戏剧学家周贻白认为瓦舍"实则指为旷物,或原有瓦舍而被夷为平地"。谢涌濂认为瓦舍"是简易瓦房的意思,其含义即指百戏杂陈、百行云集的娱乐兼商贸市场"。其实,"瓦"本义是指房顶如覆瓦形状的建筑物,是专供文化使用的场所,其作用是遮日晒、蔽风雨,故称"瓦子"或"瓦舍"。后来,商人利用这种娱乐场所做生意,使之成为娱乐与商贸合一的场所,故称之为"瓦肆"或"瓦市"。从这个名称上就可见宋代市民文化娱乐的商品化性质。瓦舍中的娱乐活动丰富多彩,可谓百戏杂陈,伎艺繁多。市民们可在瓦舍中尽情地观赏和娱乐。不过,这种观赏和娱乐属于文化消费,是要付费的。

③商品的提供者大量出现。歌伎、百戏、杂耍艺人,艺术品经营者,行业的经纪人,收藏展销者等大量涌现。

④文学艺术商品化趋势明显。宋代以前的文学艺术,尤其是士大夫文人创作的文学艺术,一般都是高雅的、非功利性的精神产品。而由于宋代商品经济渗透到社会文化生活之中,产生于社会文化生活这块土壤上的文学艺术也不可避免地呈现出商品化的趋势。所谓"商品化趋势",包含两个方面的意思:一是指有些文学艺术作品开始直接参与到商品交换之中;二是指文学艺术的创作开始遵循商品生产的法则,并反映随着商品经济发展而产生的新的都市风情和都市意识。北宋时期,随着商品经济的发展和市民阶层的形成,词从士大夫的浅酌低唱开始走向市井,成为士大夫文人与市井细民共同享受的娱乐性伎艺——小唱。无论是歌楼、酒馆,还是瓦舍、私宅,都能见到它。词人创作的目的不是自我欣赏,而是要让更多的读者乐意欣赏。宋词的题材多为情爱离别、伤春叹老、歌酒游乐,就是为了揭示广大市民的生活愿望和人生情绪。因为追求个性解放、性爱自由,追求精神与物质的双重享受,是市民意识的深层底蕴。词既然是商品化的精神产品,那么,流通(传播)便是它实现文学价值的重要环节。只有流通(传播)渠道畅通,它才能占有更广阔的文学市场,才能获得更好的社会效果。歌妓是词的传播媒介。词由她们"推销"给消费者,并通过她们去实现词的文学价值。词人的劳务费是由歌妓来支付的。词是精神产品,无法具体核定其价值。歌妓只有根据演出的创收情况来酌情支付。北宋著名词人柳永的作品深受市民的喜爱,一般的歌妓虽用重金支付"润笔",也难以得到他的新

作。南宋罗烨的《醉翁谈录》丙集卷二记载:"耆卿居京华,暇日遍游妓馆。所至,妓者爱其有词名,能移商换羽,一经品题,声价十倍。妓者多以金、物资给之。惜其为人出入、所寓不常。"因为一首名人的佳作不仅能让一位歌妓获得可观的收益,而且能让她一曲唱红,一举成名。对于好的作品,歌妓是愿意支付昂贵的报酬的。

北宋皇帝大多喜爱绘画艺术。宋太宗特置翰林图画院,将各地的著名画师罗致于京师。宋徽宗在国子监设置画学,专门培养绘画人才。因此,北宋的绘画艺术呈现空前繁荣的局面。随着商品经济的发展,绘画艺术发生了新的变化,出现了商品化的趋势。绘画作品一反过去那种高雅的姿态,成为街肆买卖的商品。如相国寺庙会日,"殿后资圣门前,皆书籍、玩好、图画及诸路罢任官员土物、香药之类"。又如前面提到的潘家楼的"鬼市"上也有"衣物、图画、药环、领抹之类"的物品出售。北宋著名画家燕文贵初入东京开封时,曾在天门道上出售自己的山水、人物画。另一位著名画家许道宁也曾在东京开封端门外将自己所作的画随药卖出。

商品是用来交换、能满足人们某种需要的劳动产品,它是使用价值和价值的统一体。就商品的使用价值来说,它用来满足人们的需要;就商品的价值来说,是人类劳动力的耗费即劳动量。作为文化商品来说,其诞生的条件,一是城市的出现,形成了大量的市民,他们经济条件稍微好一些,需求精神上的快乐,使文化商品拥有了大量消费者;二是大量的城市从业人员都加入了文化商品的制造与消费阵营里;三是市场,就是将消费者和生产者联系起来的媒介。

总之,需求决定供给,当商人们看到在传统文化节日中人们对一些日常用品的大量需求,于是把那些日常用品变成了文化商品销售给市民。在这个过程中,那些普通的日常用品所体现的价值不再是它们的物质性质上的价值,而是作为一种精神产品,满足人们精神上的需求。人们在物质生活富足的基础上,对于各种精神上的需求也越来越多,从而推动了这种作为消费品的精神产品的出现和发展,于是,各种各样的文化商品应运而生。

2. 文化商品的特点

(1)必须具有精神价值产品的特殊性。它以承载、表达的精神价值为核心来构建其价值链;承载、表达民族大众的价值和情感;按照"美的规律"通过典型形象、细节、情境来艺术地表达民族、大众的价值和情感。例如丧葬用品、墓穴、婚纱照、绿色食品标志、奥运会冠名商品等。

(2)必须具有大众化、民族化的审美特色,才有市场需求。文学艺术商品化就是文学艺术走向世俗、走向大众。宋代以后,都市通俗文艺(市民文艺)不断兴盛,词、话本、诸宫调、戏剧、章回小说、弹词、评书、时调俗曲等文艺样式竞相出现,使得中国古代文学艺术出现了一片繁荣之象。这些文学艺术以家庭生活、男女情爱、人物传奇、历史故事、魔鬼神怪为重要的创作题材,故能拥有广阔的文艺市场。

像民族地域特色小吃、特色工艺品、民族歌舞表演、陶瓷这样具有中国传统文化特色的商品,如今越来越受到国外采购商的青睐。

(3)因时、因地、因人不同而价格起伏不定。当今一些歌星、影星等文化名人就属于这种特殊的文化商品。人们往往根据他们名声的大小,追星人数的多少,而定其价格。因此就有了几万、几十万,甚至上百万的出场费。

(4)可复制性强。文化商品不会在消费过程中被损坏,从而可以无限重复使用,比如文学艺术的经典。在现代市场利益推动下,许多经典的文学著作都可以很廉价地被再度仿造。但是这样就难以保证产品的稀缺,而稀缺与商品的价格息息相关。文化产业的生产者通过多种方式限制介入,如垄断或保护知识产权,以制造出稀缺的产品,从而实现利润的最大化。

3.文化商品与文化用具、商品文化不同

(1)文具、文化用品的定义。商店里出售的文具如纸张之类,还是一般意义上的商品,在消费的过程中体现的是其物质价值,满足的是人们物质层面的需求,而且它们的价格在某一时间内是较为固定的,因而,它们只是一般的作为文具的文化用品,不属于文化商品。这些文化用品主要包括:学生用品、文教用品、现代办公及教学仪器设备、办公用品、电脑及 IT 数码产品、纸与纸制品、文房四宝、印刷与包装用品、照相器材、测量测绘用品、体育与健身器材、休闲娱乐用品、中西乐器、文具礼品与赠品、旅游用品、美术绘画用品、书写工具及生产设备、配件、办公耗材、办公家具、办公室用品、办公日杂品等。

(2)商品文化的定义。商品文化是人类在其生存环境中进行商品设计及商品生产的实践过程中创造出来的,为人类社会生存和发展所必需的,以满足人的物质、精神需要为目的,作为商品及其生产者、经营者、消费者的物质和精神财富的总和。

(3)文化商品的定义。文化商品是商业社会产生的一种文化产品,它面对的是市场,市场需要什么就生产什么。

商品的造型设计、特色产品、包装装潢及广告宣传等,都凝聚着人类的一般劳动,体现了劳动者的文化观念、文化素养和审美情趣。由此可见,商品中包含着看得见、摸得着的商品文化,商品是商品文化存在和发展的物质基础,而商品文化又反作用于商品。研究商品文化对商品的作用和影响,有利于在经济工作中充分认识并利用商品的文化价值,开发生产出既能满足人民物质生活需要,又能满足人民精神生活需要的优质产品。

(4)我国文化商品存在的问题

第一,文化商品商业化炒作。很多文化商品由于炒作,在进入市场时的确会产生一些误导。现在大众传媒较为发达和普遍,一个作品出来,很容易一哄而上进行炒作,为了推销,把丑的也说成是美的,说好话不惜夸大其辞,目的就是为了吸引眼球,只要能增加销售量,能赚钱,炒作起来就可以不遗余力。至于对年轻一代,对文化产业、对文化发展有什么不良后果,是不考虑的。

第二,将文化商品片面商品化。在承认精神消遣与娱乐是大众普通需要的前提下,文化产业形成了文化商品批量生产,使文化产品具有承载审美、教育、宣传、娱乐多功能、多元化的工业文化特征。遗憾的是,有许多生产者、经营者把文化当作了纯粹的商品,而不顾及文化商品的社会责任和社会效益。

第三,缺乏文化内涵和文化吸引力。文化商品的文化内涵没有得到应有的重视,缺少文化品位的提升。即使文化旅游产品,这个问题也很严重。例如都江堰市是具有深厚文化底蕴的旅游胜地,有一定知名度和市场竞争力的是旅游商品“青城四绝”:青城贡茶、青城老腊肉、白果炖鸡、道家泡菜等。但这些东西全是食品饮料,缺乏与都江堰市深厚文化底蕴相匹配的内涵,太过于物化,对李冰治水精神、青城山道教精神的传递还不够。

第四,文化商品的营销和市场开拓能力差,组织社会公益性活动少。文化企业和经营者对文化商品市场需要的适应和开拓的观念不够清晰,等客上门的经营习惯很深。应该主动培育文化商品消费市场,开展丰富多彩的促销活动,以活动带市场。各种文化活动的开展,必然会提高大众的文化消费水平,同时也会培养和造就一批文化消费积极分子,如球迷、影迷、发烧友等,这当然会促进文化商品市场的繁荣和兴旺。

第五,对文化商品的管理存在问题,即一管就死、一放就乱。作为管理,没有形成这样一个良好的机制。应该一方面要给予公共性文化商品必要的财政支持,另一方面要鼓励从事文化商品生产、传播、销售的单位和个人,在规范的法制下参与竞争。不仅使文化产业遵守市场经济的一般法规,还要使文化企业和经营者遵守本行业的特殊法规。因此,健全和完善文化产业法制体系至关重要。

4.文化商品的种类

(1)民间文化类

雕塑类:浮雕、铜雕、石刻、石雕、玉雕、木雕、根艺、微艺、金属雕、蛋雕、瓷刻、微雕、彩石镶嵌、奇石、泥塑、蝉塑、面塑、沙雕。

书画剪纸类:木版年画、农民画、唐卡、漆艺、漆线雕、内画、烙画、卵石画、布贴画、玻璃画、树皮画、布糊画、麦秆画、剪纸、风筝、彩蛋。

编制刺绣类:织锦、刺绣、抽纱、花边、绢艺、布艺、绒线花、缂丝、挂件、拓片、编艺。

服装饰品类:各民族传统服装、唐装、头饰、首饰、香包、蓑衣、蜡染、扎染、蓝印花布制品。

民间陶瓷类:钧瓷、汝瓷、定瓷、官瓷、各种艺术陶瓷、沙陶、黑陶、紫砂、壶艺、砚石、黄沙澄泥烧制的各种艺术品。

文房四宝类:各类纸墨笔砚。如端砚、歙砚、湖笔、宣纸。

民族民间乐器类:古筝、葫芦丝、马头琴、琵琶、二胡、唢呐。

其他:古典家具、花灯、仿摹造型。

(2)大众文化及相关产业类

图书音像类、影视动漫类、文教娱乐类、文艺演出类、视觉艺术品类、工艺美术类、网络游戏类、珠宝玉器类、体育设备及器材类、旅游文化类。

(3)文体用品类

学生用品、教育用品、体育用品、文具礼品、纸制品、美术用品、益智玩具、户外休闲用品等。

(4)书画古玩类

各流派书画、古玩、奇石、花鸟、珠宝玉石、水晶、玉石雕件及各类石质工艺品、人造假山、雕塑、收藏等。

二、提升文化商品的内在外在价值

1.文化商品的外在价值及其提升手段

文化商品的外在价值是指装载精神内容的物质载体本身所具有的价值,如光盘本身的价值,书的纸张价值,衣服的原料价值,食品及其包装的价值。这种外在价值相对比较稳定,它与文化产品原材料的价格相关。

要想提高文化商品的外在价值,就要提高文化商品的可观赏性,使其看起来比原材料的价值更高而且相对合理。例如,同样内容的一本书,精装本的价格就要比普通本的价格高些；在过中秋节时，市场上常会出现包装精美、价格不菲的月饼，它的价格远远超出了月饼和包装的价值，而市场证明，这种精装的月饼比那些普通月饼更受消费者的喜爱。

2. 文化商品的内在价值及其提升手段

文化商品的内在价值是存在于文化商品物质中的、能够满足人们精神需求的精神内容所具有的价值。文化商品的内在价值的大小就在于它所包含的精神内容在多大程度上能够满足人们的精神需求。当人们去购买一张电影票时，人们就购买了电影的内在价值。对于消费者而言，一种文化商品对其精神需求的满足程度越大，它所具有的内在价值就越高。

随着人们生活水平的日益提高，人们在物质需求得到满足的基础上，出现了各种各样的精神层面的需求。文化商品生产者可以针对这些需求，生产出各种各样的可以满足人们精神需求的文化商品，虽然各种文化商品未必被全部消费者所接受，但是，每个文化商品都会有特定的消费群体，这些文化商品能够更大程度上满足那些特殊消费群体的精神需求，因此也更受特定消费群体的喜爱。

3. 提升文化商品价值的原则

（1）把握文化商品的文化性。首先有文化，然后才有产业；文化商品首先是文化，然后才是商品；文化产业、文化商品首先是文化的竞争力，然后才是经济的竞争力。第一，要凸显其作为商品满足消费者即时需求的能力；第二，要凸显其作为文化载体承载表达价值、意义的特殊性。只有承载和表达文化，文化商品才能从本质上与其他物品区别开来。

如果文化商品依旧停留在文化产品阶段，那么，它就不具备被大规模复制传播的内在条件；如果文化产业的产值和市场份额不是由真正意义上的文化商品带来的，那么，它的产值高低与先进文化的传播和文化竞争力的增减就没有太大的关联。

（2）把握文化商品作为精神产品的特殊性。许多文化商品的生产者从根本上忽略了对其作为文化品、艺术品的生产规律，忽略了它作为精神价值产品的特殊性，以工业产品拼装的理念取代典型形象、典型情境的营构，因而使文化商品缺乏内在的审美品格。

（3）注意吸纳西方元素的同时，突出民族文化的文化创新。在中国的文化商品中还存在另外一种倾向，即忽视中国民族、大众的价值和情感转而模仿、拷贝西方文明中一些流行一时的形式与价值。西方文化商品带来的确实是耳目一新的文化形式，但是，我们的产业创新绝对不是效而仿之，成为西方文化商的学徒。而是在吸收借鉴的基础上，将西方的元素吸纳融合进我们具有民族特色的商品中，用最富有感染力的、美的艺术形式将民族、大众的共通价值和情感抒写、表现出来，以引起消费者的心理共鸣和精神愉悦，更加凸显出我们文化商品的文化学和经济学意义上的双重价值。

(4) 以民族文化、手机文化的文化主流意识作为主要表现方面，避免文化商品的媚俗化、庸俗化。面对大众文化消费的娱乐性转换，面对市场的作用力，"许多生产者愕然之余不知所措，不仅误读消费者的需求及其所形成的市场信号，而且误读市场经济生活中的艺术生产规律。许多文学作品成为竭力表现人类变态性生理的灰色文化符号，一些影视大片要么戏说历史、要么渲染原始、要么演绎没有时代背景和文化缘由的情爱、打杀故事。它们虽然也在表达民族、大众文化，但由于未能按照美的规律发现、捕捉典型情境，因而那种经典的，为民族、大众所珍重、传承的价值和情感也就未能借文化商品而彰显、流播。"①文化在这里得到的不是真实的反映，也不是情感的提升，而是堕落为扭曲的、变态的文化垃圾。

4. 文化商品必须走向市场

文化市场是营销文化商品和文化服务的场所，文化商品的流通就是通过文化市场实现的。在文化市场中，文化商品通过有形或无形的购买和销售，实现文化产品的价值和使用价值，在这个过程中，也实现了文化商品到货币的转移，实现文化商品生产者、经营者和消费者之间的经济关系。通过文化市场的内在机制的运转，促进了文化商品的流通，保证了文化商品再生产的顺利进行。

在这方面，由于长期以来文化事业由政府包揽，由于传统文化在现代化的进程中脱胎换骨的困难境地，由于我们弘扬传统优秀文化、一手抓文化产业一手抓文化建设的历史重任，我们的政府和有关部门还存在一些困惑。主要是哪些属于商品走市场，哪些属于保护由政府包揽，不甚分明，也难以分明。例如京剧等民族戏曲，就不分明。一种观点是，在过去，戏剧作为一种文化商品早就被推向了市场，否则"四大名旦""四大须生"就不会出现。过去名演员挑班，便是以名人效应作为手段，目的在于获得较丰厚的收入，有许多戏班子便在激烈的市场竞争中倒了下去，于是演员们再寻找新的谋生的办法，或搭班或组班，用自己最好的艺术生产来取悦于观众，把更多的观众吸引到自己的演出地点。反之，若国家包下来就不会造就人才，就是不符合经济和艺术规律的反常现象。

---

① 傅华：《关于提升文化商品内在价值的思考》，http://www.ccnt.gov.cn/xwzx/whlt/t20070606_39499.htm。

另一种观点则认为,戏剧推向市场看似生其实是灭。随着我国改革开放的逐步深入,我们的社会多元化进程加快,戏剧将不再是文化消费的主流,但戏剧作为我国最具特色的传统文化形式的地位不但没有动摇,反而以其强烈的个性色彩,愈加显著。加之当今世界文化相互渗透,以美国为首的西方文化强行侵入我国,我们的戏剧形式、文化意识面临着生死存亡的大较量。我们不能不保护自己传统的文化,不能让迪斯尼取代我们的传统文化。所以我们的传统戏剧不能推向市场,不能失去这些民族象征、民族精神、民众向心力。

三、文化市场及其类型

1.文化市场的定义

文化市场是市场体系中的一个行业市场,是市场的有机组成部分。在本质上,文化市场是文化商品、文化服务以及文化资源交换过程中所反映的文化生产者、文化经营者和文化消费者之间各种经济关系的总和。在形式上,文化市场是文化商品、文化服务以及文化资源营销活动的场所。

2.文化市场的特点

文化商品生产和文化市场活动,是在物质生产发展到一定历史阶段才出现的社会经济现象。文化市场作为市场体系的一部分,既有市场运动的一般性规律,又有自身的特殊性。

(1)经营内容以精神文化产品为主。一般的市场经营的主要是用于满足社会的物质生产需要和人们物质生活需要的物质商品,而文化市场经营的是精神文化用品,是用来满足消费者的精神生活需要的。虽然这些精神文化商品基本都是以物质形态方式(图书、光盘、字画等)存在的,但那只不过是精神文化产品的载体,文化消费者购买这些文化产品,所消费的是借助于这些物质材料所承载的精神内容和欣赏价值。

(2)进行商品交换的过程中伴随着精神传播活动。物质商品在市场交换过程中,一般不进行精神传播活动,一般商品的广告宣传与精神文化产品的传播有着本质的不同,精神文化产品的交换行为的过程中,人们需要的是产品中的文化与精神内容,这些内容从文化生产者传向了文化消费者,所以说,文化产品的交换行为本质上是一种文化和精神的传播活动。

(3)交换过程中一般不发生所有权转让。在物质商品的交换中,随着交换行为的结束,商品的所有权从销售者手中转让到购买者手中。而大多数文化商品在市场交换的过程中,这些文化商品的所有权(尤其是知识产权)却不发生转让。如买票看电影,消费者只能得到电影中的精神内容,却买不了电影的版权。这是一种特殊的交换方式。

3.文化市场的分类

文化市场所反映的是所有文化消费者对精神文化消费活动的整体要求,而整个市场是由许多不同的消费者组成的,他们有着不同的消费需求,文化市场应该按照这些不同的需求来进行细分。

文化市场按照其营销内容,可分为文化商品市场、文化服务市场、文化资源市场三个体系,他们共同组成文化市场。在文化商品市场中流通的是直接面对消费者的文化产品和文化劳务,包括图书、报纸、期刊、音像、软件、美术、文物、集邮、花卉、宠物、娱乐用品等商品市场;文化服务市场中流通的是文化为其他产业所提供的文化附加值,包括演出、娱乐、展览、旅游、影像、电影、广播、电视、网络、教育、咨询、广告、设计等服务市场;文化资源市场中流通的是各类文化生产的要素,包括自然资源、人文资源、文化资源、知识产权、文化人才、文化资本等资源市场。

四、市场与文化的良性互动

1.市场带动文化的传播

文化产业提供的是文化产品与服务,而不是或基本不是原创性的文化如文学艺术等等。文化企业是一个吸纳原创作品然后进行复制传播的部门。也正是在这个环节,才实现了知识产权,才将原创变成了它的资源。文化企业通过购买知识产权取得对原作进一步开发经营的授权。"这就带来了一个重要的结果:以前,艺术家创作一件作品仅仅使自己获得一个产品,即有了一项著作权、原作的所有权;现在,由于文化产业的存在,艺术家的创作还使他有了第二项权利,即版权、原作的经营权。"①

有人做过一个 ABC 的模式:A 代表艺术作品,B 代表艺术交易,C 代表收藏或消费。这里的 B 就是文化产业,它可以在文化产业各行业之间扩展,可以向传统产业中渗透,形成极大的产业链、市场链。如一家画廊,为了更好地销售其收购的艺术作品,不仅需要提供信用服务,而且还要印制画册,举办画展,发布广告,等等,这样就拉动了出版业、印刷业和会展业等整个市场链的发展。专门的艺术产业还可以与传统制造业联手,将艺术传播到更广的范围里去。比如,

---

① 章建刚:《如何大力推进我国文化产业的发展》,http://www.cq.cei.gov.cn/content.asp? fcode =307861。

迪斯尼的米老鼠、唐老鸭或者是抽象派画家蒙德里安的绘画,都可以被复制转移到服装设计中去。[①]

这种产业链、市场链对文化的传播,无疑是很大的。它渗透在民众日常的各种消费里,民众通过消费这些文化商品,接受了其中的文化熏陶和文化理念,提高了公民素质。

2. 文化在市场机制中发挥自身应有的作用

精神领域里,民众的消费特点是娱乐性。所以,文化商品一方面要满足这种消费需求,迎合市场的需要,另一方面,还要以比较高质量的、具有教化功能的文化商品通过市场机制发挥自身的影响力,起到娱乐之中提升审美水平、消费之中提升民众文化素养的作用。

在文化市场里,大致上可以分为大型文化产业企业集团和中小型文化企业两大类。大型文化企业承担起的是主流文化的传播责任,而中小企业则是以面对民众时尚消费、满足新潮时尚需求为市场份额的。在这种情况下,大型文化企业不但要考虑怎样使主流文化与民众文化消费相结合,生产出既满足市场需求又提升民众审美水平的产品,同时还要影响中小企业提升自己的文化产品。

文化和市场融为一体,统一在消费者身上。文化和市场的出发点是相同的,即都是为了消费者。这就有了两种可能:市场向艺术靠拢,艺术向市场进军,融为一体。其中的分工就是:文化关心着消费者生活的意义和价值,真正的文化艺术原创可能在市场环境中获得对消费者的影响力;市场关心着消费者的生活需求,向文化原创提供经济支持。

作为推动力量,我们在加强文化建设的进程中,也要借助文化建设的手段和成果,支持各种非营利组织进行个人的艺术创作活动,市场内外将会形成一种互动的格局,推进我国文化产业发展和文化市场建设。[②]

五、国内国际文化市场的特点

1. 国际文化市场的形成和特点

(1)国际文化市场的形成

文化产业被视为 21 世纪的“朝阳工业”,文化产业将成为未来世界经济的

---

① 章建刚:《如何大力推进我国文化产业的发展》,http://www.cq.cei.gov.cn/content.asp? fcode =307861。

② 章建刚:《如何大力推进我国文化产业的发展》,http://www.cq.cei.gov.cn/content.asp? fcode =307861。

新的增长点,这些理念已经被越来越多的经济界人士、文化界人士甚至政界人士所接受。在西方国家文化产业发展过程中,以音乐磁带、激光唱盘、MTV、电影、电视、录像、奥林匹克运动会、世界拳王争霸赛、世界杯足球赛为代表的娱乐文化已成为当代世界经济中的新兴产业。

20世纪90年代以来,以信息技术等高科技及其相关产业的迅猛发展为标志的科技革命宣告知识经济、文化经济时代的到来。如今,新经济已占据美国GDP的70%,加拿大GDP的60%。迪斯尼公司产业规模及赢利均进入世界企业500强中的前十强,好莱坞电影《泰坦尼克号》创下了全球18亿美元的票房收入等等,都充分证明了文化的经济价值。

美国、西欧国家、日本等国,高科技大量进入文化,使当代产业结构发生了根本性变化,经济中的知识、科技、文化因素已日益跃居重要地位,其文化市场已经成熟。

(2)国际文化市场的特点

第一,国际文化贸易随着新技术的发展快速发展,其引发的贸易战也会愈演愈烈。各国都把开拓国外的文化市场当作提升文化产品利润率的主要途径。在这一趋势下,文化贸易像一场无形的战争一样,愈演愈烈。

第二,在比较长的一段时间内,发达国家和西方文化将继续垄断国际文化市场,瓜分蚕食文化产业后发国家。20世纪90年代前期,日本、美国、德国和英国是世界上最大的文化商品出口国,他们的出口额占了全球文化商品总额的55.4%,进口额占世界文化商品进口总额的47%;到2002年,美国和英国是两个最大的文化产品出口国,出口额分别是143亿美元和100亿美元。进口方面,美国是世界上最大的进口国,高达153亿美元,英国是78亿美元,德国是41亿美元。

第三,跨国公司是全球文化贸易的主体。根据世界银行的统计,400个大型跨国公司,占有全球三分之二的固定资产,70%的贸易量。日本的索尼公司,自2002年以来,每年的营业收入达到610亿美元以上,资产总额在700亿美元以上。

第四,主张文化的多样性,文化例外的呼声越来越高,WTO对国际文化贸易的规范作用将不断增强。很多国家都反对把文化产品放在WTO的框架当中。法国、加拿大主张,需要有一种机制,能够使本国的文化生产保持在一定水平上,并有所发展,以反映当地文化的表达形式,避免趣味和习惯的标准化,还有文化的同质化。[①]

————————

① 李怀亮:《国际文化产业的特点》,http://finance.sina.com.cn/hy/20071109/22024158474.shtml。

第五，大众传媒产品占据国际文化市场的主导地位；手机产品将会一统天下。各国对文化产品的争夺现在已经不是传统的文化产品，而是大众传媒产品。像美国的大片、音乐产品、视听产品。

第六，与竞争相对的，是文化贸易的区域性合作得到了加强。这为后发国家跨越式发展文化产业提供了条件。

2. 国内文化市场的形成与特点

（1）国内文化市场的形成

据史料记载，早在周朝时就有了市场的存在，当时的市场中有没有文化产品，我们无法确定，但是我们可以断言，当时的商品中含有与文化相关的内容。因为常识告诉我们，任何物质产品的生产都含有精神活动的因素，可以看作是一种文化行为。

到了汉朝，史书对文化市场已经有了详细的记载。在《汉书·武帝记》中记录了一种称为"角抵戏"的娱乐活动，是一种较量力量和技巧的对抗性运动，"三百里内皆来观"，可见是一种盛大的文化演出。唐宋时期，"百戏"更为流行，唐代时，仅中央一级的文艺团体就有大乐署、梨园、教坊等组织，人数可达数万，民间艺人更是不计其数。宋朝仅在都城就有50多个剧场，这些剧场每天都是观众满座，其演出文化市场十分兴盛。元、明、清三代，文化市场继续发展，尤其在清代，民间的职业戏班发展十分迅猛，当时的各大城市都汇聚了多种多样的戏班，福建的泉州当时作为一个中等城市，汇集了8种以上的不同声腔的剧种，而西安的秦腔戏班更是多达36个，可见当时的文化市场十分活跃。到了近代，我国的文化市场中，上海的文化市场尤为突出，是这一时期文化市场的典型。20世纪二三十年代，福州路一带书铺林立，被誉为"文化街"，商务印书馆、中华书局当时已经颇具实力和影响力，其作为我国著名的大出版社发展至今，在传播世界文化和民族文化及发展民族出版业方面做出了不可磨灭的贡献。由于当时上海所处的特殊历史环境，上海文化市场吸收了多种外来文化，例如话剧、电影、娱乐业，使上海的文化市场独具特色。

新中国成立后，国家经济恢复和社会稳定的同时也带来了文化事业的发展，但由于过分强调了文化的上层建筑性质而忽视了其经济作用，加上国家长期实行计划经济模式，我国的文化市场不但没有发展壮大，反而逐渐萎缩。到了"文革"时期，几乎无文化市场可言。直到上世纪80年代后开始改革开放，文化市场才得到复苏，在90年代确认了市场经济的合法地位后，我国才有了严格意义上的现代文化市场。

现在我们已经有了文化娱乐市场、演出市场、文物市场、音像市场、美术市场、书刊市场、电影市场、旅游市场、广告市场等。针对文化市场的不同特征,我们已经制订并颁布了一系列管理法规、条例、办法等,同时也建立了相应的管理体制。可以说,我国的文化市场正在向有序、科学、健康、繁荣的方向发展。

(2)国内文化市场的特点

第一,市场要素逐步形成,演出市场兴盛活跃。伴随着30年来中国经济体制市场化进程,我国的文化要素市场正在逐步形成。特别是1998年以后,中国基本形成一种半开放的演出市场和演艺人才市场,这种正在发展中的演出市场,为商业化演出提供了最根本的条件。国有文艺表演团体、民营院团发展态势良好,演出中介市场更加活跃。文艺院团发展态势良好。

第二,中介发展好。新世纪以来,多家专业的文化经纪公司在北京、上海、广东等迅速发展起来,它们拥有超前的经营理念,独特的视野方针,探索出了一条规范、专业的文化经纪事业发展道路。这些公司汇集了经纪、策划、宣传、公关、法律等方面的专业人士,专业从事歌影视明星、艺人策划包装及广告和影视剧的策划与拍摄,承办大型演艺活动,并与国外和内地的各大媒体都有着紧密长期的合作,策划承办国内外大型演出,为艺人创造展示才华的机会,搭建出国演出、拍戏、交流、学习、发展的桥梁,成为国内一流的媒介平台。

第三,文化市场得到了政府的大力扶助。地方政府都按照重点产业规划文化产业发展,把文化产业发展纳入地方社会经济发展总体规划,制定文化产业发展规划和扶持政策。优化文化产业结构,大力发展新闻出版、教育培训、影视制作、文化旅游、演出娱乐、工艺美术、娱乐休闲等传统文化产业,加快培育发展动漫创意、数字内容、广告会展等新兴文化产业,提升产业层次,优化产业结构,促进区域文化产业协调发展。并积极开拓国内外文化市场,扶持有地域特点的文化产品和文化服务出口,打造一批国内领先、国际知名的文化企业和文化品牌,使文化产品、文化产业成为现代服务业的重要增长点。

第三节　文化需求与文化消费

消费需求是人的消费心理活动的基础和重要动力,它促使人们产生购买动机,并通过支配购买行为来满足人们物质生活的实际需要,或缓冲人们在精神生活方面所感受到的匮乏。① 和其他产品的消费相比,绝大多数的文化产品是为了满足个人、家庭以及团体消费者精神生活方面的需求。

一、消费需求的动机理论

多种多样的需求是人类社会的特点之一,但是只有需求强烈到一定程度才会转化为动机,因此动机是一种升华到足够程度的需求,这种程度会引导人们去探求满足需要的目标。一些著名的心理学家已经提出了有关研究人类动机的理论,这些理论对于文化需求的消费动机分析大有裨益。较有影响的是西格蒙德·弗洛伊德(Sigmund Freud)的"潜意识学说"和亚伯拉罕·马斯洛(Abraham Maslow)的"需求层次"理论。

1."潜意识学说"与消费需求

西格蒙德·弗洛伊德(Sigmund Freud)是一位心理分析学家。他认为,人在成长和接受社会规范的过程中有很多欲望是受到抑制的。这些欲望既无法消除也无法完善地控制,它们会出现在梦境中,脱口而出或出现在神经质的行为里,个人不可能真正了解自己的动机。② 因此,他的这一理论又被简称为"潜意识学说"。该理论有三个基础:本我、自我和超我。

本我即是原始的自己,包含生存所需的基本欲望、冲动和生命力。本我是一切心理能量之源,它按"快乐原则"行事,不理会社会道德、外在的行为规范,它唯一的要求是获得快乐,避免痛苦,目标是求得个体的舒适、生存及繁殖。本我是心理体系中最原始的、与生俱来的、无意识的结构部分。

自我是从本我中分化出来将本我的盲目冲动引入社会认可的轨道并得到发展的那一部分,其德文原意即是指"自己",是自己可意识到的执行思考、感觉、判断或记忆的部分,自我的机能是寻求"本我"冲动得以满足,而同时保护整个机体不受伤害,它遵循的是"现实原则",为本我服务。

超我是在人格领域中最后形成的反映社会准则的欲望,是人格结构中代表理想的部分,它是个体在成长过程中通过内化道德规范,内化社会及文化环境的价值观念而形成,其机能主要在监督、批判及管束自己的行为,超我的特点是追求完美,所以它与本我一样是非现实的,超我大部分也是无意识的,超我要求自我按社会可接受的方式去满足本我,它所遵循的是"道德原则"。

---

① 蔡嘉清:《文化产业营销》,清华大学出版社 2007 年版,第 130 页。
② 蔡嘉清:《文化产业营销》,清华大学出版社 2007 年版,第 140 页。

将弗洛伊德的"潜意识学说"用在文化需求的消费分析上,通常是依据潜意识动机来解释文化商品购买情景,主张施加视觉、听觉、味觉等影响,来刺激或抑制消费者某种行为的发生。就消费者的意识层面来看,除了由感觉、知觉、表象、概念、判断、推理等组成的显意识层面外,还有处于显意识以外的潜意识层面。

2."需求层次论"与消费需求

亚伯拉罕·马斯洛(Abraham Maslow)是著名的心理学家。马斯洛的"需求层次论"以金字塔形式将人的需求分为五个层次:生理的需要、安全的需要、社交的需要、尊重的需要和自我实现的需要。

生理的需要是指为了生存和人类繁衍而产生对必不可少的基本生活条件的需要,这类需求的级别最低,人们在转向较高层次的需求之前,总是尽力满足这类需求,如充饥的食品、御寒的衣物等。

安全的需要是维护人身安全与健康,获得保护、照顾和安全感的需要,和生理需求一样,在安全需求没有得到满足之前,人们唯一关心的就是这种需求,如人寿保险、健康营养品以及稳定的职业和有保障的生活等。

社交的需要是指希望给予或接受他人的友谊、关怀和爱护,得到某些群体的承认、接纳和重视的需要,如结交朋友、交流情感、表达和接受爱情,即亲情、友情、爱情的需要等,当生理需求和安全需求得到满足后,社交的需求就会凸显,进而产生激励作用。在马斯洛需求层次中,这一层次是与前两层次截然不同的。

尊重的需要是指希望获得荣誉,受到尊重和尊敬,博得好评,得到一定的社会地位的需要。有尊重需求的人希望别人按照他们的实际形象来接受他们,并认可他们的能力。他们关心的是成就、名声、地位和晋升机会,这是由于别人认识到他们的才能而得到的。当他们得到这些时,不仅赢得了人们的尊重,同时其内心因对自己价值的满足而充满自信。不能满足这类需求,就会使他们感到沮丧。如果别人给予的荣誉不是根据其真才实学,而是徒有虚名,也会对他们的心理健康构成威胁。

自我实现的需要是只希望充分发挥自己的潜能、实现理想和抱负的需要。达到自我实现境界的人,接受自己也接受他人,要满足这种尽量发挥自己才能的需求,他应该已在某个时刻部分地满足了其他的需求。当然自我实现的人可能过分关注对这种最高层次需求的满足,以至于自觉或不自觉地放弃满足较低层次的需求。

以上五个层次需求中,前两层次的需求主要是较低层面的生活物质需要,后三个层次的需求主要是较高层面的心理精神需要。人们的需求是无止境的,也总是以由低向高的层面发展。但人的各种需求往往是交织在一起的,同一购买行为可能既是为了满足生理的需要,又是为了满足社交或尊重的需要。同时,人们总是首先寻求对最重要需求的满足。在满足了重要需要后,即转向满足下一种重要的需要。一个饱受饥饿折磨的人绝不会对社交感兴趣,也不会注意别人对他的看法或者对他是否尊重,更不会管呼吸的空气是否纯净。只有在满足了一种重要的需要后才会产生下一种需要。

将马斯洛的"需求层次论"用在文化需求的消费偏好分析上,主要是根据金字塔形式所描述的人类需求由低到高的结构变化,强调需求多元化和特殊化特点,根据不同的细分市场分别适应并满足不同人各不相同的需求变化。

在现实社会中,人们几乎都是在一定动机驱使下完成其购买行为的。受性格特点、兴趣爱好、生活习惯、价值观念、审美情趣等因素的影响,消费者的最终购买行为有着十分微妙的变化。人们对文化产品的接受是感知、情感、想象和理解多种心理活动交相渗透、彼此推移的过程,并同时受到内部感知以及外部刺激的影响。内部感知影响主要包括消费者个人的需求和动机、消费者认知的范畴、消费者的学习方式和消费者所保持的兴趣等;外部环境刺激包括消费者的家庭、社会结构及文化等。消费者对外部信息的认知过程经由各种物理信息的刺激,到生理过滤层产生感觉,继而形成心理过滤层的情感,逐渐定性为对文化产品信息的感知认知,通过记忆库建立认识档案,保持并创造形成对文化信息新的认知。

二、文化需求的特点

文化市场上的消费需求是人们对文化产品的购买欲望和购买意向,包括文化消费者了解各种信息所需的报纸、广播、电视、网络新闻的需求;为提高知识更新程度所需的图书、期刊、音像制品、软件制品的需求;为修身养性或消遣娱乐对文物、集邮、花卉、宠物等商品消费和对演出、展览、旅游、培训、电影等服务消费的需求等。文化需求具有实用性、娱乐休闲性、精神需求性和多样性的特点。

1. 实用性

实用性是消费者消费产品或服务的基本因素,这一类型的文化消费者追求文化产品和服务的实用性,主要关心其内在质量和功能效用,讲求经济实惠和使用方便。比如人们购买教材或教辅类图书,就是为了从中获取知识;人们参加外语类的学习班就是为了出国或参加外语考试而作准备;而近年来越来越多的农民群众重视阅读和观看科技类的文化书籍或电视节目,特别是一些种养大户,已经逐步习惯于通过学习科学文化知识来提高农业生产效益,对文化知识的需求更加注重实用性。这些都是出于对文化产品和服务实用性的需求。

2. 娱乐休闲性

在现代生活中,工作节奏紧张而繁忙,而终日的繁忙和不断加剧的竞争构成了大众生活的主旋律,随之而来的种种社会及生活的压力又使患有心理疾病的人与日俱增。采取一种方式对消极情绪进行及时的宣泄,对保持心理健康是十分必要的,于是人们会寻求一些气氛相对轻松活泼的文化消遣方式来释放紧张情绪、安抚痛楚、消除忧愁、平衡心态、缓和冲突和保持自我。

2004年,湖南卫视推出了一档以大众取悦大众、想唱就唱的平民化娱乐节目《超级女声》,在娱乐的宗旨下,以平民海选的方式"制造"娱乐明星,激烈的淘汰过程吊足观众的胃口,这一新颖的传播大众娱乐的方式暂时缓解了部分观众在工作生活中受到的压力,受到了广大观众的热烈追捧。

3. 精神需求性

由于人们生活水平的不断提高,日常消费已不仅仅是满足生理需求,而更多地去满足精神需求,文化产品和服务就是为了满足人们的精神需求。人类的精神需求主要包括认知和了解自然环境和社会环境的需求,社会交往的需求,精神享受的需求,以及个人素质发展和自我价值实现的需求。

精神需求根据其形态可以细分为认知型需求、社交型需求、享受型需求和发展型需求,因此,报纸、广播、电视和网络市场是认知型消费者较集中的市场;演出、娱乐、电影和旅游市场是社交型与享受型消费者较为集中的市场;网络、图书、软件和教育市场则是发展型消费者最集中的市场。

4. 多样性

由于人们的收入水平、文化程度、职业、年龄、性别、民族、信仰和生活习惯的不同,形成的爱好和兴趣就会是多种多样的,对于文化商品和文化服务的需要也是千差万别的。人们总是按照被具体化了的文化消费需求,形成具体的消费动机,再选择满足文化需求的对象和方法。

以年龄为例,因为人们在不同的年龄阶段有着不同的生命特征,从而产生不同的文化产品购买行为。一般说来,年轻人充满活力和喜欢社交,所以偏好迪吧、酒吧、网吧等娱乐场所,喜欢上网、玩手机、看电影以及外出旅游;中年人收入稳定并事业有成,所以偏好集邮和文物收藏,喜欢参与网球、保龄球、高尔夫球等高档健身娱乐项目,喜欢观赏交响乐、芭蕾舞等高档演出节目;老年人退休在家、修身养性,所以偏好种植花卉和玩赏宠物,喜欢观赏电视节目和传统戏剧以及参与健身运动等。

三、文化需求的要求

随着我国经济的快速发展,广大人民群众的物质需求基本得到满足之后,他们会对精神文化生活提出新的要求。

1.积极发展文化产业,满足人民的文化需求

随着经济社会的不断发展,人民群众精神文化需求呈现出多层次、多方面、多样性的特点,这是历史的进步,为文化产业的发展提供了强大动力和广阔空间。

不同人群有不同的需求,农民的要求自然与城市居民不同,而"白领"与"蓝领"也会有差别。农民的文化需求要符合农民"易于得到、易于欣赏"的特点,电视、电影、广播、文艺演出皆可,而市民的文化消费多样化要求要高得多。以这些年越来越红火的长假旅游为例,乡村和小城镇的人首选的是奔向人满为患的大城市,为的是领略现代都市风情,而城里人却变着法儿要去人迹罕至的边远之地,探寻原生态。国家权威机构调查结果表明,当前农民对文化生活的满足度要比城市居民高出 10 个百分点,这昭示了文化需求的差异性,以及满足这种差异性所产生的文化需求空间。

这十几年是我国社会主义现代化建设的重要战略机遇期,也是文化发展的重要战略机遇期,我们必须抓住机遇,大力发展经营性文化产业,推动形成以公有制为主体、多种所有制共同发展的文化产业格局和以民族文化为主体、吸收外来有益文化的文化市场格局,这才是满足各层次、多方面、多样性文化需求的有效途径。

2.高度重视精神文化产品的创作和生产

文化的进步反映着社会的文明进步,文化的发展推动着人的全面发展,全面建成小康社会既需要殷实富足的物质生活,也需要丰富健康的文化生活。健康丰富的文化生活和品质高尚的文化产品不仅能够帮助人民群众陶冶情操、愉悦身心、温润心灵,对于充实精神世界、提高生活质量、舒缓心理压力、促进社会和谐有独特的作用,而且精神文化产品还会潜移默化地影响着人们的思想观念、价值判断、道德情操,对推进社会主义意识形态建设具有不可替代的作用。

因此,必须高度重视精神文化产品的生产。

中华文化博大精深、源远流长,具有鲜明的民族特性,在世界各种文明中独树一帜。精神文化产品的创作和生产要坚持以中华优秀文化传统为根基,以外来健康有益的文化为补充,大力繁荣发展中国特色、中国风格、中国气派的优秀文化,不断发展和丰富中华文化的内容和内涵。创作和生产文化产品的最终目的都是要为人民服务,人民群众的实践活动是文化产品创作和生产的丰厚土壤和源头活水,要贯彻贴近实际、贴近生活、贴近群众的原则,始终把社会效益放在首位,做到经济效益与社会效益相统一,创作更多反映人民主体地位和现实生活、群众喜闻乐见的优秀精神文化产品。

3. 不断推动和提升文化产品内容的创新和品质

由于现阶段我国文化发展水平与全面建成小康社会的目标和进程还不相适应,文化体制机制与完善社会主义市场经济体制、进一步扩大对外开放的形势还不相适应,文化产品和服务的数量、质量、品种与人民群众日益增长的精神文化需求还不相适应,文化产品的国际竞争力还不强,因此,大力推动文化创新更显紧迫。在新的历史形势下,我们必须把握有利于我国文化发展的重要战略机遇,提高我国文化自主创新能力,以内容创新为核心,在对群众文化需求和文化市场消费调查研究的基础上,将内容进行独特的、富有创意的开掘和提炼,开发出深受群众喜爱、市场占有率高的文化产品,满足不同群体、不同地域的文化需求。

2004 年,经过著名作家白先勇和江苏省苏州昆剧院全新策划和演绎的由明代戏曲家汤显祖创作的经典剧作《牡丹亭》取得了巨大的成功。白先勇将全新策划的《牡丹亭》以"青春"冠名,在其英文官方网站上命名为"The Peony Pavilion—Young Lovers' Edition"(《青春版牡丹亭》),该版本不仅在内容编排上体现了创新,而且在选角和目标受众群体上也瞄准了"新人"——年轻的昆剧演员和高校的大学生。自 2004 年上演以来,《青春版牡丹亭》已经走遍了两岸四地及全球多个国家和地区,昆曲也走进了包括北京大学、南开大学、武汉大学、中国科技大学、英国牛津大学、美国哈佛大学的校园,可以说处处都体现了我国传统文化的创新与传承。

4. 正确引导民众的文化需求

民众文化需求的产生,无论是以高雅的文学艺术作品陶冶情操、充实精神世界,还是以通俗的流行文化愉悦身心、缓解压力,都应当是健康向上的。然而,伴随市场经济而生的拜金主义和个人主义,伴随经济全球化和信息化而涌入的一些有害的或不健康的文化与生活方式,也开始在国人中传播,因此,党和政府应当重视引导民众产生正确的文化需求,一方面利用法律的威慑力量对不健康的文化产品予以打击,以新闻媒介的舆论力量引导民众向往健康的文化生活,另一方面要主动为人民群众创造文化需求。

为满足社会各阶层文化娱乐需求,在充分体现政府主导公益性文化、市场主导经营性文化的格局中,需求是可以满足的,也是可以创造的①。好莱坞的电影,各式各样的游戏软件等等西方的文化产品,更多的是一种在文化消费领域的文化创造。所以,文化产业在英国等国被称为"创意产业",就是想方设法通过各种方式吸引眼球,千方百计地把受众的胃口吊起来并延续下去,更多地赚取消费者的票子。针对不同人群的潜在文化需求,予以分析、开发,定向制造相应的文化产品和创新的文化服务,是我们必须努力学习的一个新课题。创造需求,培养市场,激发驱动隐性、潜在的文化需求,对于推动文化产业的发展尤为重要。

5. 以文化产品应对国际挑战

全球化是 20 世纪 80 年代以来在世界范围内日益凸显的新现象,是当今时代的基本特征之一。特别是步入 21 世纪以来,全球化已成为不容否认的事实、不可阻挡的潮流,而且正迅猛推进,深刻地影响着人类的生活。全球化作为一种内涵丰富的历史发展趋势,发端于经济领域,但不可否认的是全球化也逐渐在文化领域显示出了特殊的效应,世界文化呈现出新的特点,这些特点既是对中国文化发展的挑战,也是机遇。

首先,世界文化格局多元并存。在近代社会,占主导地位的文化是代表工业文明的西方文化,它作为现代化的思想启蒙,推动了世界现代化的历史进程,在世界文化中也占据了绝对的中心地位,成为影响世界各国的强势文化话语。然而随着全球化进程的不断推进,西方文化的主导地位逐渐被各个国家和民族的文化所侵蚀和削弱,西方文化的一元化中心地位被多个轴心文化所取代。1998 年由联合国教科文组织国际专家小组发布的报告《多种文化的星球》和美国著名政治学学者塞缪尔·亨廷顿于 1993 年发表的《文明的冲突》中,都将中国文化视为世界文化多元格局中不可或缺的一元。

其次,民族文化的崛起和多元文化冲突中的相互渗透。全世界 70 多亿人口,2500 多个民族,分布在 200 多个国家和地区,在全球一体化的过程中,每个

---

① 黄振平,《文化需求:既要满足也要创造》,http://opinion. people. com. cn。

民族为了保持本民族的特征,延续民族文化命脉,就必须想尽一切办法努力保持发扬光大本民族的文化。各种民族文化的强势崛起使得多种文化之间不断发生或大或小的文化冲突。在冲突的过程中,双方都希望以自己的文化来影响对方的文化,于是双方文化就开始相互渗透,随着渗透的不断深入,双方对对方的文化也不断了解,最终转向了相互借鉴和包容,或者说双方走向了国际化。中国文化也是如此,我们的文化产品走向世界的过程中,必然要经历与其他文化的冲突、渗透与反渗透,最终走向交流和融合。但是文化走出国门决不能以牺牲民族特色为代价,只有真正的民族化才能有效地国际化。

第三,文化霸权主义对文化弱势国家的浸淫。西方发达国家,尤其以美国的大众流行文化最为强势。美国文化通过自由经济进行跨国资本运作,通过开放战略进行政治权力运作,通过电子网络技术进行全球媒介播撒,通过文化资本等将本土文化渗透到世界上的各个角落,处于弱势的发展中国家的文化受到了极大的侵蚀,国家文化安全受到了威胁。这样的结果是与全球一体化进程密不可分的,而也正是全球化给发展中国家带来了反抗文化霸权的机会。经过30多年的改革开放,中国的经济取得了举世瞩目的辉煌成就,使我们更加自信地"走出去",应对文化霸权主义的挑战。

全球化对各个国家而言都是开放的,只有抓住机遇才能获得主动权,中国是个文化大国,但不能理所当然地认为我们拥有大量的资源就能成为文化产业大国,文化产业发展的关键不在于文化资源的多少,而在于文化创新、创造的程度。因此,抓住机遇、自主创新才是我国文化产业发展的有效途径。

四、文化消费与文化产业的发展

1.我国目前文化消费现状

按照经济发展的一般规律,当人均 GDP 超过 1000 美元,社会消费结构开始向发展型、享受型升级。人均 GDP 达到 2000 美元以后,随着居民生活水平的显著提高,"衣、食"消费不再是居民消费的热点,而文化、教育、娱乐、消遣等休闲型精神消费成为加速消费结构升级换代的消费领域。按照需求层次发展理论,社会个体在生存和安全需要基本满足之后,将逐渐扩大社交、尊重和自我实现需要,从而引发从物质消费向精神消费的转型。在信息化和全球化的背景下,中国经济连续 30 余年保持高速增长,我国居民的消费热点也随之转向文化领域。但是,我国目前文化消费还存在以下问题。[①]

第一,文化消费因地域和经济状况的不同而呈现较大的差距。与我国东、中、西部经济发展不平衡相一致,文化产业发展和文化消费也存在着区域性的差距。在经济较发达的地区或大中城市,人们在教育文化和娱乐服务方面的支出要明显高于西部地区或农村居民。

第二,文化消费因文化层次不同而不同。文化素质是人的素质中必不可少的一部分,它最能体现一个人受教育的程度和本身的文化修养。在文化消费上,由于人们的文化程度不同,他们的文化消费需求的层次性就不同,因而消费效果也不同。文化程度较高的消费者拥有广阔的文化消费爱好和空间,而文化程度较低的消费者拥有狭小的文化消费爱好和空间;文化素养较高的消费群更注重高雅的精神享受和情操的陶冶,文化素养较低的消费群则更倾向于感官的享受和实用,因此,"阳春白雪"和"下里巴人"在文化消费水平上的区别,很大程度上取决于消费者自身的文化素质。

第三,文化消费因文化市场有效供给不足而受到制约。在国际上,很多发达国家的文化产业发展较早而且速度很快,并取得了丰厚的成果,尤其是在一些经济高度发达的国家,文化产业已经成为国家的支柱产业。然而,由于我国的经济发展同世界发达国家相比还存在较大差距,经济的滞后使得文化产出比重较小、项目单一、不成规模。与此同时,我国的文化市场开放程度过低,法律法规建设滞后,管理不规范,文化产品和服务的供给尚未形成有效的市场机制,这样就导致了文化产品有效供给短缺,真正适销对路的文化产品和服务尤其缺乏,使得潜在需求得不到开发,已形成的有效需求又得不到满足。这些都阻碍了文化消费。

第四,需要调控文化消费结构的合理性。文化消费结构指各种文化产品和服务在文化总消费中的比例和相互关系,它可以从一个侧面反映消费者的文化消费需要被满足的程度。文化消费结构从性质上区分可以分为娱乐型消费和知识型消费两大类。[②] 近年来,在文化总量上,尽管局部呈现攀升的势头,但总体上还是偏低;另外,在消费结构上也出现了一些新变化,娱乐性、享受性、消遣性的精神文化消费占的比例偏大,而发展性、智能性文化消费却表现不足。大力提倡健康的、结构合理的文化消费,提高居民的文化消费水平,是实施文化战略的关键一环。

---

① 杜红琳:《文化消费现状及发展前景的理论探析》,《绵阳师范学院学报》2006 年第 1 期。
② 卢娟:《我国文化消费的基本现状》,http://www.ccmedu.com/bbs27_30349.html。

第五,坚决控制不合理消费。文化消费观念是在一定的指导思想下和文化中形成的,必须以先进的思想为指导,吸纳先进文化,引导树立以科学发展观为核心的文化思想观念,坚决控制不合理消费。不合理的消费指的是黄、赌、毒等消费、奢侈浮靡等消费以及低俗庸俗媚俗的消费。文化消费不仅是占有文化产品和享受文化服务,更主要的是使其文化意义和价值得到实现。要把促进人的全面发展作为文化价值核心观念进行培养,把握好价值取向,通过加强家庭培养、学校教育、传播媒介宣传,重点引导青少年和农民,重点建立科学合理的消费观,逐步形成观念先进、消费自律、结构合理、方向正确的消费风尚和社会氛围,引导文化消费由娱乐休闲消费为主向知识文化消费为主转变。

第六,文化产业从业人员素质有待提高。文化产业的从业人员大都直接与文化消费者接触,尤其是娱乐性、休闲性和商业性等服务形态的文化消费更是如此,而真正懂文化、懂消费心理、素质较高的从业人员少之又少。他们往往只注重经济效益,而淡化给消费者带来的精神享受,在文化消费过程中,消费者所看重的却恰恰是精神享受。因此,文化产业从业人员的素质亟待提高。

2. 文化消费与文化产业的发展

文化消费总量的高速增长必将刺激文化产业的快速发展。文化产业的产生依赖于文化消费需求,文化消费构成了文化产业生产和再生产的最终环节和源泉,并调节着文化产业资源配置和供给,促使文化产业结构随着人们需求层次的高级化而高级化。同时,文化产业的不断发展也必将不断扩大文化消费市场,两者相辅相成,相互促进。

文化消费的程度,是社会文明进步的窗口,文化消费健康与否,又反映着一个社会的精神气质和价值导向。培育和扩大居民文化消费,促进文化产业快速发展,是扩大内需、发挥消费对经济拉动作用的重要课题。

第四节　走向世界文化市场

2007 年底,党的十七大发出了"推动社会主义文化大发展大繁荣"的号召,要求加快发展文化事业和文化产业,大力实施"走出去"战略。

早在 2000 年 10 月,党的十五届五中全会通过的《中共中央关于制定国民经济和社会发展第十个五年计划的建议》指出:"实施'走出去'战略,努力在利用国内外两种资源、两个市场方面有新的突破。"2002 年 11 月,党的十六大报告指出:"实施'走出去'战略是对外开放新阶段的重大举措。鼓励和支持有比较优势的各种所有制企业对外投资,带动商品和劳务出口,形成一批有实力的跨国企业和著名品牌。"

经济领域"走出去"战略的推进无疑将波及文化领域。文化产业界的跟进在短时间内就有了集体反应。文化部于 2004 年 6 月就文化产业如何走出去举行研讨。此次研讨会业界称"具有历史性的意义",是一个起点,使人们意识到"走出去"战略的提出其意义不仅局限在经济层面,它开始了中国以另外一个渠道走向世界的新的进程。[①] 中国文化走出去如同中国经济走出去一样,都是中国国家利益的现实要求。

一、走向世界文化市场的意义

1. 中国文化"走出去",才能使中国在世界民族之林屹立不倒

一个民族的文化,凝聚着这个民族对世界和生命的历史认知和现实感受,积淀着这个民族最深层的精神追求和行为准则。几千年来,中华民族历经磨难而绵延不绝,一个重要原因就是有着深厚的文化传统和强烈的文化认同。古往今来,每一个伟大的民族都有自己博大精深的文化,每一个现代国家都把文化作为推动社会进步的重要力量。一个民族的觉醒首先是文化的觉醒,一个国家的强盛离不开文化的支撑。文化深深熔铸在民族的血脉之中,始终是民族生存发展和国家繁荣振兴取之不尽、用之不竭的力量源泉。

随着世界多极化、经济全球化的深入发展和科学技术的日新月异,文化与经济、政治相互交融的程度不断加深,与科学技术的结合更加紧密,经济的文化含量日益提高,文化的经济功能越来越强,文化已经成为国家核心竞争力的重要因素。谁占据了文化发展的制高点,谁拥有了强大的文化软实力,谁就能够在激烈的国际竞争中赢得主动。

我国要屹立于世界民族之林,就要千方百计壮大中华文化的整体实力和国际竞争力,就要推动中华文化更加主动地走出国门、进入国际市场。中国文化"走出去",将一个发展的中国、开放的中国、文明的中国的全新形象展示给世

---

① 李春华,《中国文化"走出去"战略的初步实践及对策》,http://www.ccmedu.com。

界,以中国文化对世界的新贡献维护人类文明的多样性,促进不同文明、不同社会制度和发展道路的国家相互交流、取长补短、和谐共处。

中国的国家目标应当是以发达的文化大国立于世界国家之林,中国的国家政策应当是文化立国,文化强国。这是文化产业和文化工作者肩负的历史重任,也是中国进一步发展的重要战略抉择。

2. 中国文化"走出去",才能发出自己的"声音"

传播深度决定影响广度,一个国家文化的影响力,不仅取决于其内容是否具有独特的魅力,而且取决于是否具有先进的传播手段和强大的传播能力。新闻媒体是信息传播、文化扩散的重要载体,在文化传播中处于特殊的地位。特别是在当今信息社会,凡是传播手段先进、传播能力强大的国家,其新闻媒体就会充分展现优势,将自己国家的文化理念和价值观念广为传播,牢牢掌握着影响世界、影响人心的话语权。进入 21 世纪以来,中国的综合国力不断增强,在国际上的地位不断上升,但中国传媒在国际上的"声音"还很小,与中国的国际地位不相匹配,与西方传媒的影响力差距还比较大。

文化的传播能力已经成为国家文化软实力的决定性因素,提高我国文化软实力,必须花大力气提高文化传播能力,要把提升主流媒体影响力作为提高文化传播能力的战略重点,做大做强主流新闻媒体,形成与我国国际地位相称的舆论力量。因此,中央加大对主流媒体的投入与扶持,重视和支持传媒以各种方式向海外扩张。

以国家的"一社两台"为例。自 1948 年在布拉格建立了第一个国外分社以来,新华通讯社现有驻外人员 500 余名,其中 300 多人为记者、编辑等采编人员,建有亚太、中东、拉美、非洲和欧洲 5 个总分社,下属共计 102 个驻外分社,这些总分社除了处理本地区分社采写的新闻,向本地区用户播发外,还将本地区新闻发往北京总社,经由总社向全世界播发,使新华社形成一个以北京总社为中心,以总分社、分社为主体的海外新闻采集和发布网,每天用中、英、法、西、阿、俄、葡 7 种文字 24 小时不间断发稿。中国国际广播电台通过本土发射、在海外建发射台、海外租机租时段等方式,每天对外用 43 种语言播出 1100 多小时的节目。中央电视台第四、第九以及西班牙语法语频道三个国际频道的节目信号通过卫星传送已覆盖全球,有 100 余个国家和地区的电视机构,接受并播出中央电视台的有关节目。除此之外,纸质媒体,如报纸、期刊等亦走出国门,创办了海外版。这些实践表明了中国媒体坚决地"走出去"并努力地在世界舞台上"发声"已经取得了积极的成果,中国的"声音"已经不容小觑。

3. 中国文化"走出去",才能增强自身的可持续发展活力

"走出去"事关国家利益,更切实关乎中国文化自身在全球化进程中的生存和发展。

上世纪 60 年代,美国学者赫伯特·席勒(Herbrt Schiller)在研究了当代西方与第三世界之间文化交流问题后,提出了"文化帝国主义"论。席勒通过对美国政府推进美国影视工业向海外扩张的分析,认为"文化帝国主义"的实质,是少数国家(特别是美国)控制国内外大众媒体,强制性地输出自己的政治文化、商业规范、文化习俗、价值观念及生活方式,这是近代殖民主义在文化领域的延续。① 而对于社会主义国家的中国人民来说,我们更为熟悉的一个词汇是"和平演变"。

"和平演变"(Peaceful Evolution)这个词汇最早是由美国国会议员杜勒斯在 1953 年提出的。"和平演变"就是指西方资本主义国家通过采用技术交流、文化交往等方式影响社会主义国家人们的心理、行为方式,进而使社会主义国家的生活方式、国家运行变成资本主义式的,从而在不动声色中消灭社会主义国家。由于它所进行的过程中并没有发生战争,所以叫"和平演变"。

这两个概念的提出有着深刻的时代烙印,然而,伴随着 20 世纪末全球经济一体化进程的快速发展和苏联、东欧剧变产生的强烈影响,"文化帝国主义"和"和平演变"再次引起了世人的深切关注,以美国为首的西方发达资本主义国家不仅通过其覆盖全球的新闻传媒体系向发展中国家大造宣传攻势,而且大规模输出精神文化产品,以期制造"狂轰滥炸"。在苏联解体之后,中国成为世界上最大的社会主义国家,理所当然地成为了西方资本主义国家的头号目标,"文化殖民"和苏东剧变为中国的文化和国家安全敲响了警钟。

一个封闭的文化体系必然是一个走向衰落终将消亡的文化体系,我们应当大胆地"走出去",正面迎击"文化帝国主义"和"和平演变",以跨文化传播交流的方式"反文化殖民"、"反和平演变"。

进入 21 世纪,我国经济飞速发展,令世人瞩目,我们更加自信地让文化"走出去",让世界看到我国改革开放取得的辉煌成就。从 2003 年中国与法国互办国家文化年后,这一以国家为主体、以文化为主题的特殊形式为国与国之间的沟通、交流与互动提供了一种卓有成效的方式。此后相继举办"中国—俄罗斯国家文化年""中国—奥地利国家文化年""中国—意大利国家文化年""中

---

① 黄力之:《再论文化帝国主义问题》,《思想战线》2006 年第 1 期。

国—印度国家文化年""中国—西班牙国家文化年""中国—韩国国家文化交流年"和"中国—日本国家文化体育交流年"。互办国家年,增强中外文化交流,是外国人了解中国文化的有效途径,也为推动中国人近观外国文化提供了很好的机会。通过中外文化进行频繁而良好的交流,有利于人民间的彼此了解和友谊,更有利于中国文化进一步增强活力,持续向前发展。

二、走向世界文化市场需要的条件

1. 国家发达的经济是文化产业国际化发展的后盾

西方国家文化产业的发展主要依附于发达的国家经济。经济的发达一方面为人们创造了舒适的生活环境,供人们消遣和休闲;另一方面,发达的经济加快了人们的生活节奏,加大了人们的工作和生存的压力。于是,发达的经济基础构成了文化产业形成的前提性条件,而文化产业快速、健康发展需要大量的资金投入,国家强大的经济实力又成为文化产业发展的有力保证。文化产业国际化的发展也是如此。

美国政府一贯对本国的文化产业持大力扶持的态度,他们充分利用自身的国际政治经济优势来支持本国的文化商品占领国际市场。一直以来,美国都在积极推动包括文化商品在内的所谓贸易和投资领域的自由化,为其文化商品输出提供保障。每个国家在加入世贸组织的双边谈判中,美国都坚决要求这个国家开放文化市场,要求其在视听服务行业允许设立外资企业,让外资企业从事视听产品的制作和发行,并强烈要求接纳美国的各类影视制品。美国政府之所以能够采取如此强硬的态度,就是因为他们有着强大的经济实力作为后盾,尽管我们不能同意其以几乎霸权的方式推销本国的文化产品,但是我们不能忽视强大的经济实力是文化产业国际化发展的重要支撑和保障力量。

近年来我国经济取得的巨大成就和对外贸易大国地位的确立,使得我国的文化产业"走出去"更加自信,我们将以开放、和谐、平等、共赢的姿态参与到世界文化市场之中。

2. 国家有关法律法规应与国际相应规例接轨,重视对知识产权的保护

世界贸易组织(World Trade Organization,简称WTO)是关贸总协定(General Agreementon Tariffsand Trade,简称GATT)经过乌拉圭回合后建立的作为世界贸易秩序支柱的国际组织。其基本组成是三个协议:关贸总协定、服务贸易总协定(General Agreementon Tradeand Service,简称GATS)和知识产权总协定(Trad erelated intellectual property rights,简称TRIPS)。建立世贸组织的意图是

为所有贸易事务,包括关税、市场准入、知识产权、反倾销、最惠国待遇、劳工、仲裁和制裁等制定规范。世界文化市场的贸易当然也会与世贸组织的相关规例产生联系。

2001 年 12 月 11 日,中国正式加入世界贸易组织,成为其第 143 个成员国。WTO 的宗旨是通过一系列法律原则来保证公正合理的贸易环境,促进世界贸易的发展,推动世界经济秩序的法制化和规范化。世贸组织也是一个超国家的经济立法和司法机构,其规范高于个别国家的法律规范,任何国家的经济立法只要与世贸组织规范相抵触,就可能被判违背世贸规则而受到制裁。中国加入WTO 也会对涉外文化方面产生深远的影响,因此必然要对现行的相关行政法律法规进行一次全面的清理,废除那些过时的、失效的法规,修订那些法涵模糊的、法意含混的规章条文,使法治既能与 WTO 接轨,又有利于保护、发展和繁荣我国涉外文化事业和产业。

知识产权是世贸规则三大组成部分之一,《知识产权总协定》将知识产权的范围界定为:著作权及邻接权;商标权;地理标志权;工业品外观设计权;专利;集成电路的布图设计权;未披露信息的保护权。TRIPS 意在促进对知识产权在国际贸易范围内更充分、有效的保护,以使权利人能够从其创造发明中获益,受到激励,继续在创造发明方面努力;减少知识产权保护对国际贸易的扭曲与阻碍,确保知识产权协定的实施及程序不对合法贸易构成壁垒。在当今时代,技术已经成为"生死攸关"的事情,上至国家,下到企业,竞争力的强弱取决于技术进步的快慢。由于知识产权保护在促进技术创新中扮演着重要角色,似乎可以这样认为,具有主要知识成分的无形创造活动已经成为 21 世纪最有价值的财产形式。

2001 年以来,中国对有关版权的法律法规进行了全面修订,制定和完善了与 WTO 相适应的版权法法规和有关政策,使其更加符合中国市场经济和国际规则的要求。与此同时,政府行政执法部门和司法机关还加大了打击盗版的力度,维护我国广大知识分子的创作原动力和外国作者的合法权益,有力地推动和发展了我国的对外文化交流与合作。

3. 完善的文化产业运作机制与科学的文化管理体制

商业化的运作和科学化的管理使得美国文化产业得以长盛不衰。美国的影视业、图书出版业、音乐唱片业已经建成了庞大的全球销售网络,控制了许多国家的销售网和众多电影院、出版机构及连锁店。这些成就的取得很大程度上得益于美国文化产业的国际化商业运作和科学的管理体系。在经济全球化的进程中,采取全球战略的跨国公司文化企业从资金、技术、信息等的全球自由流动中受益,获得高额垄断利润,扩张海外销售市场,占据了国际竞争的有利地位。

我国文化产业要走向世界市场,必须加快文化产业体制改革的步伐。国有文化企事业单位要创新体制、转换机制、面向市场、增强活力,进一步深化体制改革。加快出版、影视制作、演艺等经营性国有文化事业单位转制和文化企业改制的步伐,完善法人治理结构,建立现代企业制度。同时鼓励各种所有制成分参与到文化产业的发展中来。我国政府有关部门要进一步转换职能,从办文化转向管文化,发挥政府宏观调控、合理配置资源的作用,鼓励和协助文化企业以兼并、重组、联合的形式达到资产、技术、人才等要素的合理组合,共同应对国际市场的激烈竞争。

4. 创新文化产品内容,搞好优质高效的文化服务

文化产业、创意产业的核心和本质是创造力,中国传媒大学副校长胡正荣教授认为"创造力"包括两个方面,第一是"原创",即创造出前人没有的东西,由原创激发的"差异"和"个性"是文化产业、创意产业的根基和生命。比如,中国的京剧、昆曲就是中国人的原创。美国的迪斯尼集团生产的动画片《米老鼠与唐老鸭》先在电视电影上播放,然后又将片中人物形象做成玩具、服装,再做成迪斯尼主题公园。迪斯尼的许可产品在全球的年零售额达到1120亿美元,其中290亿来自于娱乐人物形象。不管是玩具、服装、电影还是电视,迪斯尼依靠的这些人物形象,都是自己原创的。所谓一国的"软实力",最重要的就是通过在世界范围内推广本国的文化,增加文化上的吸引力,从而扩大自己国家的实力。在亚洲,韩国政府出面、出资、出政策大力推进韩国文化产业向外发展,从而在亚洲形成人所皆知的"韩流",扩大了韩国文化在亚洲的影响。而韩国在这一过程中依靠的关键内容都是自己原创的。第二是"创新",就是对前人创造好的东西进行改造或者更新。比如,电影《卧虎藏龙》用了一个西方化的艺术表达方式来包装中国内核的故事,这就是一个创新过程而不是原创。动画电影《花木兰》是迪斯尼拍的,虽然文化素材和资源是中国的,但是表达方式是全球的,制作方是美国的,因此这也是美国人的创新。①

个性化、差异化的产品内容在国际市场上才是具有竞争力的。中国是个具有五千年文明历史的古国,中华民族也是富于创造力和开拓精神的民族,四大发明影响了人类几千年,万里长城成为人类建筑史上的奇迹之一,海陆两条丝

---

① 胡正荣:《创意何在——对当代文化创意产业的解读》,http://cci.cuc.edu.cn。

绸之路打通了东西方文明,促进了世界的交流和发展,这些都是中华文明宝贵的历史资源,如果能够将其科学合理地开发利用并进行创新发展,必能使其在世界文化市场上独树一帜。

三、走向世界文化市场的成功经验

由中国社会科学院文化研究中心和上海交通大学国家文化产业创新与发展研究基地共同发布的《2008 年中国文化产业发展报告》表明,从 2008 年开始,我国文化产业走向世界市场已经取得历史性的突破,获得大量积极成果。

1. 我国文化产业和服务"走出去"取得的积极成果

(1)广播电视信号覆盖全球,报纸期刊创办海外版。广播电视是国际传播的重要组成部分。中国国际广播电台(CRI)是中国向全世界广播的国家广播电台。目前通过本土发射、在海外建发射台以及海外租机、租时段等方式,每天对外用 43 种语言播出 1100 多个小时的节目。2006 年 2 月 27 日,中国国际广播电台在海外开设的第一家调频电台—肯尼亚内罗毕调频台(CRI91.9FM)开播,开创了中国对外广播在境外整频率落地的先河。截至 2007 年 10 月,中国国际广播电台在境外共有 11 个整频率调频或中波台,149 家调频/中波合作电台(其中 117 家调频合作台,32 家中波合作电台)以及 4 家网络电台。

中央电视台(CCTV)第四、第九及西班牙语法语频道三个国际频道的节目信号已覆盖全球,并通过进入当地有线电视网络、卫星电视直播平台、地面无线电视、IPTV 和宽带互联网等方式,在美国、英国、法国、埃及、印度、智利等 100 多个国家和地区以及境外一些高档酒店实现完整频道有效落地。

在报纸和期刊方面,一些传媒集团纷纷创立海外版,积极拓展国际市场。早在 1985 年 7 月 1 日,《人民日报》就率先创立海外版,目前,除在国内印刷外,还在纽约、旧金山、洛杉矶、东京等 10 多个国外城市印刷,发行到世界 80 多个国家和地区,成为沟通海内外、促进中国与世界交流与合作的纽带和桥梁。上海文汇新民传媒集团的《新民晚报》已经在全球 23 个国家和地区创办海外版。天津今晚传媒集团仅仅用了 6 年时间就在全世界六大洲十座著名城市创办了10 个《今晚报》海外版,海外总发行量 30 余万份。期刊集团也加紧了海外扩张的步伐,《知音》杂志创办了《知音·海外版》,在北美市场和台湾地区市场出版发行,并逐步拓展到港澳地区以及其他华人集中的国家。《中国国家地理》杂志社通过版权转让,2003 年在日本东京出版了日文版。《中国新闻周刊》2007年在日本创办了《中国新闻周刊》日文版,通过日本五大发行公司进入日本

25000 多家书店、便利店、地铁站和书报亭销售。

（2）广播影视产品出口成果显著，出版物对外贸易进展明显。中央人民广播电台、中央电视台及北京、上海、江苏、浙江等省市广播电台、电视台自行制作或与境外电台、电视台联合制作大量节目和电视剧，并通过交易、交换等形式将节目输出到海外（主要是欧美、东南亚、韩国、澳大利亚、新西兰等国家和香港、台湾地区）。一些国有、民营节目制作公司每年也生产制作部分影视剧并销往海外。

图书出版的"走出去"战略迈出重要步伐，每年转让图书版权 2000 余种，版权贸易结构逐年改善，由图书版权贸易逆差高峰时的 15：1 降低到 2006 年的 6：1。此外，出版物出口渠道也不断多元化，从最初的国有单位独家经营，现在已过渡到民营、外资企业一起参与。尤其在发行领域，已经在北美、欧洲、亚洲一些国家设立了多个中文书店或图书进出口分支机构，中国青年出版社 2007 年成立的伦敦分社，成为中国在英国注册的第一家以出版英文图书为主的专业出版社。①

（3）积极开拓境外及港澳台地区商业演出、商业展览市场。近年来，我国的杂技、武术、京剧、芭蕾舞、民乐、交响乐、地方戏剧、木偶、文物展览、工艺品展览纷纷通过商业渠道走向国际文化市场，市场主要集中在美国、加拿大、德国、法国、日本、韩国、澳大利亚及港澳台地区。经过多年的市场锤炼，杂技、文物已成为我国对外开展商演、商展的拳头产品，在境外及港澳台地区拥有了大批的消费者。

2. 我国文化产业和服务"走出去"获得的宝贵经验

（1）政府在文化产品和服务"走出去"工作中始终起着主导作用。多年以来，文化产品"走出去"一直是我国对外文化工作的重要内容，无论是对外文化演展、电视频道落地，还是电视节目、影视剧、图书报刊的出口，文化、广播电视、新闻出版等宣传文化部门都作为重要任务，充分发挥了主导作用。

对于政府部门而言，扶持和鼓励优秀出口文化企业的成长，是实施文化"走出去"战略的关键一环。近年来，为培育涉外文化企业，文化部等国务院有关部门先后出台了一系列的政策措施。2004 年，文化部下发《关于促进商业演出展览文化产品出口的通知》，制定《国家商业演出展览文化产品出口指导目录》；2006 年，文化部会同财政部等八个部委共同制定了由国务院办公厅转发的《关于鼓励和支持文化产品和服务出口的若干政策》；2007 年，文化部与商务部等六部委共同制定了《文化产品和服务出口指导目录》，并确定了文化出口重点企业、重点项目。除了制定政策扶持文化企业参与国际竞争之外，文化部

---

① 数据来自张晓明、胡惠林、章建刚：《2008 年中国文化产业发展报告》，以及崔保国、张晓群：《2008 中国传媒产业发展预测》，《新闻与传播》2008 年第 6 期。

对优秀出口文化企业、优秀出口文化产品和服务项目予以奖励。[①]其目的就是为了打造一批具有国际市场竞争力的外向型骨干文化企业,培育一批实力雄厚的对外文化交流中介机构和文化经纪人,同时在文化产品的创作研发、节目编排、市场开拓、宣传推广等各个环节,给予必要的政策和资金支持,经过几年不懈的努力,在政府部门的大力主导和鼓励扶持下,培养一批具有一定经济实力和品牌效益、在国际上具有较强竞争力的涉外文化企业和文化产品。

(2)借助多种渠道实施文化产品和服务"走出去"战略,利用多种方式推动文化产品和服务进入海外市场。文化系统积极鼓励扶持各类艺术品种通过民间商业渠道开展文化交流。近年来,通过民间渠道派往境外的商业性演出和展览团组迅速增加。新闻出版系统利用全国现有的30多家图书进出口公司、出版社以及民营书店、网上书店扩大书报刊出口,占领海外中文书刊市场。各部门充分发挥展会平台的作用,在境外的各种艺术节展上,中国文化产品的影响力和吸引力越来越强,境内的北京国际图书博览会、中国(深圳)国际文化产业博览会等文博会展活动越办越好,海外影响逐步扩大。

另外,通过借船出海,中央电视台和上海、广东、湖南等省、市电视台部分频道的节目在美、欧、澳等洲及东南亚部分国家和地区成功落地。一些出版社从单纯的图书贸易和版权输出逐步发展到与国外出版社合作,直接在海外出版发行;一些演出公司与海外一流演出机构成立股份制公司,双方共同投入、共同运作。

四、存在的差距及其产生的原因

尽管我国文化企业纷纷走向世界市场,文化产品和服务也取得了可喜的积极成果,获得了宝贵的经验,但文化产品和服务"走出去"依旧步履维艰。从总体形势看,我国的文化产品进出口仍然存在着巨大的贸易逆差,文化产品还难以打入发达国家的主流市场。

1.文化企业的整体实力不强,文化产业竞争力较弱

目前我国的涉外文化企业,一部分是由原先的文化事业单位转制而来,正处于调整适应期,企业基础较弱,经济规模较小,市场引资能力很差,还无法对文化产品进行深度开发和大规模的国际市场推销;另一部分是近几年来随着国家政策的逐步放开新成立的民营文化企业,对外文化贸易人才缺乏、经验不足。因此,我国涉外文化企业要走出国门参与激烈的国际市场竞争还需要一个很长

---

①《文化走出去战略中的政府作为——访文化部文化产业司司长王永章》,www.ccdy.cn。

的培育成长过程。

在长期的国际市场角逐中,美国及其他一些西方国家的大型跨国公司,积累了非常丰富的经验和雄厚的实力,我国文化产业在竞争中始终处于劣势。以美国为例,好莱坞的大公司既有一套工业化的节目制作机制,又有一套商业化的发行机制,其资金优势和人才优势更是无与伦比。他们的发行渠道已经遍布世界各地,形成了一个编织紧密的网状结构。此外它还可以凭借强大的美国经济和外交开拓国际市场。全世界放映的电影中有80%是好莱坞制作的,而美国国内市场上外国电影的市场份额仅为1%,我国的文化产品更是无法进入其主流市场。

2. 文化对外贸易范围不够广泛,结构不尽合理,贸易逆差较大

我国对外贸易市场主要集中在美国、加拿大、德国、法国、日本、韩国、新加坡、澳大利亚等国家及港澳台地区,而中南美洲、非洲及亚欧大部分国家和地区还鲜少涉及;在出口的产品中,50%以上是游戏、文教娱乐、体育设备及器材等硬件产品,而文化内容和文化服务的出口还是一个薄弱环节。文化软产品多为影视音像制品、图书和作为表演艺术的杂技、魔术、音乐歌舞等,其他品种则往往因为地域性太强、国际认同感差而很难"走出去"。

从文化贸易的状况看,文化贸易进口尤其是国外知名文化品牌输入后可获得高额回报,而我们输出的文化产品和服务则获利低微甚至无利可获。2001年,"世界三大男高音"来北京演出,仅出场费用就高达几百万美元,一些欧美音乐剧和交响乐团来我国演出的最高单人票价也近5000元人民币,而我国最受欢迎的涉外艺术表演——杂技在国外每场演出仅能拿到1000~6000美元,全国还有约一万名杂技从业人员为海外马戏团"贴牌打工"。

我国目前还缺乏能够占领国际市场的文化产品,尤其是被人们广为接受的品牌性产品。如何将我国五千年的优秀传统文化转化成为对外文化贸易的资源,以其民族性和独特性抢占世界市场,找准中外文化交流的对接口,以我们的"供"对接上国际市场的"求",从而扭转文化贸易逆差严重的态势,还任重而道远。

3. 政府部门对文化"走出去"的支持力度尚待完善,有关部门的统筹、协调和指导力度不够

近年来,政府部门在文化"走出去"过程中发挥了强有力的主导作用,也逐步加大了扶持和鼓励文化企业发展的力度,但是对外文化贸易的政策扶持体系尚待完善,在资金补助、税收减免、出口奖励等方面的支持力度有待加强。在资金方面,文化企业无形资产较多,实物资产较少,这样的资产结构使得文化企业很难从银行贷款,制约了文化企业的发展、困扰了文化产品和服务的出口。许

多企业感到"走出去"前期推广宣传费用高、综合运作成本大,而资金筹措困难重重。文化、广电、新闻出版部门也曾就文化产品出口提供过资金补贴,但经费十分有限,不能从根本上解决问题。在税收减免方面,近年来,文化产品出口退税率越来越低,如图书报刊,由17%降到13%,之后又降到11%,电影、音像制品出口退税率由17%降到13%。在激励方面,对做得好的企业或项目,奖励力度还不够,另外,成熟的奖励机制也没有形成。

有关部门的统筹、协调和指导力度不够导致各行业、各文化单位各自为政,未能形成整体合力,甚至还存在一定程度的恶性竞争现象。一些演出团体为争得演出合同,不惜竞相压低演出价格,使得我国对外演出市场价格不断走低。出版单位之间在出版物出口时也互相压价,在版权进口上互相抬价,缺乏必要的行业规范和自律,致使出版物出口价格不断下降,版权进口费用上升,企业利润空间减少。

4. 中介机构数量少、规模小,缺乏真正意义上的以专营中国艺术为主的国际展演经纪机构和经纪人

随着我国社会主义市场经济模式的确立,文艺展演活动逐步由政府部门统一规划组织转为市场模式,文化展演经纪机构和经纪人应运而生。文化经纪机构和经纪人,作为以商品形式参与流通的文化艺术品(包括文艺演出)产销双方的中介,在演出、艺术品、文物、影视、出版、文化娱乐等文化艺术经济活动中,以收取佣金为职业收入手段,从事居间、行纪、代理等中介业务,是市场经济发展的必然产物,也是文化市场发展的必然产物。[1]

然而,中国的文化经纪人很少。各地各种不同形式的演出公司也不是严格意义上的文化经纪人,其经营活动一般按计划经济体制运作,不少地方的演出公司还集经营权与管理权于一身。因此,在这一新兴的行业里,真正高素质的经纪人才还相当少,而能够参与到世界文化市场,以专门经营中国的文化艺术为主的国际展演经纪机构更加缺乏,懂外语、懂文化、会经营,熟悉国际文化市场运作规律的复合型人才更是十分匮乏。

五、走向世界文化市场的对策

针对我国文化产品和服务出口数量较少,国际文化市场竞争力较弱,而我国丰富的文化资源和广阔的文化市场却尚未得到科学开发利用的情况,中央十分重

---

[1]　王能宪、康式昭:《关于文化经纪人问题的思考》,http://www.ccmedu.com。

视,2005 年、2006 年、2007 年连续下发和制定《关于进一步加强和改进文化产品和服务出口工作的意见》《关于鼓励和支持文化产品和服务出口的若干政策》和《文化产品和服务出口指导目录》,提出我国鼓励和支持文化产品和服务出口的具体政策。由江蓝生、谢绳武主编,张晓明、胡惠林、章建刚执笔的《2008 年中国文化产业发展报告》中也辟出专章分析和解读了这些政策实施的细则。[①]

1. 加快国有文化企事业单位改革步伐,鼓励、支持和引导非公有制文化企业扩大产品和服务出口

(1)国有文化企事业单位要创新体制、转换机制、面向市场、增强活力,进一步深化体制改革。加快出版、影视制作、演艺等经营性国有文化事业单位转制和文化企业改制的步伐,完善法人治理结构,建立现代企业制度。创造有利条件,推动发展潜力较大的文化企业优化资源配置,提高生产创作能力,扩大企业规模,尽快形成一批出版、发行、影视、演艺等大型文化企业和企业集团。按照集团化、系统化,网络化、专业化目标培育文化营销企业,发展市场中介机构,积极开展国际市场调研、咨询和营销业务,增强我国文化产品和服务在流通领域的实力和国际竞争力。鼓励有条件的文化企业和企业集团依法获得文化产品和服务出口经营资格,在境外投资、注册公司,积极开展跨国经营,成为在国际文化市场具有较强竞争能力的文化企业和企业集团,在拓展国际文化市场、促进文化产品和服务出口中发挥主力军作用。

(2)创造平等的市场环境和良好的政策环境、法制环境,充分发挥非公有制文化企业在文化产品和服务出口方面的积极性和主动性。鼓励和支持符合条件的非公有制文化企业依法获得文化产品和服务出口经营资格,从事书刊、影视音像制品、艺术品、文艺演出等文化产品和服务的出口业务。扶持一批发展方向正确、经营机制灵活、市场前景广阔、管理规范的非公有制文化产品和服务出口企业。组建国有资本、集体资本、非公有资本等参股的混合型文化产品和服务出口企业。鼓励符合条件的国内文化企业按照有关规定,积极稳妥地与国际知名文化公司开展合资合作。重视对各种文化产品和服务出口资源的发掘和运用,调动社会团体和个体文化经营者的力量。实现投资主体多元化,逐步形成以大型国有文化企业和企业集团为主体、非公有制文化企业等各方面力量积极参与的文化产品和服务出口工作格局。各种所有制文化企业均可从事国家法律法规允许经营的文化产品和服务出口业务,并享有同等待遇。

---

① 江蓝生、谢绳武主编,张晓明、胡惠林、章建刚执笔:《2008 年中国文化产业发展报告》。

（3）加强政府部门对文化产品和服务"走出去"的指导和服务,力争为文化产品和服务"走出去"营造良好外部环境。有关部门要改变或废除那些与形势发展不相适应、不利于文化产品和服务出口的规定和做法,制定鼓励文化产品和服务出口的相关政策,修订与文化产品和服务出口有关的法律法规,依法规范对外文化产品和服务的出口工作。各地综合执法机构认真做好文化市场的清理整顿工作,打击盗版活动,有效阻止文化产品非法流出我国,进入国际市场。

（4）鼓励文化企业在境外设立出版社、广播电视网、出版物营销机构等,商务主管部门在促进、扶持、保障、服务、核准等方面为境外投资提供便利。支持广播电视在境外落地,鼓励文化企业在境外购买媒体播出时段,开办广播电视频率频道,鼓励符合条件的文化企业开展对外劳务合作,文化主管部门在资质评估、信息咨询、考察市场等方面给予支持。

（5）商务、文化、外交、对外宣传等主管部门要加强统筹协调,加大文化产品和服务开拓国际市场的力度,通过在境外组织综合性的中国文化产品和服务出口展览会和经贸洽谈活动,或参加综合性的国际服务贸易展览会,扩大中国文化产品和服务的国际影响力,树立良好的国际形象。有关政府部门的网站设立文化产品和服务出口相关网页,定期对外公布具有出口资质的文化企业名录和企业法人名单,介绍我国文化产品和服务出口相关信息。支持文化企业在海外积极应诉知识产权纠纷,及时提供海外法律、知识产权等方面的咨询。

（6）对从事文化产品和服务出口的文化企业销售人员、演出人员,简化因公出境审批手续,实行一次审批、全年有效的办法。海关为文化产品和服务出口提供通关便利。外交、公安、商务、文化、海关、广电、新闻出版等有关部门对各类"走出去"活动和工程在项目审批、出入境管理等方面给予支持和保证,做到简捷便利、提高时效。

（7）鼓励和支持文化企业在自愿的基础上注册成立产业协会性质的文化产品和服务进出口商会,研究有关国家文化市场和政策环境,充分发挥商会维护会员权益、维护市场秩序的功能。成立全国性的文化产品和服务出口联盟,在商务、文化主管部门的指导下,整合企业力量,扩大对外宣传,加强行业自律,帮助企业开拓海外文化市场。

2.帮助企业解决出口资金短缺问题

（1）中央和省级宣传文化发展专项资金、文化走出去专项资金,要加大对文化产品和服务出口的支持,奖励开发国际文化市场成绩突出的企业,资助电影和音像制品的翻译、外文配音和字幕的打印制作、重点出口图书的翻译,对境外商业性演出人员和道具的国际旅运费、参加境外博览会的场馆租金可给予一定补贴。对参加境外文化节的文化单位,根据情况给予经费资助。利用中央外贸发展基金支持文化产品和服务出口。利用中小企业国际市场开拓资金支持文化企业在境外参展、宣传推广、培训研讨和境外投标等市场开拓活动。按照现行援外管理规定,从援外资金中安排专门预算,推动文化产品和服务出口。各级财政部门可通过财政贴息支持银行贷款、支持中小企业开展国际市场调研等市场开拓活动。

(2)中国进出口银行、国家开发银行等政策性银行把文化产品和服务出口纳入业务范围。对列入《文化产品和服务出口指导目录》的出口项目和企业,给予相应优惠政策,需要银行贷款的,可提出贷款申请,银行按规定积极给予贷款支持。

(3)在税收优惠方面,对企业在境外提供文化劳务取得的境外收入不征营业税,对企业向境外提供翻译劳务和进行著作权转让而取得的境外收入免征营业税,对在境外已缴纳的所得税款按现行有关规定抵扣。对从事广播影视节目在境外落地的集成播出企业,从境外取得的收入免征营业税。

(4)在出口信用保险支持方面,鼓励从事出口信用保险业务的保险机构积极开发相关险种,支持文化产品和服务出口。

3. 完善文化产品和服务出口表彰奖励机制

(1)对出口规模较大、出口业务增长较快的文化企业,对积极引进我国版权的国外文化机构和企业,对将我国文化产品推向海外市场作出贡献的国内外媒体、中介机构和友好人士,应当加大表彰和奖励的力度。

(2)支持出版集团公司和具有一定版权输出规模的出版社成立专门针对国外图书市场的出版企业,经批准可配备相应出版资源。出版企业对海外的版权输出,可以根据实际输出版权数量给予相应的支持和奖励。

4. 加强人员培训和人才培养,建设一支文化产品和服务出口工作队伍

文化、教育、外宣等部门要通力合作,与商务部门联合举办各种形式的学习班、辅导班、研究班等,提高对外文化工作者的综合素质和业务水平,使他们掌握必备的经济、商贸、文化、法律和国际惯例等方面知识和提高相应的外语能力。配备文化产品和服务出口管理部门、重要国有对外文化企事业单位的干部,要突出经营水平和外语能力的考核。加强对外汉语教师的培训。选择一些重点院校作为文化产品和服务出口专门人才的培养基地,增加人才储备。注意从海外学成归国人员中选用专业人才,做到人尽其才、才尽其用。

第七章 文化产业的生产与营销

提示

目前，国内有四万亿到五万亿的文化消费市场需求总量。这给我国文化产业的生产与营销带来了极大的发展机遇。本章对文化产业的生产与营销环节进行研究，分析总结其生产要素、生产类型、生产过程、生产模式，评判文化创意与文化策划的发展状况，探讨文化产业运行体系与企业管理，解剖文化产品营销的种种方式，并对文化产业领域的行业协会和企业自律展开论述。

生产要素与生产类型

生产要素是维系国民经济运行及市场主体生产经营过程中所必须具备的基本因素,是经济学中的一个基本范畴。现代西方经济学认为,生产要素包括劳动力、土地、资本、企业家才能四种。实际上,随着科技的发展和知识产权制度的建立,技术也作为一种相对独立的要素投入生产。这些生产要素进行市场交换,形成各种各样的生产要素价格及其体系。

生产类型是指产品生产的专业化程度。划分生产类型的标志一般包括产品的使用特征、产品的形态、产品的工艺特征、产品生产的重复性和稳定性等。不同的生产类型,都有与之相适应的生产经营管理模式和管理信息系统的解决方案。因此,分析文化产业生产类型的特点,也是研究文化产业生产与营销的出发点。

一、文化产业的生产要素

生产要素指进行物质生产所必需的一切要素及其环境条件。一般而言,生产要素至少包括人的要素、物的要素及其结合因素。由于生产要素是发展文化产业的前提和基础,因此,分析和探讨生产要素也是考察文化产业竞争力的基础。根据经济学中对生产要素的分析,结合文化产业的特殊性,我们把文化产业的生产要素分为四个方面,即人力资源、文化资源、资本资源和基础设施。

1. 人力资源要素

文化产业离不开强大的人力资源支撑,如何进行文化产业人力资源的开发管理,并为我国文化产业的可持续发展提供合格的专门人才,是摆在我国文化产业界的重大课题。具体而言,文化产业的人力资源包括人口总数、城市人口数量、成人识字率、大学生毛入学率等。同时,我国文化产业的发展也对人力资源有更高的要求:首先是文化产业对人的文化素养的要求——文化产品是以文化为内涵的产品,具有前瞻性、创新性的特点,这种产业特点要求文化产品的生产者自己要有较高的文化修养,否则就无法进行文化产品的生产和创造;其次是文化产业对文化经营能力的要求——文化产业是一种市场行为,文化产品要通过成功的市场交换才能实现自己的价值,因而需要文化产业的生产管理者对文化产品的策划、设计、生产、销售过程进行经营,这就需要文化产业的经营型人才。

日前我国文化产业人力资源存在许多问题,总体说来就是总量偏少,结构失衡,分布不均,缺乏懂经营会管理的高水平人才。从业者文化知识层次偏低,专业艺术类、行政类出身较多,而管理类出身人员所占比重过小。文化产业人才匮乏,已成为制约文化产业发展的最大瓶颈。

2. 文化资源要素

文化是人类经济活动的反映和表现,是人类所创造的物质财富和精神财富的总合。从全世界来看,开发利用文化资源已经成为当今文化产业的一种普遍模式,是各地发展文化产业的主要途径。文化资源的产业化,是由社会生产力的发展和公众消费需求的演化决定的,其特征是以产业为手段来发展文化事业,通过进行生产经营,为社会提供文化产品和文化服务,以满足人民群众日益增长的物质和精神文化生活需求。

文化资源的开发利用不能仅仅从经济利益上考虑,更要贯彻以保护为主的原则。所以,要正确处理好文化资源保护与开发利用的关系,促进文化资源的可持续发展利用。

3. 资本要素

文化产业是我国社会主义市场经济的重要组成部分。要想使文化产业迅速得到发展壮大,就必须遵循经济规律,调整结构,组建文化产业集团,寻求规模效益,而这些仅仅靠企业自身盈利的积累发展显然是不够的,必须借助于资本经营。

资本经营是同生产经营相对而言的。生产经营是指生产与买卖产品的经营。而资本经营则是指通过买卖资产,实现企业资本的保值增值,包括兼并与收购和股市上市等资本运行等等。从经济学的角度来说,一个产业如果能进行资本运作,就可以使整个产业形成资源灵活流通的市场,提高整个产业的资源配置效率,促进分配公平。从世界范围内来看,一个成熟的文化产业市场不仅包括高度发达的产品流通市场,还必须包括发达的资本市场。

从国家政策上看,资本市场是金融市场的一部分。党的十七大报告首次重视资本市场体系建设:"推进金融体制改革,形成多种所有制和多种经营形式结构合理、功能完善、高效安全的现代金融体系。"2012 年国家又出台了文化产业与金融资本融合的具体指导意见。可见,中国在改革开放 30 年之后,战略重点已从简单的完善商品市场向健全金融市场体系转变。建立高效率、低风险的资本市场已经成为全民奔小康的主战场、国家和平崛起的基石。文化产业作为我国国民经济的一个重要组成部分,当然责无旁贷。

文化产业能够进行良性的资本运作,实际上就产生了一种良好的财富再生体制,也就是拥有了一种财富积累上的可持续发展能力。以凤凰卫视为例,2000 年 6 月 30 日,凤凰卫视在香港上市,融资 9 亿多港币。凤凰卫视从开播到上市只用了 1500 多天,在国际上极其罕见。凤凰卫视的股权构成也耐人寻味,默多克旗下的香港卫星和刘长乐控股的今日亚洲各控股 37.6%,中国银行旗下的华颖国际拥有 8.7%。凤凰卫视经过几年在资本市场上的风风雨雨,已经成为华人电视媒体的典型。目前从凤凰卫视布局看,频道格局、业务模式、赢利模式已经成熟。

我国大陆文化企业由于其经营活动往往涉及意识形态、宣传教育等方面,作为大众媒介,负有重要的社会责任,所以受国家相关政策的限制,与其他企业相比,其上市更为复杂、困难。正由于此,目前在沪、深两个证券交易所上市的文化企业只有几十家,而且多数还是通过收购上市公司买壳上市的,或是通过投资、收购相关资产转入文化产业的。国内实现 IPO 上市的媒体股主要有上海市广播电视局下属的"东方明珠",湖南省广播电视厅下属的"电广传媒"和中央电视台下属的"中视传媒"等十几家。

文化产业的资本运作对我国文化产业提出了更高的要求,也要求国内从事文化产业的相关企业要学会在更高的层面上应对资本和金融风险。兼并与收购就是把企业当作一种商品来买卖。特别是进入 21 世纪以来,兼并与收购成为现代企业发展战略中非常重要的战略之一,更是企业持续发展、进一步做大做强的必然选择。但是,据对全球众多的兼并与收购案的统计,只有大约 35% 至 40% 的并购可以达到预定目标,也就是说有将近 70% 的并购交易是失败的。

古典经济学认为,竞争会带来生产效率的提高,而在实践中常常并非如此。2000 年,美国在线并购时代华纳,一年后并购完成,组建了世界传媒业和娱乐业的超级航空母舰美国在线 – 时代华纳公司。而现在看来,美国在线与时代华纳的并购已经从"令人羡慕的美满婚姻"变成了"最为失败的结合"。美国在线在合并之前股价最高达到每股 220 美元,合并后 2002 年则下跌到每股 10 美元左右。而如今美国在线已经成为了时代华纳集团下的一个分公司。竞争、垄断、集团化的后果是什么,在自由竞争的平台上,文化企业如何保证让自己获得最大的利益,这是最值得我们思考的。

4.基础设施

基础设施是指为社会生产和居民生活提供公共服务的物质工程设施,是用于保证国家或地区社会经济活动正常进行的公共服务系统。它是社会赖以生存发展的一般物质条件。"基础设施"不仅包括公路、铁路、机场、通讯、水电煤气等公共设施,即俗称的基础建设,而且包括教育、科技、医疗卫生、体育、文化等社会事业,即"社会性基础设施"。

在现代社会中,经济越发展,对基础设施的要求越高。完善的基础设施对加速社会经济活动,促进其空间分布形态演变起着巨大的推动作用。建立完善的基础设施往往需较长时间和巨额投资。对新建、扩建项目,特别是远离城市的重大项目和基地建设,更需优先发展基础设施,以便项目建成后尽快发挥效益。

加强文化基础设施建设,是一个地区、一个城市文明程度的重要体现,是塑造城市形象、提升城市品位、体现人文精神的重要标志。健全的文化基础设施,对建设社会主义先进文化,培养和提高人民群众的文化道德素养,推进经济社会的全面进步以及加强未成年人思想道德建设都具有十分重要的意义。改革开放以来,我国公益性文化基础设施建设取得了飞速的发展,建设了一大批具有标志性意义的文化设施,在推进两个文明建设中发挥了极其重要的作用。但还应看到,同建设社会主义先进文化的要求相比,目前文化产业的基础设施还存在着一些问题,制约着文化事业的发展。

首先,文化基础建设滞后,文化设施落后。由于建设水平低,在很多地区存在着文化基础设施面积小、规模小、内部设施设备落后等问题,部分县(市、区)图书馆、博物馆、文化馆等文化基础设施建设还没有完成,群众缺乏活动场所,制约着文化产业的正常发展,给建设先进文化带来阻力和困难。

第二,经费不足,投入不稳定。文化基础设施建设投入没有纳入国民经济发展的总体规划中,受各方面因素影响较大,没有形成稳定的渠道和长效的机制。一些基本投入还在低水平上运行。

第三,功能发挥不明显。由于没有稳定的经费保障机制,以及建设规模小、设备水平差等问题,很多公益性文化设施功能得不到充分发挥,很难吸引广大群众来参加各类文化活动。尤其是未成年人,求知欲很强,知识更新也快,在公益文化设施不能满足他们需求的情况下,就会选择进入到网吧、游戏厅、歌舞厅中,影响其健康成长。

针对目前我国文化基础设施的现状,需要做好以下几个方面的工作:

第一,建立健全公益性文化基础设施投入的稳定渠道和机制,将文化基础设施建设纳入到经济社会发展的总体规划中,完善我国的资本市场,健全直接融资渠道,有效筹集文化事业资金。

第二,大力促进公益性文化基础设施建设水平的全面提高。加强对现有设施、设备的改造,提高文化基础设施的档次水平,使文化基础设施规模档次和服务功能全面升级。

第三,高度重视文化基础设施功能的发挥。充分发挥文化基础设施的功能,使人民群众活动有场所,满足群众文化生活的需要。公共图书馆要积极扩展图书馆的阅览空间,因地制宜地建立青少年图书室、阅览室,并增加采购未成年人图书的投入。艺术馆、文化馆要建设专门的少儿文化活动场所,为开展各类少儿艺术活动提供设施保证,确保能为未成年人提供有效的活动空间。

二、文化产业的生产类型

文化产业历经不同时代的演变,发展形式差异很大,各个国家依据本国的消费思潮及文化资源特色,对文化产业类型的整体框架及个别分类进行界定。政府在发展文化产业时以此类推,设置各地区的产业门类。但可以预料到的是,各地会因各种条件限制,不能完全符合国家的文化产业整体框架要求,国家所制定的总体发展规划也无法和本地实际情况一一对应。

文化产业的精髓在于以地方为基础,服务地方,发展地方,形成地方特色、地方品牌。因此,本书从政府决策角度,将文化产业依据地区发展特性分为大都市文化产业及地方文化产业两大类。

1. 大都市文化产业

大都市文化产业是指文化产品生产与消费结构需要依赖大都市全球化、国际化的商业服务设施及大众媒体的宣传,才能发挥其经济功能的文化产业,就其产业特性可划分为"大众消费文化产业"和近期各国作为都市再生策略主动力的"文化设施产业"两类。这两类都可以塑造全球性的文化资本流动及跨国的观光人潮。

(1)大众消费文化产业。这种文化产业形式,视文化产品为一种创造经济价值的交易商品和适合家居生活的日常消费品,如意大利米兰的流行服饰、法国巴黎的化妆品及美国电影、视听等文化产品。

以美国电影为例。美国电影无论从政治上、文化上,还是从商业的角度来讲,其价值都是无法估量的。好莱坞电影有意识地用并不复杂的叙述手法来迎合大众的共同要求,使其能够满足各种观众的口味,无论何种民族、何种教育程度的人都能看懂。最终好莱坞电影成为理想的出口产品,得以向全世界传播美国的生活方式和价值观念。可以想象,美国电影将对那些经常在银幕上看到美国生活方式、美国服饰和美国旅游方式的人们产生重大影响。

当我们在观看电影,感受美国文化的魅力时,不得不意识到:美国主流电影不仅使全球的观众对美国出口的视听大餐心神向往,而且其在炫耀美国强大的综合国力以及输出美国的意识形态和美国文化方面起着不可忽视的作用。正如美国前总统伍德罗·威尔逊所述,"电影的层次已经达到了传播大众思想的最高境界"①。美国电影不仅要输出美国的商品,更要输出美国的文化。为达到这一目的,他们通过西部片制造美国神话,利用科幻大片向全球传播美国意识形态,急剧地加速世界的美国化进程,以实现"美国的世纪"的寓言。②

(2)文化设施产业。文化设施产业主要以文化设施建设及文化活动开展为主,目的是带动都市经济再生。

文化设施的建设对象包括歌剧院、美术馆、展览设施、会议设施、体育设施等,以欧美国家于20世纪末在城市中心开始的文化旗舰开发和文化及娱乐特区、剧院特区、文艺广场、美术馆、会议中心建设等为典型。

文化活动中最重要的是会展业和体育产业。会展业在本质上几乎是一个"免费"的商品,也就是说游客只是消费,而不能从当地经济中带走什么,故称为单向性消费经济,一般被描述为"无烟工业",是欧美国家运用于都市再生策略的主要工具之一。

体育产业则是近年来大都市积极发展的产业,它们建设大型体育设施及相关娱乐设施,争取国际性的体育活动,并带动地方经济发展,提升国际地位。如西班牙的巴塞罗那、澳大利亚的悉尼、希腊的雅典、中国的北京都相继争取到奥运会举办权。如今体育不仅仅是一种竞技比赛,更成为一种经济的较量。足球、篮球、网球、拳击、高尔夫球和F1一级方程式赛车等热点职业竞技赛事,成为当今体育产业的翘楚。体育文化消费已成为现代人生活中的一个重要组成部分。

2.地方文化产业

地方文化产业是指运用并生产具有地方特色文化的产业,也是将地方生

---

① 马修·夫弗雷泽著:《软实力》,刘满贵等译,新华出版社2005年版。
② 江晓雯:《当代世界电影文化》,中国电影出版社2004年版。

活、生态以及生产的文化等加以发挥应用而形成的产业,这是大多数地方政府要发展的文化产业类型。地方文化产业,都为当地创造丰厚的观光文化收入。这种产业具有地域原生态的特点,并呈现出特色文化的特殊性、稀有性、个性化,如中国苏州园林、意大利威尼斯水都、埃及金字塔等。

以我国的苏州园林为例,苏州古典园林的历史可上溯至公元前 6 世纪春秋时吴王的园囿,私家园林最早见于记载的是东晋的辟疆园,历代造园兴盛,名园口多。明清时期,苏州成为中国最繁华的地区之一,私家园林遍布古城内外。16~18 世纪全盛时期,苏州有园林 200 余处,现在保存尚好的有数十处,并因此使苏州素有"人间天堂"的美誉。

苏州古典园林的重要特色之一,是它不仅是历史文化的产物,同时也是中国传统思想文化的载体。表现在园林厅堂的命名、匾额、楹联、书条石、雕刻、装饰,以及花木寓意、叠石寄情等,不仅是点缀园林的精美艺术品,同时储存了大量的历史、文化、思想和科学信息,物质内容和精神内容都极其深广。其中有反映和传播儒、释、道等各家哲学观念、思想流派的;有宣扬人生哲理,陶冶高尚情操的;还有借助古典诗词文学,对园景进行点缀、生发、渲染,使人于栖息游赏中,化景物为情思,产生意境美,获得精神满足的。而园中汇集保存完好的中国历代书法名家手迹,又是珍贵的艺术品,具有极高的文物价值。另外,苏州古典园林作为宅园合一的第宅园林,其建筑规制又反映了中国古代江南民间起居休亲的生活方式和礼仪习俗,是了解和研究古代中国江南民俗的实物资料。

近年来,苏州的园林建筑艺术逐渐向海外传播。美国纽约大都会艺术博物馆的明轩,是以苏州网师园的殿春簃为蓝本移植的;加拿大温哥华市中心公园内的中园,是按照苏州明代园林的式样兴建的。这说明苏州传统的园林建筑艺术正在发扬光大。而苏州市的拙政园、网师园、留园、环秀山庄、沧浪亭、狮子林、艺圃、耦园、退思园等 9 家园林已被联合国教科文组织列入世界文化遗产,标志着苏州园林已走向世界。

(1)地方传统工艺文化产业。地方传统工艺文化产业是由地方自然环境和社会资源经历长时间孕育出来的,是带有文化生活导向的产业。传统工艺美术,是中华民族优秀文化的一部分,也是当代产业和文化的一部分,它既是历史的活化石,又是当代生活的一种艺术形式。我国有着悠久的工艺美术发展历史,世代相传的手工艺技艺人员,用自己的双手创造出了无数精美的工艺品,如陶瓷、青铜器、玉器、漆器、刺绣等,这些工艺品是我们民族文化的载体、艺术智慧的象征,是中国人民对世界文明的伟大贡献。因此,现今传统工艺产业的传承与再发展应把文化生活作为产业发展的基础,产业的延续应具有传承地方文化生活的功能,如此方能确保永续经营产业的根本,而如何在现代生活中找到传统工艺产业保存与活化的操作模式,将是一大挑战。

1997 年 5 月,国务院颁布了《传统工艺美术保护条例》,从法律和法规的层面对传统工艺美术的保护提供了保障。《传统工艺美术保护条例》提出:"国家对传统工艺美术品种和技艺实行保护、发展、提高的方针。地方各级人民政府应当加强对传统工艺美术保护工作的领导,采取有效措施,扶持和促进本地区传统工艺美术事业的繁荣和发展。"

(2)地方观光文化产业。地方观光文化产业的发展与地域有着强烈的依存关系,它借助地方的空间资源特色作为卖点,开发其观光经济价值。目前各国基于观光业蕴含的巨大经济价值,文化策略纷纷朝向重视重建具有开发价值的地方遗产。另一种观光文化产业,则是经过促销包装,拓展到各国设立分部,可称为促销式观光文化产业,这种文化产业集合并复制各国文化,配合各项娱乐休闲设施,包装成促销商品,成为全世界的连锁产业,使其迈入全球经济竞争市场,并带动地方经济复苏。如美国迪斯尼乐园在各国成立分部,此外附属的文化产品,如迪斯尼卡通玩偶、DVD 及相关文化产品,更能扩展全球消费市场,带动各地观光经济。

张艺谋的《印象刘三姐》就是地方观光文化产业发展的成功之作。《印象刘三姐》的表演舞台为两公里的桂林漓江水域及十二座背景山峰,构成全世界最大的天然剧场。"山水剧场"坐落在阳朔县城漓江与田家河交汇处,与闻名遐迩的书童山隔水相望。观众席由绿色梯田造型构成,设席位 2000 个,其中普通席位 1800 个,贵宾席位 180 个,总统席位 20 个,180 度全景视觉,可观赏江上两公里范围的景物及演出。《印象刘三姐》启用了目前国内最大规模的环境艺术灯光工程及独特的烟雾效果工程,创造出如诗如梦的视觉效果,剧场音响采用隐蔽式设计,与环境融为一体,并巧妙利用山峰屏蔽及回声,形成天然的立体声效果。

(3)地方文化活动产业。文化活动产业是以文化活动为主体,由政府结合地方文艺团体共同推动实现的。其内容可分为传统和现代的文化活动,通常以常设、永久性的建筑物设施或仅以动态性场所作为展览空间。近年来,各地政府积极推动的各种文化节庆,就是以地方文化活动为主体,包含地方民俗文化活动、文化庆典活动、地区文化展览活动及地方居民集体创作文化活动等等,已成为地方经济振兴及文化生活素质提升的主要动力。

应该指出的是,都市性及地方性两大类文化产业,其内容分类并非完全排斥,各类产业间亦有相关性且交互归属。

第二节　生产过程和生产模式

文化产业的生产过程和生产模式是文化产业最基本的运动形态,也是最基本的理论与政策内容。文化产业的生产过程和生产模式不仅一般地反映了一个国家和地区文化产业发展的现代化程度,而且也深刻地反映了国民经济和社会发展的现代化程度。文化产业组织发育的成熟程度,是衡量文化市场发育成熟性程度的重要标志。分析和研究文化产业的生产过程和生产模式,对于掌握现代文化产业运动和发展的一般关系和基本规律,具有特别重要的意义,同时也是现代文化产业理论与政策研究的重要课题。

一、文化产品的生产过程

进入21世纪以来,随着世界经济全球化和信息科技的快速发展,世界上越来越多的国家开始认识到文化产品对于当代社会经济生活的巨大影响和制约,认识到文化的创造性发展是一个国家进步的源泉,文化多样性发展也是人类文化繁荣的前提。文化政策是整个发展政策的基本组成部分,未来世界的竞争将是文化生产力的竞争。文化生产力的发展已成为21世纪的核心话题之一。

在过去相当长的时期内,我国的文化建设一直是计划经济下国家统一规划、统一领导、统一步调的"事业型"模式。从20世纪80年代中期开始,我国正式采用与世界多数国家一致的核算方式,即用国民生产总值来核算国家经济发展的程度,按第一产业、第二产业、第三产业来划分各个行业。而文化作为第三产业的一个重要部分,开始了由"事业模式"向"产业模式"的重大转变。这场变革从根本上改变了传统的文化观念,将文化与现实经济联系在一起。

现代政治经济学认为,生产过程是工业企业资金循环的第二阶段。在生产过程中,工人借助于劳动资料对劳动对象进行加工,制成劳动产品。因此,生产过程既是产品制造过程,又是物化劳动(劳动资料和劳动对象)和活劳动的消耗过程。文化产品的生产过程既有一般生产过程的特点,又具有文化产品生产的鲜明特点。

1. 文化产品的一般生产过程

(1)文化产业的生产主体。文化产业化成功与否,取决于生产主体能否创造性地将文化与市场结合,充分挖掘文化精神所具有的市场价值。在现代社会,随着国家经济的发展,一个国家文化产业的繁荣和发展,在很大程度上取决于一支品德和能力俱佳的文化产品生产者队伍的建设。文化产品生产者从事精神生产劳动,创造生产出文化产品,满足人们的精神需求和文化消费,理应受到社会的广泛尊重。

中国之所以是有着深厚文化积淀的泱泱大国,就因为在数千年历史中,中国社会从上到下一直有着非常活跃的文化生产者。在上层,每朝每代的皇室贵族都有自己的文人、艺术家、建筑师、医生、戏曲表演者、天象观察家等等一系列专门为他们服务的人才,而且人才济济。中国地域辽阔,又是由多民族组成的国家,在信息流通不畅的情况下,中国的文化创造、创新在每朝每代都会呈现出式样各异、特色鲜明、缤纷多彩的壮观景象。可以说这些人就是古代最早的文化生产者。

(2)文化产业生产的组织。文化产品生产的核心要素是创意性,文化产品由此而获得耐久性和重复使用性。因为文化产品的这种特殊性,所以文化产业的生产组织过程也非常复杂。对于文化产品而言,它是一个多种创意相互作用下形成的合成物或统一体,在其生产过程的不同生产阶段上,与资金的持续投入相伴随的是创意性的持续投入。这些在不同时段上的创意性投入,来自不同的方面,具有不同的技能素质,也对产品的创意性有着不同的理解和贡献,最终构成了文化产品的质量和表现形态。

文化产品生产过程中这种复杂的组织过程进一步加强了文化产业生产的不确定性。以电影产品为例,它需要制片、编剧、导演、演员、摄像、道具、化妆、音响、作曲以及编辑等等,电影编辑过去曾被视为技术人员,而不是艺术人员,而现在被视为对电影具有重大影响的艺术创作力量;技术导演的出现是因为他们更了解电影胶片的特性以及懂得如何才能拍摄出最理想的镜头;艺术导演则替代了原来导演和摄像的一些职能,主要负责灯光和合成等等。决定一个电影产品商业运作的成败有多种因素,有的借助于影星在观众心目中的地位,有的则依靠原作的故事情节。有时仅把一位二流演员换成一流演员,就会使该影片成为一流产品……称职的演员可以引导观众对影片各方面都产生好感,但是,演员是否适合一个角色,并不完全取决于他在大多数观众心目中的形象,更多地是以剧组成员的融洽关系以及相互的配合来达到的。在这个创作团队中,一个成员小小的一个表演差错,就可能大幅度地降低产品的整体价值;反之,每个艺术创作人员素质的稍许提高,都会给产品整体价值带来很大的提升,这种整体价值的提升,有时甚至不能以数学方式来表达。如依据中国古典文学名著《三国演义》所改编的电视连续剧,在许多方面都获得了高质量的成功,但是,该剧开篇词演唱中把"白发渔樵江渚上"之"樵(qiao)"错发为"焦(jiao)"音的低级错误,成为该剧无法弥补的一个明显缺憾。

(3)文化产业生产的管理。文化产业的管理一般可以分为政府机关对文化产业的控制和管理和文化产业行业内部的自我调节与规范。

政府机关对文化产业的控制和管理,主要包括政治、经济两个方面。政治上的监管,主要是由于我国文化产业有相当一部分具有意识形态功能或者道德教化功能,必须坚持为人民服务、为社会主义服务的大方向。如新闻媒体就必须坚持正确的舆论导向,既要宣传好党的路线、方针、政策,当好耳目喉舌,又要反映广大老百姓的利益和心声,实行切实有效的舆论监督,二者缺一不可。经济方面的管理主要表现在监管文化产业部门合法经营,依法纳税,努力提高经济效益。

政府对文化产业的行政监管是一个庞大的社会系统工程,需要政府文化行政管理部门的共同参与、互相配合,切实起到管理监督的作用,避免出现管理真空,导致权力机关管理失效。但是,这种监管一定要转变职能,从"办文化"的传统计划经济管理模式向"管文化"的方向转变,强化指导、协调和监督检查手段,通过制定法规和政策,制定和组织实施行业发展规划,制定和监督执行行业管理法规和规章,制定文化产业政策、经营政策,运用行政命令、行政决定、行政措施、行政处罚等直接手段和经济杠杆等间接手段,对文化产业和服务相关行业的机构及活动实施具体的监督管理,规范文化企业的市场行为,维护文化市场秩序,合理组合文化产业的布局、结构和发展方向。

行政监管和法规规范已经形成了文化产业市场行为规范的主导力量。但是,对于文化产业的管理,除了外加的控制之外,还需要一种行业内部的自我调节与规范,这就是行业的职业道德和自律。文化与新闻宣传等行业建立的各类社团组织在文化产业和服务的发展过程中,起着非常重要的中介作用。这些作用主要表现在:发挥现有文化专业技术人才的作用,使他们的知识、技术、艺术能够更有效地成为文化产品生产的基本要素,并使他们能够以知识产权为股本参与文化企业的经营管理;强化职业自律教育,培训提高从业人员素质;进行各种信用和质量测评、信息收集和咨询,以保证竞争的公平、公正、公开等。随着社会主义市场经济体制的确立和完善,行业自律管理将得到进一步加强。为了加强行业自律,使文化资源真正转化为与现代社会消费相适应的文化产品,应以高校为依托,建立文化产业行业人才培训基地,尽快开设包括文化产品设计、文化产业经营管理、文化产业经纪、文化市场、文化管理等在内的相关专业课程,为行业组织管理培养懂政策、懂经营、会管理、善管理的高级人才。

中国现行文化管理体制和管理模式是计划经济的产物,存在着明显的弊端,不适应市场经济条件下文化产业的发展要求,严重制约着中国文化产业的发展。必须深化文化管理体制改革,不断探索文化产业管理的新模式。在中国这样一个市场经济发展历史不长、商品经济发展水平比较低的国家中发展文化产业,政府强有力的宏观指导和调控力量是不可或缺的。众所周知,中国文化产业的发展还存在诸多需要重视和解决的重大问题,诸如文化产业的组织化、规模化程度低,结构性、功能性缺陷突出,产业各领域关联度低,缺乏真正有竞争力、上规模、上水平的大型文化企业。同时,我国的文化产业和相关产业的企业,缺乏参与国际竞争和合作的经验,不熟悉国际经贸规则,经营管理水平也比较低,文化产业的技术发展和创新能力不足,技术手段和管理手段落后,文化产业发展缺乏要素支撑体系,融资渠道、手段和方法不多,缺乏健全的投融资体系,人才结构也不合理等。这些都制约着中国文化产业的发展。因此,中国文化产业的发展尤其需要政府的宏观指导和支持。

2. 生产过程的鲜明特点

(1)突出精神价值。在文化产品的总价值中,精神内容的价值远大于物质内容的价值。

现实中很多文化产品是非物质性的,它并不是为了满足人们使用上的需要,而是为了满足人们心理和精神上的需要,精神内容的价值远大于物质内容的价值。很多文化产品具有不能批量生产的唯一性和独特性,因此有其不可替代性,不像科技产品那样必须经常更新换代,不论以后的同类产品种类如何丰富多样、科技含量如何高,早先的产品是后代人永远不可超越的。所以很多文化产品的价值不仅有超越时空的广泛认同和保值性,而且随着时间的推移会越来越增值。

根据历史学家研究,西方工业革命以前,中国的 GDP 占整个世界 GDP 的三分之一,是名副其实的经济大国,当时的中国也是一个文化大国。"中国"的英文名曰"瓷器"（China），从西方收藏的藏品和打捞沉船出水的瓷器看，很多瓷器并非单纯是当作手工业产品出口的。西方人注重的并不完全是它们的使用功能，多半注重的是它们的观赏价值，它们的审美性。中国的瓷器和丝绸在那时的西方是奢侈品，是为了满足西方富人的精神享受才大量进口的。所以，说到底，瓷器也好，丝绸也好，它们实际上是作为中国文化的一种载体征服了世界的。中国的名称在西方人眼里，竟然是用一种文化产品来命名的，可见文化产品的精神内容对一个国家在国际上的形象有多么重要。

好莱坞的电影文化就是文化产品精神内涵最形象的代表。2008 年 6 月，美国梦工厂的动画大作《功夫熊猫》征服了中国电影观众，在中国大陆上映 3 天票房进账 3800 万元，而在全球更是斩获了 5.6 亿美元的票房收入。好莱坞梦工厂电影公司此前制作的《埃及王子》《小鸡快跑》《怪物史瑞克》《小马精灵》《帽子里的猫》《马达加斯加》等动画电影大片，在中国上映时都没有像《功夫熊猫》所引发的"地震效应"这么强烈。水墨山水背景、庙会、面条、功夫、针灸、爆竹、杂耍、书法、青砖白瓦、店小二……中国文化元素在电影中表现得淋漓尽致。

（2）突出非物质性特征。精神产品具有耐久性和无限复制性。经济学认为，商品的价值取决于人们对商品的边际需求，与物质产品的生产不同，物质产品越使用其价值越少，最后消失，而精神产品和服务则是越投入价值越能体现。这就是出现球迷、歌迷、影迷的原因。另外文化产品的一个重要特征是无限复制性，文化产品的价值并不是一次使用就消耗完，可以反复使用。比如一位电影迷看到一部优秀的电影后，可能还会走进电影院再看一次，还会购买电影的相关产品等等。

因为很多文化产品是非物质性的，人们需要它并不是为了满足使用上的需要，而主要是为了满足心理和精神上的需要，因此文化产品具有耐久性和不可替代性，不像手机、电脑这类科技产品会经常更新换代。

以中国的古诗为例，一千二百年前，张继进京城赶考，无奈落榜，虽有寒窗十年的悬梁刺股，琼楼宴上却没有他的一个席次。回家途中船行似风，江枫如火，船到苏州，但这美丽的古城，对张继而言是一个触动愁情的地方。这天晚上，他推枕而起，写下《枫桥夜泊》这首诗："月落乌啼霜满天，江枫渔火对愁眠。姑苏城外寒山寺，夜半钟声到客船。"全诗仅仅 28 个字，却流传千古。一千二百年后，已经没有人记得那榜单上曾经出现过的状元是谁，真正被人们记住的名字是落榜者张继。诗韵钟声千载流传，寒山古刹和苏州枫桥因此名扬天下，成为苏州市旅游的核心风景区。每年除夕之夜,中外游人云集寒山寺,聆听钟楼中发出的一百零八响钟声,在悠扬的钟声中辞旧迎新,祈祷平安。据报道,仅仅2008年春节黄金周七天内,寒山寺就接招游客6.9万人。

(3)突出知识、创意的作用。知识资本成为创造文化产品价值的实际推动力。文化产业是一种依靠"文化"的产业,文化产业说到底是一种知识产业,从事文化产业的生产者的个人知识修养,是文化产品价值的实际推动力。在"知识经济"的范畴内,文化产品创造与现在科学技术下的一般商品生产有所不同。文化产品创造在很大程度上不像一般商品那样要依赖集体的力量和完善的现代化的生产设备,文化产品的生产过程是一个人的创作过程,文化产品同时是创作者、策划者的作品。一位诗人的创作只需要一块好砚、一卷宣纸、一支毛笔就可以,优秀的文化产品几乎全靠个人的天赋、才智以至灵感的发挥。许多文化产品带有先验性和超前性,甚至它所具有的精神内涵可以远远领先于它所处的时代,这正是因为文化产品生产并不需要具备现代化的物质条件,可以完全不受时代的限制,只要有较为良好的政策环境,就有可能比其他产业更快地取得飞跃性的发展。

文化产品有着非常深刻的产生印记,几乎每一件文化产品都与创作或策划它的生产者有密不可分的关系。创作或策划者的素养、气质、风格、格调属于他个人的创作方式等等,会形成一种个人魅力,最后成为他被社会所承认的个人品牌,仅仅他的名字和形象就会产生价值,其价值进入市场就会形成高低不等的价格。

目前,我国越来越重视文化产品生产者队伍的培养、造就和建设。2004年起,教育部着手在高校批准设立"文化产业管理"专业,截止到2013年,全国已有300余所高校开设了这类专业,一些专门的文化产业学院也逐渐建设起来。但是我们的专业设置还很粗放和不成熟,比如游戏产业专业,美国有550所高校、日本有200多所高校设立了该专业,只有4000万人口的韩国设立该专业的高校接近300所,直接受到政府扶助的就有106所;相比之下,拥有13亿人口的我国设立该专业的高校仅有300多所,专业教师队伍的素质更是有待提升。再从文化产品生产者队伍占就业人口比例来看,纽约是12%,东京15%,伦敦14%,而北京实际不到5%,更别谈我国的其他城市了。

总体来看,我国的文化产品生产,遭遇了两种窘境:第一,推进我国文化产业发展的启动性资金缺口巨大,使企业特别是民营性文化产品的生产企业举步维艰。因为没有钱,很多项目策划不得被停止、搁置。可是冷静地分析就会发现,并不是国家或者社会没有这笔钱。实际上,仅仅民间就有数万亿元寻找投资出路的游资。重要的是要疏通渠道、加强引导和建立供求衔接的体制。为此,国家应该尽快制定政策法规,倡导鼓励成立各种形式的文化产业基金,并放宽准入门槛。第二,我们的文化产品生产能力不尽如人意,缺少知名企业。我们缺乏像美国的米老鼠、日本的 KITTY 猫那样世界知名的文化品牌,在文化产品的知名度上还相对落后。

(4)突出品牌的作用。品牌是文化产品的第一要素,品牌本身具有现实经济价值。

品牌的英文单词 Brand,源出古挪威文 Brandr,意思是"烧灼"。人们用这种方式来标记家畜等需要区别的私有财产。到了中世纪的欧洲,手工艺匠人用这种打烙印的方法在自己的手工艺品上烙下标记,以便顾客识别产品的产地和生产者。这就产生了最初的商标,并以此为消费者提供担保,同时向生产者提供法律保护。现在一般认为品牌是给拥有者带来溢价、产生增值的一种无形的资产,它的载体是用以和其他竞争者的产品或劳务相区分的名称、术语、象征、记号或者设计及其组合,增值的源泉来自于消费者心智中形成的关于其载体的印象。品牌不是自己能够运作出来的,它一定是消费者认同的。这种被认同的价值是由很多元素组成的,是需要时间的,因为这不是一个简单的利益价值认同,是通过公关等手段塑造出来的,也是别人心理情感的价值认同。

在发展文化产业的进程中,建设品牌项目并进行推广,不仅是实施文化产业发展的具体策略,也是文化产业营销的一项最重要任务。任何一个区域,都可以结合当地文化与旅游资源、本地经济环境和产业特色等来整合资源,创建或塑造品牌项目,并通过品牌的整体推广来达到预期的目标。就既有资源来说,历史文化资源和旅游资源都是现成的资源,经济基础和消费能力也是现成的资源。一般来说,历史文化资源可以分为直接的有效资源和间接的知识化资源。前者如故宫、长城、兵马俑,后者如人物传说、文化底蕴等。前者是区域的资源,后者是人类性的资源。如美国好莱坞可以拍摄孙悟空和花木兰的故事就是例证。自然景观资源也可以分为深度资源和浅度资源,如九寨沟和桂林山水是深度资源,珠海是浅度资源。无论是深度资源还是浅度资源,都可以通过举办各种文化娱乐活动加以拓展。《印象·刘三姐》对于阳朔经济的拉动作用很大,就是一个资源深度拓展的例子。

文化产业的品牌化发展包括几个层面,如城市、园区或基地、具体项目等,无论是哪个类型,相互之间具有拉动效应,都应当进行细致的包装,特别是通过做好品牌化建设,形成规模效益。可以说,无论是城市、具体项目还是企业,品牌化是实现高附加值和可持续发展的主要途径之一。

二、文化产品的生产模式

所谓模式,就是在科学研究中以图形或程式的方式阐释对象事物的一种方法。这种方法具有双重性质:模式与现实事物有对应关系,但又不是对现实事物的单纯描述,而是具有某种程度的抽象化和定理化性质;模式与一定的理论相对应,又不等同于理论本身,而是对理论的一种解释或素描,因此,一种理论可以有多种模式与之对应。[①]

文化产品和普通物质产品的价值形成过程不同。文化产品在生产、流通和消费过程中都可能会产生价值,形成价值的积累和转化。而普通物质产品的价值是在生产过程中一次转化完成的,其流通过程是其价值的转移过程,消费过程是物质的损失和价值损耗过程。富含精神内容的文化产品在流通过程中进行了广告宣传,在流通过程中也积累价值,形成产品的品牌价值。消费者因而愿意以比普通物质产品高的价格购买文化产品。(如下图所示)

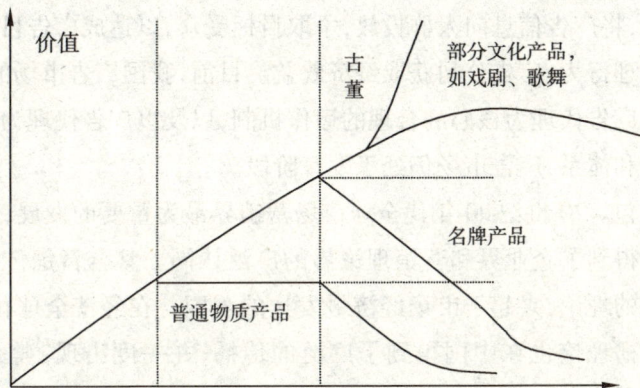

旅游、动漫、游戏、广告、媒体、报业、影视、网络等等不同的文化产业行业,由于其产品的性质和功能不同,其生产模式有很大的不同。下面以文化产品中最有代表性的广告业为例来具体论述文化产业的生产模式。

案例:广告业的广告生产模式

广告生产是通过广告主、广告公司、媒介、受众四者之间的互动而展开的。

[①]　郭庆光:《传播学教程》,中国人民大学出版社 1999 年版。

随着广告活动的精确性和科学性的提高,广告生产的专业化也日益提高。广告公司无法完成日益复杂的广告代理制作活动,就需要外援外包帮助。广告主是广告信息的发布者,受众是广告信息的接受者,媒介是广告信息的传播载体,而广告公司和外援外包则是这三者的连接体。

广告主发起广告活动,付出一定代价,与广告公司之间产生交换;广告公司承揽业务,制作广告作品,通过代理行为,与广告媒介交易;外援接受广告公司的要求,提供专门性的服务;广告媒介出卖时间和版面,发布广告信息,传达给消费者,从而完成广告交易过程。这就是广告活动的一般生产规律。①

广告主。广告主是指商品生产者、服务机构、零售商和经销商以及政府机构和社会团体。它是整个广告活动的起点。广告主发起广告活动,它通过与广告代理商交换与合作,达成自身的广告目标,满足经济利益,获得更多效益。

广告公司。广告公司是广告市场的经营主体之一。广告公司形式多种多样,主要有综合型的全面代理公司,专门化的广告创意公司、媒介购买公司以及企业和媒介专属的广告公司或广告部。在广告市场的整体运作中,广告公司居于核心的地位。广告公司承揽广告业务,与广告主形成合作关系,通过专业化广告运作,完成整个广告的策划活动;广告公司通过代理向广告媒体购买广告版面和时段,将广告信息向人群投放,争取目标受众,以达成广告目标。通过自身的服务代理行为,广告公司获取经济效益。目前,我国广告市场的现状是,尚未建立起以广告代理为核心的合理的运作机制,以及以广告代理为主干的合理的市场结构和体系,广告市场仍处于发育阶段。

外援外包。20世纪90年代全球市场营销界最为重要的发展,就是整合营销传播理论得到了企业界和营销理论界的广泛认同。整合营销传播作为一种实战性极强的理论,兴起于市场经济最发达的美国。在经济全球化的形势下,整合营销传播理论也在中国得到了广泛的传播,并一度出现"整合营销热"。美国广告公司协会(American Association of Advertising Agencies,4As)是这样给整合营销传播进行定义的:"整合营销传播是一个营销传播计划概念,要求充分认识用来制定综合计划时所使用的各种带来附加值的传播手段——如普通广告、直接反映广告、销售促进和公共关系——并将之结合,提供具有良好清晰度、连贯性的信息,使传播影响力最大化。"

外援就是指向广告主和广告公司提供专门服务的组织或者个人。外援通

---

①　陈培爱:《广告学概论》,高等教育出版社2004年版。

常包括营销和广告调查公司(为广告主调查产品潜在市场或消费者对产品和服务的看法,以及提供效果测定)、制作公司(在广告的制作过程中和过程后提供一些必不可少的服务)、咨询顾问公司(就广告活动的相关领域提供咨询服务)以及其他传播公司(主要包括公共关系公司、直销营销公司和销售推广专业公司)。

　　随着整合营销传播的盛行以及广告业中专业化程度的提高,即使最全面的广告公司也无法完整完成每一项活动。因而,外援在广告活动中担负起越来越重要的角色。广告公司可以给广告主提供许多专业服务,并且正在增设更多的服务项目,但广告主常常要依靠专门的外援进行广告的策划、准备和广告发布。

　　广告媒介。广告媒介是广告信息的传输渠道或通道,是将经过编码的信息传达给受众的载体,是广告的发布者。在规范化的市场运行中,广告媒介担当的角色仅仅是广告信息的发布者。媒介是广告媒体资源的供应者,通过出卖版面和时段来获取经济效益。媒介组织主要包括电子媒介、印刷媒介以及一些辅助性媒介和媒介集团。在信息的传播过程中,广告媒介起到了重要的渠道作用。对于广告市场而言,广告信息借助媒介渠道,广告公司通过不同媒介发送广告信息,会到达不同受众。广告传播中的媒体选择必须考虑费用和商品自身特点、媒介性质等多方面的因素,而其中媒介到达目标受众或目标市场的能力是媒介选择的前提。不同的广告主会根据各自特定的市场营销状况来选择适合自己的媒介组合。在我国大陆,因为广告代理制还处于逐步推行阶段,除规定外商来华做广告必须经由广告代理外,媒介的广告经营几乎与广告公司没有差别。今后实行严格意义上的广告代理制,即对媒介的广告经营实行广告承揽与广告发布职能的真正分离,使媒介专司广告发布,应是我国广告业今后发展的努力方向。①

　　受众。广告活动的目的是通过改变或强化广告受众的观念来达成广告目标,推销出一种商品或观念。受众是整个广告活动的终点,也是广告全过程的重要评价者。广告受众是广告信息所要到达的对象和目的地。正如美国消费行为学家威廉·威尔姆所说,"受众是实际决定传播活动能否成功的人"。受众是广告信息传播活动取得成功的决定因素,只有当受众将广告信息解码成对他们有意义的讯息时,传播才真正开始。在广告活动中,受众是无需付出任何物质代价的直接受益者。同时,广大受众通过广告去了解商品或服务信息,依

---

① 陈培爱:《广告学概论》,高等教育出版社 2004 年版。

据自身需求产生广告媒介购买行为,使广告目标得以实现。这是推动广告市场发展的重要条件。

受众与消费者是两个既有联系又有区别的概念。受众是相对于广告传播而言;消费者则是相对于市场活动、广告活动而言。当受众在接收到广告信息后采取了消费行为,才成为消费者。

<h2>第三节　文化创意与文化策划</h2>

"创意"就是我们平常生活中说的"点子""主意"或"想法",广告创作中常常说的"大创意"就是"Big Idea"。这些所谓的"点子""主意""想法"一般都来源于个人的创造力、技能或才华。创意人人都有,发展到现代因为有些创意成果可以给人们带来巨额收入,便开始形成知识产权。"创意产业"这个概念主要来自英语 Creative Industries 或 Creative Economy。创意产业最早出现在 1998 年出台的《英国创意产业路径文件》中,该文件提出:"所谓创意产业,就是指那些从个人的创造力、技能和天分中获取发展动力的企业,以及那些通过对知识产权的开发可创造潜在财富和就业机会的活动。"

文化创意与文化策划产业包括:广告产业、艺术和古董市场、手工艺品设计、时尚设计、电影、软件、音乐、表演艺术、出版业、计算机服务、电视和广播等等。此外,文化遗产、旅游业和博物馆行业也被认为与创意策划产业关系密切,尤其是在服务方式方面符合创意产业的定义。根据联合国 2004 年举行的贸易和发展会公布的统计,创意与策划产业已经占世界 GDP 总额的 11%,达 4 万亿美元。伴随着经济全球化步伐的加快,创意策划产业在中国也渐渐崭露头角,被看成是一个新的经济增长点。作为知识经济社会中新的财富创造形态,文化创意策划产业正引起国际社会的普遍关注,并成为某些发达国家国民经济的支柱产业和扩大对外贸易的主导产业,其在 GDP 中所占的比重甚至超过了传统制造业。我国对加快文化创意策划产业的发展也高度重视,《中华人民共和国国民经济和社会发展第十一个五年(2006~2010)规划纲要》第四篇第四节就明确指出:"要鼓励教育、文化出版、广播影视等领域的数字内容产业发展,丰富中文数字内容资源,发展动漫产业。"2006 年 11 月,在北京举办了中国北京国际文化创意产业博览会,博览会由文化部、国家广播电影电视总局、新闻出版总署与北京市人民政府共同主办,同时举办了"文化创意产业国际发展论坛"等活动。

在文化创意策划产业快速发展的同时,跨国文化产业集团的影响也日益增强,全球范围内的资本流动为文化资源的开发、配置与文化创意的发展提供了更大的契机,但也加重了许多国家的文化弱势危机。为了保护文化自主性,越来越多的国家开始重视文化创意的发展,从而实现文化创意产业的振兴。

一、世界文化创意与策划的发展现状

目前,外国文化创意建设大致可分为以美国为代表的市场主导型和以韩国为代表的政府主导型。前者以市场为引导,以企业为主体,以资本的自由流动为特征,政府不对文化创意的具体规划进行过多指导;后者以政府政策为引导,以企业为调动对象,以政府的大力扶持和企业、地方的协调为特征。

1992 年,当微软的市值超过通用的时候,《纽约时报》就曾经发表评论文章说:"微软的唯一工厂资产是员工创造力。"10 年后,2002 年美国《纽约时报》的一篇专栏文章评论说:"从 1995 年到 2001 年,世界 500 强中不少公司已经轰然倒地,但是那些文化娱乐业集团却好像他们创造的米老鼠和恐龙一样,成为一张无孔不入、越来越大的获取财富之网。"比如日本的索尼公司是全球最大的音像制品和音像设备业巨头之一,索尼公司囊括了好莱坞大片音乐制作量的 61.5%;以创造米老鼠和唐老鸭起家的迪斯尼集团,它旗下的迪斯尼乐园至今已经接待了数亿游客,还拍摄了数以千计的动画片;美国时代华纳集团和德国贝塔斯曼集团、维亚拉姆集团、西格拉姆集团以及澳大利亚新闻集团均名列世界企业 500 强,它们联手控制了全世界最有影响力的唱片公司和电影公司以及全世界最重要的电视、报刊和出版集团。

据统计,在 1998 年,美国的创意与策划产业仅电影、电视、音乐出版的总收入就达到 600 亿美元,超过了农业和飞机制造业成为第一大出口产品。其中美国体育产业的收入,已超过美国石油工业和证券交易所的收益。当代以传媒、娱乐、旅游、体育、咨询、律师和服装设计等为代表的创意产业的发展速度也都快于其他传统产业。美国著名投资银行摩根士丹利通过对建立有世界级竞争能力的大企业所需年限的统计分析表明,大众传媒所需年限最短,仅为 8 年时间,而且其收益远远高于医药、银行、电力、能源等其他 11 种产业。国际知名的会计和咨询服务公司——普华永道公司发表的预测报告说,在因特网这一新兴媒介的推动下,全球娱乐与传媒业将以每年7.2%的速度增长。

这些发达国家和地区率先感受到文化创意策划产业的巨大发展前景和在未来社会中的重要地位,于是政府纷纷出面规划创意策划产业的发展战略。它们以全球化的视野、高标准的要求,以重塑国家和城市形象为目标,提高经济、社会、文化等领域的综合竞争力,大力推进创意产业的发展,取得了显著效果。

案例1:美国创意产业的发展情况

美国凭借其全球知识产权方面的霸主地位,把创意产业和与其相关的产业称之为"版权产业",并将其纳入北美标准产业分类系统(North American Industry Classification System,NAICS),这种分类方法得到了北美自由贸易区国家的认可。美国国际知识产权联盟(International Intellectual Property Alliance,IIPA)1990到2007年间连续发布了15份《美国经济中的版权产业报告》(Copyright Industriesin the U. S. Economy),这是目前有关美国文化创意产业发展现状的最准确、最权威的报告。

2007年1月,美国国际知识产权联盟发布了《美国经济中的版权产业:2006年报告》,这是美国过去16年中发布的系列报告中的第十一个报告,是由国际知识产权联盟委托经济学家公司完成的。该报告沿用了"产业增加值"、"就业"和"出口"三个经常性指标,同时又增设了"平均薪酬"和"对经济增长贡献率"两个新指标来反映2005年美国版权产业的发展概况。报告显示,2002至2005年间美国版权产业年均增长率达到7.66%,大大高于同期3.48%的GDP增长率。同时版权产业增加值增长率大大高于GDP增长率。2005年版权产业增加值继续在美国经济中占据重要的地位,达到13881.6亿美元,同比增长6.72%;其中核心版权产业增加值8190.6亿美元,占全部版权产业59.0%的比重,较上年增长7.70%。版权产业增加值2003—2005年的增长率达到5.69%、9.75%和7.57%,大大高于同期美国GDP增长率2.70%、4.21%和3.53%。核心版权产业是增长最快的部分,2002~2005年平均增长率达到7.0%,高于其他版权产业5.2%的年增长率。

2005年美国创意产业概况①

创意产业六大部门	创意企业	就业人数
博物馆与收藏	12,679	138,121

---

① *Creative Industries* 2005;*The Congressional Report*,2005年3月。

（续表）

创意产业六大部门	创意企业	就业人数
表演艺术	101,828	482,489
视觉艺术与摄影	203,809	711,480
电影、广播与电视	92,716	762,811
设计与出版	147,005	781,787
艺术学校与艺术服务	20,450	89,205
总计	578,487	2,965,893

案例 2：日本创意产业的发展情况

日本是亚洲地区创意与策划产业最为发达的国家。根据日本《数据内容白皮书 2005》的统计显示，当年创意与策划产业全球的生产总值大约为 125 万亿日元，其中美国为 55 万亿日元，占 44%；欧盟、中东地区 41 万亿日元，占 33%；亚洲地区 25 万亿日元，占 20%。在亚洲国家中日本所占的比例最大，约为 13 万亿日元，占亚洲地区总产值的一半以上。日本的创意与策划产业一直处在上升趋势，2002 年日本创意生产总值为 129861 亿日元，到 2003 年上升到 130952 亿日元，2004 年上升幅度更为明显，产值达到 133362 亿日元，占当年国内生产总值 507 万亿日元的 2.6%。

日本素有"动漫王国"之称，是世界上最大的动漫制作和输出国，目前全球播放的动漫作品中有六成以上出自日本。根据日本贸易振兴会公布的数据，2003 年，日本销往美国的动漫片和相关产品的总收入为 43.59 亿美元，是日本出口到美国的钢铁总收入的四倍。在日本各种各样的文化产业当中，电影院、电视台播放的各类动漫节目格外引人注目，各种动漫人物形象充斥街头，早已超越了杂志和电视的范畴，渗透到日本社会的各个角落。

据报道，日本拥有 430 多家动漫制作公司，培养了一大批国际顶尖的漫画大师和动漫导演以及大量兢兢业业的动画绘制者。随着电视和网络媒体的普及和发展，传播手段的不断进步，日本动漫市场迅速发展和壮大。快速扩张和高附加值使卡通产业成为推进资产增值的"资本孵化器"。

在利用衍生产品的盈利模式下，日本在欧美动画市场甚至可以把动画片免费提供给电视台播出。而随着日本动画片在国际市场的成功，日本的动画风格和动画人物形象逐渐成为国际时尚，使得好莱坞的电影公司争相购买日本动画片的电影改编版权，日本卡通产业的出口额急剧扩大。

二、我国文化创意与策划产业的发展现状

目前,我国主要中心城市人均 GDP 已达 3000~7000 美元,北京、上海等大城市人均 GDP 已经超过 7000 美元,城市人均 GDP 达到这一水平后,国民经济开始进入持续稳定增长、经济结构升级、城市化水平迅速提高的新阶段。我国城市结构升级与功能提升对文化创意提出了迫切需求,提高文化自主创新能力,尽快形成核心竞争优势已刻不容缓。文化创意作为现代服务业的重要组成部分,其快速发展对于促进城市产业结构升级,完善城市各种服务功能有相当重要的作用。

在当今中国社会,以下三种因素是我国创意与策划产业加速发展的主要动力:

第一,我国正处在由工业型社会向服务型社会过渡阶段,这种社会转型使创意与策划产业获得了广阔的发展空间。20 世纪中叶以后,世界上主要发达国家逐步由工业型社会进入服务型社会,这些国家的第三产业比重不断上升,第二产业比重逐步减少,目前第三产业已占国民经济总量的 70% 左右,第三产业已成为社会就业的主体,是国民经济的主导。

第二,科技与文化的融合使文化产业获得了强有力的科技支持。现代社会从科技创新开始,从以往传播技术的创新转向传播技术与传播内容越来越紧密结合。目前社会中占主导地位的知识密集型产业不仅包括信息技术、新材料、航空航天等产业,还包括以传媒、娱乐、教育、体育、旅游、咨询、律师和服装设计等为代表的创意与策划产业。在知识经济时代,这两大类产业互相促进。信息技术的发展,有力地促进了传媒业的现代化;而文化产业的发展,又刺激着信息技术的不断进步。高新技术一旦走向生产过程,往往与文化产业相融合,其结果是,一方面文化产业越来越多地运用科技手段,另一方面新的文化行业不断涌现。

第三,经济全球化使文化产业获得了广阔的发展空间。在现代社会,文化竞争力在综合国力的竞争中居于非常突出的地位。经济全球化不仅使各国经济依存度逐步加深,也使各国文化资源、文化消费时尚、文化市场日趋国际化。国际间日趋激烈的文化竞争,对我国的创意与策划产业的发展构成严峻的挑战。如何既能够吸收发达国家优秀的文化成果,又能保持本国文化传统,使本国文化不断创新,以提高文化竞争力,是迫切需要解决的重大课题。

随着我国对发展文化创意产业的日益重视,国内各省市也掀起了大力发展

本地区文化创意产业的热潮。以文化创意与策划产业中的数字出版业为例，2006年底整体收入达到200多亿元，其中网络游戏收入达到65亿元，手机彩铃、手机游戏、手机动漫收入达到80亿元。我国目前有超过3.5亿的动漫读者和观众，是全球最大的动漫目标消费市场。所有的数字都清晰地显示出来，我国是一个巨大的文化消费市场。但本土自身的文化创意产业发展却还处于比较落后的局面。

我国的创意策划产业起步较晚，文化创意产业不发达，有实力的文化企业也不多，多处于小规模分散化经营状态，普遍缺乏竞争力。主要存在以下问题：第一，创意观念较为落后，区域经济发展不平衡导致沿海与内陆对创意产品的需求不同，政府的政策扶持力度相对薄弱，缺少创意产业政策保护；第二，创意人才相对匮乏，使得我国的核心技术创新能力相对不足，产品的竞争力不强。另外，企业缺乏长远的发展战略和整体规划也是一大劣势。

三、如何发展我国文化创意与策划产业

我国发展文化创意与策划产业有许多有利因素。我国有着五千年深厚的文化传统、浩如烟海的文化典籍、多姿多彩的民族文化、丰富的人力资源和广阔的文化市场，这些都是得天独厚的文化资源。我国发展文化产业也已具备坚实的经济基础。根据国际经验，随着人民生活水平的提高，人们的消费结构也将升级。信息通讯、娱乐、旅游、体育等文化消费所占比重将越来越大。同时文化产业相对来说是环保产业，我国人口众多，人均占有自然资源相对较少，而人力资源极为丰富，充分发挥智力优势，大力发展文化创意与策划产业，是符合我国国情的一种战略选择。

1. 增强文化原创力

创新是一个民族的灵魂，是一个国家兴旺发达的不竭动力。在当今世界充满激烈竞争的文化环境中，大到一个国家一个民族，小到一个地区一个部门的文化发展，在很大程度上都取决于它的文化创新能力。建设社会主义先进文化需要文化创新，增强国家的文化竞争力和综合国力，实现中华民族的伟大复兴，同样需要文化创新。随着文化产业体制改革的深化，我国文化创意与策划产业原创能力不足、无法形成具有鲜明个性和特色的"中国制造"，已成为影响我国文化建设的"短板"。

文化原创力是文化创新与策划的重要内容，也是文化产业的生命。从国外文化产业发展规律来看，文化产业的发展如果没有大量优秀的原创文化作品为

支撑,没有大量具有创新精神的从业人员进行文化创造,就等于没有灵魂。如果说文化产业是"内容为王"的产业,那么文化原创力就决定着文化产业"内容"的优劣高下,缺少原创力的文化产业是没有生机与活力的。在文化产业相对发达的地区,文化产品的创意与策划生产必然十分活跃,既有思想内涵又有艺术魅力的原创作品必然不断出现。

近年来我国加大了对文化基础设施的投入,不少地方投资数亿元兴建起国际一流的设计标准、设施先进的标志性文化活动场馆。但这些现代化的文化场馆里上演的,常常不是本地、本民族的文化节目,而是引进的美国大片、日剧、韩流等。世界一流的节目固然值得引进国内,但反观国内文化市场,高质量原创艺术精品太少,还远远不能满足人民群众日益增长的精神文化需求。

2. 加强自主知识产权的保护和利用

进入20世纪以来,国际贸易领域内的知识产权问题受到各国政府和学者的高度关注。文化产权的保护问题不仅涉及知识产权保护体制的变革,还直接关系到维护全球文化多样性、保障发展中国家的文化遗产。当前,企业的价值往往体现在自主知识产权的研发和拥有上,企业之间的竞争归根到底是核心技术的竞争,其中围绕知识产权进行的竞争是企业未来竞争的主要内容。依靠创意和策划产业生存的企业要想生存,必须对企业赖以生存的文化产权进行保护。

我国知识产权的立法开始于20世纪80年代。1982年,全国人大常委会通过了《商标法》,1984年通过了《专利法》,1986年通过了《民法通则》,知识产权作为一个整体首次在中国的民事基本法中被明确,并被确认为公民和法人的民事权利。随着改革开放的需要,我国1992年修改了《专利法》,扩大了专利保护的范围,延长了专利保护期,规定实施强制许可的条件,增加本国优先权和专利进口权。随后,1993年修改了《商标法》,将服务商标纳入保护范围,同时禁止将地名注册为商标,规定使用许可的要求,简化申请手续,扩大商标侵权行为范围,规定不当商标撤销程序。2001年,为了加入世界贸易组织,我国对知识产权法律、法规又进行了修订和完善,逐渐与国际接轨,形成了目前具有中国特色的保护知识产权的法律体系。

虽然近年来我国政府在知识产权法律法规执行方面不断加大力度,但是仍有待改进。从知识产权执法的机制看,中国有行政执行、刑事执行和民事执行三种不同的机制,但是由于政府各部门与各机构间缺乏协作、地方保护主义的存在、发起调查起诉的门槛较高、培训缺乏和行政处罚不足,以及执法水平和力量有限,致使我国知识产权法律法规的执行力度受到削弱。知识产权侵害继续影响着很多行业的产品、商标和技术,其中包括电影、音乐、出版、软件等在内的文化产业受到的影响最大。在文化市场上,侵犯著作权和注册商标的行为屡禁不止,盗版充斥市场,既损害了权利人的利益,又扰乱了正常的市场秩序。只有坚决打击盗版、假冒,遏制各种侵犯知识产权的行为,才能创造一个良好的文化市场氛围,从而有效地激励创新,促进文化产业升级和社会经济的良性发展。

3. 提高文化产品的市场营销力

一个完整的产品包含核心产品、有形产品和附加产品三个层次,文化产品也不例外。其中,核心产品是指消费者购买某种产品时所追求的利益,即顾客的核心需求;有形产品是指核心产品借以实现的形式,即向市场提供的实体和服务的形象;附加产品则指顾客购买有形产品时所获得的全部附加服务和利益。一件价值连城的珠宝如果不放在精美的盒子里而是放在一个土筐里,那么其价格必然大打折扣。通过借助现代化的营销手段对文化产品进行包装是文化市场发展的必由之路。

2003 年 11 月,福布斯公布了"全球十大虚拟人物财富榜",米老鼠名列榜首。当今世界凡是媒体可触及的地方,80% 以上的少年儿童,都知道"米老鼠""唐老鸭"和著名的"迪斯尼乐园"。迪斯尼公司能获得这样的成就,很大程度上是因为他们拥有出色的市场营销手段。它的创始人沃尔特·迪斯尼先生从一开始就不满足于只做一个出色的动画片画家,而是成立了一家专业的动画制作公司,从"创意内容"出发,逐步扩大到"产业基地",用现代工业化流水线生产的方式,大批量地制作动画片并把它们销往世界各地;同时,又为米老鼠、唐老鸭等卡通形象申请了专利,在法律的保护下进行特许经营开发。在迪斯尼专卖商店里,各种玩具、食品、礼品、文具等,无不以卡通图案的附加值而带来丰厚的利润。1993 年 6 月 1 日,第一期中文版《米老鼠》杂志正式出版。到 2003年,《米老鼠》在中国的发行量已跃升到 40 万份,成为中国发行量最大的卡通杂志。[1]

近 80 年的岁月,使米老鼠的个性变得圆滑、生动、幽默、勇敢与对欢乐执着追求,它在成为娱乐帝国形象代表的同时,还象征着美式乐观主义,流行文化的商品化、产业化,以及文化产品的商业帝国主义。它的营销手段和策略,对新世纪建立文化的中国、文化产业的中国和文化发达的中国应该说都不无裨益。[2]

---

① 王菲:《米老鼠中国出版 10 周年》,《北京娱乐信报》2003 年 6 月 13 日。
② 《2005 年:中国文化产业发展报告》。

第四节　文化产业运行体系与企业管理

一、文化产业运行体系

1. 文化产业运行体系要素

文化产业是以市场机制为载体运行的文化,其运行是产业的一般特征与文化自身特殊性的有机结合,是市场价值取向和社会人文价值取向的互动。我们认为,文化产业运行体系是指文化产业运行中所依托的各种要素的系统的、有机的集合,这些要素包括文化产业的组织机构、人员配备与培训、项目选择与生产计划、信息与设备支持、营销网络建设、市场反馈以及筹资渠道等。

(1)组织机构。组织机构是指把人力、物力和智力等按一定的形式和结构,为实现共同的目标、任务或利益有秩序有成效地组合起来而开展活动的社会单位。文化产业组织机构主要包括政府相关部门如新闻出版管理部门、文化管理部门、广播电影电视管理部门,文化产业相关经济实体如会展公司、广告公司、公关公司等。

(2)人员配备与培训。文化产业运行体系中的人员配备主要包括文化经营、出版、印刷、发行单位中从事印刷、出版物发行、影视制品制作与播放、文化娱乐场所服务、展览讲解、文物保护、文艺表演、舞台技术、计算机网络维护的人员。

人员培训内容一般涉及中国文化产业发展的形势与任务、特点与趋势,文化产业管理专业学科建设与人文科学,国际文化产业竞争与理论、文化资本运作与文化资本项目管理,非公资本与中国投融资体制改革,文化产业发展与知识产权保护,文化消费与文化市场营销,文化管理类学科课程设置与教材建设,国内近几年文化管理类教材的编写,以及其他有关文化管理类专业的各种问题。

(3)项目选择与生产计划。文化产业的项目选择要注意以下几点:第一要选择适合自己的项目。应尽量选择与本地区特色或自身的专业、经验、兴趣、特长能挂得上钩的项目。第二要看准所选项目或产品的市场前景。第三要从实际出发,勿贪大求全。当瞄准某个项目时最好适量介入,以较少的投资来了解认识市场,等到比较有把握时,再大量投入,放手一搏。不要嫌投入太少而利润少。"船小好调头",即使出现失误,也有挽回的机会。第四要尽量选择潜力较大的项目来发展。选择项目不要人云亦云,尽挑一些目前最流行最赚钱的项目,避免没有经过任何评估,就一头栽入。第五要周密考察和科学取舍。对获取的信息要善于分析,没有经过实地考察和对现有用户经营情况进行了解的,千万不要轻易投资。重考察,一定要看信息发布者的公司实力和信誉,最好先向当地工商管理部门了解,掌握其经营情况等。第六要做到"三个万万不可",即在项目实施过程中,万万不可先交钱后办事,不要把自己的辛苦钱,仅凭一纸合同或协议,就轻易付给对方;万万不可轻信对方的许诺,在签合同时就应留一手,以防止对方有意违约给自己带来损失;万万不可求富心切,专门挑选看上去轻而易举就赚大钱的项目去干,越具有诱惑力的项目,往往风险也越大。

选择好项目后就要制订生产计划。生产计划是指一方面为满足客户要求的三要素"交期、品质、成本"而计划;另一方面又使企业获得适当利益,而对生产的三要素"材料、人员、机器设备"的适当准备、分配及使用的计划。

(4)信息与设备支持。文化产业运行过程中需要随时注意信息的通畅,随时关注外界信息,关注现在流行些什么。只有把握住流行趋势,才能有针对性地选择项目和制订生产计划,否则,整个运行就会陷入被动局面,难以取得良好的效果。文化产业自身的特点决定了往往需要投入大量的设备,因而搞好设备支持也是整个行业运行的重要一环。这些设备主要包括新闻出版行业所需的设备如印刷设备、摄像播出设备,以及制作文化产品所需的机械设备之类。

(5)营销网络建设。营销网络是指公司在国内外寻找"战略伙伴"或"同盟者",并与他们结合起来,以获得更广泛、更有效的地区市场的一种发展战略。营销网络的建立,为某一公司在世界各地的市场上同时推出同一新产品提供了可能,因而,也减少了由于种种原因的限制,使产品在进入其他国家和地区市场时因时间上的延误而导致被仿制者夺走市场的风险。完善的营销网络、优质的产品能为文化产业企业的可持续发展奠定坚实的基础。

(6)市场反馈。反馈是市场链中最重要的一环,也是营销系统 PDCA 闭合循环中最重要的一环。没有反馈,我们就无法判断我们的决策力,也无法判断我们的执行力。有了反馈,我们就知道我们的决策是否可行,执行是否到位,市场是否走在了销售之前,产品概念怎么样,销售有没有压力,有没有出问题,推广是否与销售进行了很好的结合,是否避开了竞争对手的冲击,促销是否独树一帜,促销物是否真正到达了终端消费者的手中,流失率多高,发货、出货、回款三者的数字是否统一,我们的价格体系是否混乱,我们最大的成绩是什么,最大的不足又是什么,竞争对手的销量怎么样,我们能否在第一时间不仅拿到自己的分产品分区域分型号分价位的准确市场数据,也能拿到对手的等等。这些都需要我们厘清和反馈。当然,反馈不仅仅是从市场中来的数据和反馈,还包括到市场中去的反馈。事中的反馈主要是为了解决问题,事后的反馈更大程度上是为了维持和改善现状,而不仅仅是问题的解决,很大程度上是一个系统的改善或机构的调整等。

(7)筹资渠道。筹资渠道是指筹集资金来源的方向与通道,体现了资金的源泉和流量。目前,文化产业主要的筹资渠道包括:开展好商品经营,加速资金周转,向市场要资金,国家财政投入筹资,银行贷款筹资,吸收股份、发行股票筹资,发行企业债券筹资、企业利用外资筹资、租赁筹资、盘活企业内存量资产筹资、商业信用筹资、创业风险资金方式筹资以及基础设施项目的 BOT 方式筹资等。

2.文化产业运行体系的特点

文化产业运行体系的特点主要有三个,即组织机构的多样性、人员要求的特殊性和项目选择的灵活性。

(1)组织机构的多样性。文化产业内部不同产业或行业具有不同的组织结构特点。文化产业实际上是由演艺业、影视业、音像业、娱乐业、文化旅游业、网络文化业、图书报刊业、文物和艺术品业、会展业以及艺术培训业等 10 余个产业组成的产业群。因而各个行业自身就具有与其他行业所不同的组织机构。另外,产业不同发展阶段组织结构具有不同的特点。根据产业经济学理论,产业组织结构具有阶段性,一个产业在其发展不同阶段的组织结构具有不同的特征。一般来说,在产业发展的初期,大量资本的进入,形成了以众多小企业共存的组织结构;到了成长阶段,是以中小企业为主的格局;到成熟阶段,形成以大企业为主、中小企业并存的垄断竞争格局;再到衰退阶段,是少数最大企业的寡头竞争结构。文化产业在我国还是一个成长中的新兴产业。这种发展阶段决定着我国文化产业的组织结构必然与成熟的西方发达国家的文化产业的组织结构有着很大的不同,具有多样性。

(2)人员要求的特殊性。按照我国《文化与相关产业指标体系框架》的定义,文化产业生产与服务包括新闻出版、广播影视、文化艺术几个方面。如果以行业划分,可以说几乎涵盖了与文化相关的所有行业。前面所说的艺术管理大体上就是这里所指的文化艺术,而新闻出版、广播影视,也就是我们所说的娱乐文化产业,在西方各高校并没有一个专业冠之以文化产业或文化产业管理。与我们所说的文化产业概念有很大交集的是艺术管理专业,又因不同侧重细分为一些具体的门类,如表演艺术管理、剧院管理、视觉艺术管理、艺术政策和管理、艺术设计和文化管理、社区艺术管理、艺术与媒体管理等。这里所说的艺术,特别指传统的高雅艺术,如音乐、戏剧、绘画、雕塑等。这些行业都是需要专业知识才能从事的行业,因而对人员的要求相对较高。作为 21 世纪的朝阳产业,文化产业的勃兴已经引起了社会的普遍重视,为了适应文化产业管理人才需求急速增长的局面,全国许多高校都相继设立了文化产业方向的专业,以期为社会提供有用的人才。

(3)项目选择的灵活性。文化产业项目的选择具有极大的灵活性。一方面,拥有雄厚实力的文化产业企业可以凭借自身的资本、人员优势开展大型文化活动,如会展等;另一方面,作为个体从业者,也可以凭借自身的技术生产具有民族特色的手工艺品进行经销。这些项目从大到小,林林总总,为文化产业的从业者提供了极为广大的选择空间,因而具有极大的灵活性。

3. 西方国家文化产业运行体系现状及特点

西方文化产业正以其雄厚的资金、广阔的市场和先进的技术逐渐成为各国的主导产业,并成为提高本国竞争力和控制国际文化市场的先导。

西方主要国家的文化产业经过几十年的发展,已相当发达。文化产业在社会经济中的作用日益重要,已经成为当今国际竞争新的角力场,并呈现出以下特点。

一是科技含量高。目前,国外数字内容产业,已涵盖了电影、电视、广播、图书、报纸、杂志、在线服务、游戏出版、信息服务和咨询、视听、视觉艺术等领域。动漫产业中,仅交互媒体和游戏动画一个方向,就涵盖了计算机软硬件、数学和工程科学、物理学、电子学、光学、艺术以及心理学、纳米、人文学科等多种交叉学科和技术。2003 年美国《时代》杂志称,2015 年前后世界将进入数字娱乐新时代,它将在美国国民生产总值中占有一半份额,新技术、新产品将使数字娱乐全面超越传统娱乐方式。

二是创新意识强。发达国家的文化产业发展之所以迅速,其支撑是科技,其支点就是创意。文化产业作为高成长性、高附加值的新兴产业,得到了世界各国的高度重视,激发了强大的创新能力,现在全球每天仅申请专利就达 3000

多项,从而大力促进了文化产业的发展,并取得了丰厚的经济回报。发达国家从上世纪60年代开始,文化产业发展逐步进入高峰阶段,90年代进入新一轮快速增长和全球扩张。美国历来把"民主""自由"作为其国家文化形象的核心内容,日本确立了"文化立国"战略,现代文化产业发展突飞猛进,成为财富的"倍增器",更成为其价值观和文化在全球传播的利器。美国的版权经济,一年创造4500亿美元财政收入,其产值几近GDP的5%。

三是市场挖掘深。西方发达国家把市场挖掘作为突破口,并向广度和深度进军。当前,代表美国饮食文化、电影文化、信息文化的麦当劳"薯条"、好莱坞"大片"、硅谷"芯片",成为美国文化占领全球市场的集中体现。日本紧随其后,把基于信息技术革命的数字内容产业作为国家战略,加快从产品制造大国向文化输出大国转变,仅2006年就有417部电影在影院上映,票房收入首次超过1000亿日元。目前,传播于世界各地的新闻,90%由美国等西方国家垄断,其中又有70%为跨国公司垄断,全球50家娱乐传媒公司占据了世界文化市场95%的份额。

4. 我国文化产业运行体系现状及特点

我国文化产业的起步较晚,与西方发达国家相比,无论是在机制、效益上,还是在规模、质量上,都存在较大的差距。但是,从初始的自发、无序和混杂,我国文化产业已经自觉、有序地向产业实践层面和管理层面迈进。

(1)产业整体规模初步形成。文化产业的巨大潜能和旺盛的发展势头已经成为带动第三产业乃至整个国民经济发展的主导产业之一,成为推动一些地区经济和社会发展的主要增长点。而且,文化产业对国民经济的贡献不仅在于自身所创造的产值,还在于它对相关产业的带动作用。目前,我国音响、彩电、电脑、手机等储存、传播文化产品的硬件产品产量已居世界第一位,文化产业的发展对上述产业具有极为重要的带动作用。

(2)投资主体呈现多元趋势。我国加入世贸组织后,随着文化市场的进一步开放,政府独家垄断经营文化产业的状况被打破,投资主体多元化已经成为当前我国文化产业发展的主要特征之一。民营资本、国际资本投资文化产业逐渐增多,在娱乐、广告、网络文化和电影领域尤为突出。报刊、出版、广播电视领域虽然在政策上限制仍然较严格,但民间资本、外资也早已以各种方式或明或暗介入。我国文化产业出现了民营、外资、合资等多种所有制形式与国有并存的局面。

(3)传媒产业集中度不断提高。我国文化产业具有经营单位小、散、滥、差等弱点,随着改革开放的不断深化,传媒领域的集团化改革不断推进。1996年1月,广州日报报业集团正式挂牌,两年后,原国家新闻出版总署又批准成立了羊城晚报报业集团、光明日报报业集团、南方日报报业集团和文汇新民联合报业集团。广电业集团化起步较晚,1999年,我国成立第一家广电集团——无锡广电集团。2000年,又相继成立了湖南电广传媒集团、上海文广集团、北京歌华有线传播集团、广东省广电集团和浙江省广播影视集团。2001年成立了中国广播影视集团。这些集团的成立合并或整合了本系统和本行业的人力、固定资产和其他各项社会资源,主要集中在出版、报刊、广播影视等传媒业领域。

(4)文化产业对外开放力度不断加大。加入世贸组织为我国文化产业进入国际市场创造了有利的条件。一部分具有全球意识和国际眼光的文化企业开始大胆地"走出去",积极拓展海外市场。如2000年9月,《羊城晚报》报业集团在香港的下属合作企业"羊城报业"及其下属机构,与香港上市公司Tom.com签约进行产权置换,"羊城报业"以70%的股权置换Tom.com的2.36亿港币的资产,成为向海外市场拓展的重要桥头堡。内地比较敏感的大型报业集团与境外的大公司进行产权置换,这在历史上还是第一次,也是中国文化产业走向跨国经营的一个重大探索。

(5)网络文化产业成为新的增长点。从世界文化产业的发展历程来考察,文化产业的发展总是跟随着技术进步的脚步,往往为文化载体的发展所推动。印刷术推动了报刊的发展,电影和电视机的发明催生了影视产业。当今,以高速宽带和移动网络等信息技术为依托,信息化和网络化为文化产业发展开辟了一个新的广阔天地,网络文化产业或者说信息产业已经成为文化产业的一个新的增长点。

中国现行的文化产业管理体制基本上还是处于部门分割、各自为政的状态。文化产业的7大门类电影、广播影视、报刊、出版、音像、娱乐和广告,分别由新闻出版广电、文化、工商行政管理等不同部门进行监管。相应的产业政策的制定带有明显的部门特点,政出多门的状况一时间还难以改变。

二、文化产业企业管理

1. 文化产业企业的形式与特点

按照企业法规,企业是从事生产、流通和服务等活动,为满足社会需要和获取利润,实行独立核算,自主经营、自负盈亏,具有法人资格的经济单位。企业这一概念,涵盖了四层含义:首先是一个经济组织;其次,具有经营自主权和自负盈亏;再次,实行独立经济核算并必须承担社会责任;最后,具有法人资格。

文化企业是指从事精神文化产品的生产、传播和文化娱乐服务等经济活动,自主经营、自负盈亏、自我发展、自我约束,具有法人资格的文化经济实体。

文化产业企业有以下几种形式:一是价格补偿型,如出版社、电影院和从事文化娱乐服务的实行企业化管理的单位。这一类属于文化企业,其特点是利用市场机制,按照商品交换原则,获得产品销售收入或服务收入,这类企业不仅要依靠其营业收入实现盈利,还要向国家交纳相当数量的税金。二是财政补偿型,如博物馆、图书馆等,向社会提供无偿服务,其支出由财政拨款解决。这一类属于事业单位,但其作为创业开办的文化娱乐经营活动仍属企业性质。三是价格、财政双重补偿型,主要包括戏剧、话剧等艺术表演团体和广播、电视等单位。这些单位虽有一定的经济收入,但往往收入不抵支出,其差额只能借助财政或社会资助来弥补。这类属于事业单位实行企业管理。

文化产业企业的特点:其一,文化企业的目标是利润最大化,这是企业存在的目的;其二,在生产投入方面,文化企业的投入以无形资本为主,包括人力资本、创意、专利技术、版权、著作权、品牌资源、商业模式、个人的社会关系资本等等;其三,在组织和运行机制上,文化企业需要建立现代企业制度,设立股东会、董事会。这不是一个摆设,而是为了能够明确企业要素投入者的利益,并通过风险的承担、控制权和经营权的分离,确保企业各项决策的正常实施;其四,文化企业的产出是精神内容产品,它不但具有经济效益,而且具有社会效益;其五,企业追求利润的本性,使得它必须通过规模化经营来实现规模经济。

2. 文化产品生产过程管理

(1)生产环境概况。生产环境包括空气温度、湿度、含尘度、噪音等。对生产环境的分析,是确定文化产品生产过程管理的前提。文化企业经营的主要是时尚性较强的娱乐产品,如电影、电视剧、流行音乐等;或者是针对某种特定精神需求的精神内容产品,如书画文物拍卖会、高雅演出艺术等。因此,文化产品的生产环境与消费者的心理与行为反应模式相关。分析文化产品的生产环境除了要重视对经济、技术和产业环境竞争的环境分析外,最重要的还是要重视对文化环境因素的分析。

(2)生产过程的组织和管理。任何产品的生产都必须经过一定的生产过程,文化产品也不例外。组织生产过程就是要对各个生产阶段和各工序的工作进行合理安排,使它们的工作能有效协调进行。组织生产过程的目的是要使产品在生产过程中行程最短,时间最省,耗费最小,效益最高。要达到这个目的,必须遵循下列基本要求：

一是生产过程的连续性。连续性是指文化产品在生产过程各阶段、各工序之间的流动，在时间上是紧密衔接的、连续的，也就是说，文化产品在生产过程中始终处于运动状态。

二是生产过程的协调性。协调性是指文化产品在生产过程各阶段、各工序之间，在生产能力上要保持适当的比例关系，即各个生产环节的工人人数、机器设备、单位面积的生产能力，都必须相互协调，相互适应。

三是生产过程的节奏性。节奏性是指文化企业及其各个生产环节在相等的一段时间内，生产相等或递增数量的文化产品，各工作环节充分负荷并相对稳定。

四是生产过程的适应性。适应性是指生产过程适应市场多变的特点，具备灵活进行多品种、小批量生产的适应能力。

（3）物料需求计划与制造资源计划。从实现计算机管理的目标和要求出发，需要一个规范的、标准的生产作业计划模式。这个模式就是 MRP（material requirement planning），直译为物料需求计划—— 一个适合多级制造装配系统的，可以实现计算机管理的成熟的模式。

MRP 开始于主生产作业计划，然后根据产品的零件表和材料单及库存状况制定出材料需求计划，以下简称材料计划，这是 MRP 的核心。然后根据材料计划和产品的生产周期标准编制作业计划，确定零部件加工的提前期及批量，以及确定材料采购的提前期和批量，与此同时，依据零件加工的工艺路线和工时定额，编制详细的能力计划，对每一个主要工作地和工序的负荷和能力进行平衡，使作业计划切实可行。下一步是向生产单位发出作业指令和向采购部门发出采购和外协指令，由车间组织生产和由采购部门组织供应。最后，通过车间生产控制将作业计划执行情况和结果及时反馈给计划部门。

企业所有的资源和能力是企业竞争优势的主要决定因素。企业拥有产业发展所必需的关键资源，这些资源的形成较难，具有高度的差异性、稀缺性和不可复制性。某些情况下，这些资源往往是长期积累形成的，或者需要企业进行长期、巨额投入。例如，网络游戏和软件行业对引擎技术和关键源代码的垄断，还有我国广播电视和电信行业政策性的垄断，使得经营部门能够通过长期的政策保护积累垄断资源等。

制造资源计划即 MRPII（Manufacturing Resource Planning）是美国在上世纪70 年代提出的一种现代企业生产管理模式和组织生产的方式。它是以物料需求计划(MRPMaterial Requirement Planning)为核心的企业生产管理计划系统。

MRPII 的基本思想是:基于企业经营目标制订生产计划,围绕物料转化,组织制造资源,实现按需要按时进行生产。具体地说,是将企业产品中的各种物料分为独立需求物料和相关需求物料,并按时间段确定不同时期的物料需求,从而解决库存物料订货与组织生产问题;按照基于产品结构的物料需求组织生产,根据产品完工日期和产品结构规定生产计划;根据产品结构的层次从属关系,以产品零件为计划对象,以完工日期为计划基准倒排计划,按各种零件与部件的生产周期反推出它们的生产与投入时间和数量,按提前期长短区别各种物料下达订单的优先级,从而既保证在生产需要时所有物料都能配套齐备,又不过早积压,达到减少库存量和资金占用的目的。从一定意义上讲,MRPII 系统实现了物流、信息流与资金流在企业管理方面的集成,并能够有效地对企业各种有限制造资源进行周密计划,合理利用,提高企业的竞争力。

MRPII 系统分为五个计划层次:经营规划(BP Business Planning)、生产计划大纲、主生产计划(MPS)、物料需求计划和车间作业计划(PAC,也叫生产作业控制)。MRPII 计划层次体现了由宏观到微观,由战略到战术,由粗到细的深化过程。

3.文化产业企业的质量管理

文化产业企业质量管理就是运用各种科学的方法、经济的手段,对文化产业企业质量加以调节和控制,使其达到预定目标。包括文化产业企业质量方针的制定,质量目标的确定,以及企业内外有关质量保证和质量控制的计划、组织和控制。对文化产业企业来讲,质量管理主要包括文化产业企业的质量保证和文化产业企业的质量控制两方面的内容。

(1)文化产品生产过程的质量控制。质量控制,就是指为保证产品质量和工作质量,在企业内部所采取的作业技术和有关措施。具体来说,质量控制就是检测实际的质量状况、与质量标准进行对比,对差异进行分析并采取措施以实施质量保证。

文化企业对产品生产过程中的质量控制,更多的是一种实时性的控制。这是由于文化企业面临复杂的市场环境和产品的复杂性造成的,企业无法完全确定执行过程中的每一环节可能发生的情况,需要企业现场进行及时的调整和控制。

(2)过程控制常用的几种方式。文化产业企业的产品在生产过程中需要有效的控制手段。控制的手段可以在生产之前、之中或之后,控制的方式主要有以下三种：

前馈控制。前馈控制就是指"防患于未然"，在问题出现之前就采取一些措施来防止问题的发生。前馈控制需要及时、准确的信息和对未来的合理估计。例如文化产业企业在生产产品之前，都要确定好生产目标和分解目标，形成对每个环节和每个阶段的要求，以便在计划的实行中建立起控制的标准。

实时控制。实时控制，是在生产进行中的控制，及时发现问题，获取信息，并解决问题，避免重大损失。这种控制方法在文化产业项目管理中经常应用。如演艺公司在演出票务中，经常出现演员因为种种原因不能出席，票务工作中出现假票，现场秩序发生混乱或者演出现场反应不热烈等现象，需要及时发现问题，采取措施。再如，设计项目的实施过程中会遇到大量的实时问题，原先的设计方案可能因为现场的地形、材料、技术等问题，而变得难以实现或者代价过高，需要及时调整方案。

反馈控制。每个文化项目结束后，除了审计结算之外，通常需要对项目的执行情况和计划预定目标加以比较，对项目完成的效率和效果进行评估，找出项目管理中出现的问题，并提出以后工作的改进意见，这就是反馈控制。反馈控制是一种"亡羊补牢"的控制手段，但最常用，其优点在于：一是衡量计划是否合理、总结经验教训；二是对于员工的成果，达到的绩效，通过反馈给予认可和激励，从而调动员工的积极性。

4. 文化产业人力资源开发与管理

文化产业作为高科技与文化相结合的产业，是一个特别需要高素质人才运作的领域，因而，对文化产业经营、管理人员的文化素质和能力结构要求非常高。

我国人口总体文化层次偏低，虽说我国有 1000 多万各类科技人员，从数量上超过一些欧洲科技强国，但相对于 13 亿人口的大国发展文化产业的需求来说，专业的知识人才和营销、创意人才还是很少的，尤其是高层次的信息产业高新技术人才和文化产业管理人才严重不足、结构不合理。专家预测的 21 世纪最热门的职业如电信、网络研究、教育、心理学、法律、旅游等文化专门人才在我国要么相对不足，要么极度缺乏。我们一方面要充分认识到本土人才的培养是发展我国文化产业的重中之重，要采取切实有效的措施加快文化教育事业的发展，扶持各级各类专门人才培育培养机构，鼓励支持国家文化产业创新与发展研究基地及有条件的综合性大学，参与文化产业人才的培养、培训工作，为文化产业提供稳定、优质、高效的人才储备。另一方面，完善人才激励机制，拓宽人才选拔途径,创造优秀人才脱颖而出的环境,吸引和鼓励高水平的思想型、专家型的文化经营管理人才、科技创新人才和文化经纪人才等文化产业急需的优秀人才投身到文化工作中来,建立有利于吸得进、留得住、用得活的人才良性机制,做到"事业留人、待遇留人、感情留人",建立文化人才资源高地。

(1)文化人力资源开发。一般人力资源包括普通劳动力资源和人才资源两个层次。对文化产业而言,所需的普通劳动力来源很多,只需简单培训就可得到解决,可以吸纳城市下岗职工、农村剩余劳动力就业。人力资源一般指拥有知识、技能和创新能力的综合劳动主体,能够运用自己的创作技能和手段把持有的表达内容和信息转换、复制、浓缩到新的文化产品中去,是人力资源的最高层次。

创新是一个民族的灵魂,也是文化生产与发展的灵魂,是文化产业人才资源所必不可少的素质要求。它是在获得知识和操作技能的基础上突破前人模式的独创思维和创造能力。文化艺术专家要有创造性的构思、创意、灵感,经营决策人才要有经营、推广和销售创意。它是文化产业和营销中的核心资源,决定了文化产品的独创性,是最有价值的、稀缺的,也是不可穷尽的、无限延伸的文化资源。美国缺少悠久的历史和灿烂的文化,缺少文化产业的传统资源,但正是因为有了创新思维,美国文化产品中虚拟出来的故事和人物却层出不穷。

21世纪是知识经济时代,是文化产业勃兴的时代,拥有知识、技能和创新理念的人才是最为宝贵的财富。

(2)文化产业人力资源开发规划。针对我国文化产业人力资源现存的问题,进一步开发和规划我国的人力资源,应从如下几个方面努力:

制定合理的人才制度。现阶段,我国的人才问题严重制约着文化产业的进一步发展,所以,当务之急是制定合理的人才培养机制,不但要保护文化产业的高级人才,还要培养新的接班人。

第一,保护文化产业的高级人才。我国文化产业的高级人才奇缺,对现存仅有的少数高级人才,国家要采取一定的措施加以保护。

第二,对人才进行各种培训。文化企业应采取专业培训、出国培训和学历教育等多种形式,不断提高经营者和各类管理、技术、营销等专业人才的素质,使人才适应国际文化产业发展的需求,从而形成具有市场导向的专业化、国际化的人才梯队和人才群体。

第三,建立企业内部人才市场机制。文化企业要在企业内部建立人才市场,并与社会上的人才市场相衔接,通过实行人才招聘制度、交流制度等,形成经营者和各类专业人才通过市场不断进行优化资源配置的良性循环机制。这样,可以避免在经营者、各类专业人才任用方面的"暗箱操作"和腐败行为。

打破文化产业部门的界限。文化产业的基础是市场,现代市场经济要求公开、公正和公平的竞争,反对各种形式的地方保护和垄断,而我国的传统文化部门是按"条块"分割的方式设立的,即实行地方和行业"一纵一横"的管理机制。目前,文化部门已经在不同程度上开始与行政主管部门脱钩,实行专业"归口管理",但是,离真正的市场机制还有相当的距离。所以,我国文化部门应打破原有的行业、单位以及所有制的界限,积极支持各类专业人才通过市场机制使其在文化产业部门内部和外部进行合理的流动,做到人尽其才。

改革收入分配制度。文化产业部门要继续推进收入分配制度改革,通过实行经营者岗位年薪制、关键岗位技术和管理津贴制,以及独立核算单位和某些特定项目的承包制等灵活多样的市场化的收入分配方式,逐步拉开收入分配的差距,形成激励机制与约束机制相结合的收入分配制度,使具备技术、管理和营销等生产要素的各类高级人才的收入与其贡献相适应。

5. 西方国家文化产业企业管理现状及特点

(1)在决策上强调快速高效的管理机制,使文化产业企业的人、财、物、产、供、销各环节运转适应市场多变的经营环境。

(2)在生产管理上实施以消费者为中心,按消费者的文化心理需求及市场的变化来驱动生产机制。

(3)在企业组织结构上强调不断变革、重构和创新,使企业组织结构不断适应全球化竞争的需要,让企业组织结构更具活力、动力和生命力,使企业形成自我约束、自我激励、自我推动的经营机制。

(4)在劳动管理体制上,强调以人为中心或以人为本的管理,千方百计调动员工的积极性、主动性和创造性。

6. 我国文化产业企业管理的现状及特点

我国现行文化管理体制和管理模式是计划经济的产物,存在着明显的弊端,不适应市场经济条件下文化产业的发展要求,严重制约着中国文化产业的发展。

(1)投融资渠道不畅,政策不健全。虽然我国目前国外直接净流入资金数额巨大,本国文化对外资也有着很强的吸引力,民间资本也十分充裕,但由于政策的原因,民间资本和外资的引进仍与市场的要求相差甚远,民间资本和外资的进入遭到法律政策和体制性制约。我国文化企业投资渠道单一,基本上靠文化企业自身滚动发展,这对文化产业发展十分不利。资金不足,已经成为制约文化产业发展的一个重要瓶颈。

(2)运行机制僵化,管理体制缺乏活力。由于我国文化管理体制改革起步较晚,文化市场条块分割、各自为政的问题仍然突出。首先是行业分割,文化、广电、新闻出版等行业主管部门的管理从宏观调控、市场监管、产业政策、项目审批等方面一直到文化企、事业单位的微观运行,行业壁垒森严,仍然沿袭着计划经济的管理方式。其次是区域分割,文化资源和生产要素流动的区域壁垒很多,不利于资源和要素的合理流动与优化配置,制约着市场微观主体跨地区、跨行业经营,严重影响文化产业的健康发展。同时,文化企业的现代经营管理方式还没有完全建立起来,文化市场还没有建立起规范的准入和退出机制,也没有形成公平的市场竞争关系,参与改革的国有文化机构难以在真正的市场环境中学会生存之道,经营机制不健全,经营目标模糊,经营约束软化,中国文化产业在宏观管理、产业布局、人事财务等方面的管理体制,在投入产出、市场营销、扩大再生产等方面的运行机制,与产业化的要求还相差很远,无法按照规范的现代企业方式运作。

(3)人才管理机制不健全,管理方式与手段落后。人才管理机制包括人才激励机制和用人机制。我国文化产业高学历高职称的人才比重本来就偏低,再加上分配机制上普遍存在"平均主义",导致许多人纷纷出国或下海经商。留在国内的,也大多流向沿海开放城市。人才激励机制不能广泛调动人才的生产积极性,无疑使高素质人才紧缺的形势更加严峻。

在用人机制和人事制度上,没能形成流动机制和淘汰机制,冗员过多,人员文化程度偏低;加上体制不顺、编制过少,基层文化产业管理部门缺编严重,难以承担繁重的管理任务。管理手段上,"重行政,轻法律,重管理,轻市场"的现象十分突出,通过发布命令、指示、规定、决议、条例等干预文化建设中的文化事务,忽视市场机制、价值规律及法律手段在文化建设和文化产业发展中的积极作用,造成了文化建设与发展的持续低效益、低效率以及资金与人才资源的严重浪费。

为了推动文化产业健康发展,必须深化文化管理体制改革,不断探索文化产业企业管理的新模式。首先,要制定一个适应国际竞争需要的文化产业发展战略和规划。其次,要对整个文化产业发展方向和宣传方针进行整体指导和监督。第三,要给文化产业政策上的扶持,为文化产业发展营造一个良好的环境和氛围。第四,加强文化行政管理部门的行政监管,同时也要加强行业自律与管理。

第五节 **文化产业的营销**

一、文化心理与文化产品的营销

1.文化心理的含义

文化是一个社会和群体形成的共同的信念价值观和行为方式,具有三个要素:精神、载体和群体。这些精神、风俗、仪式和群体结合在一起,就构成了从深层到表层的文化。所谓文化心理,指一定人类文化经由个人、群体、民族心理世界的功能性习知、承传与创设等的历史与现实的交互活动。

2.文化产品营销的含义

市场营销学理论发源于美国,指依据消费者的需求和消费能力,企业从市场调查、产品设计、价格定位,到产品宣传、促销直至将产品销售至消费者手中,再到售后服务、信息反馈等一整套经营活动。而文化产业的营销概念和理论研究始于20世纪60年代。1967年,文化产品营销问题首次为学术界正式提出,市场营销专家科特勒在他的教材中指出,博物馆、音乐厅、公共图书馆或者大学这样的文化机构都可以生产、创作文化产品和文艺作品,这些机构都需要在吸引消费者的注意力和他们自己所共享的国家资源等方面展开竞争,也就是说,他们都同样面临着市场营销的问题。

文化产品营销的销售目标基本类似于其他商品的战略设想,同样是以增加利润为主,但还有其他重要的目标,如社会形象目标、增强文化产品创作能力、提高作品和作者知名度等等。这些目标之间往往又是相辅相成的。近年来,在现代营销理论和应用原则上提出了许多新的观点,如强调质量、价值和顾客满意;强调关系建立和顾客保持;强调商业过程和整合商业职能;强调全球性思考和区域性规划;强调战略联合和网络建立;强调服务营销、高科技产业和符合伦理的销售行为。这些新观点经过系统化后,也正是今天我们所看到的关系营销、整合营销、网络构建、战略联合、在线营销、服务营销和销售伦理等,它们构成了当今营销时代的新特征,也日益被应用到文化营销当中去。

3. 文化心理与文化产品营销的关系

在现实社会中,人们几乎都是在一定动机驱使下完成其购买行为的。受性格特点、兴趣爱好、生活习惯、价值观念、审美情趣等因素的影响,消费者的最终购买行为有着十分微妙的变化。同样,人们对文化产品的接受是感知、情感、想象和理解多种心理活动交相渗透、批次推移的过程,并同时受到外部刺激以及内部感知的影响。内部感知影响主要包括消费者个人的需求和动机,消费者认知的范畴、消费者的学习方式和消费者所保持的兴趣等;外部环境刺激包括消费者的家庭、社会结构及文化等。消费者对外部信息的认知过程经由各种物理信息的刺激,到生理过滤层产生感觉,继而形成心理过滤层面的情感,逐渐定性为对文化产品信息的感知认知,通过记忆库建立认识档案,保持并创造形成对文化信息新的认知。

二、文化产品营销的特点

"共享""价值观"和"行为方式"三个方面共同构成了文化的主题,文化营销的分析也是建立在这三个基本特性之上。文化营销与传统的市场营销有着很大的不同,概括地说,有以下三个方面的特点:

1. 以个性创新为基础

文化产品要有特色,具有个性,即独特性;特色要求文化产品要有主题,要让顾客对文化产品有独特感。它必须提供顾客某种独特的体验,如果一个文化产品能够提供独特的外观或营造让人难以忘记的印象,那么这个文化产品就拥有了区别于其他产品的差异性。比如旅游者在黄山与在泰山会有完全不同的体验,这种差异性越是与文化相融合就越显示其独特创新性,越容易给消费者留下深刻的印象,从而在市场竞争中拥有较强的竞争优势。

2. 以价值观念为核心

传统的营销方式基本上是以有形产品为中心的。文化产品营销则不然。如旅游景区销售人员的目的除了让消费者了解旅游景区的外貌特性,促进游客的旅游实现,对产品中凝聚有多少文化因素和与消费者的价值观念有何联系等等也都没予以考虑。文化产品的营销则弥补了传统的以有形产品为中心的销售方式的不足,它是有意识地通过发现、培养或营造某种核心价值观念来达成销售目标的一种新型营销方式。

3. 以互动共鸣为根本

与其他营销方法相比,文化营销充分表现了部分营销者的价值观念取向,争取以较低的生产与营销费用为顾客提供更多超额价值的产品和营造令游客满意的消费环境,特别注重游客满意度,能够借助产品的内涵文化的亲和力,在产品与消费者之间建立共同认知,其出发点与落脚点就是追求达到与旅游者价值观念的共鸣。

三、文化产品营销的渠道

强大的传播、营销渠道对于文化产品迅速而广泛地被公众认知和支持是非常必要的。媒介产品的营销网络是指媒介组织为销售自己的媒介产品而专门设立的营销机构,它是通过建立统一的分销点、配备专门的营销人员、把媒介产品销售到各个细分市场的独立的营销体系。建立媒介产品的营销网络,是媒介经营管理的中心工作之一。有了完善的营销网络,媒介产品的市场销售就能够稳定有序地运作起来,从而确保媒介产品销售能力的不断提高。对于我国文化企业而言,一方面应通过直销、代理、合作经销等多种方式,迅速扩大文化产品传播、营销的渠道网络;另一方面,应理顺自身的传播、营销渠道,整合渠道资源,使各个渠道能够协调配合。同时,应加强渠道网络的管理,注意版权的保护。文化产品营销的渠道主要包括零售店、商品交易市场、国内外会展以及礼品公司等形式。

1. 零售店

包括各种商场、超市、综合超市、专业店、专卖店等有形业态和电话送货、电视购物、网络购物、手机终端服务、电子商务等无形业态。

2. 商品交易市场

指有固定场所、设施,有若干经营者入场经营、分别纳税,由市场经营管理者负责经营管理,实行集中、公开商品交易的场所。

3. 国内外会展

会展是指会议、展览、大型活动等集体性活动的简称。其概念内涵是指在一定地域空间,许多人聚集在一起形成的、定期或不定期、制度或非制度的传递和交流信息的群众性社会活动,其概念的外延包括各种类型的博览会、展览展销活动、大型会议、体育竞技运动、文化活动、节庆活动等。会展具有强大的经济功能,包括联系和交易功能、整合营销功能、调节供需功能、技术扩散功能、产业联动功能和促进经济一体化等。

会展具有联系和交易功能。会展孕育巨大商机,具有联系和交易功能。

会展作为企业之间的一个有效的营销平台,为企业展示产品、收集信息、洽谈贸易、交流技术、拓展市场提供了桥梁和纽带作用,在企业市场营销战略中的地位日显重要。在发达国家,会展营销已经成为很多企业的重要营销手段。

会展具有调节供需功能。展览会可以视为信息市场,各种信息在展览会上得以交换,企业参展产品的信息作为市场信息,是市场经济的重要资源。

4.礼品公司

礼品公司是以礼品贸易为主要经营范围的公司,是礼品加工工厂与直接客户之间的沟通联系桥梁。

礼品公司负责为客户提供全面专业的礼品代理服务,包括礼品策划,推荐、设计客户所需求的商务礼品、广告礼品或促销礼品,并提供礼品包装、运输等附加服务。

四、文化产品营销的载体

文化产品营销的载体主要包括旅游、互联网以及民俗文化村等。

1.旅游

旅游是指以娱乐为目的的旅行,或为旅游者提供旅程和服务的行业。我们在此采纳后一种定义,即将旅游视为一种服务行业。作为营销载体的旅游主要是指旅游景点。关于旅游景点,国际学术界有一个通行的定义:旅游景点是指专门为来访的公众参观、游乐和增长见识而设立并进行管理的长久性休闲活动场所。《中华人民共和国国家标准旅游区(点)质量登记划分与评定》规定:"在我国,旅游景点也称为旅游区(点),是指经县级以上(含县级)行政管理部门批准成立,有统一管理机构,范围明确,具有参观、游览、度假、康乐、求知等功能,并提供相应旅游服务设施的独立单位,包括主题公园、度假区、保护区、风景区、森林公园、动物园、植物园、博物馆、美术馆等。"

由此来看,旅游景点具备固定性、专用性和可控性三大特点。它的固定性表现在旅游景点都必须有其长期固定的经营场地,并利用这一经营场地发挥其固有职能,暂时的吸引物不是景点;它的专用性表现在旅游景点是专门用来供游人开展各类休闲活动的场所,不是专用于供游客参观或兼作其他用途的场所,则不属于景点;它的可控性表现在旅游景点必须有人进行管理,必须对游人的出行行使有效的控制,但必须有人进行管理,不能等同于必须对来访游客收费。

旅游景点的类别很多。根据设立的目的不同,可以分为纯商业性的旅游景点和公益性的旅游景点;根据景点所依赖的吸引因素的形成原因,可以分为自然旅游景点、人造旅游景点和活动旅游景点；根据内容的复杂程度，可以分为单一型旅游景点和复合型旅游景点。

旅游景点经营者依赖旅游资源或收藏品并进行过开发后所能提供给游客的经历、体验和回忆是旅游景点产品。经历、体验和回忆是旅游产品区别于其他产品或服务产品的本质特征。

2. 互联网

互联网（internet，又译因特网、网际网），即广域网、局域网及单机按照一定的通讯协议组成的国际计算机网络。人们用其可以与远在千里之外的朋友相互发送邮件、共同完成一项工作、共同娱乐。1995年10月24日，"联合网络委员会"（FNC：The Federal Networking Council）通过了一项关于"互联网定义"的决议："联合网络委员会认为，下述语言反映了对'互联网'这个词的定义。互联网指的是全球性的信息系统：①通过全球性的唯一的地址逻辑地链接在一起。这个地址是建立在'互联网协议'（IP）或今后其它协议基础之上的。②可以通过'传输控制协议'和'互联网协议'（TCP/IP），或者今后其他接替的协议或与'互联网协议'（IP）兼容的协议来进行通信。③以让公共用户或者私人用户使用高水平的服务。这种服务是建立在上述通信及相关的基础设施之上的。"

互联网作为一种全新的营销载体，与传统营销载体相比具有明显的优势。

第一，网络媒介具有传播范围广、速度快、无时间地域限制、无时间版面约束、内容详尽、多媒体传送、形象生动、双向交流、反馈迅速等特点，有利于提高企业营销信息传播的效率，增强企业营销信息传播的效果，降低企业营销信息传播的成本。

第二，网络营销无店面租金成本。且又实现产品直销，能帮助企业减轻库存压力，降低经营成本。

第三，国际互联网覆盖全球市场，通过它，企业可方便快捷地进入任何一国市场。尤其是世贸组织第二次部长会议决定在下次部长会议之前不对网络贸易征收关税，网络营销更为企业架起了一座通向国际市场的绿色通道。

第四，在网上，任何企业都不受自身规模的绝对限制，都能平等地获取世界各地的信息及平等地展示自己，这为中小企业创造了一个极好的发展空间。利用互联网，中小企业只需花极小的成本，就可以迅速建立起自己的全球信息网和贸易网，将产品信息迅速传递到以前只有财力雄厚的大公司才能接触到的市场中去，平等地与大型企业进行竞争。从这个角度看，网络营销为刚刚起步且面临强大竞争对手的中小企业提供了一个强有力的竞争武器。

第五,网络营销能使消费者拥有比传统营销更大的选择自由。消费者可以根据自己的特点和需求在全球范围内不受地域、时间限制,快速寻找满足品,并进行充分比较,有利于节省消费者的交易时间与交易成本。此外,互联网还可以帮助企业实现与消费者的一对一沟通,便于企业针对消费者的个别需要,提供一对一的个性化服务。

3. 民俗文化村

民俗即民间风俗习惯,是广大中下层劳动人民所创造和传承的民间文化,包括饮食、服饰、居住、节日、民间歌舞、游戏竞技等各方面的民俗风情。所谓民俗文化村,是指荟萃民族艺术、民间艺术、民俗风情和民居建筑于一园的大型文化游览区。

我国是一个多民族国家,56个民族共同创造了祖国悠久的历史和灿烂的文化。汉族和各少数民族的服饰饮食、婚丧嫁娶、待客礼仪、节庆游乐、民族工艺、建筑形式等等,都各有特色,形成了我国丰富多彩的民俗文化景观。这些民俗文化现象,以其丰富的内容、浓厚的地方色彩、鲜明的民族特点,吸引着大量的国内外游客,构成我国民俗旅游开发的丰厚资源,具有极高的旅游价值。

民俗文化村将散布于一定地域范围内的典型民俗集中于一个主题公园内表现出来,如深圳中国民俗文化村、北京中华民族园和美国佛罗里达州锦绣中华集中表现了中国的民族民俗文化,台湾九族文化村集中表现了高山族、格鲁族等分布于台湾地区的九个民族的民俗文化,云南民族文化村集中表现了云南境内的少数民族的民俗文化。

民俗文化村的优点是可以让游客用很短的时间、走很少的路程就领略到原本需花很长时间、很长路程才能了解到的民俗文化,其缺点是在复制加工过程中会损失很多原有的民俗文化信息内涵,如果建设态度不够严谨,可能会歪曲民俗文化。

五、文化产品营销的方式

1. 通俗文化产品的营销方式

(1)媒体炒作。炒作是贬义词。媒体炒作概括说就是想炒作的个人借助媒体用捏造、夸大、推测等非正常报道手段对文化产品进行有争议而无意义的批评、赞扬或爆料。炒作的目的是制造噱头,吸引读者的关注,最终提高产品的发行量或网站的点击率。炒作的窍门是充分利用人们爱争吵的恶习和窥私欲、揭私欲,发挥作者的制造力和想象力,置新闻的客观真实性于脑后,完全没有任何道德顾忌。炒作的特征是故意引发争议,使自己的产品在一段时间内流传于各大网站报章头条,借此为自己宣传最新作品,从而达到最终目的——谋取经济利益。如一部还没有上市的电影、电视剧,在开机之前以及拍摄过程中,都会进行大量炒作,包括明星见面会、广告、绯闻,以及在网络和电视媒体上播放精彩片花等。

(2)刊登广告。广告是厂商支付费用为某种产品或企业本身进行无人员参与的单向大众宣传。它主要利用大众传媒来发布信息,因此具有同时向群体受众进行宣传的能力。它的单位成本很低,但总的费用很高。因此,文化企业在进行广告策划时,一定要注意选择那些符合自己目标市场受众的媒介。通俗的文化产品可以通过在路牌、报纸、网络上刊登广告来进行营销。

(3)渠道销售。渠道相当于水渠和过道,是连接承载产品和服务的载体。在这个载体的两端可以是企业——经销商、代理商、批发商、大型零售终端;也可以是大区代理商、批发商、经销商——二级或三级甚至更小的分销商或夫妻老婆店。简言之,最终产品和服务的消费用户不是从原制造厂商处得到(经过2个与2个以上的环节转手得到)都可称为渠道。

2. 非通俗文化产品的营销方式

(1)直接营销(或称分众营销)。直接营销是指生产者将产品直接供应给消费者或用户,没有中间商介入。如人员流动销售和上门推销,建立老观众、艺术爱好者数据库,通过电话、电子邮件、寄宣传品、会员活动、优价购票、机构包场等方式推销。这种策略的优点是流通环节少、商品流通费用低,但是产品广告费和推销机构管理费用大幅度增加。

(2)体验式营销。体验式营销是指企业以消费者为中心,通过对事件、情景的安排以及特定体验过程的设计,让消费者在体验过程中产生美妙而深刻的印象,并获得最大程度上的精神满足的过程。

文化产品中所蕴含的精神内容是无形的产品,无法通过外在的物理特征和功能给消费者直接的感受和认知,消费者必须在对文化产品内容本身接触与感受之后,才能完全了解和认识产品的精神内容。如音乐会歌手与歌迷的互动活动,体育比赛的集锦,都可以让消费者在体验消费的过程中,获得身临其境的感受,从而激起消费者的购买欲望。

3. 世界市场营销战略

在世界市场营销战略方面,中国文化产品的出口还有很大的增长空间。

第一,在产品的类型方面,中国的传统文化产品出口仍然有比较大的增长空间。中国文化产品出口现在还没有形成百花齐放的格局,出口量比较少。出口节目的类型主要是动作类、杂技类的文化产品,其他类型的产品还不多。国家文化出口项目的评奖,每年在申报的项目当中,多数都是功夫类的。所以我们应当采取相关的支持措施,进一步鼓励中国文化产品出口的多元化,真正提升中国文化产品的国际竞争力。

第二,出口的对象方面,在世界主流的文化市场,仍然具有很大的开拓空间。我国的文化产品出口对象主要集中在华语圈,如东南亚市场。我国虽然跟欧美主流文化之间有着密切的联系,但真正意义上的出口产品还不多,经济效益和社会效益非常有限。随着综合国力的不断提升,中国文化产品在欧洲和美国的主流文化市场上应该还有较大的出口增长空间,这需要我们去大力开拓。

第三,应该充分利用国际性文化资源,开拓市场空间。随着全球化步伐的不断加快,人类文化遗产国别的界限越来越模糊,美国的好莱坞,已经利用花木兰、宝莲灯等中国历史文化遗产,成功地开拓了世界的文化市场。同样我们也可以充分利用世界各国的历史文化遗产,针对目标市场国的特点,加以中国化的改造,以开拓更加广阔的国际市场空间。

第四,世界华人文化市场仍有巨大的增长空间。目前全球华人的总数在五千万左右。所以海外华人文化市场存在着巨大的对中国文化产品的需求空间。另外一个方面,海外华人可利用丰富的海外资源,开拓中国文化产品的出口市场空间。

第五,文化创新是拓展国际文化市场空间的关键所在。文化内容和文化形式的创新,是文化创新的核心。从世界范围来看,增强我国文化产品的国际竞争力和影响力,一个很重要的任务就是要进行内容的建设。除了文化内容之外,文化形式的创新也很重要。我们过去经常听到这么一句话,洋鬼子看戏,傻眼了。不是因为吃惊了,而是因为看不懂,所以在文化形式方面,我们也要考虑国际受众、国际消费者的欣赏习惯。还有文化传播手段的创新。应该积极主动适应国际文化产业发展的新特点和新趋势,运用高新科技改造传统产业,积极发展数字电视、数字电影、网络出版、网络游戏和动漫等高新文化产业,发展连锁经营、物流配送、电子商务等现代流通组织形式和经营业态,不断创新文化传播手段。

六、非常态的文化营销

1.非正常营销的含义及特点

营销是指依据消费者的需求和消费能力,企业从市场调查、产品设计、价格定位,到产品宣传、促销直至将产品销售至消费者手中,再到售后服务、信息反馈等的一整套经营活动。而非正常营销主要是指在销售方式或者说手段方面,不按照寻常方式进行。

2. 非正常的文化营销方式

非正常的文化营销方式主要包括爱心公关、非接触经济、抢占先机、危机公关以及"搭车"等。

(1)爱心公关。公共关系是一项有效的营销手段,公共关系主要通过新闻、报道以及企业参加的各种社会活动来传播企业和产品的信息。而爱心公关就是指通过企业无偿为社会服务或把文化产品无偿提供给公众来协调企业与公众之间的关系,从而争取公众对企业的理解、认可和合作,达到扩大企业产品推销目的的推销方式。它的最大特征是它的高度可信性,能够提高本企业的声誉,而企业声誉往往又转换为产品声誉,从而促进企业产品的销售。而且爱心公关的营销成本较低。

(2)非接触经济。非接触经济,顾名思义就是与面对面的营销相反的一种营销方式,它利用科技的进步,使销售者不用通过与消费者进行面对面的交流,就可以达到营销的目的。它具体的表现形式为电话营销、网络营销等。

如销售者可以通过打电话的方式,向消费者介绍自己的产品特性,或者在网络上销售自己的产品,如 CD、图书等,消费者想购买哪一款产品,直接在网上订购,付款后销售者就会通过邮寄或快递的方式寄给消费者。

网络营销是借助联机网络、电脑通信、数字交互式媒体来实现营销目标的。网络营销(On－line Marketing 或 Cyber marketing)全称是网络直复营销,属于直复营销的一种形式,是企业营销实践与现代信息通讯技术、计算机网络技术相结合的产物,是指企业以电子信息技术为基础,以计算机网络为媒介和手段而进行的各种营销活动(包括网络调研、网络新产品开发、网络促销、网络分销、网络服务等)的总称。

(3)抢占先机。文化企业可以通过"抢占先机"来达到营销目的。抢占先机就是注意关注市场环境,比别人快一步推出适应市场的产品。

如《广州日报》从 1992 年起,开始了报纸产业化经营的探索:把超市连锁店的销售模式移植到报业经营中来,在全国率先推出了报业销售连锁店;改进媒介产品的服务内容和质量,从 4 个版面扩展到现在的 20 至 24 版,吸引了读者,提高了发行量,带动了广告收入的持续增长,广告收入连年在全国报业中位居第一。《广州日报》的这些举措,在全国报业中是具有超前意识的,因而也获得了很大的成功。目前它的年收入已超过 10 亿元,成为中国报业中的领头雁。《广州日报》的成功,就在于它能够"抢占先机"。

(4)有心插柳。当企业面临管理不善、同行竞争甚至遭遇恶意破坏或者是受外界特殊事件的影响时,针对危机,企业可以采取一系列自救行动,比如消除影响、恢复形象,这就是危机公关。如 2000 年秋冬,与我国的电影业一派萧条形成鲜明对照的是,杭州一家电影大世界却"火"得出奇,一天的票房收入为 5.8 万元人民币,这相当于杭州所有电影院一天的收入总和。对于电影业的萧条,许多影院采取了降价措施,但是仍不能挽救危机。而杭州这家电影院则采取国外电影院的营销模式,投资 1200 万元,建成了一座有 12 个放映厅的电影院,把电影院变成"电影超市",不仅转危为安,还增加了收益。当出现危机时,也是企业与顾客加深感情的绝好机会,因此解决问题要快,而且不妨慷慨一些,抓住时机,使企业更快更好地向前发展。

(5)"搭车"。"搭车"就是使文化产品与当前的热点沾上边,借助热点,使自己的产品广为认知的一种营销手段。

如 1997 年谢晋执导的历史巨片《鸦片战争》,从筹备到投拍,到拍摄过程,再到拍摄完成,前后全国各大新闻媒体频频予以报道,造成了先声夺人之势。影片上映后,果然业绩不凡,全国票房收入达七千多万元。电影《鸦片战争》取得成功的原因,就是对营销时机的把握,它紧紧抓住香港回归前新闻界炒作回归题材的有利时机,不断借香港回归的东风大作宣传,然后在回归前夕隆重推出上映,一举获得成功。

第六节　行业协会与行业自律

行业协会,英文名为 NGO("Non‐Governmental Organization",非政府组织)或者 NPO("Non‐Profit Organization",非营利组织)。据美国《经济学百科全书》,行业协会指的是"一些为达到共同目标而自愿组织起来的同行或商人的团体"。日本经济界人士认为,行业协会是"以增进共同利益为目的而组织起来的事业者的联合体"。英国权威人士指出,"行业协会是由独立的经营单位所组成,是为保护和增进全体成员的合理合法利益的组织"。在我国,行业协会指的是提供相同或相类似产品或者服务的竞争者之间的自发性的一种社团组织,属于我国《民法》规定的社团法人,既非政府机构,又不是盈利性组织。

一、我国文化产业行业协会

现代的行业协会是伴随着市场经济的兴起和在全球经济一体化的背景下而产生和发展的。不过,作为一种古老的组织,行业协会古已有之。只不过历史上最初称之为"帮""会""行""商业公所""同业公会"等等。唐宋时期,分布在全国各地的各行各业的行会,如米行、药行、盐行、马行等,就已经成为当时商业贸易往来的重要的经济组织形式。① 至清光绪年间,我国资本主义萌芽时期就开始出现商会组织,1902 年出现中国第一个商会"上海商业会议公所",1903年清政府商部发布《商会简明章程》,规定"凡属商务繁盛之区",可设"商务总会","商务稍次之地",可设"分会",并将以前所用"商业公所"名称,一律改称为"商会"。各地在成立商会之后,又出现专业组织,清光绪末年,各行业相继成立同业公会。1929 年,民国政府颁布《工商同业公会会法》,使行业组织进一步规范发展,以维护同业利益及矫正弊害为宗旨,其主要职能是办理政府及商会委办的事务;办理同业主调查研究事项;兴办同业劳工教育及公益事项;仲裁行户间纠纷;协调行户对外诉讼。新中国成立以后,组建工商业联合会,接管旧商会,改组同业公会,新的同业公会执行公私兼顾、劳资两利、城乡互助、内外交流的政策,在宣传教育、工商调整、劳资协议、完成税收、城乡物资交流、协助政府发行公债、举办公益事业,以及推动私营工商业接受社会主义改造等方面,都起了积极作用。社会主义改造完成以后,计划经济体制建立,同业公会自行解体。②

而我国现代的行业协会产生于 20 世纪 70 年代末。国家实行改革开放政策以后,中国由计划经济向市场经济过渡和迈进,行业协会就是伴随着这一过程中的机构改革和社会主义市场经济体制建设的步伐而不断壮大的。尤其是在我国加入 WTO 之后,政府职能转变和对市场经济管理方式的转变已进入行动的阶段,从而赋予行业协会新的使命。面对众多国外同业的竞争,肩负起新的历史使命,现代行业协会的发展更是如火如荼。党的十四届三中全会作出

---

① 洪晓梅等:《我国行业协会功能的演变》,《兰台世界》2007 年第 1 期。
② 张一峰:《论行业协会的功能及运行机制》,《商业时代》2005 年第 17 期。

《中共中央关于建立社会主义市场经济体制若干问题的决定》,就把发展市场中介组织列为培育和发展市场体系的重要内容,提出"发展市场中介组织,发挥其服务、沟通、公证、监督作用"。党的十五大报告提出"把综合经济部门改组为宏观调控部门,调整和减少专业经济部门,加强执法监督部门,培育和发展中介组织"。根据上述方针,政府专业经济部门调整和精简之后,大量的行业管理职能要由行业协会来承担。[1] 目前,全国各类行业协会有 4 万多家,约占我国民间组织总量的 1/3。可以说,行业协会已经成为当前我国发展最迅速、门类最齐全、作用日渐明显的民间组织;行业协会在经济全球化的新形势下,在我国的社会经济生活中发挥着越来越重要的作用。[2]

2004 年 3 月 29 日,国家向各级统计机构下发的《文化及相关产业分类》指出:"我国的文化产业是指为社会公众提供文化、娱乐产品和服务的活动,以及与这些活动有关联的活动的集合。"依此,据不完全统计,截止到 2002 年底,文化部门主管的文化娱乐业、音像分销业、演出经纪与代理业、艺术品经营等门类的产业单位共有 25.3 万个,从业人员近 119.93 万人,年实现利润 52.2 亿元,创增加值近 168.1 亿元。[3] 可见,中国文化产业的发展规模要求行业协会的调节。另外,随着我国加入 WTO 和政府职能的转变,面对国外文化产业的侵入与竞争,更迫切需要文化产业协会来对文化产业进行监督指导和协调发展。按照我国现行的有关法律法规,行业协会实行双重管理体制和"一区一会,一行一会"制。双重管理体制是指,每个行业协会都必须有一个业务主管单位,同时要在民政部门注册登记。"一区一会,一行一会"指原则上一个辖区、一个行业只能有一个行业协会。即使这个协会办得不好,除非它被注销或取缔,否则不允许其他的协会来取代。目前,中国文化产业协会主要由文化领域方面的协会来主导,比如说中华全国新闻工作者协会(记协)、中国作家协会(作协)、中国文学艺术联合会(文联)等等,比较专业专一的文化产业协会比较少,但是随着文化产业的发展、国家的重视和政策的倾斜,文化产业协会也不断出现和发展壮大。

二、文化产业协会的功能及行业自律

文化产业协会作为一种非官方的、自愿性组合的社团组织,它所发挥的作

---

① 张一峰:《论行业协会的功能及运行机制》,《商业时代》2005 年第 17 期。
② 娄成武:《文化管理学》,中国人民大学出版社 2006 年版,第 93～94 页。
③ 参见中华人民共和国文化部网站。

用与政府管理(比如说中国文化部文化产业司等)的职能有着非常明显的不同。政府管理的职能是强制性执行的,而文化产业协会却是非强制性的,只是具有一种道德意义上的约束作用。总的来说,文化产业协会的功能主要是以维护行业权益为目标,履行"行业代表""行业服务""行业协调""行业自律"四方面的职能。①

1.行业代表的功能

文化产业协会是各会员文化产业单位或企业利益的代表,文化产业协会的对外交流,在于向社会各界反映文化产业的整体利益诉求,并力争实现文化产业的整体性利益目标,是沟通文化产业单位与政府及其他组织之间关系的桥梁和纽带。文化产业协会作为行业利益群体的集中代表,可以代表协会成员组织集体行动,借助集体力量来维护、谋取、增进协会成员的整体利益。当行业的整体利益受到外界侵害时,文化产业协会首先代表协会成员与各方进行协调,积极维护协会成员的合法权益和行业的整体利益。总之,文化产业协会作为本行业企业或单位利益的代表,通过及时向政府有关部门反映行业的共性问题、情况和建议,有效地沟通政府与文化产业单位,企业、市场与文化产业单位,企业、社会与文化产业单位以及企业与新闻舆论之间的联系,起到保护本行业利益、促进文化产业单位或企业发展的作用。

2.行业服务的功能

服务功能是行业协会最基本的功能。文化产业协会是各会员单位或企业自愿组织的社团,它以为各会员单位或企业服务为本位。首先,信息服务是文化产业协会的首要服务。由于文化产业协会与会员单位之间的亲密关系以及文化产业协会作为一种非官方的组织,使得它可以通过多种渠道收集文化产业单位的意见,并就关系到文化产业单位利益的重大经济问题如经济发展规划,预算、税收、环境保护、金融政策等向各级政府部门提出意见或建议,使政府部门的经济政策能为业界创造良好的贸易与投资环境,从而有利于促进并保障会员单位的发展和推动文化产业的发展。在上情下达方面,由于我国现行的有关法律法规明确规定行业协会实行双重管理体制,所以文化产业协会必须有一个业务主管单位,因此与政府的关系也比较紧密,对国家的产业政策和主管部门的宏观管理措施知道得早,研究得透,领会得深,能很快地结合本行业实际,迅速地传递给各个文化产业协会的会员。其次,培训服务。文化产业协会能准确

---

① 娄成武:《文化管理学》,中国人民大学出版社 2006 年版,第 94 页。

了解行业内的知识需求,在培训中的针对性较强。文化产业通过协会有计划、有组织地进行行业从业人员培训,通过提高会员单位或企业员工的整体素质来提高文化产业的竞争力。第三,促进对外交流和合作。文化产业协会代表行业在市场上可以形成较大的影响,通过组织文化产业行业性的集中活动,如文化产业博览会、文化产业商品展示会、文化产业贸易会等,从而为协会成员提供更多的交易机会,增进协会成员之间和行业之间、甚或是国内外行业之间的了解、沟通与交流,促进彼此的合作与发展。第四,文化产业协会在一定程度上是一种中介组织,发挥着媒体中介的作用。它可以推进产业项目运作的内容,即"承担党政部门、科研单位和企事业单位委托的有关文化产业的研究课题,为企业、基层单位提供项目等咨询服务"等。

3.行业协调的功能

文化产业协会的协调作用主要表现在三个方面,一是调节文化产业与政府部门之间的关系,另一个是调节文化产业行业内部之间的矛盾与纠纷,再是调节文化产业的发展与社会发展之间的关系。文化产业协会作为社会中介组织在政府与文化产业之间起到一种桥梁和纽带作用。文化产业协会是文化产业行业的利益代表,它与政府和其他公共治理主体之间具有多种沟通渠道和快速反应机制。一方面文化产业协会可让其成员自由表达意愿,及时地把协会成员对政府的要求、愿望、意见和建议集中起来,顺畅地转达给政府,为政府政策的制定和修正提供依据;另一方面可把政府的政策规定和对相关问题的处理意见及时转达给其成员,以便本行业对政策规定和要求做出积极呼应。有时候可以在业务主管单位的指导下对文化产业进行适当的管理。在文化产业内部,同行业企业之间既有利益趋同,也有利益冲突;既有相互监督和竞争,也有利益协调与合作。特别是在我国加入WTO之后,面对国内外文化产业的竞争,这种冲突更为突出。在利益矛盾和意见分歧面前,文化产业协会能够以组织的力量,进行横向自主的沟通与协调,以化解彼此的利益冲突,达成利益的平衡,从而促进自觉、稳定的行业自律秩序的建立,确保行业的整体利益和行业的长期发展。当然,通过调节行业之间的利益和纠纷,推动文化产业的发展,这种力量只是一种非强制性、非执法性的力量。文化产业的发展离不开社会的发展,文化产业的发展反过来又影响着社会的发展。如不同文化产业的布局会影响着社会是否能够正确快速地发展。这就需要在社会发展与文化产业发展之间找到一个平衡点。文化产业协会通过自身的组织和影响、沟通力等在一定程度上监管会员之间的自律,协调社会发展和文化产业发展之间的不适合问题。

4.行业自律的功能

自律,就是自我约束。文化产业协会的一个重要职能就是行业自律。行业自律一般包括从业者之间的自律和行业单位和企业之间的自律。从业者之间的自律留待本书中"人才需求"与"人才培养"中阐述,在此主要阐明行业单位和企业之间的自律。一方面,文化产业协会通过先进文化产业会员的模范作用引领其他文化产业会员的发展,以一种内部的制约因素来达到行业之间的自律。比如,对文化产业会员进行年度的信誉评比,在无形中促进文化产业之间的自律,促使文化产业之间进行一种良性的信誉度改进和竞争。另一方面,通过文化产业协会的年度会议,促进参会单位和企业的沟通和聚合,增进合作,防止彼此之间的恶性竞争。第三,也是最重要的行业自律措施就是,文化产业协会通过制定文化产业行业规则进行自我约束、自我管理,引导整个行业规范、有序发展。这方面的文化产业协会自律主要包括以下内容:①制定本行业的规章制度,包括协会章程、行业职业道德规范、惩罚规则、争端解决规则等,以规范行业自我管理行为。②参与制定、修订本行业各类标准,包括技术标准、质量标准、管理标准等;承担本行业生产许可证发放的有关工作,对不符合质量标准和其他标准的产品和企业,配合政府部门采取相应的整改措施。③建立行业内部惩罚机制,对违反和破坏行业规则的成员予以惩罚,以保证行业规章制度的实施,给行业秩序的建立以制度保障。①

三、改革和完善我国的文化产业协会

我国的文化产业协会尚处于发轫期,而文化产业协会的作用和功能又是如此重要,这与我国当下文化产业的快速发展十分不相称。而且,如今我国正处于经济转型期,对文化产业协会的建设和发展更是提出了不小的挑战。那么,应该如何改革和完善我国的文化产业协会呢?

1.改革发展文化产业协会的必要性

改革发展文化产业协会是我国文化产业发展的客观要求,是深化国有企业和政府管理体制改革的重要配套措施。随着市场经济的发展、政府机构改革的完善和政府职能转变的到位,特别是我国加入世界贸易组织,文化产业协会的作用将会越来越重要。首先,加快文化行业协会的改革与发展,是应对入世挑战的重要举措。随着我国市场经济的发展以及入世,文化市场主体之间的协

---

① 吴碧林等:《行业协会的功能及其法制价值》,《江海学刊》2007 年第 6 期。

调、引导和先期安排将更多地依靠行业协会等社会中间组织来完善,原由政府承担的许多工作,需要由行业协会来承担。特别是在反倾销、反垄断以及保障措施等方面,需要由行业协会充当重要角色。而且文化产业已经成为了一种国家软实力,是各国扩大出口和影响其他国家的一个重要途径,发展文化产业协会已是刻不容缓。其次,加快文化产业协会的改革与发展,是建立和完善现代文化市场体系的重要环节。改革的深化,要求推进文化事业改革、塑造文化产业的市场主体基础,加快完善现代文化市场体系。处在政府组织和文化市场组织之间的文化产业协会是现代文化市场体系的重要支撑,加快形成与产业结构、市场体系相适应的文化产业协会体系,能有效地提高文化市场资源的配置效率,推动文化市场的发展。第三,加快文化产业协会的改革与发展,是转变政府文化部门职能的需要。过去的计划经济中,政府文化部门过多地参与和指导了文化的建设和发展,随着市场经济的发展,社会经济成分、组织形式、就业方式、利益关系和分配方式日益多样化,社会事务日益增多,政府文化部门要实现政企、政事、政社分开,必须充分发挥文化产业协会的作用,利用文化产业协会的功能来共同推进文化的发展和壮大,满足人们日益增长的需求。第四,加快文化产业协会的改革与发展对促进文化市场信用体系建设有重要作用。文化信用体系建设是一个系统工程,文化产业协会的规章制度和自我约束是其重要组成部分。只有国家立法、行业立规、社会立德,多方互动,成熟、规范、信用完备的文化市场体系才能最终确定。

2. 产业协会面临的问题

我国行业协会是伴随着市场经济的发展以及政府职能的转变而逐步发展成长起来的,有着强烈的政府背景。其工作人员绝大部分是由政府任命的机关干部或离退休人员组成,其次是分流人员或借调人员。例如我国的出版工作者协会是在政府领导下,"按行业组织、按行业管理、按行业规划"自上而下组建成的体制内行业协会。[①] 可见,这与协会的"非政府组织"这一性质格格不入。总之,就目前情况来看,行业协会普遍存在着"行政化、老龄化、贫困化"的现象。[②] 所谓"行政化"是指不少行业协会仍旧"挂靠"在政府机关,或依附于主管部门,或由政府官员兼任行业协会领导、主持协会工作,使行业协会不能实现真正意义上的独立自主。而且行业协会实行双重管理体制,即每个行业协会都必

---

① 王安江:《国外商协会的功能与我国的行业协会》,《出版视野》2005 年第 3 期。
② 张鸣:《行业协会:新格局下的定位与发展》,http://www.ssfcn.com/wenzhang_detail.asp?id=53948。

须有一个业务主管单位。所谓"老龄化"是指不少协会的"掌门人"多为"白头翁",且多以兼职身份参与工作,工作人员以离退休人员为主,缺乏朝气,专业人员少、知识结构老,跟不上行业技术、管理和竞争力的发展。在某种意义上,行业协会成了政府部门转接人员的一个"收容所"。所谓"贫困化"是指不少行业协会缺乏资金来源,少量的会费无法维持协会的正常运转。行业协会是一个非盈利性的组织,主要靠会员费用及其他合法的收入来维持。而协会的活动越少,越得不到社会资助;资金匮乏又无力提供协会服务,造成协会名存实亡。以上三大因素严重制约了行业协会的发展,从某种意义上说也阻碍了市场经济的快速发展。

3. 发展和完善文化产业协会的措施

党的十八届三中全会加大了改革力度,减政放权给予行业协会以更宽松的审批权、自由度。加快文化产业行业的改革,理清文化产业协会的关系,促进文化产业协会的发展势在必行。虽然,我国目前的国情尚处于经济体制转变过程中,单纯依靠文化产业自己建立文化产业协会还有困难,需要政府部门的牵头协调,帮助组织,要给予必要的条件,授予一定的职能,使成立文化产业协会成为文化产业的积极要求和行动。政府部门要帮助文化产业协会选好行业带头人,引导会员明确协会的性质任务和作用,帮助制定一个好的章程,建立起一个人员精干、职责明确、积极高效的工作机构,订立行规行约,充分发挥行业自律和服务功能。但是,适应文化产业协会的"非政府机构"的本质以及市场经济的要求,当务之急应从以下几个方面加强文化产业协会自身的改革和建设。①

第一,从"挂靠政府"改革为"独立自主"。文化产业协会受业务主管单位的限制,导致自主性和独立性不强,是制约文化产业协会职能发挥的重要因素。文化产业协会是文化产业的组织,是一个非官方的机构,政企分开同样要求政会分开。所以,应不断弱化文化产业协会的行政功能,淡化官方色彩,使文化产业协会由政府部门的附属转为自治性的独立法人组织或社会团体,由政府办会逐步转为自主或独立办会,摆脱对政府主管部门的依赖和附属,逐步让文化产业协会回到原来的社会地位中去,发挥其原本应有的"行业代表""行业服务""行业协调""行业自律"四方面的职能,并真正发挥中介组织的社会作用。有人担心独立以后的文化产业协会说话还灵不灵,没有政府的"权威性"办事还

---

① 张鸣:《行业协会:新格局下的定位与发展》,http://www.ssfcn.com/wenzhang_detail.asp? id = 53948。

管不管用？其实，只要政府把那些不该管、管不好、管不了的大量的属于行业管理、行业服务和社会监督的职能交给文化产业协会来完成，并予以指导和扶持，使行会真正履行起行会的职能，便会得到社会的认可，受到会员和群众的支持，树立起文化产业协会的威望。

第二，从"政府主导"改革为"企业自发"。凡由业务主管单位组建的协会，主要领导均由政府部门推荐和任命，这种"官办"色彩致使协会更多是为政府服务，忽视了为会员服务的宗旨，难以形成面向全行业独立操作的自律性行业组织。作为一种民间中介组织的独立地位尚未得到完全确立，大多数缺乏民主与自治，在运作方面更多地体现的是行政意志而不是市场意志。而民间性、民主性、广泛性、自律性、服务性、平等性是行业协会不可缺少的特性。文化产业协会的领导应当由民主选举产生，最好让有代表性的龙头企业主担任，专职工作人员应通过会员投票选举有威望的业主兼职或经社会招聘产生，要吸引各种专业人才。文化产业协会是非营利性组织，需要文化产业的企业家和实业家资助，以减少专职工作人员创收的压力，全力做好服务工作。只有由"市场经济"的发展规律自发产生的文化产业组织，才能实现人员自聘、经费自筹、工作自主的运行模式，实行民主办会，规范行为，把文化产业组织真正办成社会需要、政府满意的中介组织。

第三，从"面向指导"改革为"面向服务"。过去由于信息闭塞和政企不分，文化行业协会往往处在"二政府"的位置，所提供的多为指导性工作，缺乏服务性工作。今后随着信息和政务的公开化，指导性工作自然消失，文化产业协会应自觉"适应市场、面向市场，为发展市场经济服务"，而要做好服务性工作必须要有真本事、真功夫才行。做好服务性工作的前提是文化产业协会工作人员的职业化和文化产业协会组织机构的合理化。要建立合理的人员录用、考核、培训、晋升、淘汰和退休机制，形成一套完善的员工待遇、福利制度、社会保障制度，建章立制，吸纳和留住高素质人才。要促进民间组织自律机制的形成，重视文化产业协会的党组织建设，保证文化产业组织正确的政治方向。要用好用足各项政策法规，全方位开展行业协会的各项工作，努力做到思想到位、领导到位、措施到位、经费到位、人员到位、工作到位，为文化产业组织的发展提供组织保证，促使文化产业协会的职能发挥，为我国市场经济的发展和繁荣搭建一座畅通的桥梁。

第七节　**文化产业上市公司**

　　上市公司是指依法公开发行股票,并在获得证券交易所审查批准后,其股票在证券交易所上市交易的股份有限公司。上市公司是股份有限责任公司,具有股份有限公司的一般特点,如股东承担有限责任、股东通过选举董事会和投票参与公司决策等。

　　与一般公司相比,上市公司最大的特点在于可利用证券市场进行融资,广泛地吸纳社会上的闲散资金,从而迅速扩大企业规模,增强产品的竞争力和市场占有率。因此,股份有限公司发展到一定规模后,往往将公司股票在交易所公开上市作为企业发展的重要战略步骤。从国际经验来看,世界知名的大企业几乎全是上市公司。例如,美国500家大公司中有95%是上市公司。

　　上市公司并不一定只把本币作为吸纳的对象。所以,我们可以看到,中国的企业会在香港和欧美发行股票。由于条件所限,本节基本不涉及在海外上市的企业和台湾的文化产业类上市公司的情况,而把重点放在以人民币为股票发行币种的中国内地的文化产业类上市公司和涉及文化产业的部分上市公司。

一、大陆文化产业类上市公司简介

1. 中视传媒

　　中视传媒股份有限公司原来全称为"无锡中视影视基地股份有限公司",是经江苏省人民政府及中国证监会批准,由无锡太湖影视城、北京荧屏汽车租赁公司、北京中电高科技电视发展公司、北京未来广告公司、中国国际电视总公司五家法人共同发起,于1997年5月22日在上海证交所上网募集发行人民币普通股5,000万股(每股面值1元,发行价每股7.95元)而设立的股份有限公司。1997年7月9日,该公司在江苏省工商行政管理局登记注册,注册时总股本为16,800万股,其中法人股11,800万股,社会公众股5,000万股(含公司职工股225万股)。2001年8月,经公司股东大会批准,国家工商局审核,公司正式更名为中视传媒股份有限公司。

公司的主营业务由三部分组成:影视业务、广告业务、旅游业务。

影视业务主要经营项目包括影视节目投资:电影、电视连续剧、电视纪录片、电视专题片投资、拍摄、制作;影视节目版权经营:各类节目版权的销售、版权代理;综艺栏目:央视大型综艺栏目《欢乐中国行》的节目制作、运营、栏目招商;影视技术服务:提供全套的前后期高标清影视设备,拥有完整的高清节目生产线和达·芬奇调色设备、数字节目资源库等先进设备;频道包装宣传:多年承制 CCTV－8 和高清影视频道整体频道包装宣传等业务;影视协拍:无锡、南海两大影视基地,为国内外影视剧组提供丰富的场景和优质的技术、后勤服务。

广告业务是中视传媒三大主营业务之一,现阶段代理资源如下:CCTV－10全频道广告;CCTV－1 黄金剧场电视剧片尾标版;CCTV－8 黄金强档电视剧片尾标版。

旅游业务是公司三大主营业务之一,经营的旅游景点包括无锡影视基地:三国城、水浒城、唐城;南海影视基地:太平天国城。

2.电广传媒

湖南电广传媒股份有限公司是经湖南省人民政府批准,由湖南广播电视发展中心作为主发起人进行全资改组,联合湖南省金帆经济发展公司、湖南星光实业发展公司、湖南省金环进出口总公司、湖南省金海林建设装饰有限公司共同发起,并经中国证监会批准,于 1998 年 12 月 23 日向社会公众发行 5000 万人民币普通股(总股本为 15800 万股)设立的股份有限公司。

公司目前主营业务为广告代理制作、影视节目制作与发行以及网络信息传输服务。

3.歌华有线

北京歌华有线电视网络股份有限公司于 1999 年 9 月经北京市人民政府批准,由北京歌华文化发展集团、北京青年报业总公司、北京有线全天电视购物有限责任公司、北京广播发展总公司及北京出版社五家股东共同发起设立的股份有限公司。经中国证券监督管理委员会批准,于 2001 年 1 月 4 日公开发行人民币普通股 8,000 万股,2001 年 2 月 8 日社会公众股上市交易。

歌华有线主营业务是广播电视网络的建设开发,广播电视节目收转、传送,广播电视网络信息服务等。

4.东方明珠

上海东方明珠(集团)股份有限公司于 1992 年 3 月 30 日经上海市经济体制改革办公室批准设立,发起人为上海广播电影电视发展有限公司、上海电视台、上海人民广播电台及上海电视节目办公室。公司所发行的 A 股于 1994 年 2 月 24 日在上海证券交易所上市交易，是中国大陆第一家文化产业类上市公司。

东方明珠的主业由三大部分构成：文化休闲娱乐产业、媒体产业和对外投资。

5. 博瑞传播

成都博瑞传播股份有限公司原名四川电器股份有限公司，系 1988 年经成都市经济体制改革委员会批准由四川电器厂改制并向社会企事业单位和社会公众定向募集部分股份成立，1995 年 11 月 15 日，经中国证监会批准，本公司流通股在上交所正式挂牌上市。1999 年 7 月 28 日，经国家财政部批准，成都博瑞投资控股集团有限公司（原名成都博瑞投资有限责任公司）正式受让原成都市国有资产管理局持有的本公司股份中的 27.65% 的股份，成为本公司的第一大股东。成都博瑞投资控股集团有限公司入主本公司后，实施了一系列资产重组，公司的主营业务已逐步由原电器生产与销售业务转向广告、印刷、发行及投递、配送业务及信息传播相关业务。2000 年 1 月 21 日经成都市工商行政管理局批准，公司更为现名。公司的第一大股东是成都博瑞投资控股集团有限公司，最终实际控制人是成都商报社。

6. 新华传媒

上海新华传媒股份有限公司系于 1993 年 12 月 9 日经上海市人民政府财贸办公室批准成立的股份有限公司。公司股票于 1994 年 2 月 4 日在上海证券交易所上市交易。公司原名"上海时装股份有限公司"，经过资产重组于 2000 年 10 月 23 日上海市工商行政管理局核准更名为"华联超市股份有限公司"，股票代码 600825，简称"华联超市"。2006 年 5 月 22 日上海新华发行集团有限公司与上海百联集团股份有限公司、上海百联集团有限公司、上海友谊（集团）有限公司、上海一百（集团）有限公司经协商决定就关于转让本公司的股份达成协议，自 2006 年 10 月 17 日起，公司股票简称改为"新华传媒"。公司完成重大资产置换后，主营业务由原来的经营连锁超市行业变更为经营文化传媒行业。公司目前已形成图书发行、报刊经营、广告代理与物流配送等四大业务板块。

7. 赛迪传媒

北京赛迪传媒投资股份有限公司系经海南省人民政府批准，在 1988 年 11 月成立的海南国际房地产发展有限公司的基础上进行改组，正式创立的规范化股份有限公司。1992 年 12 月 8 日，公司 A 股股票在深圳证券交易所挂牌交易,股票简称"港澳实业"。1997 年 7 月经海南省证管办批准,国邦集团有限公司受让"港澳实业"法人股 90346274 股,成为本公司第一大股东。1999 年 7 月经公司 1999 年度第二次临时股东大会及有关部门批准迁址北京并更名为北京港澳实业股份有限公司。2000 年 9 月 27 日,信息产业部计算机与微电子发展研究中心受让国邦集团有限公司持有的"港澳实业"法人股 90346274 股,成为本公司第一大股东。经公司 2000 年度第一次临时股东大会批准更为现名。

公司目前的三大主业是传媒业务、存储产品、物业管理。

8. 华闻传媒

华闻传媒投资集团股份有限公司,原名华闻传媒投资股份有限公司、海南民生燃气(集团)股份有限公司、海口管道燃气股份有限公司,是于 1992 年 12 月以定向募集方式发起设立的国内燃气行业首家股份制企业。1997 年 7 月,在深圳证券交易所上网发行 5000 万股 A 股股票并挂牌上市,开国内燃气行业企业上市之先河。1998 年 7 月,更名为海南民生燃气(集团)股份有限公司;2006 年 11 月,更名为华闻传媒投资股份有限公司;2008 年 2 月,更为现名。

公司的主要业务是传媒、管道燃气。

9. 粤传媒

公司全称广东九州阳光传媒股份有限公司,广州日报报业集团控股的广州大洋实业投资有限公司,在重组原 NET 系统挂牌上市企业清远建北(集团)股份有限公司的基础上,通过重组其原有业务,剥离不良资产,在 2000 年 10 月注入印刷业务相关资产、大洋连锁 95% 的股权以及《广州日报》招聘广告 10 年的独家代理权和部分现金等优质资产,成为粤传媒第一大股东,

2001 年 8 月,粤传媒在原 NET 系统上市流通的法人股 10093.32 万股开始在"三板"进行股份转让。2007 年 7 月 30 日,根据中国证监会发行监管部发布的《发审委 2007 年第 92 次会议审核结果公告》,粤传媒首次公开发行股票申请获通过,并于同年 11 月 16 日在深圳证券交易所中小板上市。

公司的主营业务是印刷业务、广告代理业务和报刊零售业务。

10. 出版传媒

辽宁出版传媒股份有限公司成立于 2006 年 8 月 29 日,是经辽宁省人民政府批准,由辽宁出版集团有限公司、辽宁电视台广告传播中心作为发起人,以发起方式设立的股份有限公司。本公司控制人是辽宁出版集团有限公司,最终控制人是辽宁省人民政府。本公司经中华人民共和国证券监督管理委员会批准,于 2007 年 12 月 14 日公开发行 14000 万股普通股(A 股),公司股票于 2007 年

12 月 21 日在上海证券交易所上市。

11. 天威视讯

深圳市天威视讯股份有限公司系经深圳市广播电视局批准,于 1995 年 7 月 18 日由深圳有线广播电视台、深圳市鸿波通讯投资开发公司、中国工商银行深圳市信托投资有限公司、深圳深大电话有限公司、深圳市通讯工业股份有限公司及深圳中金实业股份有限公司共同发起设立。2008 年 5 月 12 日,本公司经中国证券监督管理委员会核准,以 6.98 元/股的价格公开发行人民币普通股 6,700 万股,同年 5 月 26 日在深圳证券交易所中小企业板上市。

公司主要业务:数字电视、互动电视、高清电视、有线宽频、网络电视。

12. 广电网络

陕西广电网络传媒股份有限公司的前身是黄河机电股份有限公司,1992 年 4 月经西安市经济体制改革委员会批准,将国营黄河机器制造厂整体改组,黄河厂的经营性净资产 33168.43 万元折为国有法人股 33168.43 万股,同时,中国人民银行西安市分行批准本公司募集 14000 万股普通股。1992 年 12 月,经西安市体改委批准,本公司的军民品资产分立,继续保留黄河厂的企业法人地位经营军品资产,本公司经营民品资产,黄河厂代表国家持有本公司 16913.42 万股的国有法人股,至此,本公司的总股本变为 30913.42 万股。1993 年 10 月,经西安市国资局批准,本公司将全部股本按 4:1 的比例缩减为 7728.36 万股,余额部分 23185.06 万元转为资本公积。1994 年 2 月 24 日,本公司社会公众股(不含内部职工股)2842.36 万股在上海证券交易所上市。股票代码 600831。

2001 年 8 月 16 日,黄河厂与陕西省广播电视信息网络有限责任公司(以下简称"陕广电")签订《关于黄河机电股份有限公司国有法人股权划转协议书》,黄河厂将其持有的本公司国有法人股 56756217 股(占总股本的 51%)无偿划转给陕广电持有;2001 年 12 月 26 日,本公司在西安市工商行政管理局办理公司变更登记,本公司名称变更为"陕西广电网络传媒股份有限公司";2002 年 8 月 19 日,股权划转事宜全部办理完毕,陕广电成为本公司第一大股东。

目前,公司已经专注于有线电视网络运营相关业务。

二、大陆文化产业类上市公司的特点

1. 数量少

截止到 2008 年 8 月 31 日,在沪深两地上市的企业已有近 1800 家,而严格意义上的文化产业类上市公司只有 12 家。如果我们把标准定严些,数量恐怕要减半。就按 12 家来算,也是百分之一都不到。哪怕是按照清华大学新闻与传播学院詹正茂等人的理论,把文化产业分为核心层、外围层和相关层,与其有联系的上市公司数量也不到全部上市公司的百分之四。

2. 地域相对集中

上述 12 家核心层的上市公司,其办公地址分属为:北京 2;上海 3;广东 2;辽宁 1;四川 1;海南 1;湖南 1;陕西 1。京、沪、粤三地占据了文化核心层上市公司总数的近七成,这和这些城市的政治经济地位是分不开的。

3. 缺乏龙头企业

何谓龙头企业?按照国家部委的标准,应该是经济效益好,企业资产负债率小于百分之六十,产品转化增值能力强,银行信用等级在 A 级以上(含 A 级),有抵御市场风险的能力的企业。从中国大陆证券市场设立之初,文化类上市公司就没有能以规模效益占据市场份额。数据表明,从 1998 年至 2000 年,连续三年平均利润率的增长高于市场平均水平的 12 个行业中,文化传媒虽也占有一席之地,然而,1998、1999 年中国上市公司竞争力 100 强、2000 年中国上市公司前 50 名,只有歌华有线一家在 1999 年中国上市公司竞争力 100 强中名列第 49 位。表面上看,文化产业类上市公司的营利能力还算稳定,但在整个中国资本市场中根本就排不上前列。2002~2008 年连续 7 年美国《财富》杂志评选的中国上市公司 100 强,文化产业类核心层上市公司无一上榜。2006 年由中央电视台经济频道《中国证券》栏目主办,天相投资顾问公司、南开大学公司治理中心、今日投资财经资讯有限公司协办的 CCTV2005 年度中国最具价值上市公司评选活动,最终产生一个主奖——2005 年中国最具价值上市公司(10 家),以及三个分项奖——最佳投资回报奖(5 家)、最具成长性奖(5 家)、最佳公司治理奖(5 家),文化产业类核心层上市公司全军覆没。中国社会科学院工业经济研究所通过对中国深、沪两地 1084 家上市公司的竞争力跟踪和监测,得出了 2007 年中国上市公司综合竞争力百强企业。传播与文化产业类只有一家当选。由长江学者特聘教授、南开大学商学院院长李维安作为首席专家的科研团队通过对深沪两市上市公司的跟踪研究,评选出 2007 年中国上市公司治理 100 佳,从行业分布看,传播与文化产业类上市公司没有一家进入 100 佳。

4. 经济效益低

多个国内外机构对中国上市公司研究,最终进行排名,结果发现没有或很少有文化产业类上市公司。原因很多,其中经济效益低肯定是一个。

以中视传媒为例,从 1997 年到 2007 年,公司平均每股收益是 0.175 元。其中最高的一年每股收益是 0.421 元,最低是 0.01 元,高低差达 42 倍。其中有四年的每股收益不足 0.10 元。毫无疑问,公司的业绩是无法令人满意的。就整个行业而言,以 2001 年为例,在 22 个行业中,当年平均每股收益是 0.14 元,传播与文化产业类以平均每股收益 0.07 元列倒数第六位。平均净资产收益率 2.22% 则列倒数第五名。

5. 营利构成较差

上市公司的利润总额主要由四部分构成。营业利润是其中最重要的组成部分。它是关系到一家上市公司赢利持续性的基本要素。是企业盈利的核心。营业利润在利润总额中占的比例越大,说明利润来源基础稳定、可靠。反之,则证明利润来源存在不稳定性。2001 年中国大陆上市公司中,营业利润在利润总额中比重最低的居然是传媒与文化产业。

三、成因分析

如前所述,文化产业上市公司在当前资本市场上的业绩表现已相当一般或较差,原因何在? 我们在此做个综论。

1. 政策因素

文化政策是国家在文化艺术、新闻出版、广播影视、文化馆、图书馆、博物馆等领域所采取的一整套制度性规定、规范、原则和要求体系的总称。通过文化政策实行政府对文化的有效监督和指导,是现代国际社会的普遍文化政治行为。很长一段时间有关部门出于意识形态安全的考虑,对传媒的上市控制比较严格。从 2001 年 3 月至 2007 年 11 月,竟然无一家文化产业类公司在沪深证券交易所主板上市。2002 年 11 月 24 日,中国证监会、财政部和国家经贸委联合发布《关于向外商转让上市公司国有股和法人股有关问题的通知》(以下简称《通知》),允许向外商转让上市公司国有股和法人股。这说明外资并购中资企业的大门已经打开,上市公司业主不能被更易的局面已开始松动。

《通知》同时规定,向外商转让上市公司国有股和法人股,应当符合《外商投资产业指导目录》要求。根据《外商投资产业指导目录》有关条例,文化产业上市公司国有股、法人股不属于允许向外商转让范围。这样一种国家文化意志集中表现的文化政策,给文化产业类上市公司带来的后果有三:其一,形象、地位、名次在资本市场中进一步下降。其二,将面临难以在资本市场上筹资的困境。其三,将面临相对萎缩。

2. 法律因素

文化产业类上市公司在中国大陆所占比例小的原因,除了政策,就是法律。按照《中华人民共和国公司法》的规定,公司上市发行股票的基本要求有:①股票经国务院证券管理部门批准已经向社会公开发行;②公司股本总额不少于人民币5000万元;③开业时间3年以上,最近3年连续盈利;④持有股票面值达人民币1000元以上的股东人数不少于1000人(千人千股),向社会公开发行的股份占公司股份总额的25%以上;股本总额超过4亿元的,向社会公开发行的比例15%以上;⑤公司在最近三年内无重大违法行为,财务会计报告无虚假记载。

中国内地的文化企业绝大多数注册资本都是在50万~100万元,与公司法规定的企业上市的资本总额要求差距太大。而达到资金标准的企业,盈利水平又不够。这样算来,真正能符合上市公司标准的文化企业屈指可数。就算是符合条件的文化企业,也未必愿意成为上市公司。法律制度上的如下约束是影响企业上市积极性的原因:上市是要花钱的,其支出包括了企业上市前后的费用;提高透明度的同时也暴露了许多机密;上市以后每一段时间都要把公司的资料通知股份持有者。

3. 企业内部问题

文化产业类上市公司内部存在的问题,几乎和中国大陆上市公司存在的问题没有什么特别之处。

(1)一股独大

所谓一股独大,就是其中一个股东(上市公司国有股,就是国家)占有最大的比例,例如50%以上,而其他股东全部都是很小的比例。由于一家大股东持有很大比例的股份,就容易具备控制上市公司的经营和财务的能力。

(2)关联交易严重

关联交易就是企业关联方之间的交易。关联交易在市场经济条件下广为存在,但它与市场经济的基本原则却不相吻合。如东方明珠于2001年底以4亿元的价格从大股东的关联单位上海《每周广播电视》报社和《上海电视》杂志社购买了上海广播电视报业经营有限公司80%的股权,对于这样一家注册资本4000万元的公司的八成股份,能卖这样的高价,上市公司声称将有助于提高公司的盈利能力。某证券公司在出具的独立财务顾问报告中,更是认为该关联交易价格按评估值确定,并由具有证券从业资格的某资产评估有限公司进行了相关评估工作,充分体现了公开、公平、公正的原则。考察东方明珠的关联交易,可以发现由于关联交易的定价是非市场化的,没有参考依据,因此投资者很难判断是否公正。通过与东方明珠的关联交易,大股东成功套现了10.75亿元。而此次关联交易,东方明珠将形成3.6亿元以上的股权投资差额,在50年的摊销期限内,每年约需摊销720万元,从而对东方明珠的当期业绩产生影响。

（3）内部人控股较为普遍

所谓"内部人控制"现象,是指独立于股东或投资者（外部人）的经理人员掌握了企业实际控制权,在公司战略决策中充分体现自身利益,甚至内部各方面联手谋取各自的利益,从而架空所有者的控制和监督,使所有者的权益受到侵害。中国大陆上市公司"内部人控制"现象的主要表现之一,就是上市公司的董事长与总经理两职合一。有专家分析指出,这种机制下容易导致责任不明,相关利益主体之间缺乏相互制约,容易使股东利益受损,甚至导致腐败。

还有一个现象值得我们思考:某些文化产业类上市公司的高管身兼数职。我国上市公司董事队伍中存在大量非独立非执行的外部董事,这些外部董事多数是大股东或实际控制人操纵的人士,他们是保障大股东或实际控制人意志的重要力量。但现实中,这些人士通常兼职,在当下竞争激烈的时代,有多少人能够分身有术？"胡子眉毛"能够"一把抓"的能人毕竟是极为罕见的。而特别令人担心的是,高管人员交叉任职成为双面人甚至是多面人,面对母体单位和其他任职单位时,不惜牺牲上市公司利益,通过关联交易、提供担保、借贷等形式,让上市公司蒙受经济损失,承担巨大的经济压力。虽然相关法律法规并未强制性规定上市公司高管不得身兼数职,但是为了提升公司的透明度及治理绩效,身兼数职的状况应该引起一些上市公司各出资股东的警惕与关注。

四、对策探讨

1. 制定鼓励文化产业类企业上市的具体的、可操作性强的政策措施

过去,我们把中国大陆文化产业类上市公司稀少的主要原因归结于国家政策方面的限制。事实上,十年前,国家有关部门就推动文化产业体制改革出台了相关的政策,并做了大量的工作。2005年8月8日,《国务院关于非公有资本进入文化产业的若干规定》出台,进一步加快了文化传媒产业的体制改革步伐;2006年7月出台的《关于深化出版发行体制改革工作实施方案》更是明确提出,推动有条件的出版、发行集团公司上市融资;鼓励出版集团公司和发行集团公司相互持股,进行跨地区、跨部门、跨行业并购、重组等。2007年11月,文化部发布《关于支持和促进文化产业发展的若干意见》,意见指出:鼓励依托有

实力的文化企业,以市场为导向,以资本和业务为纽带,运用联合、重组、兼并、上市等方式,整合优势资源,重点发展一批拥有自主知识产权和文化创新能力、主业突出、核心竞争力强的大型文化产业集团。这样看来,国家并没有忽视文化产业类企业上市的问题,不但提出了战略性的指导意见,而且还提出了某些具体政策措施,如《若干意见》中提出:非国有经济投资的文化产业项目和建设的文化场馆,在市场准入、土地使用、信贷、税收、上市融资等方面,享受与国有经济投资的同等待遇。

2008 年 7 月,南京市委宣传部和南京市财政局联合出台了新修订的《南京市文化产业发展专项资金管理暂行办法》,该办法明确规定:对筹备上市的文化企业,发行上市申请被证监会正式受理,一次性资助 30 万元。对此,我们认为国家和地方党政部门应该提出可操作性更强的具体措施。因为具体的措施不等于都具备较强的可操作性。如国家和地方制定的政策,并不一定都能落实到位,特别是当政策涉及多个单位的利益并有可能引发冲突时,一定要有尽可能详细的解决办法,并且该办法对于大力发展文化产业类上市公司的数量,提高文化产业类上市公司的质量是能起到决定性作用的。

2. 组建一支优秀的团队,培育文化产业类上市公司的核心竞争力和持续发展能力

总体而言,中国大陆文化产业类公司管理水平和成本控制能力较差,资本运用能力不足。这直接导致了该类企业业绩低下。以上三方面都和核心竞争力有千丝万缕的联系。所谓核心竞争力,也称核心能力或核心专长。它是企业拥有的能为消费者带来特殊效用、使企业在某一市场领域长期具有竞争优势的内在能力资源。胡汝银先生主编的《中国上市公司成败实证研究》一书,提出中国上市企业核心竞争力的培育应该考虑以下六个方面:要形成核心竞争力赖以生存和发育的技术及其相关的管理模式;要形成培育核心竞争力的组织机构;要培养持续创新和主动应变的能力;企业家要有战略意图;认真规划战略价值链;要大力提高员工素质。

纵观以上六项,可以说没有一项是能够脱离人这个要素。上市公司在选人、育人、用人、留人四方面一定要尊重科学规律。只有这样,才可能准确地将团队领袖、实施者、监控者、创新者、外交者、协调者这六个关键角色赋予最合适的人,并在此基础上组合成高效的团队。

文化产业是人才密集型、技术密集型和资本密集型结合的产业集群。其产品属于精神产品的范畴。通常情况下,文化企业的员工是创意人才,是知识型

员工。当团队内部人员各司其职,各负其责,工作中的正能量始终保持最佳状态,中国大陆一定会诞生足以和美国时代华纳相抗衡的文化产业类上市公司。

五、发展趋势

截至 2011 年底,沪、深两地上市文化企业超过 50 家;主要金融机构文化产业中长期贷款达 861 亿元,同比增长 20.4%;全国共有文化产业投资基金 111 只,资金总规模超过 1330 亿元。2011 年,我国文化企业上市趋势良好,7 家文化企业在境内 A 股市场成功上市,4 家文化企业借壳上市,5 家文化企业成功登陆美国资本市场;到 2011 年末,在沪、深两地上市文化企业累计超过 50 家;截至 2012 年 2 月底,文化企业累计发行各类债券达到 379.94 亿元。

截止 2012 年 1 月,我国的文化类企业(包括传媒与文化产业),共有 28 家,其中深市中有 7 家,创业板中有 8 家,其余均在沪市中,而在这些上市的文化企业中又以图书出版、报刊广告及影视制作等企业为主,演艺类上市公司只有华谊兄弟。数据统计显示,A 股市场 25 家文化类(包括广播影视、传播类企业)上市公司今年上半年实现营业总收入 187 亿元,利润总额为 24.4 亿元,总市值为 1278 亿元。相比其他行业来说,数量和规模都较小。

2014 年,三项支持文化产业发展的重要政策陆续出台:《关于推进文化创意和设计服务与相关产业融合发展的若干意见》,由文化部、中国人民银行和财政部制定的《关于深入推进文化金融合作的意见》,以及《关于支持小微文化企业发展的意见》,要求 2014 年文化产业发展增速要达到 15% 以上。文化产业获得政策大力扶持,文化市场也成为各路资本追逐的宠儿。湘鄂情转型环保产业后又宣布进军文化产业。

4 月份就有 3 家收购重量级的文化传媒公司。浙富控股,4 月 4 日与璀灿星河及田明先生签署了《梦响强音文化传播(上海)有限公司进一步股权转让意向协议》。鉴于 2014 年 3 月 25 日三方已签署关于梦响强音 20% 股权的转让意向协议,公司将合计受让梦响强音 40% 股权,梦响强音 40% 股权的转让价格合计不超过 8.4 亿元。上海的梦想强音公司近年异军突起,作为从事电视节目及电影项目品牌管理开发等业务的公司,这几年制作的节目包括《中国好声音》《中国好歌曲》《出彩中国人》等都具有很大的影响,也是中国收视率位居前列的音乐娱乐节目。另一家电视行业公司也宣布要上市。4 月 3 日,华录百纳(300291)发布公告,拟以 25 亿元价格收购蓝色火焰 100% 股权。位于深圳的蓝色火焰也是一家文化内容制作运营及媒介代理公司,公司 2013 年成功运营大型音乐竞技节目《最美和声》,出品电影《快乐大本营之快乐到家》《爸爸去哪儿》等。浙富控股原本在3月25日已经签署协议收购梦想强音20%股权,就在蓝色火焰宣布整体上市第二天,梦想强音就将上市份额提高到40%。实际上,以40%股权8.4亿元计算,梦想强音公司整体价值也高达21亿元,与蓝色火焰价值差不多。收购价格最高的是高金食品收购印纪传媒,4月8日发布的公告显示,高金食品拟以置出资产加定向增发方式收购印纪传媒100%股权,收购价高达60.12亿元,是近期文化传媒类公司收购价最高的案例。而印纪传媒(DMG集团)不仅是国内排名前五位的国际4A级广告公司,更是频频涉足影视领域,参与投资、制作、引进的电影包括《建国大业》《杜拉拉升职记》《生化危机4》等,2011年以来,印纪传媒与好莱坞制片公司合作的影片多达9部。

除了这3家收购金额较高的文化传媒公司,3月19日,中南重工发布公告,拟以10亿元收购大唐辉煌100%股权,大唐辉煌的主营业务为电视剧制作等业务,2014年投拍并取得发行许可的电视剧有望达到10部以上。公司的股东中包括唐国强、陈建斌、王姬、冯远征等著名演员。3月14日,熊猫烟花发布公告,拟5.5亿元收购华海时代60%股权,这也是一定电视剧制作公司,不过,目前仅独立制作发行2部电视剧《箭在弦上》和《娘要嫁人》。

以上这5家上市公司收购文化传媒公司的总价值为109亿元。

部分"传播与文化产业"行业上市公司列表(2014)

*ST 传媒(000504)	华泽钴镍(000693)	华闻传媒(000793)	电广传媒(000917)
粤传媒(002181)	天威视讯(002238)	姚记扑克(002605)	华谊兄弟(300027)
蓝色光标(300058)	华谊嘉信(300071)	华策影视(300133)	天舟文化(300148)
上海钢联(300226)	方直科技(300235)	光线传媒(300251)	华录百纳(300291)
新文化(300336)	歌华有线(600037)	中视传媒(600088)	时代出版(600551)
号百控股(600640)	ST国嘉(600646)	万鸿集团(600681)	广电网络(600831)
博瑞传播(600880)	*ST 信联(600899)	中南传媒(601098)	皖新传媒(601801)
凤凰传媒(601928)	吉视传媒(601929)	出版传媒(601999)	人民网(603000)
神奇B股(900904)			

提示

　　文化产业的监督与管理，涉及文化产业从规划到生产、营销、市场、消费等各个环节。它的主要任务是发挥文化在经济社会建设中的作用，繁荣文化事业，发展文化产业，强化文化市场监管，规范文化市场秩序。

　　从自身建设上来看，必须改革监管体制，形成统一、高效、便捷的管理模式和管理体系，充分运用高新技术手段规范和管理文化市场，提高文化市场管理的科技含量和监管效能，并不断完善法律法规，制定相关的技术标准，畅通监管渠道，发挥社会监管的作用，提高管理者的素质，打造高素质的管理队伍。

第一节 文化产业的体制改革

体制属于一种制度。制度可分为三个层次：根本制度、体制制度和具体制度。根本制度属宏观层次，是指人类社会在一定历史条件下形成的政治、经济、文化等方面的体系，如封建宗法制度、资本主义制度、社会主义制度等；体制制度属中观层次，可以是某些社会分系统方面的制度，如政治体制、经济体制、文化体制等，也可以是国家机关、企业、事业单位整体意义上的组织制度，如领导体制、学校体制等；具体制度属微观层次，是指要求大家共同遵守的办事规程或行动准则，如财务制度、工作制度等。文化体制属于中观层面上的制度，是社会分系统方面的制度。

在我国，体制改革是指克服现有体制中的弊端，使各种体制适应社会主义现代化建设的需要。其包括经济体制改革、政治体制改革、科技体制改革、文化体制改革等，是我国坚持社会主义道路的重要保证。文化体制改革，就是克服当前我国文化单位现有体制制度中的弊端，使之适应社会主义现代化建设的一种活动。

一、我国文化产业体制的现状

1. 取得的成绩

党的十六大以来，我国按照党中央关于繁荣社会主义文化和文化体制改革的一系列决策部署，推进体制创新、机制创新和文化创新，文化体制改革试点工作取得重大突破，为进一步深化文化体制改革提供了经验、奠定了基础。

（1）出台了体制改革的重要文件。《中共中央、国务院关于深化文化体制改革的若干意见》明确了深化文化体制改革的指导思想、方针原则、基本目标和主要任务。该意见要求坚持解放思想，转变观念，遵循社会主义精神文明建设的特点和规律，适应社会主义市场经济发展的要求，树立新的文化发展观。要不断深化对文化地位和作用、文化发展方向、文化发展动力、文化发展思路、文化发展格局、文化发展目的的认识，坚决冲破一切妨碍发展的思想观念，坚决改变一切束缚发展的做法和规定,坚决革除一切影响发展的体制弊端,做到思想上不断有新解放,理论上不断有新发展,实践上不断有新创造。

(2)一批文化企业破茧而出。第一,体制机制改革令我国新闻出版业面貌一新:出版方面 23 个集团已经或正在转制为企业集团,100 多家图书出版社转制到位,上海世纪出版集团、辽宁出版集团等第一批试点单位效益明显提高。新闻出版总署提供的数字显示,转制后的出版发行企业国有资产年均增长 40% 以上,实现了保值增值;经营收入年均增长 30% 以上,是未改制单位的 3 倍多;企业年均利润增长 20% 以上,职工收入大幅提高。出版领域改革的不俗业绩,折射出我国文化体制改革取得的显著成效。第二,我国经营性文化单位转企改制取得了新进展,文化企业上市的步伐加快,我国文化产业的规模化、集约化水平不断提高。北青传媒、陕西广电网络、上海新华传媒、四川新华文轩和辽宁出版传媒等多家文化企业先后上市或实现再融资。

(3)培育现代文化市场体系初见成效。已组建全国性出版物连锁总部 30 家、连锁网吧 20 多家、连锁演出票务公司 6 家。珠江三角洲、长江流域和环渤海地区初步形成若干书报刊音像出版、印刷复制、出版物物流、动漫游戏开发、影视生产等文化产业基地和特色文化产业群。

(4)各地各部门积极探索改革中的难点问题,积累了不少有益经验。如湖南、重庆、河南、吉林、广西等地采取措施妥善解决转制单位职工将来退休待遇问题;上海、安徽等地探索用国有股权转让所获部分收益建立职工权益保障资金,重点用于职工经济补偿和退休人员养老金补助;内蒙古、甘肃等地将发行企业应上缴的土地出让金转为国有资本金作价入股等都为顺利推进转企改制提供了有力保障。

(5)加强了财政改革力度,加大了对文化基础设施建设的投入,奠定了文化产业发展基础。"十五"期间,中央财政对县级公共图书馆、文化馆基础设施建设共投入 136.4 亿元,比"九五"期间增长约 50%。"十一五"期间,发改委和文化部安排中央预算内投资 39.4 亿元,带动地方配套资金约 25 亿元,新建和扩建 2.67 万个农村乡镇综合文化站,到 2010 年基本实现了"乡乡有综合文化站"的建设目标。广播电视村村通工程基本实现已通电行政村和 50 户以上自然村的村村通,解决了近亿农民收听收看广播电视难的问题;全国文化信息资源共享工程进展顺利,已形成省有中心、地县有分中心、乡镇和街道有基层中心、村和社区有服务点的格局;农村电影放映工程进入新阶段,广电总局大力推广数字化放映,并进一步完善国家农村数字电影技术服务平台和监管平台建设,每年提供 200 部影片(含科教影片)的数字化服务;农家书屋工程启动以来,已建成农家书屋 2 万个。构建起以大中城市为骨干、县级城市为基础、辐射乡镇的公共文化基础设施网络,人民群众得到更多文化实惠。①

(6)改善公共文化服务质量,提升"文化低保"品质。广东省首创"流动图书馆""流动博物馆""流动演出服务网"等模式,盘活了文化资源,缓解了经济欠发达地区人民群众文化生活匮乏的问题,同时也提高了公共文化资源的有效利用率。湖南推出了"新华汽车书店",利用汽车书店这种崭新的形式,把书送到田间地头,目前已有 50 台"汽车书店"奔跑在湖南省各县市。此外,国家出台鼓励捐赠、兴办公益性文化事业办法,民办博物馆等发展迅速,仅浙江省目前就有民办博物馆、艺术馆 83 家。

(7)逐步开放演出和文化市场,提出了"引进来,走出去"的对外文化发展战略。2005 年 9 月新修订实施的《营业性演出管理条例》规定,外商和国内企业可以通过合作、合资的方式参与戏剧演出和剧院管理。2006 年 3 月,第一家中外合资演出公司宣告在京成立,将中国引入欧美发达国家的剧院管理模式。

(8)确立了改革试点。"十五"期间,确立了北京、上海、重庆、广东、浙江、深圳、沈阳、西安、丽江等 9 个省市,35 家新闻出版、广播影视和文艺院团等单位为体制改革单位。各试点地区和试点单位以体制机制创新为重点,着力在培育市场主体、深化内部改革、转变政府职能、建立市场体系和推进综合执法等方面大胆创新、稳步推进,在文化体制改革的道路上愈走愈精彩。

此外,在不断深化文化事业单位改革,研究建立公益性单位绩效评价机制,积极推行政府采购,鼓励民办公助和文化设施共建共享,创新公共文化服务的投入机制和运行机制等诸多方面都取得了一定的成就。

2.我国现行文化体制的特点

始终坚持党对文化工作的领导,坚持马克思主义在意识形态领域的指导地位,坚持社会主义先进文化的前进方向,把社会效益放在第一位,牢牢把握改革的正确方向。

坚持一手抓公益性文化事业、一手抓经营性文化产业,做到两手抓、两加强,推动社会主义文化全面协调发展。高度重视农村公益性文化事业和经营性文化产业的发展,加大文化公共服务设施建设力度,为文化产业提供了发展基础和发展空间。

---

① 新华社:《我国文化体制改革试点工作五年来取得丰硕的成果》,www.gov.cn。

事业单位是我国文化产业的主要力量。所以,经营性文化事业单位转企改制是重点。目前,一批国有大型文化事业单位,如上海、辽宁、吉林、广东、重庆、云南等出版集团,四川、浙江、江苏等发行集团,上影、珠影、长影等电影集团,已经整体转制为企业;北京歌舞剧院、丽江民族歌舞团等直接转为股份制公司。浙江等省提出"转出一批、改出一批、放出一批、扶出一批"的思路,推进国有经营性文化事业单位转企改制;四川新华发行集团公司则提出"从上到下,企业到底",全省112个市县书店全面改制,新上岗员工全部告别国有身份,领导干部一律取消行政级别。

政府包办倾向明显。试点地区的新闻出版系统已实现"局社分开",广电系统完成了"局台分开",初步实现了由"办"向"管"、由管微观向管宏观、由主要管理直属单位向管理全社会的三个转变。上海、广东、深圳等地采取下放、取消、合并、转移等措施,实行政务公开,改进审批方式,简化办事程序,大大提高了行政效率。

二、我国文化产业体制改革的目标

1.重塑文化市场主体,努力形成一批自主经营、自负盈亏、自我发展,自我约束、有竞争能力的国有或者国有控股的文化企业和企业集团

应加快文化领域结构调整,合理配置文化资源,盘活存量,优化增量,解决国有文化资产结构失衡、效益不高、闲置浪费问题,科学规划和配置公益性文化事业资源、报刊及广播电视资源,促进文化资源配置向农村和中西部地区倾斜。要大力提高文化产业规模化、集约化、专业化水平。培育和建设一批出版、电子音像、影视和动漫制作、演艺、会展、文化产品分销等产业基地。重点培育发展一批实力雄厚、具有较强竞争力和影响力的大型文化企业和企业集团,支持和鼓励大型国有文化企业和企业集团实行跨地区、跨行业兼并重组,鼓励同一地区的媒体下属经营性公司之间互相参股。支持中小型文化单位向"专、精、特、新"方向发展,形成富有活力的优势产业群。要大力推进文化领域所有制结构调整,坚持以公有制为主体,鼓励和支持非公有资本以多种形式进入政策许可的文化产业领域,逐步形成以公有制为主体、多种所有制共同发展的文化产业格局。大力推进文化产业升级,用先进科学技术促进文化产业发展。

要规范国有文化事业单位的转制。转制企业要在清产核资的基础上,合理确定产权归属,做好资产评估和产权登记等工作。确认出资人身份,明确出资人权利,建立资产经营责任制。要确保国有资产安全,防止国有资产流失。转

制企业自工商登记之日起,实行企业财政、税收、社会保障、劳动人事制度,重视职工权益保障,在一定期限内给予财政、税收等方面的优惠政策。要切实做好劳动人事、社会保障的政策衔接,妥善安排富余人员。要重塑文化市场主体,按照现代企业制度的要求,加快推进国有文化企业的公司制改造,完善法人治理结构。要着力培育外向型文化企业,积极实施"走出去"战略,创新对外文化交流体制和机制。实行政府推动和企业市场化运作相结合,打造一批具有国际竞争力的文化企业,成为实施文化"走出去"战略的主体。

2. 建立和完善统一、开放、竞争、有序的现代文化市场规范体系

目前,我国文化市场体系还不成熟,存在着许多的弊端和改进的地方。如何有效地建立和完善统一、开放、竞争、有序的现代文化市场规范体系,为我国文化的发展提供一个良好的生存环境,成为我国文化产业体制改革的一个重要特点。

2003 年,我国文化部下发了《2003～2010 年文化市场发展纲要》,立即引起了社会各界的广泛关注。《纲要》指出,文化市场体系的形成是一个很复杂的问题,其中包括社会监管体系、由价格调控供求关系的体系等。这里主要指法治体系。它包括两个方面:一个是立法,要使文化市场的法律法规进一步完备起来。还有一个是执法,它包括执法队伍和执法人员素质两个方面的要求。执法机构这几年在逐步完善,现在,全国文化市场执法力量中的 95% 都在文化系统这一块,他们在文化市场的监管方面起到了巨大的作用。同时,考虑到文化市场管理工作对执法人员素质的要求越来越高,文化部门在进人方面采取向社会公开招聘的方式,选拔优秀人才加入到执法队伍中来;同时,对现有的执法人员进行培训,以提升他们的素质、提高他们的执法水平。

2005 年底的《深化文化体制改革的若干意见》要求很明确:要培育现代文化市场体系,要加强文化产品和要素市场建设,打破条块分割、地区封锁、城乡分离的市场格局,形成统一、开放、竞争、有序的现代文化市场体系,重点培育书报刊、电子音像制品、演出娱乐、影视剧等文化产品市场。加强资本、产权、人才、信息、技术等文化生产要素市场建设,培育和规范以网络为载体的新兴文化市场,大力培育和开拓农村文化市场。要完善现代流通体制,深化国有发行企业改革,打破按行政级次、行政区划分配文化产品的旧体制,发展现代流通组织形式。要建立健全市场中介机构和行业组织,提高文化产品和服务的市场化程度。推行知识产权代理、市场开发、市场调查、信息提供、法律咨询等专业化、社会化服务。加强文化市场监管,建立依法经营、违法必究、公平交易、诚实守信

的市场秩序,创造公开、公平、公正的市场竞争环境。

3.改善政府的宏观管理,由"管"向"办",转变政府职能

在社会主义市场经济条件下,政府和市场是推动文化发展的两种主要力量,政府是市场规则的制定者,但不应该是市场竞争的参与者。过去我们在文化管理体制上的最大弊端,就是政府的职责不清,该管的没有管好,不该管的管得过多过细,应发挥的作用没有发挥好。

在我国当前的文化事业的建设和发展当中,政府和文化事业单位、企业单位的关系过于"暧昧",阻碍了文化事业的良好发展。因此,为了我国文化事业能够在更加规范的环境中得到良好的发展,改善政府的宏观管理势在必行。

改进政府宏观管理,加快转变政府职能,就是要从经办文化事业的具体事务中解脱出来,把主要精力放到定政策、做规划、抓监管上,转到依法行政、社会管理和公共事务上,真正做到政企分开、政事分开,彻底结束政企不分,管办合一的管理模式。一要明确文化行政管理部门职责,理顺文化行政管理部门与所属文化企事业单位的关系。二要健全文化法律法规和政策体系,加强文化立法,通过法定程序将党的文化政策逐步上升为法律法规。继续执行实践证明行之有效的文化经济政策,制定和完善扶持公益性文化事业、发展文化产业、激励文化创新等方面的政策。各地可根据改革发展的需要,制定适合本地实际的相关政策。三要规范政府"管文化"的职能,精简行政审批项目,把"办文化"的职责真正转移到文化企事业单位,尊重文化单位在市场中的主体地位,维护其作为法人所拥有的权利,督促其履行法定义务。彻底解决管、办不分,政府包揽文化企事业单位事务,将其视为政府机构附庸的问题,增强依法自我发展能力。四要逐步健全和规范文化行业组织,加强行业自律,提高文化企事业单位依法运营的水平。五要在深化改革中,做好结构调整工作,实现资产重组、资源整合。同时,进一步划清文化单位的性质,改善政府对文化的投入方式,该由政府给予资金保证的公益性文化单位,要加大投入。应通过市场经营求生存和发展的文化单位,要充分放开,制定并落实文化经济政策,支持其在市场竞争中发展壮大。总之,通过改革建立和完善科学合理、灵活高效的,能够充分调动文化企事业单位的积极性创造性,能够充分发挥文化资产和资源优势的宏观管理体制。

三、我国文化产业体制改革的原则

我国的文化产业体制改革包含在文化体制改革中,即要高举邓小平理论和

"三个代表"重要思想伟大旗帜,全面落实科学发展观,以发展为主题,以改革为动力,以体制机制创新为重点,以创造更多更好适应人民群众需求的精神文化产品、推动中华文化走向世界为目标,深入推进文化体制改革,解放和发展文化生产力,促进文化事业全面繁荣和文化产业快速发展,为建设社会主义先进文化做出新的贡献。

1. 最大限度地满足人民群众日益增长的精神文化需求

与任何一项改革一样,改革本身永远不是目的。根据中央确定的精神,深化文化体制改革就是要通过体制机制创新,解放和发展文化生产力,建设社会主义先进文化,最大限度地满足人民群众日益增长的精神文化需求。

社会主义先进文化,是以人民为主体的文化,是直接服务人民大众的文化。坚持为人民服务,不断满足最广大人民群众日益增长的精神文化需求,是社会主义文化的本质规定。文化体制的改革创新,必须有利于社会主义文化更好地体现这一本质规定。从价值观角度来讲,坚持文化体制改革的正确方向,就是要以满足人民群众的精神文化需求为基本归宿。把握住这一点,意义十分重大。社会主义文化引导社会教育民众的基本功能、促进人的全面发展的价值取向,党和政府对人民群众文化权利的尊重和保障,都要通过满足人民群众的精神文化需求来实现。能否使社会主义文化朝着更加有利于满足人民群众精神文化需求的方向发展,是检验文化体制改革成败得失的最高尺度。

2. 一手抓公益性文化事业,一手抓经营性文化产业,推动社会主义文化全面协调发展

一手抓公益性文化事业,一手抓经营性文化产业,是文化体制改革的原则,也是基本思路,更是繁荣发展社会主义文化的必然选择。在社会主义市场经济条件下,文化事业和文化产业构成了文化发展的两个"轮子",只有通过深化文化体制改革,把这两个"轮子"都转起来,才能推动社会主义文化快速发展。

坚持"两手抓",就是要更好地明确文化体制改革的主要方向。公益性文化事业主要是指政府向社会提供的公共文化服务。发展公益性文化事业要以政府为主导,增加投入、转换机制、增强活力、改善服务,实现和保障人民群众的基本文化权益。经营性文化产业是指通过市场来组织文化产品和服务的生产、传播和消费。发展经营性文化产业要以市场为主导,创新体制、转换机制、面向市场、壮大实力,满足人民群众多方面、多样性、多层次的精神文化需求。两者性质功能有所不同,但又相互联系、相互促进。因此,既要集中力量办好公益性文化事业,又要放手发展经营性文化产业,推动文化事业和文化产业相互配合、

共同发展。

坚持"两手抓",有利于充分发挥社会主义市场经济体制的强大威力,增强文化发展的活力,加快文化发展的步伐。社会主义市场经济的深入发展,为文化产业的发展提供了广阔前景:可以扩大融资渠道,以多种方式吸收公众投资,解决文化发展的资金瓶颈;可以打破行政区划的限制,跨地区兼并、重组,迅速扩大文化建设的规模;可以推动文化经营单位以市场为导向,推进内容、形式、手段和体制机制的创新,培育具有自主知识产权的知名文化品牌;可以广泛运用现代科技手段,运用社会大生产方式,推动文化产业的升级。

坚持"两手抓",有利于推动国有文化单位的改革,发挥国有文化单位在文化发展中的主导作用。要大力发展公共文化事业,通过加大政府投入,调整资源配置,逐步构建公共文化服务体系。要加强基层特别是农村基础文化设施建设,重视解决基层文化产品和服务相对缺乏的问题,满足基层群众的精神文化需求。要深化公益性文化事业单位的内部改革,推动他们更好地面向基层、服务群众,最大限度地发挥社会效益。要大力发展文化产业,培育一批合格的市场主体。加快推进经营性国有文化单位的转企改制,重塑市场主体地位,增强国有经营性文化单位参与市场竞争的意识和动力。只有这样,才能尽快打造一批有实力、有活力的国有文化企业和企业集团,使之成为文化市场上的战略投资者和主导者,形成以公有制为主体、多种所有制共同发展的文化产业格局。

坚持"两手抓",有利于推动转变政府职能,充分发挥政府在文化建设上的宏观调控作用。在社会主义市场经济条件下,政府和市场是推动文化发展的主要力量。坚持"两手抓",可以进一步明确政府的职责,理顺文化行政管理部门与所属文化企事业单位的关系,实行政企分开、政资分开、政事分开、政府与市场中介组织分开,使政府部门实现从主要是办文化向管文化转变,从主要是面向直属单位的微观管理向面向全社会的宏观管理转变,从主要是行政管理为主向综合运用经济、行政、法律等手段管理转变,强化政策调节、市场监管、社会管理和公共服务的职能,通过宏观调控为文化事业和文化产业的发展创造良好的体制环境。

坚持"两手抓",有利于充分调动社会各方面参与文化建设的积极性、主动性和创造性,形成全社会共同参与文化建设的良好局面。加快社会主义文化的繁荣发展,必须放手让一切有利于文化发展的劳动、知识、技术、管理和资本的活力竞相迸发。过去我们在文化建设上主要靠政府,实践证明这个力量是有限的。因此,要进一步完善鼓励捐赠和赞助等各项政策,拓宽渠道,引导社会资金以多种方式投入文化公益事业。要创造良好的政策环境和平等竞争机会,鼓励和引导社会各方面力量进入文化产业领域,推动文化产业的快速发展。

　　3.必须把社会效益放在第一位,努力做到社会效益和经济效益相统一

　　我国社会主义文化所追求的效益,包括社会效益和经济效益两个方面。追求社会效益,是社会主义文化坚持根本性质、发挥社会价值功能的内在要求;追求经济效益,是社会主义文化更好地走向市场、不断壮大自身实力的内在要求。文化的社会效益和经济效益是相辅相成的:社会效益是经济效益的重要前提,只有那些弘扬真善美、价值品位高、为广大人民群众所欣赏所喜爱的文化产品,才能有效地进入和占领市场,取得良好的经济效益。而文化产品只有通过占领市场被广大群众所接受,才能使广大群众受教育,产生更多更大的社会效益。在坚持社会效益第一的前提下,努力实现社会效益和经济效益的统一,是促进社会主义文化繁荣发展的必由之路,也是坚持文化体制改革正确方向必须解决好的重大战略课题。

　　文化体制改革要着眼于实现文化社会效益和经济效益的统一中,必须始终把确保社会效益放在第一位。文化属于社会上层建筑的意识形态领域,它涉及国家的政治安全以及整个民族的向心力、凝聚力和生命力。中国特色社会主义文化的根本任务,是要促进全民族思想道德素质和科学文化素质不断提高,为我国经济发展和社会进步提供强大的精神动力和智力支持。因此,社会主义文化建设的主要目的首先是创造精神财富,不断增强人民群众的精神力量,不断丰富人民群众的精神世界。从这个意义上说,社会效益是我国社会主义文化所追求的核心效益。实现社会效益和经济效益的统一,是以坚持把社会效益放在首位为根本前提的,离开了这个前提,二者的统一就无从谈起。

　　着眼实现文化产业社会效益和经济效益的统一,还要求文化体制改革在建立形成有利于把二者结合起来的体制机制上求得突破。实践表明,在文化建设上把追求社会效益与讲求经济效益有机结合起来,既要靠科学方法来运筹,更要靠制度做保障。要根据社会主义精神文明建设的特点和规律,适应社会主义市场经济发展的要求,抓紧建立一手抓文化事业、一手抓文化产业的领导体制和工作机制,从宏观管理的层面上解决好促进社会效益和经济效益协调发展、良性互动的问题。要大力推进文化领域所有制结构调整,逐步形成以公有制为主体、多种所有制共同发展的文化产业格局,从所有制结构上促进和保证文化产业社会效益和经济效益的有机结合。要按照兼顾社会效益和经济效益的原则,调整完善文化管理制度和有关政策,确保文化企事业单位在坚持社会效益

和经济效益相统一上作出合理选择。

4. 宏观管理与微观搞活相统一

深入进行文化体制改革,要重点抓好两个层面,即宏观管理体制改革和微观运行机制的改革。政府管理部门要实行:两个转变"(转变作风、转变职能)、"两个分开"(政事分开、政企分开)。由办文化向管文化转变;由微观管理向宏观管理转变;由直接管理向间接管理转变;由管理系统向管理社会转变。在宏观管理上要实现党委领导有力、政府管理有效、调控适度、运行有序,管人、管事、管资产相结合。首先,政府管理部门要放权;其次,规范政府管理行为;再次,政府管理部门职能要转变;最后,要注意发展中介服务组织。

5. 按现代企业制度进行改革

我国文化体制改革中,经营性文化事业单位转企改制,建立现代企业制度,这是我国文化体制改革必须坚持的一个重要原则,同时,这也是我们能否在市场经济条件下大力发展文化产业、推动文化大发展大繁荣的关键所在。现代企业制度的鲜明特点是产权清晰、权责分明、政企分开、管理科学,各文化单位要严格按照这些要求进行科学改革。

四、我国文化体制改革的任务

1. 把握中央精神,坚持改革方向

要坚持先进文化的前进方向。把建设社会主义先进文化的要求,贯穿于改革的全过程,渗透到工作的各方面。始终坚持马克思主义在意识形态领域的指导地位,坚持市场经济的改革方向,要大力发展先进文化,支持健康有益文化,努力改造落后文化,坚决抵制腐朽文化。

要坚持党对文化工作的领导。无论体制设计,还是制度安排,都必须充分体现党对宣传文化事业的领导,确保党始终掌握对重大事项的决策权、对资产配置的控制权、对宣传内容的终审权、对主要领导干部的任免权,确保党和人民喉舌的性质不能变、党管媒体不能变、党管干部不能变、正确的舆论导向不能变。

要坚持正确的政治导向。越是深化改革,越要严把导向。要把坚持正确的政治导向放在首位,增强政治意识、责任意识、大局意识,认真做好改革热点和敏感问题的宣传和引导。

2. 把握工作重点,明确改革任务

一要明确界定文化事业和经营性文化产业。推动文化体制改革,要充分考

虑不同行业、不同单位的性质和功能,明确界定公益性文化事业单位和经营性文化企业单位。简言之,这一界定可以分为两类:一是政府兴办或重点扶持的公益性、公共服务性和具有艺术水准代表性的文化单位,属于事业单位;二是其他艺术院团,一般出版单位和文化、艺术、生活、科普类等报刊社,以及新华书店、电影制片厂、影剧院、电视剧制作单位和文化经营中介机构,党政部门、人民团体、行业组织所属事业编制的影视制作和销售单位,属于企业单位。各地、各部门要按照这一要求明确文化企事业单位的性质。

　　二要改革文化事业单位体制和机制,推动公共文化服务体系建设。要按照中组部、人事部关于事业单位改革的实施意见和中央关于文化事业单位改革的要求,参照兄弟省市成功的做法,大力推进文化事业单位的体制和机制改革。深化文化事业单位改革,主要包括内部人事、分配和社会保障制度改革的内容。首先是人事制度改革,职工实行全员聘用制,干部实行竞争上岗;二是分配制度改革,要体现多劳多得,优劳优得;三是社会保障制度改革,要落实老人老办法、新人新办法的政策,走劳动保障社会化的道路。要健全与市场机制相适应的政府投资机制,集中财力办大事,提高财政资金使用效益。在改革过渡期,财政的投入不仅不能减少,还要加大投入力度;过渡期结束后,要以项目投入、购买服务等形式完善财政投入方式。

　　三要改革经营性文化企业单位的体制机制,按照现代企业制度管理文化企业。要推动国有文化企业进行公司制或股份制改造,形成一批有实力、有活力、有竞争力和影响力的国有或国有控股的文化企业。要确保国有文化资本在重要文化领域的主导地位,对转制为企业的出版社、报刊社、文化产品进出口公司等,坚持国有独资或国有控股。要严格按照现代企业制度,以市场为导向,规范管理,做大做强。

　　四要改革党委、政府文化管理体制,为文化事业、文化产业发展创造良好环境。要加快建立党委领导、政府管理、行业自律、企事业单位依法运营的文化管理体制,形成职责明确、反应灵敏、运转有力、统一高效的宏观调控体系。要建立健全党委领导与法人治理相结合的文化企事业单位管理体制,从制度创新、股权设计等方面入手,增强党对文化单位的控制力。要按照建设法治政府和服务型政府的要求,推进政企分开、政资分开、政事分开、政府与市场中介组织分开,实现管办分离,推动文化行政管理部门从以行政手段管理为主,向综合运用法律、经济、行政、技术等手段管理转变,更好地履行政策调节、市场监管、社会管理和公共服务职能。

3. 破除畏难情绪，坚定改革信心

文化体制改革是一件大事，是一件新事，也是一件难事。面对改革的矛盾和问题，一些单位和同志存在畏难情绪：一些党政部门有畏难情绪，谨小慎微、求稳怕乱，担心引发矛盾，改革迈不开步子；一些事业单位有畏难情绪，徘徊观望、消极无为，担心既得利益受损，怕"失位""失利"；一些单位职工有畏难情绪，依赖思想严重，一味强调现实困难，担心在改革中利益得不到保障，消极等待扶持补贴，不愿主动参与市场竞争等等。这些思想问题不解决，就会影响改革进程。克服这些畏难情绪，我们必须做到"三个充分认识到"：一是充分认识到，深化文化体制改革，是中央的规定动作，必须义无反顾、迎难而上，丝毫不能含糊；二是充分认识到，改革是大势所趋、势在必行，早改可以赢得先机，晚改就会陷于被动，不改必定没有出路；三是充分认识到，文化体制改革的任务紧迫，特别是随着我国加入世贸组织，过渡期基本结束，国外文化资本、文化企业、文化产品不断涌入，与我们展开了资源、市场、人才的激烈竞争，如果再不加快改革发展，就有被边缘化的危险。总之，我们必须克服畏难情绪，破除思想障碍，坚定改革信心，毫不动摇地走深化改革、促进发展之路。

4. 坚持体制创新，解决改革难题

必须大胆探索，勇于创新，通过创新体制，来破解改革难题，打开改革局面。要创新国有文化资产管理体制。明确国有文化资产管理部门是经营性文化单位转企改制、实行资产授权经营的基础，也是改革中的一个难题。中央鼓励各地在试点中探索办法，在实践中逐步规范和完善。

改革需要成本，发展需要资金，"钱从哪里来"成为影响改革发展的一个难题。破解这一难题，关键是要用市场的思路和办法扩大融资渠道。要通过股份制改造，发展混合所有制文化企业，来促进文化公有制实现形式多样化。要探索非公有资本进入文化领域的多种渠道，鼓励民间资本、社会资本、外资进入我省文化领域，不断拓宽文化的投入渠道。要创新干部职工的收入分配和社会保障机制。收入分配要体现多劳多得，优劳优得。

5. 狠抓试点工作，积累改革经验

北京、重庆、广东、深圳、沈阳、西安、云南丽江七个省市是我国规定的综合性文化体制改革试点地区，这些省市的试点工作还要继续狠抓，并积累经验，将之推广至其他非试点省市。

如何狠抓试点工作？要调查研究，摸清情况，组织专门力量，深入广泛调研，摸清试点单位的实际情况，对资产、班子、人员、思想状况等都要做到底数清

楚。在此基础上,理清思路,明确重点,找准突破口,制订科学合理的实施方案,有条不紊地加以推进。

　　要敢闯敢试,大胆创新。看准了的,就大胆地试、大胆地闯,闯出一条好路、一条新路,闯出一个生机勃勃的改革发展新局面。要尊重基层和群众的首创精神,鼓励多种形式的探索试验,善于走群众路线,善于集中群众的智慧。

　　要理顺情绪、化解矛盾。要开展深入细致的思想政治工作,引导广大干部群众理解改革、支持改革、投身改革,使改革获得最广泛、最可靠的群众基础和力量源泉。要认真考虑干部职工的承受能力和接受程度,维护群众基本利益,妥善解决转企改制中职工的社会保障和分流安置问题。

　　要提高政策透明度,把关于改革的政策措施说清楚,把对干部职工利益的安排讲明白。要坚持带着感情搞改革,把解决思想问题与解决实际困难结合起来,使广大干部群众心情舒畅地参与改革。

　　要发掘典型,宣传引导。善于发现和总结改革试点的新鲜经验,注意培育和挖掘改革典型,通过多种载体、多种形式进行宣传推介,充分发挥典型的示范引导作用,让各市和各单位相互借鉴,取长补短,把改革的氛围造得浓浓的,一步一步地把改革推向深入。

五、我国文化体制改革的内容

1.有计划有步骤地推进经营性文化事业单位转企改制

　　要按照建立现代企业制度的要求,盘活我国国有文化资源,打造一批有实力、有竞争力和影响力的国有或国有控股的文化企业和企业集团。针对不同单位的实际情况制定不同的转企改制办法,下决心把该从文化事业单位剥离出来的经营业务剥离出来,组建新的法人,形成一批新的文化市场主体;下决心把除公益性文化事业单位和实行事业体制以外的文化单位转制为企业,使之真正成为文化市场主体。转企改制一定要真"转"真"改",完善法人治理结构,实行企业财务、税收、社会保障、劳动人事制度,决不能穿新鞋走老路,搞"翻牌"公司。检验转企改制是真转真改还是假转假改,主要看是否从根本上改变了财政供养体制,是否增强了文化企业的活力,是否促进了文化产品生产,是否收到了明显的社会效益和经济效益。要注意政策和把握方向,实行新老人员区别对待的政策,多做思想工作,保证转企改制平稳进行。

2.深化公益性文化单位内部改革

　　政府兴办或重点扶持的公益性、公共服务性和具有艺术水准代表性的文化单位,属于公益性文化单位。

文化事业单位内部改革是文化体制改革的重要组成部分,是解放和发展文化生产力的应有之义。文化事业单位深化改革,主要是转换内部机制,最大限度地调动员工的积极性。大多数文化事业单位之所以缺乏发展动力和创新活力,主要是没有形成科学的业绩考评机制、有效的经费保障机制和完善的管理运行机制,干多干少一个样,干好干坏一个样,员工能上不能下,平均主义、大锅饭等现象普遍存在。在新的体制环境里,如果不从文化事业单位内部改革上求突破,制约发展的各种障碍就不可能从根本上消除,文化事业单位就不可能有大的作为,迟早要被时代淘汰。因此,要引入竞争机制和激励机制,实行全员聘用制,健全岗位目标责任制,增强发展活力,充分发挥公益性文化事业的社会效益,最大限度地为公众提供精良的文化服务。

3. 党报、党刊要实行采编与经营业务"两分开",做好改革试点工作

对党报党刊和社会公益性较强的报刊,由国家主办,实行新的事业体制,改变国家投入的方式,实行灵活的事业体制,养事不养人,以提高投入的效率。改革的重点是在科学划分宣传业务和经营业务的前提下,实行宣传和经营两分开,把广告、印刷、发行传输等业务和其他经营性产业从事业体制中剥离出来,转制为企业,面向市场,搞好经营,为壮大主业服务。对已组建的党报集团改革的重点是剥离集团控股的企业。

4. 加快公共文化服务体系建设

加快公共文化服务体系建设是我国文化体制改革的一项重要内容。当前,我国公共文化投入严重不足,弱势群体文化生活比较匮乏,相关政策法规还不健全。广大农村和经济欠发达地区文化设施比较落后,基层文化服务功能有所萎缩。全国38240个乡镇中有5800多个乡镇无文化站;许多县和乡镇的文化宫、影剧院、书场、农民公园等公共文化机构都已相当陈旧,几乎无法提供公共文化服务。

加快公共文化服务体系建设刻不容缓,我国要从国家层面出台导向性政策,使公共文化服务资源更多地流向基层、流向农村、流向弱势群体,促进公共文化服务资源的合理配置和均衡发展,形成覆盖全社会的比较完备的公共文化服务体系,实现人人享有基本的公共文化服务的目标要求。

5. 转变政府职能,真正做到政企分开、政事分开

政府要从经办文化事业的具体事务中解脱出来,应该把主要精力放到定政策、做规划、抓监管上,充分履行政策调节、市场监管、社会管理和公共服务等职

能,很多文化体制改革试点地区已实行的新闻出版系统"局社分开",广电系统"局台分开",真正做到政企分开、政事分开、管办分离。

6.建立和完善文化市场综合执法机构

长期以来,我国对文化市场实行的是由多个部门共同负责、分别执法的监督管理体制。这种体制不可避免地存在职能交叉、权属不清、各自为政、多头管理等问题,影响了文化市场的健康发展和国家政府的有效监管。

在地市以下,合并文化、广电、新闻出版三个部门,组建新的政府综合管理部门——文化广电新闻出版局;同时,合并三个部门所属的稽查队,组建新的政府综合执法机构——文化市场综合执法总(支、大)队。这是自文化市场产生以来,我国部分地区政府文化市场管理体制最为重大的一次改革和调整,在我国文化市场发展史上,具有划时代的意义。

文化市场综合执法机构的建立,顺应了社会主义文化市场的发展形势和管理要求,突破了沿袭多年的传统体制束缚,创造了统一效能的监督管理模式。目前,文化市场综合执法机构虽然已经建立了,但是整个体系还不够成熟,还应该继续完善。

7.加快文艺院团的改革步伐

推进文艺院团的改革,要区别情况、分类指导。即对代表国家水准和体现民族民间文化特色的文艺院团,要坚持政府扶持、转换机制、面向市场、增强活力;对一般艺术表演团体,要坚持创新体制、转换体制、面向市场、壮大实力。无论哪一类院团,都必须面向群众、面向市场,增强服务群众、开拓市场的意识,研究群众的需求变化,在市场竞争中赢得更多的群众,坚持把社会效益放在首位,实现经济效益与社会效益的统一。

要从新的高度、以新的视角,充分认识文艺演出院团深化改革、加快发展的重要性和紧迫性,加大力度、加快进度,努力在改革方面取得新的实质性进展;要树立新的文化发展观,不断创新文化发展理念;要进一步深化改革,创新文化体制机制,不断增强文化发展活力;要保持民族性、体现时代性,不断促进内容创新;要推动文化与科技融合,不断创新传播手段和文化业态;要加强领导、改进服务,为文化创新提供良好环境。

8.对广播电视资源进行科学整合

目前,我国广播电视领域,尤其是县市,普遍存在设置不合理、重复建设现象,造成了极大的资源浪费。为了更好地配合文化体制改革,让广播电视文化在市场经济中更具竞争力,对广播电视资源进行科学整合成为了文化体制改革的一项重要内容。

第二节 # 文化产业法律法规建设

文化法制建设是文化产业发展的重要保证。所谓法治,是指运用法律手段调节社会的生产和生活。法治的内容包括立法、执法和法律监督。在社会主义市场经济和对外开放的条件下,建立健全社会主义文化建设的法治,最关键和最核心的内容就是抓好文化建设的立法和修法,文化立法是指文化法律、法规(条例)、规章制度的出台和实施。"全国人大及其常委会形成国家立法权",在国家宪法和法律指导下制定国家文化法规和地方性文化法规(条例),制定国家文化行政部门规章和地方文化行政部门规章。

一、已出台的文化产业法律法规

我国的文化立法,主要体现在国家制定的关于文化活动和文化管理的法律法规上。从广义来说,应包括部门规章和国家关于文化政策的法规性文件。在我国,特别是文化领域,由于文化宣传的意识形态,文化产品和文化服务的教育性、宣传性,对人们行为影响的潜移默化,对公众舆论的传媒导向性,往往与执政党和国家各个时期的大政方针、各项政策有着密切联系。因此,法规性文件发挥着主要的规范作用。

在国家提出建立社会主义市场经济体制的目标后,文化领域已逐步形成一个较为完善的法规体系。从法律体系来看,我国文化立法包括文化活动和管理的宪法性文件、文化管理一般法、文化管理部门法。这是以宪法为核心,以文化管理一般法为基础,以各文化部类管理法规为主题构成的文化法律体系。文化活动与文化管理的宪法性规定,主要是在宪法中规定的国家关于发展文化事业的根本方针,文化事业发展的方向等等。文化管理一般法,是指适用于所有文化单位和文化活动的法律法规,如《著作权法》《文化市场管理法》《文化单位税收法》《广告法》《传统文化保护法》《中外文化交流管理法》《公益事业捐赠法》《传统文化保护法》《中外文化交流管理法》等。文化管理部门法主要是指适用于某一文化门类的法律法规,如《文物保护法》《娱乐场所管理法》《音像市场管理法》《广播电影电视业管理法》《出版业管理法》《互联网文化业管理法》《新闻业管理法》《旅游法》等。

1.我国文化法渊源

(1)宪法。《中华人民共和国宪法》总纲第二十二条关于国家文化发展是这样规定的:"国家发展为人们服务、为社会主义服务的文化艺术事业、新闻广播电视事业、出版发行事业、图书馆博物馆文化馆和其他文化事业,开展群众性的文化活动。国家保护名胜古迹、珍贵文物和其他主要历史文化遗产。"这对我国文化事业的发展确定了根本方向和基本原则,也成为所有文化活动和文化管理法律、法规立法的根本宗旨。坚持文化事业发展的社会主义方向,坚持文化事业发展的人民大众性、民族性、传统性,这就是宪法规定的我国文化发展的根方向和基本原则。

(2)法律。文化方面有关的法律主要有:《著作权法》《文物保护法》《公益事业捐赠法》《商标法》《专利法》《拍卖法》等。

(3)法规。主要有《娱乐场所管理条例》《营业性演出条例》《音像制品管理条例》《广播电视管理条例》《风景名胜区条例》《传统工艺美术保护条例》《互联网上网服务营业场所管理条例》《文物特许出口管理试行办法》《经纪人管理办法》《公共文化体育设施条例》《世界文化遗产保护管理办法》《文化市场行政执法管理办法》等。

2.我国文化产业法律法规概况

(1)传媒产业的产业法律法规。目前传媒主要包括广播电影电视、报纸杂志、图书音像、互联网、短信服务……在国内政策宣传需要下,传媒产业主要是在内容和意识取向上不能完全按照市场导向运作。但是竞争为核心的社会注意市场经济又给中国传媒产业提供了赖以生存发展的基础。

①广播电影电视业。主要有:国务院颁布的《广播电视管理条例》《电影管理条例》,国家广电总局颁布的《广播电台电视台审批管理办法》,国家广电总局、文化部《关于进一步深化电影业改革的若干意见》,国家广电总局制定的《电影审查规定》《电影剧本(梗概)立项、电影片审查暂行规定》《关于加强动画片引进和播放管理的通知》《广播电台是世态设立审批管理办法》《广播电视节目出品人持证上岗暂行规定》《电影制片、发行、放映经营资格准入暂行规定》《电视剧管理规定》《电视剧审查管理规定》《境外电视节目引进、播出管理规定》《中外合作设置电影片管理跪规定》《中外合作制作电视剧管理规定》

《广播电视编辑记者、播音员主持人资格管理暂行规定》,国家广电总局、商务部发布的《电影企业经营资格准入暂行规定》《中外合资、合作广播电视节目制作经营企业管理暂行规定》,国家广电总局、商务部、文化部联合颁布的《外商投资电影院暂行规定》,国家广电总局、海关总署颁布的《关于加强广播电视节目电影片进口管理的通知》等。

电影政策发面,国家新修订的《电影管理条例》中提出了一条重要的"单片申报制度",国家鼓励企业、事业单位和其他组织以及个人以资助、投资形式参与拍摄影片,条例明确规定了"电影制片单位以外的单位可以独立从事电影摄制业务",这意味着民营企业将可以拥有电影出品权,以往必须向电影制片厂"买厂标"才有资格拍电影的局面被打破。为适应电影业改革发展的需要,促进和保障电影产业的可持续发展,广电总局还着手起草《电影促进法》。这是一部全面规范电影业各方面的法律制度,内容将设计电影业的方方面面。《电影促进法》是规范中国电影管理体制,完善产业政策,促进制片、发行、放映发展,加强市场监管的法律。

②新闻出版业。国家对出版业的管理一向较为严格,无论是出版资格的取得还是对出版物内容的审查,都有严格的制度。出版业管理的法规主要有:国务院颁布的《出版管理条例》,新闻出版总署制定的《图书质量管理规定》《图书质量保障体系》《出版物印刷管理规定》《出版物市场管理规定》《电子出版物管理暂行规定》《图书、期刊、音像制品、电子出版物重要题材选题备案办法》。

2005 年总署出台的规章制度不少于 10 项。2004 年 12 月初总署通过的 4 项规章,就包括了《报社记者站管理办法》《新闻记者证管理办法》《图书质量管理规定》等内容,还有一项关于进口出版物订购的管理规定在 2005 年得到实施。此外,由新闻出版总署与国家统计局统一颁布的《新闻出版统计管理办法》也于 2005 年上半年实施,包含所有新闻出版单位,使用范围非常广。这也是总署加强监管、转变职能的重要体现。

③网络传媒产业。总的来说,我国网络传媒实行的是以产业政策为核心的新闻采编权的垄断制度。只有国家授权的网络传播机构才能真正拥有独立的新闻采编权。资本方面,任何背景的资本形态都可投资商业性的网络传媒企业,形成市场化经营强大的资本支持。当然,前提是所有的网络传媒必须遵循《互联网信息服务管理办法》《互联网出版管理暂行规定》和《知识产权保护法》等相关法律法规。实施的是多部头管理体制,新闻出版署、国务院新闻办、信息产业部分别从不同的角度对网络传媒产业进行监管。

（2）艺术产业的产业法律法规。艺术产业是以艺术产品和服务的市场化经营为己任的全部相关实体的集合，从主流艺术的角度来看，主要包括文学、绘画、音乐、舞蹈、戏剧、雕塑、建筑造型等方面，它属于第三产业，即社会公共服务业。我国颁布了一系列的政策法规来约束、管理、推动艺术产业的稳步发展。在艺术表演方面，1997 年国家就颁布了比较完整的、反映基本制度与政策走向的《营业性演出管理条例》，实施对营业性演出活动的监督管理。《营业性演出管理条例实施细则》于 2004 年 6 月 2 日由文化部部务会议审议通过，自 2004 年 7 月 1 日实施。最新《营业性演出管理条例实施细则》于 2005 年 8 月 25 日由文化部部务会议审议通过，自 2005 年 9 月 1 日实施。在原有的《营业性演出管理条例》基础上，政策方面更加完善。在艺术品经营方面，最核心的政策便是 2002 年 10 月修订的《文化保护法》。

（3）旅游产业的产业政策与概况。在旅游资源方面，辽阔的国土和悠久的历史使得我国的旅游景观极为丰富。这是我国旅游业迅猛发展的基础，也是我国数十万旅游企业得以生存和发展的立命之本，成为旅游产业的核心和灵魂。

旅行社是链接旅游资源和旅游者的桥梁，经过 20 多年的发展，无论是在规模还是在质量上，我国的旅行社都取得了可喜的成绩。截至 2001 年底，我国拥有旅行社 10716 家，其中国际社 1319 家，国内社 9397 家，比 1991 年底增加了 9155 家，扩大了近 7 倍，年平均增长率高达 21.24%。

2001 年 12 月 11 日，我国正式成为世界贸易组织中的一员。为了旅行我国入世时在旅游业的相应承诺，国家旅游总局于 2001 年的最后一天发布了第 17 号令，公布了第一批规章和规范性文件的清理结果，其中保留的有 23 项，需修改的有 27 项，宣布废止的有 19 项。随后又陆续出台了一系列法规和政策性的文件。其中，《风景名胜区条例》已于 2006 年 9 月 6 日由国务院第 149 次常务会议通过，自 2006 年 12 月 1 日起施行。《世界文化遗产保护管理办法》已于 2006 年 11 月 14 日由文化部部务会议审议通过，自公布之日起施行。《旅游法》也已于 2013 年 1 月开始实施。

二、文化产业法律法规制定和完善

1. 现行文化产业法律法规中的缺陷

从整体的立法情况看，我国目前已具有一个内容繁杂的文化法律体系，但在国家及地方性文化法律法规中，出现"二全""四少"现象。

"二全"：一是文化管理发面的法律法规全。比如，有影视管理，出版印刷，娱乐场所,音像制版,文化馆,图书馆等管理发面的法规规定;二是保护名胜古迹、珍贵文物和其他主要历史文化遗产方面的法规齐全,除国家有《文物保护法》外,各省市自治区、地级市、县市区都有具体的地方文化遗产、名胜古迹保护条例。

"四少":一是公共文化事务和规范文化行为方面的法律法规少;二是宪法中规定的体现公民文化权利的内容少;三是涉外文化产品与文化服务贸易方面的法律法规少;四是规范文化市场主体和保障文化消费者权益方面的法律法规少。

2. 对现有法律法规的完善

文化法律法规的制定和完善是一项极其复杂的系统工程,要在深入调查研究的基础上,从我国社会主义文化建设的情况和特点出发,充分考虑文化立法的可操作性和与其他法律法规的协调性,充分考虑社会主义发展条件下与国际惯例和国际公约接轨问题,所有这些都需要对现有文化法规进行清理和完善。

(1)对现行文化法规文件进行系统整理,全面了解我国文化法律法规的现状及缺陷。对现有的法律法规进行整理,既是一个对现有文化法律法规情况的调查过程,也是一个对现有文化法规的系统完善过程。确认哪些文化法律法规可以继续适用、哪些需要修改补充、哪些需要废止,组织人员将该废止的废止、该修改补充的修改和补充。

在清理过程中,从立法目的角度可将文化法规分为以下六类:一是公共文化事务方面的法律法规,二是保障和规范文化市场主体(文化企业和个体经营者)的法律法规,三是维护文化市场秩序方面的法律法规,四是政府对文化经济宏观调控方面的法律法规,五是涉外文化经济方面的法律法规,六是地方文化自然和物资资源保护及文化设施建设方面的法律法规。

清理上述文化法律法规,主要目的是检查现有文化法规是不是适用,不适用的要修改补充,同时按照立法要求,对目前缺乏的文化法律法规列出清单。

对文化法律法规清理中,国家和地方清理方式应当有所区别,地方法规除检查是不是适用、全不全外,要检查地方性法规和国家大法是否有冲突,是不是在《立法法》权限范围内进行立法和修法,地方文化法规是否适用于与本地文化发展实际。

3. 研究世界贸易组织确定的国际规则

2001 年 11 月 11 日,中国正式加入世界贸易组织。作为世界贸易组织三个基础性文件《关税及贸易总协定》《服务贸易总协定》《服务贸易总协定》及与贸易有关的知识产权协议,都涉及文化产品贸易、文化服务贸易及与此相联系的与文化产品贸易的知识产权问题。文化产业对外开放以后,文化法制建设既要体现我国文化主权的不可侵犯性,也要与 WTO 规则衔接一致。深入研究世界贸易组织的相关规则精神,这是我国文化法制建设的一项重要任务。只有深刻了解和理解世界贸易组织的相关精神,才能在制定法律法规时能够与之接轨,并使贸易规则为我所用。

要使世贸规则为我所用,关键要非常熟悉和了解世贸规则的所有内容,并将我国的法规进行比较,区分二者文化法规异同,再比较我们现有的文化法规与世贸规则在内容上还缺什么、需要补充什么等。要充分利用"文化例外"的原则,吸取有利于我国文化产业发展的世贸规则。一方面,要按世贸组织的非歧视原则,从文化法律法规规定上,给予国外投资者以国民待遇,并尽力为他们营造一个良好的投资环境;另一方面,要运用世贸组织的开放市场原则,制定有利于充分利用国外市场文化资源和文化市场的相关政策,积极开拓国际市场,增强我国在国际文化市场中的竞争力。

4. 处理好内容的超前性与稳定性的关系

超前性就是文化法律法规的制定要符合我国政治、经济、文化生活的发展趋势和客观规律,对已出现和将要出现的趋势进行全方位的分析,制定出切合实际的文化法律法规,使已经出现或将要出现的文化经济生活,纳入法制化的轨道。文化法规不只对现有文化经济关系进行调整,而且对未来将要出现的文化经济发展起到指导作用。文化法律法规的稳定性包括文化法律法规的本质、内容和形式的稳定性。如果法律法规朝令夕改,那么文化生活中的人们就会无所适从,文化法律法规就会丧失其规范性的作用,就会造成我国文化经济生活的不稳定。因此,在世界知识信息爆炸的年代,在世界文化、经济一体化并快速发展的年代,如何处理好文化法律法规的超前性与稳定性之间的关系尤为重要。

三、如何依靠法律法规推动文化产业的发展

众所周知,建立健全政策法规体系是文化产业规范化发展的前提和基础,我国政府抓住机遇,顺应经济和文化发展的需要,把文化产业发展的指导精神写进党的十六大报告,文化部成立了文化产业司,出台了一系列有利于文化产业发展的政策法规。如文化部出台了《文化产业发展第十个五年计划》《关于支持和促进文化产业发展的若干意见》,制定了《2003～2010 年文化市场发展

纲要》等,政府正在利用政策法规来保证、促进文化产业的发展。在上述政策法规的基础上,立法机构和相关行政部门应尽快制定更加完善和相应有效的法规和政策,规范文化行政部门的管理职能和各类文化企业的经营行为,积极引导合法经营,维护正常的市场秩序,保障合法经营者的权益。同时,要对文化产业的发展,在行政审批、市场准入、投资融资、科技融合、市场管理、税收等各个方面制定一系列优惠措施,尽力营造良好的投资环境,努力维护市场机制的良性运行,为文化资源的开发利用,为文化经营单位的经营发展,为民间文化的交流创造有利的条件,最终推动文化产业健康、有序地发展。

1. 确定国家文化建设的地位

目前,我国文化发展一般是国家有关规划,如国家十年发展纲要,国家五年发展规划中作为其中的一部分内容,或者作为执政党执政纲领的一部分内容。通过文化立法,确定文化在国家发展中的地位,能够以法律形式保证文化事业全面、长远的发展。

2. 规范政府文化管理行为

由于文化活动的特殊性,在市场经济条件下,政府更多的是通过法律的实施实现对文化市场的管理。依法管理文化活动也是现代法制的要求。在我国文化法律体系中规范政府行为的行政法应是其中重要的部分。

3. 建立文化市场准入制度

所谓准入制度,指凡是经营性文化活动,只要符合法律规定的条件,通过登记,即可取得文化活动主体资格。法律还确立和保障文化经营主体独立自主的法律地位,确认它们所应享有的各种权利,以及其所应承担的各种义务。通过市场准入制度,使符合资格条件的文化活动主体能依法进入文化市场,并充分保障其在文化市场活动中的合法权益,规范其在文化市场中的行为。

4. 建立和维护文化市场的正常运行秩序

制定文化市场正当竞争的法律、法规,能使市场竞争机制有效地发挥作用,为使市场竞争机制充分发挥作用。必须通过立法规范文化市场行为,对各行业各部类的文化产品与文化活动的行为规范做出规定,制止文化市场的不正当竞争行为。

5. 建立文化发展宏观调控的有效机制

必须通过立法,明确国家对于文化发展的方针、政策,并以此为政府对文化市场调控的依据、方向,以保证国家文化事业的均衡发展。政府对于文化市场的各种调控手段也必须法制化,包括财政、税收、信贷、价格等调控手段都要通过立法来规范。同时,必须建立分类管理的文化宏观调控机制,保障文化市场调控程序的效率最大化。

第三节　文化产业的管理

文化产业的管理涉及众多层面和领域,既有宏观层面,也有微观层面,包括经济管理、企业管理乃至行政管理的内容,我们需要理清这些层面和要素的关系,建构相应的理论体系和政策框架。

一、文化产业的宏观管理

1.宏观管理的目标和任务

文化产业宏观管理是政府以间接手段对文化经济活动的调控。由于文化产业的意识形态属性,文化产业的宏观管理同时涉及国家安全、文化对外交流和贸易等国际文化发展目标。因此,政府在施行财政、税收、货币等间接调控政策的同时,还需要通过文化政策和行政管理来引导和规范相关文化经济活动。此时,行政管理和文化政策都不是以直接的干预为目的,而是以间接的调控手段来引导文化产业的相关经济活动,最终实现文化和经济的协调发展。

2.宏观管理的原则

(1)政府引导和市场机制相结合。按照文化事业和文化产业的不同性质,明确政府与市场的作用。在市场经济条件下,政府管理文化的职能应定位在什么样的基点上？根据文化产品的特殊性和一般性的双重属性,政府对文化产业的管理应以宏观指导和控制为主,在手段上实行间接管理为主。政府部门要强化政策调节、市场监管、社会管理、提供公共文化产品和服务等职能,努力办好公益性文化事业。要遵循市场经济规律,充分发挥市场配置资源的基础性作用,着力培育文化市场主体,大力发展壮大文化产业。

(2)重视文化的意识形态属性。文化产品是对精神内容的加工和创造,能够反映一个国家某个阶层的政治思想和理念,因此,文化产品具有意识形态这一特殊属性,是特殊的商品。文化产品的意识形态属性要求文化产业的发展必须受到国家政府的宏观上的意识形态管理。

我国的意识形态是社会主义理论体系,党和国家政府无时无刻不在维系着这一意识形态的良好发展。但是,随着市场经济在全球的扩张,在我国文化产业领域中出现了许多新情况,这些新情况给政府的宏观管理提出了新的课题。在这种情况下,政府重视对文化产业的意识形态管理就变得尤为迫切了。

二、文化产业的微观管理

对文化产业的管理,首先是对文化产业经济活动的管理,要遵循经济活动的基本规律。文化产业的经济活动涉及多个层面。就主体、对象和管理内容而言,不同层面都不尽相同。但是基本的管理内容是相同的,都涉及各个管理目的、管理主体、管理的内容、管理的手段、管理的要求、存在的问题、建议对策等。

1. 文化企业的管理

微观经济活动是指生产者和消费者等经济主体的经济行为,而文化企业是最为重要的微观经济活动主体。

企业管理的直接目的是提高企业的市场竞争力。随着经济全球化的发展,文化产业呈现出竞争日趋激烈的态势。文化市场的国家边界正在被强势文化所渗透和冲击。由于发达国家文化产业是在市场经济体制下生产和成长的,都是按照市场经济的规律进行经营和运作,因此,它们非常重视企业的生产经营,非常注重成本利润的核算和对经济效益的追求,而且发达国家文化市场狭小,文化产业规模巨大,因此文化产业集团之间的竞争非常激烈,在这种情况下,发达国家的文化产业培养起了强大的生存能力、市场竞争能力和对海外文化市场的争夺能力。今天任何国家都不可能关起门来发展文化产业,从企业诞生之日起,就不可避免地要与强手过招。如何提高企业管理水平,打造企业的核心竞争力,已经成为文化企业面前的严肃课题。

文化企业是以利润最大化为目标,以文化、创意和人力资本等无形资源为主要投入要素,提供文化产品和服务,并运用这些精神内容获取商业利益的企业。对文化企业的界定,已经不仅仅局限于一般意义上的文化产品和服务的提供者,他们既提供准精神产品,也从事以精神内容为要素的衍生产品的生产和销售,比如迪斯尼,不但提供主题公园和动画片等娱乐产品,而且通过形象特殊,进行玩具、文具及其他制造品的特许经营活动。

一般的企业管理强调计划、组织、协调、领导和控制。文化企业管理既要遵循一般管理学规律,同时又有自身的特殊性,由此造成文化企业与一般企业不同的特征。

首先,文化企业生产和提供的主要是精神产品,其产品和服务中所蕴含的精神内容是核心,因此文化企业在投入要素、生产和销售等方面都有其特殊性。从投入要素来看,文化企业投入的最重要的生产要素是人力资本、知识产权、创意等无形要素。这些无形要素与有形的物质资源在生产中结合,其决定了文化产品和服务的价值诉求和文化内涵。而一般制造业和工业企业通常以物质资源投入为主,最终产品表现为具体的物质形态和功能。一般企业的生产投资决策的起点是对生产设备筹资活动和原材料的购置,而文化企业首先是对精神内容创造和人力资本的积累,其起点可能是源于一个创意、构思和主意,或者一项自主的知识产权。

其次,精神内容的生产和再生产有着自身的规律,精神内容可以被复制,并不会像物质材料那样在生产过程中自然地消耗。因此,精神内容的生产过程与物质产品不同,精神内容先要被某个个人和团队创造出来,成为一种纯精神产品,这种纯精神产品以一定的表现形式,与一定物质载体结合形成了准精神产品,这种准精神产品具备被规模化生产和反复生产和复制的可能性,因此,纯精神产品的生产类似于企业的研发过程,准精神产品的生产类似于企业产品的生产过程。准精神产品的生产是对精神内容的复制过程,其消耗的物质材料相对较少,如图书、电影碟片、录音磁带等;有的准精神产品具有服务产品的性质,通过特定个人与团体演绎,如表演等,或者通过与现代科技的结合进行内容传播和销售,如网络游戏软件、网络音乐等。

第三,对精神产品的消费是一种心理体验过程,因此,精神产品的销售与一般产品的销售不同,必须将消费者在购买决策过程和产品移交过程中的心理体验作为营销的核心。消费者此时不再是一个外在的被动的接受者,而是作为一个关键要素主动地参与到纯精神产品和准精神产品的生产过程中来,精神产品的营销关键在于能够集聚社会注意力,即消费者对精神产品的认同度和关注度。例如拍一部电影,在剧本的创作阶段,就会考虑到每个场景呈现在消费者眼前会给其带来的心理冲击。因此,精神产品的营销活动不是在产品被生产出来之后,而是在产品设计构思之时。

第四,由于文化产品和服务具有意识形态的属性,所以文化企业的经营管理活动受到外部政府意识形态管理的影响,特别是政府机构的政策和行政管理及法律的约束、社会舆论的监督和行业自律性组织的监督。

2. 广播电视的管理

自1997年9月1日起施行的《广播电视管理条例》,对广播电视的设立、广播电视的传输覆盖网和广播电视的节目要求都进行了严格的规定,规范着我国广播电视文化事业发展的方方面面。

(1)管理原则。广播电视事业应当坚持为人民服务、为社会主义服务的方向,坚持正确的舆论导向。

国家发展广播电视事业。县级以上人民政府应当将广播电视事业纳入国民经济和社会发展规划,并根据需要和财力逐步增加投入,提高广播电视覆盖率。国家支持农村广播电视事业的发展。国家扶持民族自治地方和边远贫困地区发展广播电视事业。

国务院广播电视行政部门负责全国的广播电视管理工作。县级以上地方人民政府负责广播电视行政管理工作的部门或者机构(以下统称广播电视行政部门)负责本行政区域内的广播电视管理工作。

全国性广播电视行业的社会团体按照其章程,实行自律管理,并在国务院广播电视行政部门的指导下开展活动。

国家对为广播电视事业发展做出显著贡献的单位和个人,给予奖励。

(2)对广播电台和电视台的管理。国务院广播电视行政部门负责制定全国广播电台、电视台的设立规划,确定广播电台、电视台的总量、布局和结构。

广播电台、电视台由县、不设区的市以上人民政府广播电视行政部门设立,其中教育电视台可以由设区的市、自治州以上人民政府教育行政部门设立。其他任何单位和个人不得设立广播电台、电视台。国家禁止设立外资经营、中外合资经营和中外合作经营的广播电台、电视台。

经批准建成的广播电台、电视台,经国务院广播电视行政部门审查符合条件的,发给广播电台、电视台许可证。

广播电台、电视台变更台名、台标、节目设置范围或者节目套数的,应当经国务院广播电视行政部门批准。广播电台、电视台不得出租、转让播出时段。

(3)广播电视传输覆盖网的管理。国务院广播电视行政部门对全国广播电视传输覆盖网按照国家的统一标准实行统一规划,并实行分级建设和开发。

国务院广播电视行政部门负责指配广播电视专用频段的频率,并核发频率专用指配证明。

广播电视发射台、转播台应当按照国务院广播电视行政部门的有关规定发射、转播广播电视节目。广播电视发射台、转播台经核准使用的频率、频段不得出租、转让,已经批准的各项技术参数不得擅自变更。不得擅自播放自办节目和插播广告。

广播电视传输覆盖网的工程选址、设计、施工、安装,应当按照国家有关规定办理,应当符合国家标准、行业标准。

未经批准,任何单位和个人不得擅自利用有线广播电视传输覆盖网播放节目。

(4)广播电视节目的管理。广播电视节目由广播电台、电视台和省级以上人民政府广播电视行政部门批准设立的广播电视节目制作经营单位制作。广播电台、电视台不得播放未取得广播电视节目制作经营许可的单位制作的广播电视节目。

广播电台、电视台要提高广播电视节目质量,增加国产优秀节目数量,禁止制作、播放载有下列内容的节目:危害国家的统一、主权和领土完整的;危害国家的安全、荣誉和利益的;煽动民族分裂,破坏民族团结的;泄露国家秘密的;诽谤、侮辱他人的;宣扬淫秽、迷信或者渲染暴力的;法律、行政法规规定禁止的其他内容。

设立电视剧制作单位,应当经国务院广播电视行政部门批准,取得电视剧制作许可证后,方可制作电视剧。电视剧的制作和播出管理办法,由国务院广播电视行政部门规定。

广播电台、电视台应当使用规范的语言文字。广播电台、电视台应当推广全国通用的普通话。

地方广播电台、电视台或者广播电视站,应当按照国务院广播电视行政部门的有关规定转播广播电视节目。乡、镇设立的广播电视站不得自办电视节目。

3.互联网的管理

随着生产力的发展与时代的进步,信息传播秩序终会被新的需求,特别是新的科技发明所打破。新的发明会催生新的信息传播工具,从而产生新的信息传布方式——网络传播。通过各类数据库获取信息服务,已经成为人们重要的信息消费方式;而数据库式的信息传布方式,已经是人们最常用的信息提供方式。

我国的互联网产业起步于20世纪90年代中期。总体而言,我国网络传媒实行的是以产业政策为核心的新闻采编权垄断制度。只有国家授权的网络传播机构才能真正拥有独立的新闻采编权。资本方面,任何背景的资本形态都可投资商业性的网络传媒企业,形成市场化经营强大的资本支持。当然,前提是所有的网络传媒必须遵循《互联网信息服务管理办法》《互联网出版管理暂行规定》和《中华人民共和国知识产权保护法》等相关的法律法规。我国目前实施的是多头管理体制,广播电视新闻出版总局、国务院新闻办、信息产业部分别从不同的角度对网络传媒产业进行监管。主要体现在以下几个方面:

首先,中央级新闻单位、省部级新闻单位和省会直属新闻单位,经批准后可以从事登载新闻业务。非新闻单位依法建立的综合性互联网站,不得登载自行采编的新闻和其他途径的新闻。商业门户网站可以转载和发布新闻,但不得拥有独立的新闻采编权。如链接国家新闻网站、登载境外新闻媒体和网站发布的信息,须另报国务院新闻办批准。

其次,经营性网络信息提供服务实行许可制度,非经营性的实行备案制度。提供服务的商家应严格按照国家有关规定,确保所提供信息内容的合法性。不得制作、复制、发布、传播含有法律、行政法规禁止的内容。网络信息服务提供商申请境内外上市或采取合资、合作等方式,须事先经国务院信息产业主管部门审查通过。

再次,BBS应当接受信息产业部及省、自治区和直辖市电信管理机构和其他有关主管部门依法实施的监督检查。在BBS服务系统的显著位置登载服务规则,以提示用户知晓发布信息是要承担法律责任的,从而加强BBS的管理。

此外,加强对互联网的监管。一是网络管理手段与引导网民自律并举;二是法律制约和道德约束并举;三是打击和教育并举;四是检查与监督并举。

4. 新闻媒体的管理

改革开放30多年来,我国在推进中国社会主义市场经济改革和中国特色社会主义建设事业历程中,已经形成了以党报党刊为核心,以广播、电视、互联网为重要手段的多门类、多层次的新闻信息媒体系统,形成了中国特色社会主义的新闻舆论事业,这是社会主义精神文明的重要组成部分,也是社会主义先进文化的重要组成部分。

我国新闻事业具有社会功能。具体表现为发布新闻、宣传鼓动、反映民意、传播知识、提供娱乐、推销商品。基本要求首先是旗帜鲜明,其次是引人入胜。所谓旗帜鲜明,就是坚持党性原则、政治原则。所谓引人入胜,就是生动活泼,为群众所接受、所喜闻乐见。

新闻单位实行企业化管理。新闻单位是从事报纸生产的经济实体。具有与一般加工制造业相类似的特点。在中国特色的社会主义市场经济体制下,新闻单位不仅是一个从事社会活动、政治活动的社会组织、政治组织,而且应该也能够成为一个从事经营活动的经济组织。因此,新闻单位实行企业化管理,就要打破条块分割的国有资产管理体制和行政管理体制约束,积极推进产业结构调整;要通过市场推动跨地区、跨部门的强强联合,形成优势特色明显、辐射能力强大的产业群和大型现代新闻出版企业,优化升级产业结构。

坚持党管新闻的原则。媒体要加强舆论监督,改进对热点问题的报道,坚持正确的舆论导向,狠刹低俗之风。

坚持法治和公民社会监督。我国在保证新闻活动健康而有活力地运行中,党的领导、法治和公民社会的监督都是不可缺少的。而在改革开放以前,只是强调党的领导,很少重视法治和公民社会对新闻的调节作用,使得我国新闻活动只能在低自由度和低效率的情况下进行,有时还因此无法向社会决策层提供赖以决策的信息和意见,而导致整个社会和国家的极大失误和损失。改革开放以来,新闻活动除了继续坚持党的领导以外,法治得到强调,公民社会的作用也开始被人们意识到。

坚决反对有偿新闻和新闻商品化。承认新闻产品的商品性,同新闻工作中"商品化"的做法是完全不同的两回事。新闻商品化是新闻工作中无视社会效益的存在而单纯追求经济利益的行为。

建立党委领导、政府管理、行业自律、企事业单位依法运营的新闻出版管理体制。完成由事业向企业的体制转换,真正成为自主经营、自负盈亏、自我约束、自我发展的市场竞争主体。以集团建设为龙头,培养一批导向正确、实力雄厚、国际竞争力和市场控制力强大的企业集团,使之成为市场的引领者和产业发展的战略投资者。

大力推动内容产业发展。随着信息、网络等技术的高速发展,各种媒体的界限越来越模糊,相互融合的速度越来越快,以高科技为主要手段和特征的现代内容产业的迅速产生和壮大,已经成为不可逆转的社会发展趋势。因此,新闻出版业必须打破传统观念、传统业态和传统体制的束缚,充分利用书报刊等传统媒体、音频视频媒体和各种网络媒体等一切人民群众喜闻乐见的传媒形式,对新闻出版内容资源进行全方位、深层次地全面开发利用,形成各种传媒形式与优势内容资源紧密结合发展的新格局,大力推动内容产业发展。鼓励新闻出版单位以资源、资产、业务为纽带,开展跨媒体经营,支持传媒集团的建设和发展,努力将新闻出版业打造成为集内容创新、制造、推广、服务为一体,多种媒体形态共存,具有中国特色和国际竞争力的现代内容产业。

大力发展以数字化内容、数字化生产和网络化传播为主要特征的新媒体,努力冲击世界数字媒体技术制高点,实现我国新闻出版业的跨越式发展,赶超世界发达国家新闻出版业先进水平。大力支持以科技开发为主的自主创新,鼓励、扶持以互联网、移动通信网和数字电视网为主要载体的图书、报纸、期刊、数据库、新闻、游戏、动漫、音乐以及电子书等各种数字产品的开发、制作、出版和销售。

积极实施"中国新闻出版业走出去"战略。以国际汉文化圈和西方主流文化市场为重点,大力推进出版物走出去、版权走出去、新闻出版业务走出去和资本走出去,努力提高中国出版的国际竞争力和中国文化的国际影响力。加强对外宣传、展示、推广、销售工作,有计划、分阶段地开发、扩大国际市场。

5. 艺术产业的管理

我国的艺术产业起步较晚,历史限制较多,管理头绪较乱,很大程度上阻碍了我国艺术市场的有序经营和长远发展。改革开放逐渐改变了这一状况,从20世纪末到加入 WTO 之前的这段时间里,艺术经历了几个波澜的起伏,从传统艺术"事业"转向了"产业"。

我国颁布了一系列的政策法律法规来约束、管理、推动艺术产业的稳步发展。在艺术表演方面,1997 年国家就颁布了比较完整的反映基本制度与政策走向的《营业性演出管理条例》,实施对营业性演出活动的监督管理。《营业性演出管理条例实施细则》于 2004 年 6 月 2 日被文化部部务会议审议通过,自2004 年 7 月 1 日起施行。在原有的《营业性演出管理条例》基础上,政策更加完善。

在艺术品经营方面,最核心的政策便是 2002 年 10 月修订的《文物保护法》。于 1982 年实施的《文物保护法》是中国文化领域内的第一部专门法律。该法对中国的文物保护工作发挥了巨大的作用。

相对于修订前,新的《文物保护法》有了不小的变化,由原来的三十三条扩展到八十条,在内容上也作了较大的修订,从不可移动的文物到考古发掘、馆藏文物、民间收藏、文物出入境都比原法做了更详细的规定。修订的重点内容之一便是规范文物流通领域的管理。

6. 广告的管理

中国广告产业已经有 30 多年历史了,完整的广告产业链已基本形成。尼尔森媒体研究称,亚洲广告业正处于蒸蒸日上的阶段,中国广告业独领风骚。

广告产业的迅猛发展离不开产业政策的支持与产业的监督管理。我国广告产业政策体系的核心法律是由《广告法》《反不正当竞争法》等系列规章组成的。其中还派生出诸如《印刷品广告管理办法》《广告显示屏管理办法》《广告管理条例实施细则》等等。此外,我国广告产业政策的一个显著特点就是针对广告的分行业监管体系,细分委托发布广告的行业,进行专业化管理。近几年,特别加强了对重点商品广告的管理。如医疗广告,就先后出台了多个法规:1992年公布的《药品广告管理办法》《医疗器械广告管理办法》《医疗广告管理办法》已经国家工商行政管理总局、卫生部联合修订并予以颁布,自2007年1月1日起施行。其他食品、保健品、烟草、社会招生登广告,也是重点监管对象。

根据WTO协议,2004年开始,合资广告企业可以由外资控股,2006年开始外商可建立独资广告公司,这必定吸引更多的跨国广告集团进入,并将使已经在中国市场站稳脚跟的国际广告公司加快品牌与资本扩张的步伐,中国广告发展史上一场真正大规模的国际化浪潮正开始涌动。为了完善我国广告市场机制,使之符合WTO规则的市场环境,我国的广告业政策也做了相应的调整和修订。首先,转变政府的行政管理职能,进一步强化政府对广告市场的监管。其次,加强对广告媒体的监管,要逐步建立起广告宣传领域的权威仲裁机构,对广告实施有力的监测,全面规范媒体的广告发布行为。第三,加强从业人员政治素养及业务培训,提高服务质量和管理水平。

7. 节庆的管理

节庆活动的主要目的是为当地的旅游、经济增添效益,并提升当地居民生活水平,给当地企业带来利益。节庆作为一种经济活动,其价值在于两个方面:一是直接创造巨大的经济效益,为地方旅游收入创下新高;二是为当地对外开放和经济加速发展创造契机和突破口,或者说提供了踏板或催化剂。经济发展、财富积累或社会进步,都有一个从量变到质变的发展过程。近几年,世界节庆经济发展非常迅猛,已成为当今世界经济的一个重要组成部分,节庆经济首先是促进城市经济发展的一个重要领域,在城市发展中的作用举足轻重。据有关专家统计,我国各地区、各民族、各类型节庆活动有5000余个。从这个数据可看出,节庆活动在推动地方经济发展的同时,已成为各地人民群众进行文化娱乐的重要方式。以2004年第十四届青岛国际啤酒节为例,参节的市民和国内外游客近90万人次,销售啤酒近800吨,在谈和成交经贸项目187个,啤酒节给青岛带来的综合经济效益为13亿元。

但是目前节庆产业和节庆经济也存在很多问题。第一,一些地方举办的各种节庆纪念活动由政府一手包办,奢华铺张,以至于劳民伤财,怨声载道。有的甚至大肆透支地方财力,使节庆成了华而不实的政治秀,成了地方经济可持续发展的障碍。这一方面表现了地方行政对于节庆形式过高的政治期望值和附加值,不惜违背地方财政预算的法规制度,动用成百上千万的财力用于中看不中用的办节庆典;另一方面也充分证明一些政府官员缺乏市场化运作的理念;还没有学会运用市场的手段,激励社会力量参与,分担节庆的运作成本。① 第二,节庆缺乏个性与特色,活动数量众多,缺少品牌知名度。有的节庆活动虽然号称"国际性",但节日期间难见境外游客影子,充其量还是地区性节庆活动而已。有的主题选择撞车现象严重,特色节庆活动较少。例如,以茶文化为主题的节庆活动,全国就有几十个,川渝两省市雅安、永川都在召开国际茶文化节。第三,是节庆活动经济、文化结合力度不够,大众化程度不高,文化内涵尚有待于挖掘。现在,不少城市和城镇的节庆活动大多伴有模特大赛、演唱会、健美赛、选美赛等与主题相关性不大的活动。这样的活动虽然热闹,但普遍缺乏深厚的文化内涵,没有民众的广泛只能参与,有损节庆活动主题。第四,内容上千篇一律,创新意识不强。从内容上看,许多节庆活动往往千篇一律,大同小异,缺少创新。最常见的现象是,不管什么类型的节庆,主办方总是会耗费巨资请一些大大小小的明星,或者搞一些模特大赛、演唱会等与主题相去甚远的活动。②

2006 年中央宣传部、中央文明办、教育部、民政部、文化部发出了《关于运用传统节日弘扬民族文化的优秀传统的意见》,提出了两个方面的要求:第一,运用传统节日弘扬民族文化的优秀传统,要坚持以邓小平理论和"三个代表"重要思想为指导,按照构建社会主义和谐社会的要求,大力弘扬以爱国主义为核心的伟大民族精神,积极倡导文明、和谐、喜庆、节俭的节日理念,努力发展健康向上的节庆文化,使民族传统节日成为展示和传播优秀民族文化的重要阵地,成为弘扬和培育伟大民族精神的重要载体,成为满足人民群众精神文化生活需要的重要渠道。第二,要突出传统节日的文化内涵,精心组织好重要节庆活动,特别要组织好春节、清明节、端午节、中秋节和重阳节等最具广泛性和代表性的节庆活动。

8. 会展的管理

在经济全球化的影响下,世界各国和地区之间的经济、文化交流异常频繁,一种新型经济形态——会展经济已成为世界上许多发达国家国民经济的新的增长点。会展业不仅可以为会展举办城市带来巨大的直接和间接经济效益,而且能加强城市与外界的商贸、文化交流,推进城市基础设施建设,提

① 《节庆活动市场化的必由之路》,http://www.sxjieqing.cn/onews.asp? id=1348。
② 《城市节庆活动规范与管理》,http://www.sxjieqing.cn/onews.asp? id=1335。

高城市的知名度以及优化地区经济结构,因而受到了世界各国和地区的广泛重视。

会展业作为 21 世纪的朝阳产业,有着巨大的经济效益和社会效益。经过近几年的培育和发展,我国会展业的规模和影响力正逐步扩大。

但是,我国会展业发展过程中,还存在许多不规范、不完善的地方。例如,展会名称使用比较混乱,有些主办单位单纯追求展会大名称,以求招揽更多的参展商,导致展会名称与展会规模、参展商品不一致,造成参展商、消费者无法区别展会的真实规模与性质。展销会虚假广告比较严重,有些展会主办单位在广告上大做文章,广告内容与展会性质明显不符,擅自夸大规模、改变登记事项、变相排斥他人等现象屡有发生。展销会有关主体责任不清,由于缺乏严格的合同约定,展销会的举办者(主办、承办、协办)、参展商及商品生产者的责任不明确,导致出现消费纠纷时,消费者难以区分他们的身份,执法机关也难以追究其责任。展销会申请登记的时限不明确,由于展会登记没有时间上限,有个别举办者恶意抢注,如有的展览公司在展会开办一年前就抢注多个展会,既造成工商机关难以管理,又造成垄断展会名称,使同类展会难以注册,扰乱了展会市场的竞争秩序。

目前规范展会的法规不够完善,可操作性差,有权威的法规仅有国家工商总局的"77 号令"。为了加强会展行业的管理,规范会展经营行为,保护经营企业和消费者的合法利益,各省市也都纷纷出台根据自身情况出发而制定的会展管理条例。

一是加快制定会展业发展规划,提升会展业水平。二是推动组建各级会展业行业协会,制定"游戏规则",发挥行业协调自律功能,扶持会展专业公司成为会展业的主角。三是研究制定宏观调控的政策,对当前客观存在的多元化利益主体予以确认,并对其利益进行协调和平衡,培育企业成为会展市场的主体。四是在会展审批上,严格控制以政府名义举办的、动用政府财政资金的那些展览会,同时放宽对那些纯商业性的、属于企业行为的展览会的限制。五是对一些商业性会展的内容和性质进行科学、客观的分析,将其所承载的不必要的政治功能剔除。六是对政治性较强的公益性会展,特别是举办奥运会、世博会等大型活动,要统筹运作,算好经济账。①

---

① 《强势、弱化、多元　我国会展业政治功能变迁》,http://www.sgcec.com/MarketTrade/TradeInfo-Detail.aspx? InfoId=183。

9. 价格的管理

为了规范价格行为,发挥价格合理配置资源的作用,稳定市场价格总水平,保护消费者和经营者的合法权益,促进社会主义市场经济健康发展,我国于1998年5月1日起就开始施行《价格法》。《价格法》从经营者的价格行为、政府的定价行为、价格总水平调控、价格监督检查和法律责任等五个方面对我国市场进行着严格的行政控制。

然而,高价格将大众消费的精神产品渐渐远离大众,成了小众消费,可以说是当今的一种普遍现象。一张电影票一般也要五六十元,最便宜的也要二十元;图书价格扶摇直上,儿童读物更是涨得厉害;风景名胜区还多次涨价,峨眉山、九华山、五台山、少林寺这样的风景名胜再也没有低于百元的门票。

因此,要充分运用合理的价格杠杆,将文化产品的文化价值合理评估,纳入文化产品价格的定价标准,运用价值机制调节供求矛盾。那些满足公众直接的、现实文化需求的文化产品,价格可以成为文化需求的真实反映,它的生产者可以根据市场行情及时作出相应调整,消费者面对市场供给可以个性化地进行选择。

10. 文化市场的管理

所谓的文化市场是指以有偿的方式为社会提供文化精神产品或者文化娱乐服务的市场,包括文化娱乐市场、音像市场、图书报刊市场等。为加强文化市场管理,维护文化市场秩序,繁荣和发展社会主义文化事业,弘扬民族文化,丰富人民群众的文化生活,保障文化市场当事人的合法权益,促进社会主义精神文明建设,要根据宪法及有关法律、法规,各省市都结合实际,制定适合本省市实施的文化市场管理条例。

凡开办营业性文化娱乐场所和从事或者参加营业性文化娱乐活动、音像制品的发行、销售、出租和营业性放映、摄制、书报刊等出版物和印刷品的批发、零售、出租、营业性文化艺术演出和时装表演、电影的发行和放映、国家允许进入市场的美术作品、文物和古玩的经销、营业性文化艺术展览和培训等的文化经营、娱乐活动的单位和个人,必须遵守该省市的文化市场管理条例。

各省市的文化市场管理条例基本上都是从管理机构和职责、文化市场的管理细则、经营者的权利和义务、奖惩与处罚等几个方面规范着文化市场中各个参与者的行为。

第四节 文化产品的消费引导

随着我国经济的不断发展,人民生活水平的不断提高,人们的文化消费的比重也在不断加重。特别是近 20 年来,信息科技的日新月异,越来越多的文化消费形式受到人们的热捧,文化消费已经成为人们生活消费领域的重要关键词。由于消费的大众化、多元化和个性化,消费领域也出现了一些不正确的消费观念、消费方式,对文化产品的消费引导也日益重要。

一、文化消费的定义和特点

1. 文化消费的定义

文化消费是指人们采取各自不同的手段和方式,用文化产品或文化服务来满足自己精神需求的一种消费。目前文化消费主要分为文学艺术、文化演出、古玩鉴赏、娱乐休闲、旅游度假、餐饮美食、购物、休闲健身、博物艺术馆等九个门类。

文化消费的内容十分广泛,不仅包括专门的精神、理论和其他文化产品的消费,也包括文化消费工具和手段的消费;既包括对文化产品的直接消费,比如电影电视节目、电子游戏软件、书籍、杂志的消费,也包括为了消费文化产品而消费各种物质消费品,如电视机、照相机、影碟机、计算机等;此外也需要各种各样的文化设施,如图书馆、展览馆、影剧院等。

值得一提的是新兴文化消费,与传统文化消费相对,主要是指在现代科学技术推动下出现的新的文化消费方式。在迅速发展的高新技术的推动下,我国新兴文化消费方式层出不穷,极大地丰富了人民群众的精神文化生活,如手机文化消费、电子书、数字电影、数字电视等。

文化消费的历史在西方可以追溯到 20 世纪 50 年代末与 60 年代初。在这个时期,欧洲与美国首度出现相对来说足够富裕的劳动大众,有能力不再只是照顾"需要",而可以从"欲望"的观点去进行消费——电视、冰箱、汽车、吸尘器、出国度假,都逐渐成为常见的消费品。此外,劳动大众在这个时期开始利用文化消费的模式,去关联出他们的认同感。正是在这个时期,"文化消费"开始成为一个重要的文化课题。

"文化消费",并不只是一般所言的对文化的消费,或者说仅仅是消费某一样被标示为文化的东西,文化并不是一系列的课题或文本,而是一个不断创造与生成的过程。经典社会学家有关文化消费的理论都试图表达这样一种观点:文化消费是一个社会行为,永远都受社会脉络与社会关系的影响,人们在文本与实践的消费中,也在创造文化。因为在文化消费的过程中,进行消费的个体,并不是抽象的单一的个体,他们有着不同的文化背景、消费经验和不同的理解能力。正像美国社会学家马克斯·韦伯所说的:"每个人所看到的都是他自己的心中之物。"

因此从这个角度去理解,文化并不是先制作好,然后被我们"消费"。文化是我们在日常生活的各种实践中创制出来的,消费也是其中之一,文化消费也是文化的创制。

2. 文化消费的特点

生活在社会不同阶层的人,由于文化水平、兴趣、爱好不同,他们对文化产品的需求也就不同。我们很难要求一个只有小学文化程度的人对经典音乐、理论文章等高深文化产生兴趣,对他们来说,通俗文化更适合。另外一方面,对有着较高文化水准的知识分子来说,他们一般也不会将时间消磨在通俗文化产品上,让他们成天拨弄手机玩微信、QQ,那是不可思议的。这是由文化消费主体自身的文化素质所决定的。

随着社会的进步、文化的逐步普及和提高,社会的文化消费产品也呈现由低到高的趋势。譬如,前些年交响乐很少有人问津,如今却逐渐红火起来,而一些真正高质量的学术精品也开始热销。目前我国文化消费状况呈现多种利好形势,也表现出一些新的特点。[1]

(1)文化消费与社会经济增长相适应。文化的发展是和社会经济发展相联系的,社会物质生活是进行文化活动的基础,人类只有在首先满足衣、食、住、行、用这些基本的生存需要基础上,才能谈得上其他精神文化活动。因此,社会文化产品的消费是在社会经济发展的基础上进行的,社会生产力水平越高,社会物质生活水平就越高,人们的闲暇时间也越多,用于文化活动的空间就越大,人们对文化产品和服务的消费能力也越强,以至于文化消费已经成为人们自我

---

[1] 刘吉发、岳红记、陈怀平:《文化产业学》,经济管理出版社 2005 年版,第 126 页。

发展的主要手段。比如,在前工业社会能享受高等教育的人很少,但现在,在一些发达国家,适龄青年能享受高等教育的比例已达50%以上。从文化产品来看,也是如此,在改革开放前,我国报刊、书籍、音像的种类和发行量都很少,改革开放以后,随着生产力的提高,现在这些文化产品的种类、发行量都是以前无法相比的。尽管如此,还是满足不了目前社会文化消费发展的需要。

(2)文化消费与社会成员的文化水平相适应。文化消费是人的一种精神文化活动,作为一种文化活动的消费过程,其与人的文化素质和水平是紧密联系的,社会成员的总体文化素质越高,社会对文化产品的需求就越旺盛;反之亦然。人的习惯、兴趣、爱好、消费与一个人的文化素质状况息息相关,文化消费同一个人的消费能力联系在一起,这种能力除了外在的购买力和有闲暇的时间外,还必须具有欣赏能力、认知领悟能力、参与其中进行文化沟通和活动的能力。比如,对音乐、绘画的欣赏,倘若没有这方面的一定知识、感受和了解,就难以理解音乐、绘画其中包含的奥妙。人的这种文化消费能力和文化内涵,是长期文化修养和文化熏陶的结果,并非一朝一夕就能形成的。中国现阶段,由于国民普遍文化水平的发展,教育覆盖面的不断拓展,文化产业的发展也将随之更加充分,国民的文化消费也将进一步提高。

(3)文化消费与社会价值取向密切联系。文化活动是社会一种健康的、高尚的、有益的活动,文化产品的消费当然也具有同样的性质,因此鼓励和倡导文化支出与文化消费是社会文明的一种表现。但凡发达文明国家,都是崇尚知识、普及文化、昌明科学的国度。因此,文化建设和文化消费是同一个社会的文化氛围、价值取向和制度框架密切相关的。这种关系表明,一个人的文化素质越高,其在社会上的地位也应该越高,因为这样才会促进社会的各类文化活动和文化建设,才能使一个国家更加文明。中国是一个拥有5000多年文明史的国家,有良好的文化氛围,但是由于封建专制的影响,我国的文化消费一直未能充分挖掘,直到改革开放后,随着体制的进一步灵活,人们生活水平不断提高,价值取向进一步明确,人们的文化消费才有了大幅度提高。

(4)文化消费与科技、知识需求更加关联。在知识经济条件下,文化消费被赋予了新的内涵,文化消费呈现出主流化、高科技化、大众化、全球化、信息化的特征。

二、文化消费的原则与影响因素

1. 文化消费的原则

文化消费的过程,消费者通常会遵循以下原则:求实原则、求美原则、求新原则、求名原则、求廉原则,并具有相应的特点。

(1)求实原则。消费者比较看重文化产品的实用价值,讲究其内在质量,首选目标不在其外表包装。譬如图书,特别是科技类、学术类和实用类图书,这类消费者固然也会欣赏其漂亮的装帧设计,但他们是不是掏钱买主要看其内容。

(2)求美原则。消费者注重文化产品或文化服务的欣赏价值或艺术价值,既是内容方面的,又是外部形式方面的,这主要表现在艺术品的购买或艺术服务享受上。

(3)求新原则。新潮的文化产品或文化服务往往也容易促使消费者产生消费动机。所谓新潮既包括思想观念的创新,也包括表现形式的创新。

(4)求名原则。这就是所谓名人效应、明星效应、名牌效应。名作家、名画家、名导演、名演员的作品总是能更多地吸引文化消费者,甚至高价消费也在所不惜。名人创造的文化产品、名人参与的文化服务,也就是某种意义上的名牌。而某些一贯提供优质文化产品或文化服务的文化企业也具有名牌效应,如某电影厂生产的影片,某出版社出版的图书,某娱乐总会的娱乐服务,消费者根据长期的经验已有信任感而愿意放心消费。

(5)求廉原则。即价格低廉,这是消费者的普遍心理。不论经济承受能力强弱,在能基本满足需求的前提下,都会具有这种动机和想法,除非是畸形消费心态者(譬如炫富摆阔等)。

此外,在文化消费的过程中,还存在求奇、求同、癖好、攀比、跟风等消费心理左右着文化消费者的消费行为。

2. 影响文化消费的因素

文化消费者的消费行为,最终体现出来时是个人的,但在决策过程中却不仅仅是个人的,有时受多方面因素的影响。[①]

(1)文化消费者自身因素的影响。第一,家庭经济状况。这是影响文化消费者行为的最直接因素。家庭是消费者生存的基本空间,家庭经济是维持消费者及其家人生存状态的基本保证,必须在物质需求得到基本满足的前提下,家庭成员才有可能考虑文化消费。家庭经济状况越是优裕,其成员文化消费的自由度就越大,就越少受经济承受力和家庭其成员意见的制约;反之,家庭经济状况越差,其成员文化消费受干扰的程度就越大。

---

① 方明光主编:《文化市场与营销》,上海人民出版社 2003 年版,第 62 页。

第二,职业和文化水平。消费者的职业和文化水平,往往是他们消费哪一类文化产品和文化服务的标志。因为职业性的文化需求往往是相对明确甚至泾渭分明的,多数情况下,工人、农民、教师、干部不会买同类别的图书,也不会喜欢同样类别的影视剧。文化水平决定着消费者文化消费的审美接受能力。文盲再怎么有钱,恐怕也很难指望他去阅读文学名著或科技专著。

第三,性别与年龄。男性和女性的文化消费选择,其侧重点往往有很大不同,兴趣爱好,欣赏口味也有所区别。少数例外当然有,但就一般情况而言,男性爱看体育比赛,女性较喜欢歌舞。此外像选购书籍刊物、观赏影视戏剧等,都可能有程度不同的差异。不同年龄的消费者或同一个消费者在不同的年龄段,其文化消费行为也是各不相同和不断变化的,这是不言而喻的事实。

第四,性格与观念。不同性格的人,不同观念的人,其文化消费行为的不同也是显而易见的。性格豪爽的人消费起来比较干脆,绝不畏首畏尾;怯懦者则显得谨慎小心。内向的人静观默察,外向的人则莫衷一是。思想观念比较传统的人,不一定有兴趣看健美比赛和泳装表演;而思想开放的年轻人则可能趋之若鹜。现代人看人体艺术画展视为审美享受,如果是古代人看了可能视作洪水猛兽。

(2)与文化消费者相关群体的影响。所谓消费者相关群体是指影响消费者文化消费行为的个人或团体。消费者作为社会存在的人,其行为包括文化消费行为,总是不可避免地要受到来自社会各方面的影响。这种影响有的是消费者主观上自动吸取的,有的则是客观因素施加于他的,大体上来自直接群体和间接群体两种。

直接群体影响。主要来自家庭和亲戚朋友、同事同学、邻居等。

家庭对文化消费行为的影响是最直接最有力的。家庭成员的文化消费不仅受家庭经济状况的制约,而且也受家庭其他成员意见的左右。一项消费动议的提出,往往是有赞成的,有反对的,有不置可否的,当然也有一致赞成或反对的,这些都有可能动摇当事人的消费决心,乃至导致消费行为的实现或取消。各个家庭的情况不尽相同,对成员文化消费的影响力也有大小之分。

亲朋、同事同学、邻居等群体对消费者文化消费行为的影响,一般说来要比家庭小,但也视与消费者的亲密程度和消费者本人的情况而有所不同。有的消费者宁愿听取亲朋好友、同事同学和邻居的意见而不愿与家庭成员协商,因为前者比较客观,而后者往往带有强烈的主观性。对于一些缺乏主见的消费者,亲友邻居等人的意见也很起作用。

间接群体影响。主要来自文化产品和文化服务的评论者和潮流导向者。

文化产品和文化服务的评论者,包括群众口碑、媒体评介、组织宣传等。文化产品和文化服务的口碑好坏能影响相当一部分人的消费行为。一本令看过的人交口称赞的书,会使很多未看过的人急于想买到它;而被众口一词贬斥的书,也不会有人再去问津。报纸杂志、电台、电视上对文化产品和文化服务的评价也能影响一些消费者的行为。受到媒体推荐的,常常能一下热销起来;而受到批评曝光的,则可能被打入冷宫。央视《百家讲坛》栏目推出了"学术超男"易中天和"学术超女"于丹,他们的书稿一字千金,畅销全国,就是一个真实的写照。现在社会上还有一些群众性的文化组织,如影评者协会、读书沙龙、书画联谊会之类,由于参与者大多是一些行家里手或热心人,因此他们的活动和宣传,对于文化消费者的行为也能起到间接影响作用。

(3)文化企业因素的影响。文化企业即文化产品的生产者和销售者与提供相关服务者,包括企业形象、产品形象、消费服务等。文化企业是文化市场营销的主体,它往往受到消费者的密切关注。文化消费者对那些心目中留下良好印象的文化企业情有独钟,它的文化产品或文化服务被消费者广泛接受和使用。所以文化企业对消费者的影响也一定程度上决定了文化消费行为。

企业形象。它是指文化企业在社会和消费者心目中的整体印象,亦即心理地位,是其经营能力、公关能力等综合实力的综合体现。良好的企业形象是企业的无形财富,文化企业可以凭借过硬的产品、消费者至上的经营宗旨、信誉第一的经营作风、无懈可击的服务态度来塑造自身的形象,吸引消费者。还可以辅之以媒体宣传、自我包装、赞助公益事业等方法和途径来赢得良好的声誉,招徕消费者。

产品形象。指文化产品和文化服务留给消费者的印象。一般包括内在质量的优劣(如思想内涵、审美价值、使用价值等)、外形包装的美丑、价格定位的当否。文化产品形象的好坏是决定文化企业形象好坏的第一要素。产品不行,抓不住消费者,任何其他方面的花里胡哨都是徒劳无益的。

消费服务。包括文化产品和文化服务的消费前、消费中、消费后的一整套系统服务。消费前的服务关键是把握文化产品和文化服务真实无欺;消费中的服务是如何使消费者的动机变为行动,使其不仅愿意消费,而且乐于消费,最终还为消费而乐;消费后的服务重在拾遗补缺、善后处理,如不合格产品调换,消费者意见的答复,消费者利益受损的赔偿,各种信息的反馈等。消费服务不仅是一门营销艺术,而且最大程度决定着人们的文化消费行为的实施。

（4）国家相关推动政策因素的影响

《中国文化消费指数（2013）》提供了这样一组数据：我国文化消费潜在规模约4.7万亿元，但现在仍存在3.66万亿元的消费缺口。"文化消费指数"，是指文化消费占总收入的比重。文化消费指数越高，说明这个地区或者个人的文化生活越丰富。我国文化消费总体不足的主要原因有三：一是农村的文化消费很少，二是我国长期积累下来的重物质消费轻精神消费的习惯尚未改变，三是我国的社会保障制度不健全，抑制了文化消费水平。

在文化产业相对发达的欧美地区，文化消费占家庭消费的30%左右，而我国只有约7%左右，沿海重点省份占比超过15%。用三成的家庭消费专情于文化消费，由此带来的文化素养、艺术修养的提高，对整个民族素质的提高具有举足轻重的作用。要让人们愿意加重文化消费的比重，首先要提升人们的文化消费意愿，这就关系到一系列的举措，如实行文化惠民的政策、对文化消费结构进行优化调整、大力发展新兴文化产品等等。这是一篇大文章，但愿"中国文化消费指数"的发布，有利于全国上下形成共识，从"文化消费"的角度追溯上去，看到"文化立国"的深层意义。

要通过文化产业的全面升级与创新，让消费者走进剧场、电影院、音乐厅，尤其是着力发展电影、动漫、游戏、演艺等文化产品，将"文化蛋糕"做大。

三、消费群体的特点及消费倾向

从消费群体看，目前我国的文化消费需求已经形成以三大消费群体为主、且具有各自特征的格局，即高等收入支持的"先导型"群体、中等收入支持的"升级型"群体和低等收入支持的"培育性"群体。[①]

1. 高等收入支持的"先导型"消费群体

以城市为主体的富裕型、极富裕型消费群体。这个群体主要由公司老板、管理层高级职员、较大规模经营的民营企业家、高科技的成功者、演艺界知名人士及其家属构成。在目前我国消费供给水平、供给结构之下，边际消费倾向最低是高收入群体，他们的恩格尔系数已经降至15%以下，达到了发达国家的平均水平，同这一群体的消费需求相比较，现有的文化消费供给已经过时，而更高层次的精品化、个性化消费将有待开发。

2. 中等收入支持的"升级型"消费群体

这个群体以城市绝大多数和农村少数比较富裕的居民户为主体，主要由政

---

① 宋则：《中国三大收入——消费群体分析》，《光明日报》2001年10月9日。

府公职人员、国有企业职工、科教文卫人员、个体经营者及其家庭构成。这一群体恩格尔系数在35%左右,边际消费倾向居中,正处于从小康向富裕型、从讲究消费数量向消费质量转变的阶段,加上多年储蓄积累,已构成当前最具消费购买能力的群体,也是继高收入群体之后最为活跃的跟进力量。

3. 低等收入为主的"培育性"群体

这个群体以城市低收入阶层和农村中等收入阶层为主体,主要包括城市部分下岗职工、退休职工、进城务工人员,大部分农民及其家庭。低收入群体的边际消费倾向虽然最强,但收入增长缓慢,恩格尔系数在50%左右,消费能力尚处于为大宗购买力积聚力量的状态。这一群体的需求同现有的供给能力较为适应,同目前的消费品供给结构矛盾较少,是目前中低档消费的主要力量。

4. 老少为主的"潜在性"群体

当前随着教育产业的发展,青少年特别是大中小学学生消费成为社会的一个消费主体。关于老年人消费是未来的另一个消费主体,应该引起我们的重视。我国已经开始出现平均寿命在延长,退出劳动力队伍的年龄在提前的现象,老年人在有一定的物质生活保障外,还需要有丰富的精神生活。需要有更多的适合老年人的文化产品和娱乐服务。随着社会的进步,我国的老年人,尤其是即将进入老年人队伍的高峰人群,消费观念发生了深刻变化,消费的心理在成熟,大家庭的观念在弱化。这样就创造了一个良好的市场条件。但是,市场上为老年人提供的文化娱乐产品和服务数量极少,本来就不多的一些文化娱乐产品和服务基本上都是针对年轻人和儿童的,尽管一些大城市已经开始打出老年牌,但还远远没有得到足够的重视。现在是要把为老年人提供更多的文化娱乐产品提到日程上来的时候了。大力发展老龄产业、银发产业,这既是社会的责任,也是拉动社会消费、促进社会经济发展的一个极好的商机。

四、引导文化消费的途径

文化消费者由于自身和外部的因素影响,往往会出现非理智、冲动偏执的消费行为。尤其是中国当下文化市场的管理体制不健全,文化消费的认知水平较低,需要对文化消费加以引导。

1. 引导树立正确的文化消费观念

文化消费是经济发展和人民收入水平提高的历史趋势和必然选择。我国的文化消费市场潜力巨大,但同时也存在众多不利于其发展的制约因素。因此,培养人们形成健康的、高品位的文化消费观念,一方面生产出大量真正有价值的文化消费品；另一方面通过学习、教育和有效的引导，提高消费主体的审美水平与精神境界。

　　具体来说，文化消费观念是在一定的指导思想下和文化环境中形成的，必须以先进的思想为指导，吸纳先进文化。首先，引导树立先进的文化观。先进的文化观就是以科学发展观为核心的文化思想观念，它源于先进的文化建设和体验。要建立积极、健康、科学、向上的适应历史潮流、反映时代要求、代表未来发展方向、推动社会前进的先进文化，引导人民参加文化实践与建设，积极体验先进文化。其次，引导树立有意义的文化价值观。文化消费不仅是占有文化产品和享受文化服务，把它当作心理享受、地位、社会关系实现的途径，更主要的是使其文化意义和价值得到实现。要把促进人的全面发展作为文化价值核心观念进行培养。再次，引导树立科学合理的文化消费观。把握好价值取向，通过加强家庭培养、学校教育、传播媒介宣传，重点引导青少年和农民，重点建立科学合理的消费观，逐步形成观念先进、消费自律、结构合理、方向正确的消费风尚和社会氛围，引导娱乐休闲消费为主向知识文化消费为主转变。通过对外文化研讨、文化年、文化演出、文化教育、媒介传播、展览展会等活动，在世界范围内推介中华民族优秀文化，培植中华文化理念，为扩大文化出口贸易打下基础。

　　2. 强化对文化消费的经济调控

　　强化对文化消费的经济政策和经济杠杆调控。文化产业化、市场化使文化产品和服务供给、分配发生转变，必须重新定位消费主体，形成居民消费为主、出口为辅、单位或社区消费为补充、政府消费为引导的文化消费主体格局。由于文化产品和服务的特殊性、层次性，甚至还可能有非文化、反文化的东西，因此，应对文化消费政策做合理调整，有区别地采取鼓励或限制政策。鼓励高层次、高质量的知识文化、精神文化消费和文化产品出口、文化企业"走出去"，限制低俗、劣质的文化产品和服务消费以及外国文化产品进口规模、市场份额，形成以本国文化消费为主、引进外来有益文化消费为补充的文化消费结构。在财政、收入分配、税收价格和利率汇率政策上，对需要鼓励的消费和出口，可以降低税率、利率和提高外汇汇率，反之，进行相反的调节；规范价格形成机制，使价值得到真实反映；应逐步提高居民收入水平，提高消费者的消费能力，在保证基本文化消费的基础上，逐步增加享受文化消费，特别是扩大发展文化消费；政府财政应资助传统文化、先进文化消费、对外文化宣传，向基层、低收入和特殊群体提供免费文化服务，完善农村图书、通讯、电视、培训等网络，释放农民潜在的文化消费需求。

3.加强文化消费的法律建设

文化消费也离不开法律的支持与规范,要健全相应的法律法规体系。按照消费者权益法制定文化产品和服务的消费法规,使消费者文化消费权益得到法律保护。制定相关的消费法律、道德规范、行为标准和守则,加强对不科学、不合理和反文化的低俗、迷信、色情等消费的法律和行为约束,防止非理性、非文化消费引致文化产业结构畸变。参照WTO规则要求,健全文化产品进口、外资进入文化产业法规,对文化产品和服务进口贸易、利用外资实行总量控制和结构调整,维护国家文化安全,提供文化出口便利,促进文化出口贸易。对文化产业市场行为应随着文化产业市场准人的进一步开放加强规范化和法制化,制定反垄断、反不正当竞争的具体措施和文化产业守则,防止文化企业肆意践踏、改变消费者的需要,强迫消费者选择,防止价格过高和消费者信息外流滥用,以营造良好的消费环境。

4.合理进行文化消费的行政监管

文化的特殊性决定了文化消费管理政治性、政策性很强,既不要使消费背离社会主义精神文明根本要求,也不能打击消费者的合理消费,管理要以发展科学合理的文化消费作为出发点和落脚点。要从体制、制度、职能、程序、方法、手段上进行合理管理,改变管理者众多、管理不善的状况。实行集中监控与分级管理相结合,整合政府管理职能和行为,加强宏观指导和管理。实行行政监督、司法监督、社会监督、舆论监督相结合,加强对文化产品和服务的政治性、社会公德和市场流通秩序、价格、公平竞争的监督管理。实行行政手段与法律手段、经济手段相结合,防止文化产品和服务粗制滥造、质量低劣、格调低下、结构失衡,加强对文化产品和服务的投诉处理。开展文化市场调查和预测,掌握文化市场、文化消费规模和结构的变化信息,有效组织、调控文化供给,为引导文化消费和文化产业正确发展提供依据。

特别是政府应当增加对文化消费基础设施和公共文化服务的投入,并尽量让老百姓无偿使用。现在老百姓对图书的需求量越来越大,但往往图书馆的设立比较分散,老百姓想阅读都只能就近买份报纸或上上网。而在日本,每一个社区内都有自己的小图书馆,大家在阅读的同时也增进了邻里间的感情。而现实情况是我国现有的文化馆、文化站没有得到有效的利用,我们完全有必要可以发挥社区的力量,多在社区里增添公共的文化设施和文化服务,使更多人能够有时间参与文化消费。

五、维护消费者权益

当前文化消费领域权利和义务比较模糊、认识不清,突出表现在两个方面:一是文化消费者对自己的权益认识不清,遭到利益损害认倒霉的不在少数;二是文化企业尤其是小型或个体的业主对自己的义务认识不清。由此看来,完善相关的法律法规,厘清文化消费领域权利和义务,是维护消费者权益的治本之策。

文化消费是一种新型的消费行为,它的消费对象是精神产品和服务。我们知道在一般的消费品市场上,人们购买了名副其实的商品可以依照消费者权益保护法或相关法律来维护个人权益。而以精神产品为消费对象的文化消费,目前似乎还找不到一个可以参照的法律体系,所以在文化消费过程中出现了很多矛盾和问题。

如图书,它是一种特殊的消费对象——精神消费对象。精神消费品与一般生活消费品不一样,首先它通过传播思想文化信息,作用于人的精神世界,发挥着陶冶思想、增长知识、塑造灵魂的作用,一本好书会影响人的一生;其次,在消费过程中,它的物质形态不会消失,由于其超时空的内在特质,具有重复使用、世代传承的价值,好书会影响几代人的精神生活。如果发生严重的质量问题,其消极影响也将是巨大的、长远的,从法律上讲,就是对消费者合法权益的侵犯。消费者读书,是为了从书中吸取精神营养,图书生产者必须维护消费者的这种合法权益,必须负起对读者负责、乃至对后代子孙负责的法律责任,并且站在这样的高度,来认识和对待图书的质量。

文化产品作为精神消费品,不仅仅看做是一种商业化的娱乐消费,它所承载的文化使命和社会责任的意义不容忽视。所以更加需要我们从道德伦理和法律制度上,发起对文化消费者的维权与打假。

我们从《消费者权益保护法》能够看到零星的对文化消费权利的保护,如对消费者权利是这样定义的:所谓消费者权利,是指消费者在消费领域中,即在购买、使用商品或者接受服务中所享有的权利。这种界定是对文化消费者寻求权利保护的法律依据,但是显然已经不能适应文化消费成为社会大众消费的时代需要。在对文化消费过程中具体的权利和义务的界定上,我国的《消费者权益保护法》和其他相关法律法规还需要进一步完善和补充。

第九章　推动我国文化产业倍增发展

提示

世界各国纷纷将目光投注于文化产业，并将发展文化产业作为其未来的产业发展重点。文化产业已形成世界性的演出业、影视业、音像业、文化娱乐业、文化旅游业、网络文化业、图书报刊业、文物和艺术品业以及艺术培训业等行业门类。

在我国，随着经济社会的快速发展，居民的文化需求不断增长，对文化产品和文化服务质量的要求也不断提高，迫切需求多样化、多层次的文化产品和服务，文化产业面临着历史性的发展机遇，必须加快发展、倍增发展。

加快我国文化产业的发展,有深刻的政治意义、社会意义和经济与文化意义。发展文化产业是提升我国综合国力、维护民族文化安全以及全面建成小康社会的客观需要。它不但满足人民群众的文化需求,规模效益好、产业贡献率高,也是国家的软实力,在扩大就业、促进传统产业升级及能耗少、附加值高等方面有巨大优势,并成为文化安全的保障,能达到经济利益和社会利益的双丰收。

所以,十八大报告要求扎实推进社会主义文化强国建设,要将文化产业发展成为国民经济支柱性产业,要发展新型文化业态,提高文化产业规模化、集约化、专业化水平。为此,国家也出台了文化产业发展规划和倍增计划。

一、加快发展文化产业的经济现实意义

(1)文化产业是我国经济发展的优势产业。文化产业作为高科技、高品位文化相结合的知识经济中的新型产业形态,是 21 世纪的朝阳产业,代表着先进生产力。它依托高技术支持,成为整合、拉动国民经济和争夺海外市场的主要驱动力。

第一,通过科技在文化产业的应用进一步推动文化产业和带动国民经济发展,改变我国目前文化产业不仅总量偏小,市场化、集约化程度偏低,且大多停留于传统技术或传统文化工业、科技含量和文化含量都较低的局面。

第二,通过政策、经济、法律等杠杆积极引导,来提升文化产业竞争力,带动区域经济发展。对区域来说,可把文化产业作为一个重要的支柱性产业,对这个具有相当带动性的产业进行培育有非常现实的意义。有它未来发展的空间,以及对于整体区域国民经济的带动效应非常明显。

第三,整合产业实力,打造国际品牌,争夺海外市场。改变我国目前文化产业发展较为混乱、失序,创新能力、创意性不强,缺少产业品牌的局面。

第四,消费是生产的目的和动力。文化产业的市场前景非常广阔,能带动

经济的增长。可以作为长期的战略的经济发展目标去规划、推进。

第五,以网络等媒介为主体的新技术革命和经济效益,也要靠文化产业发挥出来。没有千百万人需要或喜爱的文化艺术的内容或节目,高新技术与新经济就没有了市场,没有了市场也就失去了持续发展的内在动力。无疑,当代新一阶段的技术革命迫切需要文化产业的支持。因而,从一定意义上说,网络等媒介产业的生存能力取决于文化的创造力和文化消费的需求性。

(2)有利于促进我国产业结构的调整和优化。推进产业结构调整和优化升级,是转变经济增长方式、提高经济增长质量的重要途径和迫切任务。文化产业属于第三产业,大力发展文化产业有利于促进我国产业结构的调整和优化,提高国民收入。

第一,我国目前的产业结构不尽合理,情况是服务业比重较低,重工业特别是一些高耗能、高污染行业增长依然偏快,电力、钢铁、有色、建材、石油加工、化工等行业,占了全社会能源消耗和污染排放的大头。因此,大力发展服务业,遏制高耗能高污染行业过快增长,加快淘汰落后产能,是调整产业结构的重要任务。

第二,文化产业的发展,可以提升其他产业层次和技术水平。只有建立以市场为导向、产学研相结合的技术创新体系,健全知识产权保护体系,加大知识产权保护的执法力度,才能在一些重要产业上尽快掌握核心技术和提高系统集成能力,形成一批拥有自主知识产权的技术、产品和标准,才能大力实施品牌战略,开发具有自主知识产权的知名品牌。

第三,文化产业是全民的产业,发展文化产业,可以提高国民收入。

(3)文化产业的发展对促进中国制造转向中国创造起着积极作用,经由文化的产业化、集约化、规模化效应,增强文化影响力,以提升中国产品的国际竞争力。

二十多年来,随着世界性产业结构调整、产品更新换代以及经济形态的升级,我国已成为世界的加工工厂,成为制造大国。廉价低附加值的产品没有为我国企业赢得较大经济利益和发展空间,我国企业必须实现由中国制造向中国创造转型。

由于文化消费的普及,文化产品不仅扮演沟通者角色,还强化着大众对某些品牌的认同意识,培育和引领着时尚性的消费———品牌消费。也恰恰是对文化功能的强化以及文化经济的融合,使得品牌从普通制造中凸显出来,成为消费社会时尚。消费者对某“品牌”的接受和认可程度与该民族文化的竞争力有密切关联,所以,为制造品牌、推销品牌,各个国家纷纷打出文化牌,通过文化影响力扩大该国产品"品牌"的知名度。[①]

第一,可以通过发展文化产业和推销文化产品,借助中国文化的影响力推销中国品牌;第二,增加产品中的文化和科技含量来提升产品的文化品位;第三,依托海外7000多万的华人,培育消费中国品牌的消费者,培养对中国品牌的认同感和信任度;第四,借助中国文化竞争力,加大文化创新与产业创意力度,使我国从制造大国向拥有自主知识产权的品牌地位提升。

(4)有力推动少数民族地区和农村经济发展。少数民族地区工业相对落后,在工业发展基础相对薄弱的地方,可以借助民族文化的优势,打造文化产业品牌,带动地方经济发展。例如云南就把古城丽江作为旅游业发展的典范、文化保护与经济发展的和谐范本,硬是"杀出了一条血路",将"游山玩水"变成了"真金白银"。

同样的,我国广大农村生产力低,经济发展脆弱。加快发展文化产业,可以推动农村经济发展。农村文化建设基础薄弱,底子差,但又十分重要。发展农村的文化旅游、文化产业,是近20年来我国农民尝试成功的主要成果。与其他产业相比较,农村文化产业的真正受益者是农民。所以,党的十六大报告提出:"全面建设小康社会,必须大力发展社会主义文化。"使文化产业与农村文化、新农村建设与新型城镇化建设相得益彰,相映成辉。乡村文化产业可以小取胜,积少成多,一乡一业、一村一品,做活小产业,汇成大板块,形成大产业的路子。在产品开发上,要以民间文艺展演、民间工艺品产销、民俗文化旅游、民间饮食文化等为主,形成特色优势,成为农村经济发展的亮点。

民俗旅游业就是被作为解决农业增收、农民增效、农村稳定的一种有效模式,作为农村新的经济增长点,得到政府的大力支持的,也是农村经济发展和社会进步的一个突破口。我国现在有400多处民俗村,有100多处民俗园、民族风情园,有4万多个农家小院。这些都是单独的旅游产品;用民俗文化串联起来的旅游产品也很多,如山东的"千里民俗旅游线",江浙的"水乡人家"旅游线,安徽的古民居、古村落旅游线。民俗资源还在开展专项旅游方面有得天独厚的条件。郊区民俗旅游有的结合生态农业开展民俗旅游,采摘与种植,做一天农家人;有的沿海推出了吃渔家饭、做渔家人;城里人则用吧屋的方式,开展学手工艺术,做女红,做泥哨、布老虎等专项旅游项目;还有的则用民俗文化的

---

① 范玉刚:《发展文化产业战略意义探析》,《人文杂志》2005年第4期。

丰富性,开发体验、娱乐、参与性产品。另外,旅游商品70%以上的是民俗旅游商品。

(5)对于房产开发而言,进出入的方便性、交通及交通工具的设置、多角度的观赏设计、休闲时间的空间安排、休闲内容与居住的互融、邻里互动结构、购物环境等等方面,与游憩方式设计中的很多理念和技术可以互相通用;情境设计、体验设计、娱乐化设计等,对于房地产开发,都有实际的借鉴价值。

二、加快发展文化产业的社会现实意义

市场活跃了,经济发展了,商品丰富了,但越来越突出的问题是文化滞后,商品和文化的脱节、脱钩严重,造成了经济、文化、社会发展的不平衡。因此,加快发展文化产业,对推进社会进步有着积极作用。

(1)发展文化产业是市场经济条件下繁荣社会主义文化、满足人民群众精神文化需求的重要途径。在今后很长一个时期,我国文化市场的实际供给量,将与居民文化消费实际增长速度及居民尚未实现的文化消费潜力形成巨大落差。随着国民经济持续快速增长,我国人均GDP已超过1000美元,居民消费结构随之升级,以及随着产业结构下游化带来的需求的上游化、高档化、文化化,特别是伴随具有相当强消费欲望和自我想象能力的中产阶层的崛起,使我国文化产品的供给相对于人民群众日益增长的精神文化产品的现实需要,以及与2020年全面建成小康社会的目标之间,已经出现明显的产业不足和产品短缺现象。具体缺口据有关专家预测,假定继续按照3年来第三产业发展的平均速度增长,到2020年,我国第三产业占GDP的比重将达到42%左右,低于标准值13个百分点,大约会出现41000亿元的缺口。因此,文化产业可以实现社会主义生产目的,更好地满足人们日益增长的文化生活需要。

(2)有利于扩大就业和节约能源。第一,有利于扩大就业。一方面,文化产业带动工业、手工业、旅游业、服务业、中介业等行业的发展,提高就业率;另一方面,文化产业本身就具有就业大众化特点,农村的老太太可以用剪纸换钱花,年轻的大学生可以办网上毕业物品交易。第二,有利于节约能源。文化产业多为绿色产业、高附加值产业。大力发展文化产业,大力淘汰电力、钢铁、建材、电解铝、铁合金、电石、焦炭、化工、煤炭、造纸等行业落后产能,是节约能源的两个方面。

(3)加速发展民族地区文化产业和农村文化产业,具有更加重要的社会现实意义。我国少数民族地区多山青水美,民族众多,文化事象纷呈,形式多样、

古朴神秘、特色鲜明,具有独特的魅力。目前,我国少数民族地区民族民俗文化资源的开发多以旅游产业作为切入点,其地位和作用初步显现。它为地区文化产业发展特别是旅游业发展、产业结构调整、增加农民收入、带动其他服务业发展、促进地区经济发展、保护和传承民族传统文化、促进经济社会全面进步发挥了积极的作用。同时,注重民族地区文化产业的市场构建、生产和营销策略,也能够加快推进民族地区文化产业的国际化进程。

我国传统文化是农耕社会的产物。目前,大部分农村仍然处在农耕社会里,农耕文化丰富多彩,大致上可以划分为古村镇、民间文学艺术、农作、生活、物产、节庆、风土人情七个部分。古村镇包括村镇历史、布局、建筑物、风情;民间文学艺术包括故事传说、歌谣、谚语、语言、工艺、戏曲等等;农作包括工具、耕作习俗、渔猎习俗、放养习俗,对天、地、自然的认识与信仰;生活包括衣食住行与交际交往、贸易等;节庆包括信仰、娱乐、仪式、活动等;风土人情包括民风、人品、道德、精神风貌等。开发这些资源发展文化产业,不仅仅是促进农村经济发展的问题,也对弘扬传统文化、缩小城乡差别、提高农民文化素质、推进农村建设起一定作用。

三、加快发展文化产业的文化战略意义

(1)文化是软实力,文化产业是硬实力。首先,文化产业是重要的产业、特殊的产业,承载着文化的实力。一方面,文化是生产力,文化产业是硬实力,是现代产业和国民经济的重要组成部分;另一方面,当前世界文化的发展趋势为文化经济化和经济文化化以及政治、经济、文化的一体化趋势,文化深深植根于经济发展中,与经济融为一体。

其次,有利于弘扬中国文化,提高我国在世界上的大国影响力,改善和强化国家文化形象。通过文化及其文化消费品输出,主动参与世界文化秩序的重组,改变由国外优秀学术成果、先进技术和智力的引进而造成的文化贸易明显处于逆差、中外思想文化上交流的严重失衡状态。

提升文化产业在国民经济格局中的战略地位,生产出具有民族特色和代表中国发展水平的文化产品,不仅要输出优秀的传统文化,还要把现代中国建设社会主义的伟大成就和经验展示给世界,把新中国取得的现代文化推向世界,使世界各民族人民了解、理解现代中国,以去蔽其心目中"妖魔化"的中国形象,在全球化平台上铸造和展示中国"和平崛起"的国家文化形象,提升国家的文化影响力、竞争力,在复兴中华民族精神的伟大工程中发挥积极作用。

再次,文化产业的发展,承担着民族文化的创新功能,是展示我国文化活力的重要途径之一。

(2)文化产业能够提供充足的文化产品,满足民众精神需求,有利于社会主义精神文明建设。经济发展和社会文明是我们在经济社会发展过程中是必须两手都要抓的重任。一个地区的经济发展再快,没有文化生活和高质量的文化消费,这个地区在构建和谐社会上肯定出问题。钱多了,必然要消费,没有健康向上的文化产品和文化服务,人就变得很空虚,不健康不正常的事情就会越来越多。

(3)文化产业的发展对于保护、创新发展民族民俗传统文化,尤其重要。保护民族文化资源有三种态度和三种方法:一种是消极保护的态度和方法,就是眼睁睁看着这些民族民俗文化在现代化进程中逐渐消亡,或者只是以欣赏和遗憾的态度被动地做一些静态的保护,如搜集、普查、挖掘、整理、展览等工作,剩下的就是无奈、慨叹甚至指责。这种态度和方法忽视了民族民俗文化自身的时代性发展性。另一种是以积极保护的态度和方法,立足于民族民俗文化本身的发展规律,立足于文化的传承与创新,积极地开发性保护民族民俗文化资源。对于那些被时代淘汰的,就采用保护的方法;对于有时代性有生命力的,就采取开发的方法,突出其在人们物质生活与精神生活中的作用,提升其文化品位,促使其完成现代化的转型。还有一种态度和方法,就是庸俗的功利主义的做法。这种方法把民族民俗文化资源只看作是一种物质资源,将其投放市场,换取经济利益,被很多人痛斥的"伪民俗""假民族"现象,就是例子。

无疑,第二种态度和方法是最好的。可根据不同的资源特点采用保护型开发、创新性开发、移植性开发等不同的开发模式,选择带动性、专项独立性、融合性等不同的发展模式以及农村户经营、公司集团经营、村镇集体经营、企业承包经营等不同的运行模式,大力推进品牌建设,通过传统节会开发民族、民俗生态园馆建设,整合民族艺术之乡,成立地方文化艺术中心和民间演艺组织,推出民族民俗文化旅游线和民俗特色旅游项目,开发主题公园和古村镇,推广农家乐项目和民族风情村寨,建设民族民俗博物馆和民间手工企业,开发民族生态园馆、民俗游乐园、民族风情园等。这些可以丰富古村镇文化内涵,形成特色文化产业,在促进经济发展和社会进步的同时,达到积极有效地保护民族民俗文化资源和传承创新民族传统文化并推进民族文化现代化的转型、创新发展的目的,取得经济发展和文化建设的"双赢"。

(4)发展文化产业是积极主动地抵御外来文化糟粕入侵、保卫国家文化安全,防止思想观念、精神状态、道德价值走向堕落的重要途径。目前,西方的文化消费品充斥着主要文化产业领域,其在满足我国大众的文化消费,为我国转型期间提供了经济、政治、思想文化资源的同时,也对我国民族文化的生存根基、道德伦理、价值观念乃至执政基础都构成挑战,并对现有政治文化秩序有相当的破坏性。那些张扬享乐主义原则和赤裸裸的丛林规则,追逐快感凸显感官欲望的满足,培育自我表现的生活方式,生成自恋、自私的人格的思想价值观念,伴随着他们的产品外衣,向我国不同生活群体、生活层面和生活领域入侵,萎缩民族精神,瓦解奋斗意志。①

我国文化产品的销售,本土市场占了绝对的份额。加快我国文化产业的发展,在繁荣文化的大格局中,在市场环境中最大限度地整合资源、凝聚力量,满足人民大众日益增长的文化需求和文化消费,生产出健康有益、抵御媚俗低俗之风的优秀文化产品,这不但能抵御外来糟粕文化的入侵,也能配合文化事业以担当引领社会发展方向、提升现代生活的智慧、提升国民素养的责任。

第二节　我国文化产业发展问题

近20年我国产业的发展,大致上分为三个阶段:第一阶段是以家电、电子产业为代表的信息化带动工业化发展阶段,现已形成规模;第二阶段是目前正在全力推进的重化工业发展阶段;第三阶段重点将是高新技术产业、创意能力和文化产业的融合发展。

一、文化产业发展极其不均衡

文化产业发展不平衡是与经济发展不平衡紧密相关联的。我国经济发展不平衡已经形成了东部、中部以及西部和农村地区差异。

北京、上海、广州等大城市以及东部发达地区的城市等,从经济发展的角度

---

① 范玉刚:《发展文化产业战略意义探析》,《人文杂志》2005年第4期。

说,其人均 GDP 已经达到 4000~6000 美元的中等发达国家水平;这些地区文化市场、各种现代商业传媒业已经充分发展,"传媒汇流"(三网合一)进展迅速,开始从文化产业进入"内容产业""创意产业"阶段。

在各省会城市以及中部比较发达地区说,人均 GDP 达到 1000~3000 美元,这些地区文化市场正在形成,现代商业传媒业正在迅速发展普及,可以说是从商业文化进入文化产业阶段。

在农村地区和广大西部地区,人均 GDP 在 500~1000 美元之间,文化市场还未形成,现代传媒业如广播、电视等刚刚进入百姓生活,现代通讯刚刚开始普及,商业文化阶段刚刚开始。[1]

二、产业结构不尽合理

从我国文化产业的结构分层看,以提供新闻、出版发行、广播影视、文化艺术等服务产品的,即过去所说的"核心层"仍是文化产业的主体,以提供网络文化、文化休闲等服务产品的"基础层"则才有一定规模。

从中西部地区的发展情况看,集中表现为传统文化产业比重过大,新兴的文化产业比重偏小,基本上以传统文化经营为主,以信息化、数字化为核心的新兴产业如软件业、影视业、会展业、音像业等发展缓慢,有的传统产业如出版业急需用信息化、数字化对其进行改造,使其结构优化,达到产业升级的目的,但进展一直不快。此外,区域内各地区文化产业结构雷同,各自为战,搞的产品项目大多一窝蜂,同一产品同一项目重复生产重复建设,质量没有保证,没有着力发展地区独特的文化产品项目,进行同板块大手笔的资源整合,难以形成互通有无的文化产业链,造成总体落后。[2]

三、现有体制机制制约着文化产业发展

党的十六大特别是十七届六中全会以来,文化产业领域在出版、发行、影视制作、演艺等经营性事业单位整体转制取得新的突破,文化事业单位改革不断深化,公共文化服务的投入机制和运行机制不断完善,文化产业融资渠道逐步拓宽,文化传播渠道建设和整合速度逐年加快,以文化企业为主体的对外文化贸易取得新的进展,文化产品和服务出口出现可喜增长势头,但是,依然存在明

---

① 张晓明:《通过认识文化产业发展的不平衡规律通过认识文化产业发展的不平衡规律》,http:// www. yinxiangcn. com/Chanye/jiaoyu/200710/5247. html。

② 《内蒙古文化产业发展总体加快,结构不合理》,http://old. news. hexun. com/2356200. shtml。

显的体制机制制约发展的问题。因此,必须坚持以体制机制创新为突破口,进一步增强文化产业的发展活力。

(1)文化体制机制改革还不深入、不彻底,影响文化发展的深层次矛盾和问题依然突出,影响了全社会文化创造活力充分释放。具体来说,第一,文化体制中的政事分开、管办分离还没有全部到位。没有把政府职能真正由主要办文化转到加强文化管理和提供公共服务上来,应加快建立覆盖全社会的比较完备的公共文化服务体系,做到该管的管住、该做的做好。第二,没有深化文化事业单位内部改革,彻底解决能干不能干一个样、干多干少一个样、干好干坏一个样等问题,应使运行机制灵活起来、员工积极性调动起来、创造活力迸发出来,不再依赖于等、靠、要。第三,文化企业产权制度的改革尚未到位。文化事业单位要面向市场,走产业化发展的路子,首要的是法人身份的变换,即"事改企"。而目前在推动经营性文化单位转企改制上力度不够,没有脱离事业性质、弱不禁风、缺自生能力,甚至搞"翻牌"公司、穿新鞋走老路。第四,在扩大市场准入、放宽投资领域方面,没有放开体制,应鼓励、支持和引导社会资本、非公有资本进入非特殊性文化领域,形成各种市场主体平等竞争、相互促进的新格局。①第五,对文化产业发展起着十分重要作用的体制与制度安排,如投融资制度、特殊税收制度等,还没有建立和完善起来。

(2)在推进民营文化产业的发展上,思路不够开阔,手笔不够大气,力度明显不足,还存在一些体制性、制度性的障碍需要突破。一些民办文化企业思想保守、小富即安,不愿扩大规模,占领市场,满足于小打小闹。

(3)创新体制机制不足。目前还没有形成或者全部形成科学有效的宏观文化管理体制,富有效率的文化生产和服务的微观运行机制,以公有制为主体、多种所有制共同发展的文化产业格局,统一、开放、竞争、有序的现代文化市场体系,完善的文化创新体系,以民族文化为主体、吸收外来有益文化推动中华文化走向世界的文化开放格局。

(4)在坚持公益性文化事业和经营性文化产业方面认识模糊,没有形成两手抓、两加强的机制。在改革的思想和观念上,还没有彻底摆脱落后的思想观念和思维模式,不能冲破一切妨碍文化发展的思想观念,改变一切束缚文化发展的做法和规定,树立新的文化发展观。朝着解放和发展文化生产力这个目标迈进,造成了一方面由政府为主导的公益性文化事业全面繁荣不起来,另一方

---

① 徐光春:《加快文化建设需要把握的几个问题——学习党的十七大精神的体会》,《河南日报》2007年12月10日。

面无力推动由市场为主导的经营性文化产业跨越式发展。[1] 例如图书馆、博物馆,一方面享受着政府的财政包养,另一方面又用名目繁多的收费限制了大众的使用。公益性质即使在今天也没有得到彻底的转换。

四、文化产品本身不适应市场经济

(1)产业的发展程度不能适应政治、经济、文化协调发展和人的全面发展的要求。许多跨国文化企业陆续进入中国的文化市场,而中国文化产业的整体实力还不能完全应对这种激烈竞争。随着高新技术的飞速发展,特别是数字技术的应用和互联网的普及,带来了文化产品、文化服务和文化传播领域的重大变革。而我国的文化产业还缺乏主动性和适应性。[2]

(2)文化产品供给不足,文化产品的质量不高。目前,还存在服务意识的淡薄、经营观念的落后,所能提供的文化产品和文化服务的数量和质量不能适应广大群众日益增长的消费需求和多层次、多形式、多样化的消费特点的缺点。

(3)文化市场普遍存在经营分散、规模较小、层次低的问题,特别是核心层文化企业少,科技含量低,除报纸、广电、新华书店等几大国有文化单位外,规模以上企业很少,文化产品经营主要集中在休闲娱乐、图书音像发行、流通及艺术表演、广告制作等领域,许多门类特别是科技含量高的门类大都处于空白。一些文化产品至今停留在展品、礼品上,没有变成能够走向市场的商品。

五、文化产业政策不足

由于文化产业政策不足,市场发育不健全,开放程度不高,市场主体规模弱小,文化产业发展的方向和战略不明确,产业链不长,产业间的有机联结不密切,产业群体没有很好地形成,产品的规模优势也没有得到发挥。一是投入政策不够,文化基础设施落后,满足不了群众的文化生活需求。二是市场政策、税收政策、金融政策不足,对文化市场投资力度不够,培育市场能力不足。三是还把发展文化产业列入重要议事日程,讲起来重要,干起来次要,忙起来不要。

---

[1] 人民日报评论员:深刻领会深化文化体制改革的精神实质——二论学习贯彻《中共中央国务院关于深化文化体制改革的若干意见》,《人民日报》2006 年 1 月 14 日。

[2] 郑淑荣:《中国文化产业:问题与发展》,《科学新闻》2007 年第 1 期。

六、文化市场的监管不力

一是对文化执法队伍的建设力度不够。二是由于缺乏相关的法律法规,开放搞活政策与市场监管衔接不好,管理不规范,管理手段不能适应社会主义市场经济体制的要求,造成了监管不力,形成了"一放就乱,一管就死"的尴尬局面。例如,近十几年电视节目、出版物、电影作品、网络歌曲、游戏等依然存在低级庸俗、色情暴力的问题,一些低廉的盗版、假冒等软件、音像制品及图书屡禁不止的问题,经费不足使文艺团体中的骨干人员流失造成了文艺作品质量不高、民间低级粗俗等表演泛滥的问题等。三是监管体制和制度建设的问题。社会监督、举报核查、信息通报和抄告制度还没有健全,文化、公安、工商部门文化市场长效管理机制还没有形成。

七、文化产业人才奇缺

文化经营人才缺乏,文化产业管理人才、经纪人才和文艺创作人才特别是创意人才严重匮乏。这已经成为制约我国文化产业发展的最大瓶颈。

一是很少见到专门的文化产业学院。要实现文化产业发展的目标,必须从人才培养入手,培养出一批从事文化产业研究、开发、生产、经营与服务的专门人才。

二是人才培养力量薄弱。文化产业人才需要多元集纳,自强创新。文化产业本身就是多元集纳的产业,涵盖着传统的、现代的、民族的、地域的、国际的、精神的、物质的综合内容,涉及文化学、社会学、艺术学、美学、传播学、经济学、农学、建筑学、信息技术等多学科门类。现在看来,学科建设不规范,师资力量薄弱,培养目标不明确,都影响到文化产业人才质量。

八、缺少对文化产业的基本理论问题的探讨

(1)文化产业和文化事业混杂在一起。文化产业是经济问题,还是文化问题? 文化产业的经济效益和社会效益之间的关系如何? 文化产业与文化事业如何划分? 这是当前我国文化产业理论与实践的基本理论问题。

(2)研究阵营对立明显。从当前的研究状况看,文化产业理论研究明显分为两大阵营:一是由哲学、文化、艺术等学术界专家组成的文化研究阵营;一是由文化产业经营人员和经济管理类研究人员组成的经济研究阵营。目前缺少打通两大阵营的研究组织、研究平台、研究成果与研究力量。

第三节　我国文化产业发展优势

我国文化产业正处在最佳发展时期。经济一体化条件下全球范围内文化产业的蓬勃发展为我国文化产业发展提供了巨大广阔的国际舞台，国内的文化建设和产业结构调整给文化产业发展大开绿灯，环境好、条件好、机遇好。把握好我国文化产业发展的形式和趋势，意义重大。

一、文化资源极其丰厚

我国地大物博，历史文化悠久，资源丰富，具有厚重而丰富多彩的民族、地域与民间文化资源，为文化产业发展奠定了坚实的物质基础，这是其他国家和地区无法比拟的。

文化产业的发展必须以文化资源作为底蕴。文化资源是发展文化产业最重要的基本要素。中华民族有着悠久的文明历史，五千多年的中华文化源远流长，丰富多彩，举世公认。这些文化经过长期的积淀，形成了中华民族特有的文化和文明底蕴，这不但使中华民族的传统文化屹立于世界文化之林中，而且为文化产业的发展提供了极大的价值资源。

1. 自然景观、人文景观多姿多彩

中国拥有 960 万平方千米的国土，幅员辽阔，地形地貌复杂多样，加上五千多年灿烂文明的历史积淀，使得中国的自然景观和人文景观都多姿多彩，为中国文化发展积累了丰富的素材，构成了中国文化产业用之不竭的资源。

截至 2013 年 5 月，中国已有 43 处世界文化遗产，在全球处于第三位。在全球化背景下，这些文化遗产将是参与未来文化竞争的品牌，这大大促进了文化旅游业的发展。比如平遥古城，在列入世界文化遗产名录之前，年旅游收入不到 20 万元人民币，但被列入世界文化遗产名录之后，年旅游收入已经超过 500 万元人民币。

2. 文物、典籍、人物遗迹举世惊叹

中华民族五千余年的文明史上，留下了大量的文物、典籍及人物遗迹，可以作为当代文化产业发展的有效素材。

中国是世界上著名的四大文明古国之一,在久远而辽阔的时空进程中创造了极为丰富的文化财富。中国人凭着勤劳、坚韧、勇敢、顽强、聪明、智慧的优秀品质,在建立人类文明、推动社会进步、创新世界的过程中取得了丰富的成果。浩如烟海的典籍、举世惊叹的遗存、卓越非凡的文明成果构成了当代文化产业的最好素材。

3. 对文化资源进行产业整合的效益好

那些文化资源相对缺少的国家如日本、韩国,却成为文化产业大国,这说明文化资源大国并不等于文化产业强国。在发展文化产业过程中,如何充分挖掘丰富的文化资源,同时又保持中华民族优秀文化的灿烂辉煌,是一个十分重要的问题。

丰厚的历史文化积淀为文化产业资源提供了广阔的发展前景,发展文化产业需要做的,即是如何从消费市场和现代产业角度提炼文化资源的市场价值要素,并进行有效的开发和利用。"中国文化产业的未来,最终将建立在对文化资源进行产业整合的基础上。"[①]

我们既要坚持和弘扬民族文化的传统,又要不断使历史的传统富于新的时代气息,满足现代人的审美情趣,创造新时代的中国文化,使中华文化充满旺盛的时代感染力和生命力,创作出让群众喜闻乐见的文化产品形式。例如,桂林的大型实景表演《印象刘三姐》以其新颖、独特的创意独树一帜、先声夺人,创造了一个新的艺术形式,令观众耳目一新,给人一种革命性的文化、艺术、感官冲击,受到国内外观众的欢迎,获得了很好的社会和经济效益。那么,我们应该考虑,像春节这样的中国传统节庆,能否经营成一个广受中国甚至世界人民欢迎的民族文化品牌,逐渐形成一个大的国际性节日,围绕春节打造好过年、生肖、标识、音乐、表演、展览、饮食、服饰、鞭炮、通讯等一个庞大的产业链,形成国内外相连的春节文化产业?另外,像京剧这样的已经广为人知的艺术形式能不能成为具有市场意义的品牌产品?《三国演义》《西游记》《水浒传》《红楼梦》这样的名著能不能在多种形式上形成品牌性文化产品?这些都是我们下一步整合发展文化产业所要考虑的。

4. 扶持民族特色品牌前景广阔

政府制定政策,真正扶持具有民族特色的文化创意产业。如北京,应深入

---

① 张国洪:《文化资源的产业整合》,http://www.ccnt.com.cn/html/forumandclasr/forum。

调查北京四合院的文化资源、除了保护建筑外壳以外,挖掘前门、大栅栏地区的人文资源,保留部分当地民间艺人,用活的人文资源传承老北京的文化。

政府应重点扶持特色品牌。香港前几年斥资 1 亿元在湾仔茂萝街展开"旧区活化"项目,协助推进文化创意产业发展;其他省市也将文化创意产业纳入到重要产业支柱上,如广西的《印象刘三姐》、甘肃的《丝路花雨》、新疆民族歌舞之魂、河南的《风中少林》等,都是文化创意的典范,也是政府重点扶持的结果。

二、市场空间巨大

消费市场是文化产业发展的基础条件,中国的文化产业具有得天独厚的国内市场优势。同样,中国文化在世界的影响力,也为开拓世界市场奠定了基础。因此,我国文化产业的市场可以分为国内和国外两个市场。国内市场有着数量庞大的消费群体和消费资金,有着三个不同社会形态的需求——信息社会需求的是信息文化、工业社会需求的是工业文化、农耕社会需求的是几千年的农耕文明。可通过完善国内市场经济体制、建立文化市场的规则、提高文化企业科技竞争力和产品质量,去适应市场的发展,满足国内消费者的需求。由于中国文化的影响力,我国文化产业在国外也有很大的市场,政府可从财政扶持、信贷支持、出口信用保险、出口退税等方面着手,支持具有中国民族特色的文化艺术、演出展览、动漫游戏、音像制品、民族音乐舞蹈和杂技等文化产品进入国际市场,扩大我国文化产业的覆盖面和国际影响力。

1. 国内市场空间

现代经济学认为市场需求有三个要素,即消费者愿意购买、消费者有支付能力以及消费者的总量组成。中国是世界上人口数量最多的国家,对文化产业发展而言,具有世界上独一无二的国内文化消费市场。同时,由于中国拥有几千年相对独立的文明发展史,即使 19 世纪以来,西方国家在各个方面各个领域都对中国产生了广泛的影响,中国人民在生活方式、价值观念、语言使用方面,仍与西方存在明显的差异。也就是说,在全球化的背景下,中国民众对中国文化产品和消费的选择和需求仍然是最为强烈的。这就决定了中国文化产品在本土市场具有世界上多数国家和地区都不具备的巨大潜力。因此,国内民众文化消费与需求大。对文化产业的需求,既包括城乡居民的文化产业需求,又包括政府、企业等非居民的文化产业需求。

据《中国统计年鉴》显示,2003 年全国城镇居民家庭人均文化消费支出为

420.38 元,其中文化娱乐用品支出为 264.47 元,文化娱乐服务支出为 155.91 元。2003 年全国城镇居民家庭文化消费总额达到 2201.78 亿元;其中,文化娱乐用品支出总额为 1385.19 亿元,文化娱乐服务支出总额为 816.59 亿元。2006 年我国文化产业实现增加值 5123 亿元,按可比价格计算,比 2005 年增长 17.1%,年增速高出同期 GDP 增速 6.4 个百分点,快于同期第三产业年增速 6.8 个百分点。2007 年突破 2200 美元。消费结构的升级成为推动本轮经济增长周期的重要因素。文化消费也不例外。2007 年文化消费需求总量达到 6000 多亿元,2008 年突破 7000 亿元,文化产业的总产值超过 40000 亿元。据国家统计局国民经济核算司原司长许宪春预测,到 2020 年,中国人均 GDP 将超过 4 万元,折算美元将超过 5000 美元。随着人们收入的增长,中国家庭的恩格尔系数将继续下降。根据马斯洛的需要层次理论,在满足较低级需要之后,高一级的需要就会成为追求的目标。精神文化需求是一种高级需求,在人们的基本生活需求得到保障之后,精神文化需求就会成为优势需要。

所以,人们对文化产品和服务的消费需求将呈快速增长态势。据估计,13 亿中国人中商业文化产品的消费人口至少有 5 亿。加上春节、"十一"长假、端午、中秋等节假日,人们的闲暇时间充裕起来,文化消费需求空前高涨。巨大的市场需求,13 亿人口所蕴藏的巨大文化消费潜力为文化产业的发展创造了无限的商机和广阔的空间。

另外,"十二五"规划将建设社会主义新农村作为我国下阶段现代化进程中的重大历史任务。在此过程中,国家一方面会加大对农村公共文化服务的投入,另一方面,提供农民喜闻乐见的文化产品,培育农村文化消费市场,大力发展农村文化产业也将成为我国启动消费、调整经济结构、转变增长方式从而促进和谐社会构建的重要手段。像东北地区的一些农村"二人转"文化产业的成功例子已经显现出农村文化产业发展的端倪、市场潜力、现实可能性、社会功能以及广阔前景。可以预见,随着新农村建设的推进,我国广大农村将成为文化产业发展的又一个新的广阔市场。

2. 国际市场空间

在国际上,随着中国的和平崛起和综合国力的不断提升,中国与其他国家的政治、文化、经济、军事交流和合作越来越广泛和深入,中国文化的国际影响力和感召力与日俱增,中华文化日益引起世界越来越多的国家和人民的兴趣和关注。

世界上整个华人文化区和汉字文化圈对中国文化产品和消费的选择和需

求非常强烈,给中国文化产业的发展带来了很大的市场。世界上华语文化区众多,除中国大陆外,台湾有 2000 多万同胞,香港和澳门有 700 多万同胞,还有 7000 万华人华侨分散在世界各地,而受到华语文化历史和现实影响的人口数量就更是难以计数。由汉字的诞生地中国以及周边的越南、朝鲜、日本构成的汉字文化圈内的各国历史上都使用过汉字、本国语言大量借用古汉语词汇,其受儒家思想影响深,国民中信仰佛教者众,历史上或现在以汉字作为传播语言和文化载体。现在,韩国语、越南语和日本语词汇的 6 成以上都是由古汉语派生出的汉字词组成的。这些华人文化区和汉字文化圈内的人们有着相近的文化、语言和历史,形成相似的价值观和审美情趣,对中国文化产品产生文化亲同性,这种文化亲同性使中国文化产业拥有了广阔海外市场。中国可以充分利用这一庞大的文化圈,像韩国利用与中国相近的传统文化、道德准则、伦理思想在中国刮起一股"韩流"那样,发展影视出版业,发展中国的文化产业。

世界文化多样化的呼声日益高涨,虽然西方文化仍被视为国际主流文化,西方文化产品仍占据国际文化市场的绝大部分份额,独具特色的中华文化产品逐步赢得应有的国际文化市场份额指日可待。

三、优越的发展政策

1.优越的投融资政策

自 2010 年九部委联合发布《关于金融支持文化产业振兴和发展繁荣的指导意见》以来,在政府部门、金融机构、文化企业的共同努力下,文化产业投融资体系初步建立。对于文化企业来说,不管是银行信贷等间接融资方式,还是发行上市等直接融资渠道,都能感受到融资政策的优越性。

（1）投资指导目录

我国 2008 年出台《文化产业投资指导目录》,引导社会资本进入文化产业领域。文化部文化产业投资指导目录(2009 年)根据我国文化产业发展的现实情况和《文化产业振兴规划》提出的发展方向,划分为鼓励类、允许类、限制类和禁止类。

鼓励类主要是针对具有良好的经济和社会效益,市场前景好,关联带动作用突出,技术含量和附加值高,有利于产业结构优化升级,能够有效地扩大内需,增加就业,扩大文化产品出口的产业。

第一,演艺服务业:①文艺创作;②艺术表演团体;③营业性演出;④舞台美术、服装、道具;⑤文艺演出院线;⑥艺术表演场所。

　　第二,网络文化和动漫服务业:①网络文化服务业,如网络文化信息服务;数字内容产品开发;网络博物馆、图书馆、美术馆;网络游戏;网络音乐;手机游戏;手机音乐;网络、手机游戏衍生产品开发;移动多媒体文化产品开发。②动漫业,如动漫创作、动漫工作室、动漫文化推广、动漫技术开发与应用、动漫服务平台、动漫衍生产品开发。

　　第三,文化休闲娱乐服务业:休闲娱乐服务;文化旅游资源开发与经营;民族特色文化产品开发与经营;农村文化服务产品开发与经营;民间民俗工艺品开发与经营。

　　第四,文化科技服务业:文化科技成果产业化服务;文化中小企业创新服务;文化艺术新技术研发、应用与推广;文化新产品研发、应用与推广;文化科技服务平台建设与开发。

　　第五,其他文化服务业:①文化商务服务,如艺术设计;摄影服务;票务服务;文化艺术经纪代理服务;文化艺术品鉴定、咨询服务;文化艺术产品物流配送;文化产业认证服务;文化艺术培训服务;文化产业咨询服务。②文化会展服务,如会展策划及组织服务、境外参展服务。③文化活动服务,如节庆文化活动的策划、组织;艺术活动策划、组织;民族、民俗活动策划、组织。④文化信息服务,如文化行业信息服务、文化市场信息服务。⑤文化投资服务,如文化企业孵化中心、文化产业投资基金、文化产业风险投资基金、文化产业创业投资服务、文化投资担保服务。⑥文化贸易服务,如文化产品出口服务、文化贸易经纪代理。⑦文化用品、设备及相关文化产品的生产销售,如乐器及相关产品生产销售、游艺器材及娱乐用品生产销售、照相器材生产销售、工艺美术品生产销售。

　　限制类:①网络文化和动漫服务业,如互联网上网场所设立、经营;国内大型动漫游戏会展。②文化休闲娱乐服务业,如大型文化主题公园建设;大型文化活动。

　　限制类主要针对符合行业准入条件,但国家规定需有计划按比例逐步发展的产业以及有投资比例要求的产业。投资文化产业形成的文化产品和服务,不得含有下列内容:违反宪法基本原则;危害国家统一、主权和领土完整,危害国家安全,或者损害国家荣誉和利益;煽动民族仇恨、民族歧视,侵害民族风俗习惯,伤害民族感情,破坏民族团结,违反宗教政策;扰乱社会秩序,迫害社会稳定;危害社会公德或者民族优秀文化传统;宣扬淫秽、色情、邪教、迷信或者渲染暴力;侮辱或者诽谤他人,侵害他人合法权益。

（2）与金融界的深度融合

文化产业信贷规模屡创历史新高,文化企业贷款难问题初步缓解。文化部先后与中国进出口银行、国家开发银行、中国银行、中国工商银行、中国农业银行、中国建设银行、北京银行等建立了部行合作关系,将政府部门的组织协调优势和政策引导功能与金融机构积极开拓文化产业市场主动性结合,搭建企业与银行机构之间的公共服务渠道。部行合作机制运行以来,合作银行机构加大了对文化企业的信贷支持力度,创新产品,提升服务,优化模式,为各类文化企业、文化产业项目提供全方位的金融支持。截止到2011年末,仅部行合作机制框架下,就有68个重点文化产业项目获得总计188.91亿元银行贷款支持。部行合作的示范影响作用迅速体现,这有力地鼓舞了各类银行机构积极拓展文化产业信贷市场的积极性。据中国人民银行统计,截止到2011年末,全国文化产业本外币中长期贷款余额累计达到861亿元,年末余额同比增长20.4%。

随着国家文化产业专项政策的出台以及九部委关于金融支持文化创意产业政策的推进,银行业正面临着战略调整,那就是把视野从传统经济扩大到文化创意产业。招商银行聘任郎朗担任其品牌形象大使,在业内就属一大创举。在北京国际音乐节的诸多音乐会中,招商银行七年间共赞助了"中法文化年"中克里斯托夫·艾森巴赫与巴黎管弦乐团交响音乐会、德国斯图加特广播交响乐团音乐会、"俄罗斯之夜"音乐会、伯恩斯坦与百老汇、肯尼亚少年童声合唱团、维也纳童声合唱团音乐会等六场高雅音乐会,从而成为北京国际音乐节的主要赞助商,并因此与其结成了密切的品牌合作关系。国产大片《集结号》,招商银行也大胆启用版权质押方式,给予华谊兄弟5000万元的贷款。《集结号》案例的成功探索,树立了他们对文化项目的信心,而那套经过试验了的贷款方式、风险控制流程现在也已经固化下来,成为他们的一种文化金融产品。

2012年文化部与国家开发银行3月8日在京签署了《支持文化产业发展合作备忘录》,共同推动文化产业成为国民经济支柱性产业,促进社会主义文化大发展大繁荣。双方以《文化部"十二五"时期文化产业倍增计划》等文件为框架确定重点合作领域,将文化部的政府组织协调优势与国开行的开发性金融优势、"投资、贷款、债券、租赁、证券"全方位金融服务手段相结合,共同探索培育重点骨干文化企业,打造一批拥有自主知识产权、知名品牌、较强国际竞争力的文化企业和文化企业集团,共同支持国家级文化产业示范园区、国家级文化产业试验园区、国家文化产业示范基地、重点动漫企业等优质文化企业和优质文化产业项目建设,合作开展文化产业专题研究,探索创新文化产业投融资工作方式。双方支持地方文化行政主管部门与国开行各分行就金融支持文化产业发展积极合作,促进地方文化产业发展。国开行将加大对文化产业的支持力度,对文化部推荐的重点文化产业项目给予一系列优惠,建立"绿色通道"并优化业务受理流程。

(3)投融资项目手册

为了推动文化产业投融资项目的交易与合作,促进文化创意成果的转化,实现文化产业项目与资金、资本等的有效对接,文化部文化产业司自第二届深圳文博会以来,每年组织力量收集、编印年度《中国文化产业投融资项目手册》,在项目持有者与潜在投资方之间搭建起了一座相互沟通、相互合作的桥梁。2011年度的手册,具有以下特点:一是项目涵盖面广。所有项目涵盖了影视音像、娱乐演艺、动漫游戏、网络文化、传媒出版、文化旅游、文化设施、工艺美术、文化用品、创意设计等几大文化产业类别,其中文化产业核心层投融资项目占了绝大多数,还有少部分外围层和相关层的文化产业项目。二是项目的质量、数量比往年有所提升,全部项目是从中国文化产业网的项目资源库中所征集至的3220多个项目中,筛选了2900多个编辑而成。项目内容、商业运作模式等更切合当下文化产业投融资的实际,更符合国内的投资需求和结构调整趋向。三是覆盖区域、地域广。包括了全国31个省市区在内,例如包括了西藏自治区已经演出多年、并且获得了成功的大型古乐器合奏音乐剧《吉祥九重天》(拟对外融资3680万元),日喀则地区非遗手工艺术品如唐卡、松巴靴、氆氇、藏刀等制作生产(拟对外融资1000万元);也包括广西的刘三姐故里旅游区开发(拟对外融资5000万元)、南宁市民族艺术基地产业群(拟对外融资5000万元)等项目。

(4)股权市场

2011年中国企业通过股权融资募集资金4377亿元,通过债权融资1.37万亿元,并且两种渠道的差距正在以非常快的速度拉大,这就是金融市场的规律,也是文化企业融资的明天。文化企业对社会的贡献作用是非常大的,但同时它所起到的经济效益相对于其他行业来讲相对较低。另外就是企业自身的问题,如果把文化企业纳入到工业企业评判体系来看,文化企业资产收入规模相对较小,无形资产占比重较高,而无形资产又难以估值。同时文化企业市场运作程度低,盈利模式不够清晰,服务体系有待健全。这些原因造成目前文化企业作为债券市场相对于其他的行业来看风险相对较高,也造成了文化企业在债券融资方面出现一定的困难。凤凰出版传媒最大的收获就是有了债权融资低成本的支持,实现了企业的快速成长,同时它的市场影响力也得到了大幅提升。国内最早发行企业债券的文化企业之一华侨城,早在 2008 年就已在交易商协会进行注册,通过交易商协会的债券融资推动企业发展。融资后,华侨城的利润总额从 19 亿元增长到目前的 45 亿元,年均增幅达到 24%。

2.市场政策

(1)市场体系日益健全。随着时代发展与科技进步,我国文化市场的品种愈加丰富,目前已初步形成了包括演出、娱乐、音像、电影、艺术品、动漫、网络文化以及包括图书报刊、文博市场等在内的门类比较齐全的文化市场体系。不但网吧和娱乐业等场所成为我国文化市场的主体,随着动漫和网络文化等新兴文化市场迅猛发展,文化市场也从单纯的文化娱乐消费场所向文化产品和服务延伸拓展。

(2)市场政策发挥的效能高。为了推动文化产业的发展,我国政府充分利用国家各项政策手段。例如,为了壮大国有动漫行业发展,文化部制定了较为科学的产业布局政策,批准建立了上海、湖南等五大国家动漫游戏产业基地,发挥其产品研发、人才培训、国际合作和产业孵化等多项功能,这既能充分发挥地方优势,又避免遍地开花,为带动本地区和促进全国动漫游戏产业发展起着积极作用;为鼓励扶持民族原创、健康向上的网络文化产品的创作和研发,引导中国网络文化产业从引进为主向原创为主转型升级,我国制定实施了原创动漫游戏振兴计划,并相继出台了关于网络游戏、网络音乐发展和管理的若干意见,近年来国产网络游戏产品在数量上已占据国内市场的主导,涌现出盛大、新浪、腾讯等国际型企业,解决了传统文化市场"小散滥差"和从业人员素质偏低等痼疾。

(3)培育多元化市场。以满足人民群众日益增长的精神文化需求为根本宗旨,将文化市场各个领域全面向国内非公有资本开放,打破所有制、部门和地区壁垒,降低市场准入门槛,取消和下放了多项行政审批权限,简化审批程序,培育多元市场主体,解放和发展文化市场生产力。

目前,由文化行政部门主管的文化市场领域的所有行业和所有环节已实现了对国内非公有资本的全方位开放。在音像、娱乐、动漫和网络文化等市场领域,非公有资本则更为活跃,显示出旺盛的生命力和强大的竞争力。

3.产业结构调整政策

(1)产业结构调整迎来了文化产业发展的大好机遇。我国产业结构调整,就是推进产业结构优化升级,促进第一、二、三产业健康协调发展,逐步形成以农业为基础、高新技术产业为先导、基础产业和制造业为支撑、服务业全面发展的产业格局。

文化产业发展政策就是在这样的大背景下出台的。增加财政对公益性文化事业的投入,重点扶持图书馆、博物馆等重要文化设施,党报党刊、电台电视台等重要新闻媒体以及重要文化遗产和优秀民间艺术的保护。

(1)税收政策。如经营性文化事业单位转制为企业后,按规定免征企业所得税;原有的增值税优惠政策继续执行;对在境外提供文化劳务取得的境外收入不征营业税、免征企业所得税;对生产重点文化产品进口所需要的自用设备及配件按照国家税法规定免征关税和进口环节增值税,对文化产品出口按规定享受出口退税政策;由财政部门拨付事业经费的文化单位转制为企业,对其自用的房产、土地免征房产税、土地使用税;对政府鼓励的新办文化企业,自注册登记之日起免征 3 年企业所得税;试点文化集团的核心企业对其成员企业100%投资控股的,经国家税务总局批准可合并缴纳企业所得税;对在境外提供文化劳务取得的境外收入不征收营业税、免征企业所得税;对生产重点文化产品进口所需要的自用设备及配件按照国家税法规定免征关税和进口环节增值税,文化产品出口按规定享受出口退税政策;图书馆、博物馆、文化馆(站)、纪念馆、美术馆、展览馆、书画院、文物保护单位等举办文化活动的门票收入和宗教场所举办文化、宗教活动的门票收入免征营业税。

(2)金融政策。如党报、党刊、电台、电视台等重要新闻媒体经营部分剥离转制为企业,在确保国家绝对控股的前提下,允许吸收社会资本投资;国有发行集团、转制为企业的科技类报刊和出版单位,在原国有投资主体控股的前提下,允许吸收国内其他社会资本投资;广播电视传输网络公司在广电系统国有资本控股的前提下,经批准可吸收国有资本和民营资本。

(3)财政政策。如对引进国内外著名文化企业总部、地区总部、采购中心、研发中心等自建、购买或租赁办公用房的,由所在地政府给予补贴,在规划区内选址建设的,政府在土地供应等方面予以优先支持;投资文化企业、设立有限责任公司,允许其注册资本在 2 年内分期注入,允许投资人以实物、知识产权、土地使用权等可以用货币估价并可以依法转让的非货币财产作价出资组建文化企业。

(4)保护政策。如城乡建设确需拆除或改变其功能、用途的图书馆、文化馆(站)、博物馆、纪念馆、美术馆、新华书店、体育场(馆)、青少年宫、工人文化宫、广播电视发射塔、转播台、微波站、卫星上行站等文化设施,必须按照国家有关规定报批;文化事业单位改企转制应坚持以内部消化为主,妥善安置富余人员,不得将职工推向社会。

文化产业本身的结构调整,整合了资源,注入了发展动力。

第一,培育优势文化产业门类。立足区域发展优势和文化特点,适应文化与科技、文化与经济、文化与旅游结合度日益提升的趋势,优先发展文化旅游业、现代传媒业、数字娱乐业、会展业和艺术品业等产业门类。

第二,大力发展民营文化产业。制定完善非公有资本参与国有文化单位改革、文化设施建设和兴办各类文化产业的政策,培育若干重点民营文化企业,发展一批"专、精、特、新"的中小型文化企业,鼓励社会力量参与公益性文化事业建设和管理。

第三,积极推进文化领域科技创新。改造传统的文化创作、生产和传播模式,延伸文化产业链;加大对数字广播、数字电视、数字报纸、数字出版、动漫、网络游戏等产业扶持力度;加大对印刷业、电影制作放映业和演出业的技术改造;在网络整合基础上,建设先进安全的现代广播电视传输网络,继续推进"三网融合"步伐;扶持文化创意产业,提升文化产品的技术含量和工业、服务业产品的文化含量。

第四,推进产业集团、产业园区建设。推进文化集团组织形式创新,鼓励组建多媒体文化集团;鼓励和引导有条件的文化集团走出去,积极开展对外投资;推进产业基地、产业园、等文化产业园区和集聚区块建设。

四、文化建设成就奠定了文化产业的基础

党的十六大以来,我国文化建设开创了新局面。社会主义核心价值体系建设扎实推进,马克思主义理论研究与建设工程成果显著;公民思想道德教育深入开展,未成年人及大学生思想道德教育生动活泼;新闻媒体牢牢把握正确舆论导向,在贴近实际、贴近生活、贴近群众方面取得明显成效;公共文化投入不断增加,公共文化服务体系正在建立;文化体制改革稳步推进,文化及相关产业蓬勃发展;文艺创作空前活跃,精品迭出;"汉语热"席卷世界,中华文化"走出去",国际影响力日益提升,当代中国文化正呈现出一个绚烂多姿、生机勃勃的新面貌。所以党的十七大报告明确提出"推动社会主义文化大发展、大繁荣"。

在十七大报告里,党对于文化的认识也非常深入,以为"文化越来越成为

民族凝聚力和创造力的重要源泉、越来越成为综合国力竞争的重要因素,丰富精神文化生活越来越成为我国人民的热切愿望。"为此,"要坚持社会主义先进文化前进方向,兴起社会主义文化建设新高潮,激发全民族文化创造活力,提高国家文化软实力,使人民基本文化权益得到更好保障,使社会文化生活更加丰富多彩,使人民精神风貌更加昂扬向上"。

于是,提出了文化建设的任务:一是建设社会主义核心价值体系,增强社会主义意识形态的吸引力和凝聚力。要开展中国特色社会主义理论体系宣传普及活动,推动当代中国马克思主义大众化;要繁荣发展哲学社会科学,推进学科体系、学术观点、科研方法创新,推动我国哲学社会科学优秀成果和优秀人才走向世界。二是建设和谐文化,培育文明风尚。要积极发展新闻出版、广播影视、文学艺术事业,坚持正确导向,弘扬社会正气;重视城乡、区域文化协调发展,着力丰富农村、偏远地区、进城务工人员的精神文化生活;大力弘扬爱国主义、集体主义、社会主义思想,以增强诚信意识为重点,加强社会公德、职业道德、家庭美德、个人品德建;动员社会各方面共同做好青少年思想道德教育工作,为青少年健康成长创造良好社会环境;深入开展群众性精神文明创建活动,完善社会志愿服务体系,形成男女平等、尊老爱幼、互爱互助、见义勇为的社会风尚。三是弘扬中华文化,建设中华民族共有精神家园。要全面认识祖国传统文化,取其精华,去其糟粕,使之与当代社会相适应、与现代文明相协调;要加强对各民族文化的挖掘和保护,重视文物和非物质文化遗产保护,做好文化典籍整理工作;要加强对外文化交流,吸收各国优秀文明成果,增强中华文化国际影响力。四是推进文化创新,增强文化发展活力。要创作更多反映人民主体地位和现实生活、群众喜闻乐见的优秀精神文化产品;要深化文化体制改革,完善扶持公益性文化事业、发展文化产业、鼓励文化创新的政策,营造有利于出精品、出人才、出效益的环境;要大力发展文化产业,繁荣文化市场,增强国际竞争力;要运用高新技术创新文化生产方式,培育新的文化业态,加快构建传输快捷、覆盖广泛的文化传播体系。

十七届六中全会和十八大进一步强化和深入了对文化建设的认识。这样的决策和安排,不但把文化产业当作文化建设的重要部分,而且政府推动的其他文化建设,如文化基础设施建设、基本的文化服务、文化教育等,给文化产业倍增发展提供了良好的环境和发展机遇,奠定了文化基础和产业条件。

第四节　我国文化产业发展对策

　　通过对我国文化产业现状的具体分析,我们认为,尽管文化产业在我国起步晚,但它有自身的发展规律。观念先行,优化环境,遵循市场规律,以民族文化品牌为依托,坚持自主创新与创意,建立和完善法律法规,提供充足的人才支持,都是我国特有的发展文化产业的宝贵经验和基本规律。

一、以观念创新为文化产业发展开路

　　冲破旧观念,尊重社会价值取向是我国文化产业发展的前提和基本规律。思想是行动的先导,观念是实践的总开关。思想新,行动快;观念新,产业活。

　　1.扫除思想障碍,解决认识问题,是文化产业发展的前提

　　通过举办研修班、研讨会、集中培训、强化舆论宣传等方式,使各级领导干部以及文化工作者、文化企业家提高认识,创新观念。普遍认识到当今世界经济社会已进入到经济文化化、文化经济化、文化经济一体化的新阶段;认识到文化是推动社会发展进步的巨大动力,文化能够转化为产品、转化为商品,能够创造物质财富;新的文化发展观深入人心,使无处不在、无所不含的"文化力"为人们普遍接受和认可。对部分物质产品而言,其文化含量所发挥的作用甚至远远超过了其科技含量所发挥的作用;认识到发展文化产业是解放和发展文化生产力、提高国家或地区的文化软实力的重要途径;认识到发展文化产业是构建社会主义和谐社会、践行以人为本的科学发展观的重要实践基础;认识到文化不仅具有政治属性和意识形态属性,而且还具有经济属性和产业属性,进而从经济的角度认识到文化产业是国民经济与社会发展的不可或缺的重要组成部分。[①]

　　2.通过思想观念的更新,更加科学和准确地把握文化经济发展规律

　　掌握了文化产业的内容、本质及其发展途径、基本规律,解决好如何发展文

----

　　① 丹增:《云南文化产业的特色发展道路》,《云南日报》2006年10月27日。

化产业等重大理论和实践问题,就为加速发展文化产业奠定了坚实的思想基础。

在发展文化产业的过程中,很多干部思想僵硬、守旧,将文化机械地局限在意识形态领域,注重的仅仅是文化的宣传功能,而忽略了文化的产业属性和消费娱乐功能;有的人看不到文化的双重属性,自然也想不到文化产业能成为国民经济的新增长点,甚至将成为国民经济的支柱产业;有的人一提到文化产业,就认为是那种只投入、无产出,需要政府无偿资助的赔钱事业;有的人分不清公益性文化和商业性文化的区别,认为文化建设就是纯公益性的、政府是单一投资主体;还有的人甚至怀念计划经济时代,文化产品无论好坏,都统购包销,大家都能吃上"大锅饭"……这些在文化产业发展中出现的现象,恰恰是错误的旧观念在作怪。我们要敢于冲破一切束缚生产力发展的旧观念,深化体制改革,正确认识文化的双重属性、双重功能,肯定经济与文化能相互促进、交融、一体化发展,树立多元化投入才能推动文化建设快速发展等新观念。真正从陈旧腐朽的观念中解放出来,坚决革除一切错误思想,为文化事业、文化产业发展创造更加有利的社会环境。

3. 充分尊重当前社会的价值取向

当前,中国正处于社会转型期,社会价值观也随之发生着深刻的变革。在计划经济体制下,与高度集中的管理和行政导向相一致,社会价值取向呈现单一的高度政治化特征,整个社会的价值取向愈来愈整齐划一,愈来愈单调,愈来愈违背人们的本性。从计划经济向市场经济的转变是一场深刻的改革,这一经济基础领域的自我转变,促进我们的价值观念从传统走向现代化。当前社会的价值取向从单一走向了多元,从务虚走向了务实。在发展文化产业的时候,要充分考虑和重视这种社会价值取向的变革,尊重当前社会多元的价值取向,使文化产业发展与这种价值取向相适应。

因此,要发展文化产业,首先要解决观念的问题,冲破旧观念束缚,尊重社会文化观念和多元价值取向。

二、创造良好的发展环境

文化产业发展,需要有一个良好的发展环境。这个环境大致有三大要素做指标:一是改革文化管理体制,二是政策法规和社会舆论引导,三是政府大力推动和积极扶持。在这一方面,各地都有共同的经验可供借鉴,这就是坚持社会资本投入、政府引导扶持、企业经营运作的发展思路,从政策法规、舆论宣传等不同层面,着力营造一个良好的政策环境、舆论环境和社会环境。

1. 以发展促改革,以改革推发展

文化产业的快速健康发展,需要有一个顺畅、合理、科学的文化管理体制来支撑。这个体制具有这样一些特点:第一,政事分开、管办分离;第二,建立和完善投融资、特殊税收等多种制度;第三,建立现代文化企业产权制度,事改企,走产业化发展的路子。

在目前文化体制改革还有诸多主客观阻力的情况下、在文化体制与制度安排方面仍存在一些问题的情况下,各地大多走的是一条率先发展文化产业而后促动文化体制改革的路子。通过文化产业的发展,人们的发展潜力能够得以激发,个人的才华能够得以充分施展,而国有文化单位的富余人员能够得以妥善安排,人员收入待遇能够得以提高,从而增强人们对新体制的向往,免除人们对改革的恐惧与不理解,从而为文化体制改革排除人为障碍。

事实上,文化产业发展带来的观念更新、认识转变,以及对文化的再认识,其深度和广度都是空前的,进而使文化体制的深入改革成为无法避免的历史必然,反过来推动文化产业的发展。在这个意义上可以说,文化产业的发展既是文化体制改革的原因,又是文化体制改革的结果。在解放和发展文化生产力这个共同点上,文化体制改革与文化产业发展达到了有机的辩证统一。

2. 完善投资体系,积极吸纳社会资本,增强文化产业发展活力

从国内外发展文化产业的经验来看,社会资本是推动文化产业发展最具活力的动力源。社会资本的介入,能够不断完善文化产业的产业结构,这极大地丰富文化产品类型,实现文化产品的多元化,从而积极引导多元化的文化消费。

此外,通过社会资本的注入,还可以改变国有文化单位一成不变的生产经营模式,盘活国有存量文化生产资源。

3. 加大政府扶持引导力度,为文化产业发展创造必要的导向、舆论条件

从一般意义来说,文化产业是市场经济发展的产物,其发展必须走市场主导型道路。但文化产业发育的稚嫩以及我国经济社会发展相对滞后、文化企业实力相对弱小等实际,决定了文化产业发展不能一味由市场来主导。因此,发展文化产业在以市场为主导的同时,加大政府扶持和引导力度,并加入必要的政府主导因素,制定加快文化产业发展的若干意见、加快文化产业发展的若干经济政策、文化产业发展规划以及文化产业统计指标体系等一系列推动文化产

业发展的政策措施,势在必行。

三、遵循市场经济的发展规律

1. 按照市场经济运作规律办事

既然将适于市场化、产业化操作的文化当作一项产业来发展,那么必须要遵循市场经济的运作规律,否则,将违背此行业的操作规律而导致失败。所以,文化产业的发展必须遵循生产、分配、交换、消费这个商品生产的普遍规律,必须接受文化资源配置、文化市场供给与需求,以及投资、价格、成本、回报率等一系列市场杠杆的调节。

但是,长期以来,我国文化产业走的是一条依靠政府财政拨款、行政指令性管理、按计划生产和服务的道路,它与社会主义市场经济的发展不相适应,也违背了市场经济的运作规律。

2. 与经济社会发展相适应

文化产业的发展还要与社会经济发展相适应。这是发展文化产业的根本,偏离这个根本,就等于失去市场,失去经济效益。

事实证明,社会生产率越高,经济越发达,人们的休闲娱乐时光越充裕,精神需求也越大,对文化产业的消费能力也越强。改革开放以前,我国生产力低下,相应的文化市场也不繁荣。可供人民群众阅读的书籍、报刊、收看到影视节目的种类和数量都比较少。改革开放后,随着我国经济的快速发展,人民群众的生活纷纷迈向了小康,文化消费开始旺盛,文化产品的生产和消费存在很大空间。发展文化产业就应该迅速抓住机遇,生产出与当前国民经济发展相适应的丰富的、健康的、向上的文化产品,服务和满足大众日益增长的精神文化需求。

四、立足传统文化,面向国际化发展

1. 坚持文化产业发展方向,立足于传统文化积淀

大量事实证明,凡是文化产业发达的国家,无不是依托深厚的历史文化积淀。有的人一提起文化产业就把眼光伸向外国,总感觉外国的月亮比中国圆,外国的文化比中国文化更具吸引力。他们眼中的文化产业仅仅是好莱坞大片、肯德基、麦当劳、迪斯尼……不错,这些都是美国的文化产业,但殊不知这些文化产业同样是立足于美国深厚的工业文明、文化根基下发展起来的。

　　有人说美国是个没有历史和文化的国家,但其凭借强大的科技力量,把触角伸到了世界各地。科技优势弥补了文化上的劣势,使美国能够网罗世界优秀的文化成果。中国古代的民间传说《花木兰》摇身一变,成了迪斯尼动画片,反而以美国的文化方式向世界输出;欧洲的灿烂文化经由美国人包装后,不可避免地带上了美国的气息传播到世界各地。面对这种情形,我们甚至分不清这些文化的渊源,而误以为这些都是纯正的美国文化。

　　可见,即使是美国这样高度发达的国家,其文化产业的发展始终要依托深厚的文化根基。可以说,美国的文化产业依靠的是全世界人民所积淀的文化资源。韩剧的火爆,《大长今》的畅销,归根结底,还是因为韩剧中弘扬的儒家思想、传统礼仪得到了广泛认同,尤其是亚洲人的认同。而这些思想统统可以在中华文化中找到源头。

　　民族的就是世界的。只有立足中国传统文化发展文化产业,才能形成真正的具有中国特色的文化产业,才能具有世界竞争力。

　　中国有着五千年灿烂的历史文化,是世界四大文明古国之一,56个民族在中华大地上世世代代繁衍生息,共同孕育出绚丽多姿的中华文化。华夏文明沿着仰韶文化、河姆渡文化、马家窑文化等脉络一路走来,无不散发着东方文明古国博大精深的文化魅力。可以说,悠久的传统文化积淀是祖先对于每一个中华儿女的馈赠,是中国人世世代代的精神富矿,我们不仅要守住它,还要懂得开发和利用它,将其发扬光大。因此,有人提出要发展文化产业,但不是把眼光盯住我们祖先留下的巨大的精神财富,而是东张西望,盲目艳羡西方文化,这是典型地偏离了中国文化产业发展的正确方向,最终只能是竹篮打水一场空。

　　2.以推动中华文化走向世界的巨大勇气,大力拓展国内外文化市场

　　自从1982年联合国教科文组织召开"世界文化政策大会"以后,国际社会开始把广义的文化问题纳入经济、政治和社会发展战略。全球化的背景下,积极参与全球竞争,弘扬本民族的文化,在各种文化冲突与融合中谋求发展,已经成为各国发展文化产业的一个共同趋向和推动国民经济社会发展的一个重要战略需求。许多发达国家都将文化产业纳入国家发展的战略高度。如世界公认的第一大文化产业强国——美国,其400家最富有的公司有72家是文化企业,美国的文化产业年生产总值达到国民生产总值的1/3。又如英国,它是世界上艺术和文化遗产最为丰富的国家之一。其每年文化产业所创造的年平均产值接近600亿美元,约占国民生产总值的11%。1998年,韩国正式提出了"文化立国"的战略,先后制定了《文化产业发展5年计划》等发展战略。以电

影业为例,2001 年韩国电影在国内的市场份额高达 47%,这是除了美国之外的世界之最。而韩国网络游戏约占据了中国两岸四地游戏市场 56% 以上的份额。此外,日本的动漫也风靡全世界,在动漫带动下的相关文化产业也正在向世界大举输出。

因此,拓展国际市场、激活高端消费是文化产业发展的第一要务。中国特色的文化产业不仅要立足中国自己的传统文化,还要有敢于面向国际的文化自信,具有国际化的文化视野,大胆制定文化输出的战略构想。

当前,在世界文化多元化发展的背景下,中华文化已日益显露出其魅力独具的特质,对世界各国文化消费者的吸引力及感染力越来越强劲,响亮地提出"中华文化走向世界"正当其时。文化消费是全人类共同的需求,文化消费市场没有国界之隔,拓展文化市场必须具备全球视野,有坚定不移"走出去"的勇气,立足本土市场、拓展国内市场、占领国际市场,甚至把国际文化市场当作自己的主战场。

此外,开拓文化产业的国际市场,还有着积极的政治意义。和平与发展已经成为当今时代的主题。但是西方发达资本主义国家一刻也没有停止对社会主义的仇视。西方的文化输出,尤其以美国为代表的文化霸权正在处心积虑地企图"和平演变"中国。我们只有将本民族文化形成强大的文化产业,向世界推介,勇于面对世界文化的冲突和融合,才能在文化竞争中占有一席之地,也才能真正保护中国特色的传统文化,抵制西方的"和平演变"策略。

最近几年,我们在开拓国际市场方面取得了很大的成功。第一,到世界多个国家或地区演出,签署多项商演合同;第二,与世界多个国家特别是西方国家举办多个文化月、文化周;第三,摄制完成的电影、电视片在国际上频频获取大奖;第四,邀请世界各文艺门类顶级的专家学者莅临、创作、合作;第五,邀请国际知名文化机构派出考察团前来考察文化。

五、坚持思维创新和文化创意

文化产业是以创造性思想为核心向外延伸与扩大,是以创造为核心,并与其他各种投入相结合而组成各类文化产品。文化产业是一种创意性的产业,其核心价值在于文化创意的生成,以此才能具备和保持强大的国际竞争力和文化的独特性。

赚钱的文化产品和服务卖的就是创意。美国之所以是文化产业强国,归根到底依靠的还是科技和创意的结合。美国的迪斯尼乐园风靡全球,它将人们喜爱和向往的一个个童话故事、童话人物从幻想变为了现实实体,这依靠的就是创意。而在迪斯尼乐园中,依托现代高科技的力量,各种表演栩栩如生,变化莫测。在"迪斯尼"这个强大品牌的号召下,其下一系列相关产业如动画产业、文化用品产业等都发展甚好。英国也是一个注重创意的国家,1997年,英国成立了"创意工业特别工作组",英国原首相布莱尔亲自担任主席。2000年英国的"创意工业"就已经创造了GDP的7.9%,成为拉动英国经济增长的引擎。

而文化创意说到底是一种思维的创新。创新思维是一个民族不断发展的不竭动力。只有不断进行思维的革新,才能赶上甚至引领时代的步伐。

创新思维在文化产业中主要体现在文化产品和服务的创意以及观念、体制、机制的创新上。

因此,要不断深化文化体制改革,创新运行机制,为文化产业的发展提供体制和机制的动力。

六、健全相关的法规政策

文化产业的发展离不开政府的产业政策。可行有效的文化产业政策不仅能保障文化市场主体的合法权益,维护文化市场秩序,还能确保国家文化安全。因此,创造良好的政策环境能够有效地保障文化产业的良性运营。

我国现阶段文化产业政策主要包括七项基本内容,即鼓励多种经济成分共同经营;培植大型文化企业;充分发挥各地区和各民族文化特色;规范文化市场政策;创造宽松的金融环境;制定扶植文化产业的财政税收政策;推动文化产业的研究与开发。

然而,这些政策在指导和促进文化产业发展的同时,也显得比较粗放。杨吉华《文化产业政策研究》一文中将我国文化产业政策存在的问题,形象地概括为6个字,即"缺、弱、变、散、乱、粗"。所谓"缺"就是政策的缺失;"弱"就是政策对产业的扶持力度不够,政策措施偏软;"变"就是政策多变,缺乏必要的稳定性;"散",就是政策重点不突出,政策针对性不强;"乱"就是政策不统一,缺乏必要的协调性;"粗"就是政策过于粗线条,可操作性不强。

健全文化产业相关的法律法规也是发展文化产业的又一重要外部保障。而我国在这方面起步较晚,相对落后。尤其是伴随知识经济的到来,我国公民长期缺乏知识产权意识,相关法律滞后,因此常在国际舞台上遭到诟病,严重阻碍了我国文化产业真正走向世界的步伐。

为此,我们应做到:一是梳理现有的法律法规及相关政策,建立一个以宪法为核心,以文化法为主要内容,横跨行政法、民法、商法、经济法、社会法、刑法和诉讼法等多部门多层次的规范体系。二是科学地对文化企业及文化产品进行分类,为制定政策法规提供科学依据,以此明确哪些文化产品扶持及扶持的规模和程度,哪些文化产品可以进入市场,以及采取怎样的纳税政策,如何利用法律法规和税收政策对这些文化产品的思想内容和价值趋向进行把握等。三是制定合理的市场准入及退出政策,规范文化产业的经营主体。四是制定扶植文化产业发展的财税政策,在营业税、增值税、所得税、房产税、车船使用税,土地使用税的征收上,对不同文化产业和事业单位实行差别税率或减征、免征、税收返还,并建立和完善文化产业发展专项基金制度、投融资制度,扶持后发产业跨越发展。五是制定和完善规范文化市场秩序的管理办法,打击一切违法文化经营活动及不正当竞争行为,净化文化市场,保障合法经营者的合法权益不受损害,为文化产业发展创造好的市场环境。①

七、重视人才的培养和引进

随着文化产业日益成为我国国民经济的主要新增点,文化产业的人才需求将进一步凸显。发展文化产业,教育是基础,人才是关键,科技是动力。文化产业人才的匮乏已经影响到文化产业的发展,必须加强文化产业人才的培养。

据教育部统计,目前我国开办与文化产业管理有关的学科专业的高校已达到 130 多所,已成为近年来高校新办专业中发展最快的专业之一。今后教育部还将适当扩大招生规模,适度增加开办学校的数量,以满足社会对这方面人才培养的需要。但是纵观当前文化产业的高等教育,在方兴未艾的同时,其办学水平也参差不齐,几乎没有统一的学科标准和教学规范。许多高校是根据市场的热度来增设文化产业相关专业的,势必缺乏必要的师资和准备。有的文化产业专业被挂靠在管理学门下,有的挂靠在中文系,有的则依托新闻传播学师资来办学,文化产业的培养目标和方向也随之五花八门。

文化产业是一门集文学、艺术、美学、经济学、管理学、传播学等多学科知识背景的专业,注定了文化产业方面的人才也必定是既有深厚的人文艺术底蕴,又懂得经营管理之道的复合型人才。而当前中国,文化人不擅长经营,经营者不懂得文化艺术是比较突出的问题。由于文化企事业单位缺少高水平、高素质的文化企业经营人才,一方面导致大量文化资源得不到有效开发,坐视外国产

---

① 云南大学文化产业研究所:《当前云南建立健全文化产业政策法规体系的几个努力方向》,http://www.traveloyunnan.com.cn/ciiyun/laws/new4.htm。

品充斥国内市场;另一方面一些文化经营者文化程度低,不讲社会效益只求谋利,造成低质庸俗的文化产品充斥文化市场,影响了文化产业的健康发展。

可以说,这种种的悖论归根到底是人才的悖论。21世纪是人才的竞争。"中国不缺人,缺的是人才",这已成为中国文化产业发展的最大制约。因此,重视培养和吸纳人才是文化产业发展的关键。我们不仅要办好文化产业教育,同时也需要广纳贤才,积极引进国内外优秀的文化产业人才,充分调动和利用好一切人才资源,为我国的文化产业发展扫清人才障碍。

八、实现经济效益和社会效益的双赢

文化在本质上属于意识形态范畴,是对社会存在的反映。文化产业的文化属性决定了发展文化产业必须讲求社会效益,即文化产品要注重广大人民群众的精神需求,提供娱乐的同时要给予人民群众以美的追求和享受,要能陶冶情操,提高审美鉴赏能力和提升思想道德境界,弘扬的应是中华民族的先进文化。而文化产业作为一种产业,其生产的是文化商品,追求的是经济利润,文化产业的经济属性决定了发展文化产业还必须重视经济效益。

经济效益和社会效益在文化产业的发展中是一种对立统一的辩证关系,经济效益和社会效益是相辅相成的有机统一整体,没有社会效益的精神产品在社会主义国家不可能有生命力,而没有经济效益,无人问津的精神文化产品也绝无社会效益可言。叫好又卖座的文化产品,才能达到社会效益和经济效益二者的统一。经济效益是文化建设的物质基础和保证,社会效益是文化建设的根本目的和价值所在,两者相互依赖、相互作用。

一些人过分追求文化产业的经济效益,于是,各种无深度的"文化快餐"、暴力、色情文化涌入文化市场,许多人在好奇心的驱使下也成为这些文化垃圾的消费者,长此以往,将极大地损害一个国家、民族的文化形象和审美情趣。与此相对的,有些人只讲投入,不讲产出的做法,显然不符合市场经济的价值规律。有些剧团花了几十万元,花了大量人力物力财力,搞出一个戏为参演评奖,结果这个奖得到了,这个戏生命也终结了,造成了文化资源的极大浪费。

同时,我们也要看到,在社会主义市场经济的条件下,实现经济效益和社会效益的双赢是完全可能的。事实证明,文化市场是经济效益和社会效益的晴雨表。如果符合经济规律和我国文化管理规定而生产出的高质量的文化产品,反映人民群众的文化需求,就会取得良好的经济效益,也会实现较好的社会效益;如果文化产品不能做到适销对路,其经济效益和社会效益就相对较差;如果违

背文化管理体制和相关法规而生产出低俗之作,市场本身不会放任自流,政府主管部门也应该严厉打击与取缔他们的非法经营,起到激浊扬清、驱邪扶正的作用。

所以,发展文化产业,要注重经济效益,更要注重社会效益,两手抓,两手都要硬。在发展文化产业的时候,如果遇到经济效益和社会效益无法兼顾的情况,则必须坚持以社会效益为第一原则。正如邓小平所说:"思想文化教育卫生部门,都要以社会效益为一切活动的唯一原则,它们所属的企业也要以社会效益为最高准则。"①习近平总书记也在文艺工作者座谈会上,要求去掉"铜臭气"。发展各类文化事业和文化产业都要贯彻发展先进文化的要求,始终把社会效益放在首位。始终把社会效益放在首位,做到经济效益与社会效益相统一。

有中国特色的社会主义文化产业走的就是这样一条经济效益和社会效益双赢的发展道路。只有始终坚持这一点,我国的文化产业才真正经得起考验和推敲。

九、实施品牌打造战略

品牌是一种名称、术语、标记、符号或设计,或是它们的组合运用。其目的是借以辨认某个销售者或某类销售者的产品及服务,并使之与竞争对手的产品和服务区别开来。品牌的形成主要依赖于三个要素:产品的知名度、企业的社会形象、经营者的能力和个人魅力。品牌已成为现代企业面向市场的重要营销工具。无论对于生产型企业还是服务型企业,品牌都是企业的核心。

文化是一个社会和群体形成的共同的信念、价值观和行为方式,文化品牌是"品牌"与"文化"的有机融合。它必须具有以下三个方面的内涵:①拥有自然地理、人文地理、旅游等区位优势;②培育并形成了一批具有丰富内涵、较高知名度的文化产业项目和文化品牌;③文化产业数量型的扩张已经完成,正在向集约型发展。文化品牌完全可以作为地方文化产业发展的龙头,起到很好的带动作用。

就目前而言,在我国,新闻出版、广播影视、文娱演艺、信息网络,都是近期各类文化产业的龙头开发领域,应形成相应的品牌和龙头项目。所以,应该集中力量培育现代传媒、出版发行、文娱演艺、文化旅游四大重点产业市场,并以

---

① 邓小平:《在中国共产党全国代表大会上的讲话》(1985 年)。

此为龙头,推动体育健身、网络文化、艺术品和广告会展业等共同发展。

同时,深入挖掘特色资源优势,发展具有历史文化特色、地域特色和民族特色的文化品牌。依据资源分布状况和区域产业基础,建设一批具有战略性、引导性和带动性的重大文化产业项目。如梧州就要求实施品牌带动战略,着力打造"宝石文化"品牌、"东方狮王"品牌、"龙母文化"品牌、"骑楼文化"品牌、名人故居品牌和太平天国活动旧址品牌等六大文化品牌,以特色文化项目带动产业发展。

第五节　文化产业的发展政策

一、政策的制定原则

坚持以社会效益为主,社会效益与经济效益相结合。文化产业既要坚持更好地为人民服务、为社会主义服务,又要提高经济效益,力求实现社会效益与经济效益的最佳结合。

符合建立社会主义市场经济体制的要求。必须改革旧的文化事业发展方式,走出一条符合社会主义市场经济体制要求的文化产业发展道路。制定文化产业政策,要体现鞭策后进、鼓励先进、奖勤罚懒、优胜劣汰的竞争原则,要建立有利于培育充满生机和活力的文化经营机制。

遵循文化产业自身的发展规律。既要遵循市场经济的规律,又要充分考虑文化产品生产和文化服务的特点,尊重其自身发展的规律,要充分体现助文、扶文、兴文,要有助于促进文化产业自身发展,有利于增强文化产业的"造血"功能。

与国民经济和社会发展水平相一致。文化产业的产业规模、发展水平和运作机制只有与国民经济和社会发展相协调,才能真正保证自身持续健康地发展。

区别对待,分类指导。文化产业由于门类不同,其性质和任务也不同,有高雅和低俗之分、有经营性和非经营性之别,文化产业政策要充分体现区别对待、分类指导的原则。如对高雅文化,由于市场竞争能力弱,又是高品位文化,有些是代表国家和民族文化水准的,在文化产业政策上应给予重点扶持。对于通俗性文化,由于市场竞争能力强,则应实行高税率的文化产业政策等。

与 WTO 中文化产业的政策相协调。世界贸易组织(WTO)是在关税及贸易总协定(GATT)的基础上,在国际分工进一步细化的情况下,为寻求国际社会新的平衡而建立起来的全球经贸组织。在多边贸易体制 50 多年的发展中,已经形成了一整套世贸组织成员共同接受的经贸协定、协议。WTO 的基本原则规定也就自然成为各成员政府制定和执行国内文化贸易政策和国际贸易政策的文本基础,其必然地要给国家的文化管理制度和文化产业政策制定带来制度、法律和政策性影响。

二、政策的主要内容

鼓励多种经济成分共同发展文化产业的政策。除了一些与意识形态安全密切相关的核心业务外,其余的领域都已陆续对外开放。一个以公有制为主体、多种所有制共同发展文化产业的格局初步形成。

优化文化产业的组织政策。政策内容主要包括:提高产业进入壁垒,控制企业数量;提高文化产业规模化、集约化、专业化水平,培育和建设一批出版、电子音像、影视和动漫制作、演艺、会展、文化产品分销等产业基地;重点培育发展一批实力雄厚、具有较强竞争力和影响力的大型文化企业和企业集团;支持和鼓励大型国有文化企业和企业集团实行跨地区、跨行业兼并重组;鼓励同一地区的媒体下属经营性公司之间互相参股;支持中小型文化单位向"专、精、特、新"方向发展,形成富有活力的优势产业群。

促进各地区文化产业协调发展的区域政策。在保持发达地区文化产业快速发展的同时,国家加大扶持中西部地区、尤其是落后地区和少数民族地区的文化发展力度,促进文化资源配置向农村和中西部地区倾斜。政策内容包括:"对中西部欠发达地区和少数民族地区文化事业增加投入"的政策;"在边境建设费和民族地区发展经费中应有一定比例用于文化事业建设"的政策;"增加万里边疆文化长廊建设补助经费"政策;对民族地区文化建设"四优先"的政策,即对少数民族地区文化设施建设、文艺人才培养、对外文化交流、文物保护优先安排的特殊优惠政策。

规范文化市场秩序的政策。为了规范市场竞争秩序,防止产业发展过程中的过度竞争、不正当竞争和垄断,我国政府制定了《反不正当竞争法》和《反垄断法》。同时依照法律,打击走私、盗版行为,保护知识产权,建立企业诚信体系。

提升文化产业技术水平政策。增加对高新技术的研发投入,利用高新技术改造传统产业,加速技术设备更新换代,提升传统产业的技术水平。提高信息化水平,实施"数字战略",制定有利于产业发展的法律法规。对从事数字广播影视、数据库、电子出版物等研发、生产、传播的文化企业,凡符合国家现行高新技术企业税收优惠政策规定的,可统一享受相应的税收优惠政策。

繁荣文化市场政策。文化部下发了《关于鼓励和引导民间资本进入文化领域的实施意见》,其落实民营企业和国营企业具有同样地位,鼓励和支持民间资本以投资、控股、参股、并购、重组、项目合作等多种方式积极参与国有文艺院团转企改制,支持民间资本参与重大文化产业项目实施,鼓励民营文化企业跨区域、跨行业兼并重组等。

文化产业倍增计划。2012 年年初,文化部发布《"十二五"时期文化产业倍增计划》,提出"十二五"期间文化部门管理的文化产业增加值年平均现价增长速度高于 20% ,2015 年比 2010 年至少翻一番。十八大报告又再次强调"要将文化产业发展成为国民经济支柱性产业"。

金融支持政策。在"2012 年中国文化金融创新峰会"上,文化部文化产业司司长刘玉珠表示,文化和金融合作的共识已经开始形成,这对产业的发展是极为重要的。他还透露,文化部正和财政部门一起研究财政资金来支持文化金融的新模式。截至 2012 年第一季度,已有 77 家文化企业登陆资本市场。已有 64 家文化企业注册发行了 1449.5 亿元各类债券,为保证文化产业投融资工作的顺利开展。此外,据不完全统计,全国共有参与文化产业投资的基金是 135 个,资金总规模超过 1795 亿元,多渠道、多种形式的融资方向极大地拓展了文化产业的投融资体系,为文化企业选择多样化的融资提供了可靠的条件。

科技融合政策。科技融合文化产业舞台成为"主角"。多部门联合出台《国家文化科技创新工程纲要》,提出促进传统文化产业的优化和升级,重点围绕演艺、工艺美术及新闻出版全产业链等产业发展开展技术创新和应用服务示范,同时促进广播电视网升级换代及新技术推广等促进文化、科技融合的政策方向;十八大报告更是强调"促进文化和科技融合,发展新型文化业态,提高文化产业规模化、集约化、专业化水平"。

第六节　文化产业的发展规划

文化产业是社会化大生产下与时俱进的必然产物,刺激着中国经济发展的脉搏,影响着我国社会主义现代化的进程,是社会经济可持续发展的重要标志。规划文化产业的发展成为推动文化产业有序发展的重要一环。发展文化产业,制定一个经过科学论证、眼光超前同时又切实可行的规划无疑是重中之重。

一、制定文化产业发展规划的意义

1. 有利于推动我国文化产业有序、快速发展

目前我国文化产业发展的瓶颈,主要表现在文化资源的整合、文化资源的底数、文化资源的开发、文化产业资本的积累都还处于初级状态,这种状态如果不加以引导,将会导致资源的浪费和市场的畸形发展。目前我国文化产业发展还缺乏整体宏观布局,区域文化产业发展缺乏必要指导,存在很大的盲目性,出现发展目标雷同现象。基于这种现实,制定科学的发展规划尤其重要。

美国、英国、韩国等多个国家都通过政府的计划来大力推动文化产业发展。美国在文化产业的各个领域都具有全球领先地位。电影、图书、音乐、动画、游戏、体育、主题公园和其他衍生产品的开发与销售,成为美国力量的象征,不仅带来巨大的经济效益,更展示了渗透力极强的软实力。英国的文化产业在英国国内通称创意工业,其文化增长速度比其经济增长速度快约两倍,每年可带来约600亿英镑的营业额和80亿英镑的出口额。1998年韩国提出"文化立国"战略,先后颁布了《国民政府新文化政策》《文化产业推进计划》等十几部法律、法规,并成立了"韩国文化产业振兴院",到2007年年底,韩国文化产品的出口额达到100亿美元,一跃进入世界文化产业前五强。

2. 提供清晰明确的建设目标和发展思路

规划对发展目标有科学的论证和严格的规定性。北京市曾就文化产业发展制定过一个《2004～2008发展规划》。这份规划书对北京市文化产业的发展现状与前景、发展思路与目标、加快文化发展的主要任务、措施与保障等都进行

了详尽的论证与表述。尽管现在看来这个规划并不十分完善,但是它为北京城市建设者,尤其是文化产业建设者们提出了一个明确的奋斗目标与明晰的发展思路。

二、制定文化产业发展规划的要求

1. 以创新的精神制定规划

一个好的规划,对于一个地方文化产业的持续健康发展至关重要。文化产业是一项全新的事业,对一个国家来说,国外的做法不能照抄照搬;对一座城市来说,其他城市的经验也只能是作为借鉴。要为文化产业打下一个良好的基础,必须以创新的精神,制定好适合自己的文化产业发展规划。

2. 体现文化产业发展的重点

制定文化产业规划,找准发展文化产业的"切入点"非常重要。云南丽江近几年文化旅游产业发展很快,一个重要原因就是突出了民族文化两个独具特色的"切入点":一个是图画象形文字的东巴文化,另一个是纳西古乐。在规划中,丽江明确提出以这两个切入点为基础,大力发展旅游业,短短几年,丽江在文化产业方面已经取得了巨大的经济和社会效益。

3. 努力得到有关部门配合

文化产业发展规划实际上并不是文化产业单方面的规划,它关系到城市建设的方方面面。制定规划必须有一个统一的领导,并取得各相关部门的大力支持与积极配合。

4. 从实际出发

要组织大规模的调查研究,掌握发展文化产业的区位优势、资源优势、人才优势、市场优势及其制约因素,从自己的实际出发,因地制宜地研究制定规划,不能提过高的不切合实际的指标要求。

针对中国文化产业发展过程中存在"一刀切"问题,中国人民大学文化创意研究所所长金元浦提出中国文化产业发展可以分为三个阶梯、三种模式。总体上看,这三个阶梯分别是东部阶梯、中部阶梯和西部阶梯。其中,北京、上海、深圳、广州、杭州作为东部模式或东部阶梯的代表城市,文化产业已经占据非常高的比例。在北京,文化产业已经成为最重要的支柱产业之一,其占 GDP 比例已经连续数年超过 12%,北京已经形成了这种以文化产业为特色产业和支柱产业的产业形态或者产业格局。相比之下,西部某些县市文化产业在 GDP 中的占比仅有百分之几甚至百分之零点几,与东部地区差距非常之大。因此,东部应有东部的发展模式,中部应有中部的发展模式,西部应有西部的发展模式。从发展模式的角度来讲,东部文化产业,作为国家文化产业发展整体中的高端形态,要率先实现文化产业走向国际,作为中国的国家队参与到国际竞争之中去。

西部的这一阶梯的特色是主要以文化旅游为龙头来发展文化产业,从而使得文化旅游成为这一阶梯模式中起到领头作用、带有全局观念的文化产业形态。对于西部9省区来讲有着以下几大优势,第一,有丰富独特的少数民族的民俗文化风情。第二,第二产业(指工业)不是非常发达,自然环境没有受到破坏,保留了原生态的山川美景,拥有众多美好的风光景色,尤其是那些独特的地形地貌吸引无数人向往。第三,有独特而深厚的历史文化。这些历史文化加上民俗风情、自然环境,形成了非常强大的旅游基础。比如云南的丽江、西双版纳,还有贵州、新疆、宁夏、青海、西藏等省区,这些地方的三大特色非常鲜明,也得到了充分展现。因此,以文化旅游为龙头去发展和带动文化产业是非常切实可行的。

中国文化产业发展要依据各地具体情况,实事求是,适度的、有前瞻性的发展,发展模式要符合整个国家国情的现实和未来发展。

5. 处理好宏观与微观、整体与局部、一般与重点等辩证关系

文化产业发展规划对我们来说是一个复杂的新课题,文化产业的规划是多层次的,大到总揽一座城市的文化产业全局,小到一座文化主题公园,都需要认真细致的规划工作。因此,文化产业发展规划要与国家发展纲要、地方五年发展规划等相衔接,要与必要的政策导向、政策鼓励、财政支持、法规管理、市场培育相结合,要充分考虑公益性文化基础设施建设规模、文化产业发展软环境的培育、文化产业品种的丰富、文化服务的繁荣、文化消费的便利以及城市的文明程度和劳动力的文化素质等。

6. 借助外脑,广泛征求意见

有必要邀请依靠专家和各界有识之士,群策群力,共同制定科学成熟的文化产业发展规划;公布规划草案,广泛征求各界、民众的意见。

7. 完善文化产业的规划体系

首先,各级政府要制定和完善本级文化产业发展规划,并将其纳入国民经济和社会发展总体规划和年度计划中。主要行业、重点地区和文化产业基地要按照全省文化产业发展规划的总体要求,进一步编制各自的详细规划,形成跨部门、跨地区文化产业规划体系。

其次,文化文物、广播影视、新闻出版、旅游等部门要加强对文化资源的研究,在科学论证基础上建设一批具有良好社会效益和经济效益、能够推动全省文化产业发展的重点文化产业项目。重大文化产业基建项目,要列入城市建设规划。

三、文化产业发展总体规划的内容

总体规划要明确提出文化产业发展的方针、战略、目标、任务和突破口,并纳入经济社会发展五年规划,与国家发展纲要相吻合、相衔接。

1. 制定规划的依据

以《国家"十二五"时期文化发展规划纲要》、各地《规划纲要》等为规划的依据。

这些纲领性的文件主要有以下各方面的要求:建立起比较完善的适应社会主义市场经济体制要求的文化产业发展机制和全国统一的文化产业市场体系;形成以公有制为主体、多种所有制文化经济共同发展的局面;市场机制在文化资源配置和对文化经济活动调节中发挥基础性作用;文化产业政策趋于完善;文化产业区域发展差异趋于缩小,各具特色、优势互补的区域文化协调发展机制基本形成并得以完善;若干具有国际竞争实力的大型文化企业走向世界、步入跨国经营轨道;文化产业整体发展水平与中等发达国家水平差距明显缩小。

2. 发展基础和形势

随着文化产业竞争的不断加剧,各大文化产业企业间并购整合与资本运作日趋频繁,国内优秀的文化企业愈来愈重视对行业市场的研究,特别是对企业发展环境和客户需求趋势变化的深入研究。

一是我国文化资源进入大调整、大整合时期。文化资源的行政化配置体制已经和社会主义市场经济体制严重不适应,这种不适应不仅造成了地区的封锁,还造成了行业的垄断,对文化企业非常不利,表现为现文化企业非常弱小、同构化非常严重。德国的出版业相比,我们全国有 579 家出版社,每年的产值都在 600 亿左右徘徊,而德国贝塔斯曼 2008 年一年的销售额就达 139 亿欧元。全国所有的图书出版社加在一起不如国外的一家公司,包括我们的演艺也是如此。因此,应该是打破这种旧体制,让市场机制更多地在文化资源配置上起基础性作用。在这种情况下,文化资源的调整和整合就不是以谁的意志为转移的,而是市场和资本的力量在推动它整合。

二是行业界限越来越模糊,行业融合的趋势明显。以前把文化细分成"文化艺术、广播影视、新闻出版"这三个领域,由于传播技术和手段的日益多样化,今后将逐渐出现融合的趋势,行业界限将不再明显。比如,广电的两张网,即有线电视网络和无线移动网,随着技术改造和规模化发展,将成为整合文化资源的重要平台,出现电视图书馆、电视互联网、电视报刊、电视剧场以及手机电视、手机电影、手机报刊、手机图书等新业态,很难说这些是属于上述哪个领域。

三是文化与旅游以及制造业的结合越来越明显。今后随着文化资源的进一步开发,文化和旅游的结合——也就是深度旅游、文化旅游必将会在中国出现。同时,把文化的内涵或元素植入建筑装修当中——这种文化和制造业的结合,既提高了产品的文化含量,又提高了产品的附加值。

四是文化产业发展已经从自发转向自觉。文化体制改革将向发挥市场机制作用的方向发展,但是市场机制也有弊端。为了充分发挥文化产业基地的孵化和集聚功能,加强规划及调控引导是非常必要的。因此,当务之急是研究和制定全国文化产业发展的布局规划。

3. 指导思想

坚持以邓小平理论和"三个代表"重要思想为指导,全面树立和落实科学发展观;牢牢把握社会主义先进文化的前进方向,遵循社会主义精神文明建设的特点和规律;适应社会主义市场经济发展的要求;全面推进文化体制机制创新;大力强化科技支撑和教育支撑;进一步解放和发展文化生产力,促进文化事业和文化产业协调发展;不断满足人民群众日益增长的精神文化生活需求。

4. 方针原则

坚持为人民服务、为社会主义服务的方向;坚持把社会效益放在首位、社会效益和经济效益相统一的原则;把改革开放作为加速发展文化产业的动力;以市场为导向,以不断满足人民群众的精神文化需求为目标,充分发挥市场机制的积极作用;依法经营,公平竞争;实现行业管理,积极转变政府职能;依靠科技进步,促进文化产业跨越式发展。

5. 发展目标

文化产业总体实力和核心竞争力明显提高;产业组织体系健全、技术水平先进、质量效益较高的文化产业格局;统一、开放、竞争、有序的现代文化市场体系;管理规范、调控有力、保障到位的文化政策法规体系;以文化创新人才为骨干、文化企业为主体的文化创新体系;建立财政投入、银行信贷、企业投资、上市融资相结合的多渠道文化投融资机制;拥有一批在国内、国际市场具有较强实力与竞争力的文化企业、文化品牌和文化人才队伍;实现文化市场繁荣、文化资源和要素流通顺畅、文化产品丰富。

具体目标以"十二五"我国文化产业发展规划为例:

演艺业:建设 10 家左右覆盖全国主要城市的全国性或跨区域的文艺演出院线,形成 1～2 个国际知名的演艺产业集聚区,为实现从演艺大国到演艺强国的跨越奠定基础。

娱乐业:打造 5～10 家具有较大产业规模和较强竞争实力的娱乐业品牌,使国产娱乐设备、国产原创娱乐内容占据国内市场 60% 以上份额。

动漫业:着力打造 5～10 个在国际上具有较强竞争力和影响力的国产动漫品牌和骨干动漫企业,力争到 2015 年,动漫业增加值超 300 亿元。

游戏业:到 2015 年,游戏业市场收入规模达到 2000 亿元。

文化旅游业:使文化旅游成为文化产业和旅游产业新的经济增长点和重要支撑。

艺术品业:到 2015 年,艺术品市场交易总额达 2000 亿元。

工艺美术业:到 2015 年,全国工艺美术业增加值超过 6000 亿元,出口额超过 200 亿美元。

文化会展业:形成 3～5 个覆盖全国并具有国际影响力的文化会展中心。

创意设计业:举办 1～2 个具有国际影响力的创意设计展会和赛事活动,支持打造 3～5 个世界知名的"设计之都"。

网络文化业:提高网络文化产品的原创能力和文化品位,进一步增强网络文化核心竞争力。

数字文化服务业:形成一批采用数字技术提供制作、传播、营销、推广等文化服务企业,为文化产业和高新技术融合发展提供支撑。

6. 总体要求

进一步探索和深化对文化产业发展的认识,形成正确的发展思路;坚持社会效益和经济效益相统一;坚持一手抓发展、一手抓管理;坚持盘活存量与扩大增量相统一;坚持重点发展与巩固提高相统一;坚持城乡、区域文化产业协调发展。

7. 主要任务

(1)优化产业结构和布局。重点发展平面传媒业、广播影视业、出版发行业和版权服务业、演艺娱乐业、文化信息服务业等五大内容产业;大力发展文化创意产业;加快推进文化产业基地和文化产业园区建设;县市两级根据自身优势和特点发展特色文化产业;引导区域性中心城市形成富有特色与活力的优势产业群;鼓励和支持非公有资本以多种形式进入文化生产服务行业。

(2)转变文化产业增长方式。推动规模化、集约化经营;推进文化资源合理配置;改造提升传统文化产业;提升文化相关产业发展水平。

(3)培育现代文化市场体系。加强文化产品、服务和要素市场建设;打造大型文化交流和经贸平台;加快发展现代流通组织形式,完善现代文化流通体系;建立健全文化市场中介机构和行业组织;进一步扩大文化消费市场。

(4)提升对外开放和海外合作水平。积极实施文化"走出去"战略,鼓励和支持有条件的传媒集团以独资、合资或合作的方式,在境外办报、办刊、办台;大力培育外向型文化企业;支持和引导各类文化企事业单位针对国际市场,积极开发具有国际影响力和竞争力的文化品牌;加强知识产权保护,维护文化产品和服务出口秩序。

8.发展重点

发展重点主要包括平面传媒、广播影视业、出版发行和版权服务业、演艺娱乐业、文化信息服务业、旅游文化服务业、广告业、工艺美术业,每一个发展项目都要指定主明确的发展目标和主要措施。

9.保障措施

加强对文化产业的领导和规划;深化文化体制改革;制定和落实文化产业政策法规;拓宽文化产业投融资渠道;加强文化产业人才队伍建设。

第七节 文化产业的发展环境

发展环境包括硬件和软件两个方面,硬件包括文化产业园区、影剧院、自然和人文景观、交通设施等文化产业发展的载体;而软件则包括整个社会的人文环境、政府发展文化产业的观念和政策、相关法律、人才环境等等。

一、要高度重视文化产业的发展

作为新兴行业,政府对该行业的发展规律有待进一步了解,也有待从观念上提高对文化产业的重视。尝试从观念转变、体制改革、策略调整、职能转变、依法办事等方面做出改变和调整。

1. 转变发展观念

从思想上牢固确立文化的产业地位。20世纪的80、90年代是当代中国的重要转型时期。经过30多年的改革开放,市场体制建立,与之相适应的政府职能在积累了一定的经验之后也走上了有序的轨道。但是,由于文化产业的本身的特殊性以及政策中心的偏移,文化改革在实践和观念上与传统经济相距甚远。政治文化的一体化从1978年开始解体。1979年10月30日至11月16日,在第四次全国文艺工作者代表大会上,邓小平在向大会的祝词中疏离了政治与文化相绕相生的关系。毛泽东《在延安文艺座谈会上的讲话》明确地提出了"文艺是从属于政治的"文化价值观。《祝词》则强调,"我们的文艺属于人民",同时指出,不是要求文学艺术从属于临时的、具体的、直接的政治任务注释。文艺的阶级属性被"人民性"这一更广泛的概念所取代,政治不再是文艺的直接目的。虽然中国的文化事业滥觞于70年代末,但是直到党的十五届五中全会通过的《中共中央关于制定国民经济和社会发展第十个五年计划的建议》中,才继在1992年国务院将文化艺术列入"三产"的基础上,第一次以中央的名义明确提出了"文化产业"这一新概念。并在近来的论文和文件中频繁出现"使文化产业成为国民经济持续发展的新的增长点"的用词。目前,我国的文化产业存在着总体规模小,无法满足国内对文化产品的需求,体制存在缺陷,法律缺位等问题填补缺位。虽然起步早,但由于长期处于非中心地位,国家对文化事业的统包统办,意识形态的特殊性等原因,导致意识上"文化产业"的产业地位的弱化甚至缺位。因此,端正发展观念,意识上的补课和重视将是第一环。

2. 积极推进体制改革

体制对生产力的重要作用已毋庸赘言,但是,已经开始的体制改革却始终步履蹒跚,成效微弱。有学者提出既然自上而下的改革困难重重,可以尝试自下而上的破旧立新。从生产的第一线着手,通过生产力的自我革新从而推动体制改革。30多年的改革历程中,通过经济发展推动政策改革的案例不胜枚举。并且,社会资本进入文化领域已是既成事实,在广告、文化娱乐、演出行业、艺术培训、印刷、图书发行、影视制作等领域都有社会资本活跃的身影。该思路着眼于改革的末梢,而恰是在生产的第一线,不同行业不同领域之间的具体情况大相径庭,新情况、新问题必然会层出不穷,这给文化监督和管理机构提出了不小的难题。

就目前形式而言,从国家到地方都是执行双管齐下的方针,一方面加紧法律、法规及各项政策的修改和制定,一方面默认资本进入有限开放的文化领域。目前已进行的文化改革,为行业发展提供了巨大的保障。但缺点也显而易见,一是可操作性不强。其原因主要是旧体制根深蒂固,新旧体制博弈依然体现在新产业政策中,无法完全摆脱其干扰。二是国有资本在政策改革的名义下凌驾于民营资本之上,政策的改革扩大了民营与国营资本的待遇。

由此看来,文化体制改革还是需要上层的设计。十八大提出的"顶层设计",特别是十八届三中全会的顶层改革的思路,是破解文化体制的灵丹妙药。

3.努力实现职能转变

政府的文化职能由原来的直接管理向间接宏观调控转变,转向文化监管和提供公共服务。我国文化产业宏观调控的战略目标是在将来一段时间内,推动和促进文化产业的有序竞争和繁荣发展,进而形成一批实力雄厚、竞争力强的文化企业和有影响的文化品牌,带动经济增长,逐渐完成产业优化升级,对我国产业结构调整发挥积极的作用。

(1)文化监管

政府文化监管的范围包括:市场准入标准、市场主体行为规范和文化内容的意识形态。文化产业提供的是以价值和意义为核心的精神产品,主要内容也集中于对内容的监管。尽管当代社会的物质商品活动也越来越倾向于价值和意义的推广,但是由于物质商品在承载内容的简单性,其接受程度和认可程度的时间长度都与文化产品有着本质不同。文化内容,特别是关于民族价值形态,对于它的监管,是法律和政策的重要责任。一要坚持依法监管,公平、公正、公开;二要把握先进文化的发展方向;三要坚持政企分开;四要坚持分类管理的原则。

文化监管应坚持自律与他律相结合,从有为而治入手,达到无为而治的目标。即文化行业要充分自律,进而形成专业主义精神。专业主义精神,意味着超越世俗和功利的价值和信念。专业,对一个专业工作者而言,绝不仅仅是一个职业,而是一项神圣事业。它要求任何一个从业者要有一种为之献身的勇气和决心,表现出对工作的极其热爱和投入,把工作视为天职。由于文化产业的特殊性,在该行业内,专业主义主要指从业人员在创造文化意义上的自觉性。

(2)出台激励政策

政府在加强他律监管的同时,应同时鼓励专业主义精神的形成。对自律企业和单位给予优惠和奖励。对自律,着力培养自律氛围,最终达到无为而治。

目前国家的激励政策主要有以下几方面:

第一,根据国家倍增计划要求建设10家左右高起点、规模化、代表国家水准和未来发展方向的国家级文化产业示范园区和一批集聚效应明显的文化产业示范基地,培育100个左右特色鲜明、主导产业突出的特色文化产业集群和一大批特色文化产业乡镇。

第二,发展重点文化产业。包括动漫、游戏、艺术创意和设计、网络文化、文化产品数字制作与相关服务等新兴业态人才需求,提升演艺业、文化旅游、文化娱乐业、文化会展业、艺术品和工艺美术等传统文化产业。

第三,振兴演艺产业。包括以国有文艺院团体制改革为契机,搞好顶层设计,对演艺资源进行整合重组,组建演艺集团、演艺联盟和演出院线,打造演艺产业"航母",形成网络化经营、优势互补的演艺产业发展格局,提高演艺产业在全省文化产业核心层中的比重;加快国有文艺院团转企改制的步伐,引导支持民营资本进入演艺领域,着力培育一批有较强竞争力的骨干演艺企业;发展以大型演艺集团为龙头,以中心城市剧场为支点,以二三线城市剧场为网络的若干个跨区域演出院线;加快演艺基础设施改造更新,重点鼓励生产具有自主知识产权的新型音响、灯光和舞台技术装备;积极推进全省文化票务网络建设,打造文艺演出票务平台;依托各地文化艺术资源,发挥已形成的地方特色演艺品牌的辐射效应,培育民族民间演艺产业群。

第四,提升园区、基地的带动、集聚能力。制定完善国家级、省级文化产业示范园区、示范基地扶持政策,培育一批主业突出、集约化水平高的文化产业园区和基地。包括加快提升现有国家、省、市级文化产业示范园区、基地的规模和效益,通过资源整合、扶持龙头、拉长产业链,加速文化产业项目和企业的聚集,建设主业突出、规模生产、品牌效益显著的重点文化产业园区和基地;规划建设一批产业规模较大、载体功能较为完善的文化产业集聚区;积极引导各类文化产业园区、文化产业示范基地向集约化、集群化方向发展,增强示范效应和产业带动能力;对省级文化产业示范园区、文化产业示范基地实行总量控制、目标考核、动态管理;各地从实际出发,推动文化资源和要素向优势企业集中,促进文化资源的合理配置,形成合理的产业分工。

第五,培育特色文化产业群。需要充分挖掘区域特色文化资源和地方资源,强化扶持措施,推动形成一批富有地域特色的文化产业群。

第六,实施重大项目带动战略。需要加快推动文化产业载体建设,策划一批具有重大示范效应和产业拉动作用的文化产业大项目,利用国内外重大经贸文化交流活动、文化产业博览会等平台,搞好项目推介和招商引资,吸引战略投资者参与文化产业项目的投资建设,建设一批产业优势明显、持续增长能力强的大项目,提升文化产业发展的层次。

第七,促进文化产业与相关产业融合发展。包括推动文化产业与先进制造业、现代服务业、现代农业等产业融合发展;推动文化与旅游融合,开发文化旅游产品,发展文化旅游项目;推动文化与金融融合,创新金融产品,完善授信模式,扩大直接融资;积极推动文化产业与现代农业、科技、体育、会展、物流、信息等产业的融合发展。

第八,强化文化产业项目服务。包括文化产业重点项目库、国内外文化产业博览会和投资贸易洽谈会,包括组织开展文化产业招商引资和项目合作。

第九,打造文化产业品牌。加大对著名商标、知名品牌的保护、扶持力度,定期评选、推介文化产业领域文化产品品牌、文化企业品牌,需要文化企业、文化产品、文化旅游、文化演艺品牌的打造,对经营规模大、产品质量好、核心竞争力强的名牌企业和市场潜力大、发展前景好的产品品牌给予重点扶持和宣传推介;开展文化演艺、文化节庆、动漫游戏、工艺美术、文化出口等文化企业品牌评选活动;需要实施“文化富民”工程,加快发展县域文化产业,培育一批文化产业特色县、特色乡镇、特色街区和特色村。

第十,加强文化市场规范与管理。推进文化市场管理体制、执法机构、执法队伍、统一体系、制度体系、监管体系和保障体系的规范建设,建立协调统一、运行规范的文化市场综合执法体系。加强文化产品和要素市场建设,围绕重点文化产业,培育演出娱乐、动漫游戏、书画交易、电子音像制品、文物复制等特色文化产品市场和网络文化市场;积极开拓大众性文化消费市场,培育农村文化市场,引导文化企业投资兴建更多适合群众需求的文化消费场所,开发适销对路的文化产品和服务,开发特色文化消费,培育新的文化消费热点;推行“文化消费补贴计划”和“国民文化消费卡计划”,引导和扩大文化消费;建立演艺院线,发展文化票务网络,积极培养演出市场职业经理人队伍,建立和完善演出经纪人制度;发展人才、投融资、技术、鉴定、经纪、评估、拍卖等文化中介服务机构;规范艺术品交易、文化会展、拍卖等行业发展。利用现代科技手段,建设省、市、县三级文化市场技术监管中心,实现文化市场管理的网上执法办公办案、网上市场监控和网上基础数据查询。

第十一,扩大对外文化贸易。制定完善文化贸易政策,加大对外向型文化企业扶持力度,培育一批重点文化贸易企业;鼓励支持杂技、歌舞、地方戏曲、非物质文化遗产类产品等开拓国际市场;培育一批文化产品贸易和服务中介机构。

第十二,培育品牌会展,提高会展业竞争力。培育出具有国际影响力、具有全国影响力的名牌节会,形成定位准确、主题突出、特色鲜明、梯次发展的会展业格局。切实提升文化会展的交易功能和作用,促进文化会展与旅游、城市建设、商贸合作的融合,提高办会效益。协调会展业及其相关产业链条的发展和提升。

第十三,做活节庆活动。丰富文化内涵,提高城市知名度;加强品牌性文化节庆活动的社会推广和宣传,扩大品牌影响力和经济带动力。进一步发掘传统节庆文化内涵,提升新兴节庆文化品质,培育一批群众参与度高、社会影响力大、经济和社会效益好的节庆活动。打造集"节、会、展、演、赛、论"为一体的特色节会。

第十四,推动广告资源的合理流动和科学配置,加快广告业结构调整,提高规模化、专业化水平。积极促进网络游戏广告、移动电视广告、手机短信广告等新型广告媒体的发展,拓展广告业发展空间,建立影、视、声、平面、户外、互联网、移动通讯等全方位、多门类的广告媒介体系。打造旗舰广告企业,培育一批知名广告品牌,初步形成结构合理的广告会展人才队伍。

第十五,促进文化与旅游相结合,以文化提升旅游的内涵,以旅游扩大文化的传播和消费。打造文化旅游系列活动品牌,扶持特色文化旅游项目;鼓励演艺与旅游资源整合,开发具有地域特色和民族风情的精品演出节目;需要加强旅游纪念品、工艺品的研发设计,拓展文化旅游产业链。科学编制文化旅游发展规划,积极策划文化旅游的精品线路,建设旅游文化名街、名镇,打造文化旅游特色产业集聚区。打造文化旅游系列活动品牌:一是扶持具有地方、民族特色的文化旅游项目;二是重点打造文化旅游主线;三是构建与自然、文化相结合的红色旅游产品、红色文化旅游区。在重点旅游景区和旅游城市,策划打造适合长期演出、反映不同景区主题、丰富游客夜生活的演艺精品。在有效保护的基础上,对历史文化名城、文物古迹进行科学合理利用,合理利用、传承发展传统手工技艺类和表演类非物质文化遗产,深度开发文化旅游工艺品,提升品位,拓宽市场。

(3)搞好公共服务

针对文化产业,政府除了构建适应文化产业发展的科学、合理、灵活、高效的文化管理体制,执行常规的基础设施建设和日常行政服务外,公共服务的中心倾向于生产引导和培育完善的市场体系。

针对我国现阶段文化产业的状况,政府有必要利用自身独特的资源,为市场提供优势项目,进行包装宣传,为文化产业提供媒介支持,进行大范围的宣传,吸引社会资本和企业进入。完善产品的开发、生产、销售产业链,尽可能创造条件辅助产业发展。

同时,建立完善的文化产业市场运行体系,包括完善的市场进出规则,规范的价格体系,完善市场交易规则和规范的市场竞争规则。

(4)坚持依法办事

其一,要完善法律体系。该行业法律单薄,从无到有,从简到繁,虽然得到了显著改善,但是距离理想的"有法可依"还有较大的差距。

其二,要强化依法行政的观念。文化领域在厘清内部产业和事业界限之前,统辖在事业部门之下,文化部门的管理,生产及其他运行依照行政指令进行,官办一体。由于文化意识形态的强调,导致法律在文化领域内的适用空间小,文化部门领导依法办事意识薄弱。依法办事在文化产业内部依然有一段艰辛的道路要走。

立法者应加快法律制定,执法者严格办事,各类法人依法办事,确保行业公平和健康发展。

二、要靠公共文化服务与基础设施建设拉动产业

1. 完善公共文化服务

公共文化服务,是指政府公共服务的重要内容。它是指以政府部门为主的公共部门提供的、以保障公民的基本文化生活权利为目的、向公民提供公共文化产品与服务的制度和系统的总称,包括公共文化服务设施、资源和服务内容,以及人才、资金、技术和政策保障机制等方面内容。

从2007年开始,中央就提出:要大力加强重大公益性文化工程建设,认真组织实施广播电视村村通、全国文化信息资源共享、乡镇综合文化站和基层文化阵地建设、农村电影放映、农家书屋建设等公共文化服务工程;要建立健全公共文化设施网络,充分发挥现有文化设施作用,积极开展公益性文化活动,加大产业支撑和市场供给,增强公共文化产品的生产供给能力;要推进文化事业单位改革,创新文化服务方式,创新公共文化服务技术,创新公共文化服务运行机制。

　　加强公共文化服务体系建设的目标任务是,按照结构合理、发展平衡、网络健全、运行有效、惠及全民的原则,以政府为主导、以公益性文化单位为骨干、鼓励全社会积极参与,努力建设公共文化产品生产供给、设施网络、资金人才技术保障、组织支撑和运行评估为基本框架的覆盖全社会的公共文化服务体系,切实保障人民群众看电视、听广播、读书看报、进行公共文化鉴赏、参加大众文化活动等基本文化权益。

　　公共文化服务体系的建设主要包括两个方面:

　　(1)建设公共文化服务网络。以大型公共文化设施为骨干,以社区和乡镇基层文化设施为基础,加强图书馆、博物馆、文化馆、美术馆、电台、电视台等公共文化基础设施建设。建设一批代表国家文化形象的重点文化设施,完善大中城市公共文化设施,在巩固现有图书馆、文化馆的基础上,基本实现乡镇有综合文化站,行政村有文化活动室,在中西部及其他老少边穷等地广人稀地区配备流动文化服务车。

　　(2)建设公共文化服务的各项工程。一是广播电视村村通工程。二是全国文化信息资源共享工程。三是社区和乡镇综合文化站工程。

　　2.加快基础设施建设步伐

　　(1)文化基础设施的种类

　　根据国家统计局制定并印发的2012年版《文化及相关产业分类》,文化产业包括新闻服务、出版发行和版权服务、音像及电子出版物出版发行、广播、电视、电影服务、文化艺术服务、网络文化服务、文化休闲娱乐服务及其他与文化相关的服务与产品生产。相应地,与这些门类相关的硬件设施称为文化产业基础设施。

　　广播电视基础设施,包括有线广播、电视传输发射装置、传输网络、接收装置和终端设备,无线广播、电视发射台、转播台、无线广播、电视接收装置,数字电视系统、卫星电视、卫星广播等相关发射、传送、接收装置,手机广播、手机电视、移动电视、楼宇电视、网络电视(IPTV)、数字电视图书馆等新兴产业相关设备。

　　电影院、影视城。

　　艺术表演场馆,包括剧院、文化艺术中心、图书馆、音乐厅、美术馆、展览中心、博物馆、烈士陵园、纪念馆、图书馆、档案馆。

　　文化休闲服务,包括公园、野生动植物园、游乐园、休闲健身娱乐器材和场所以及旅游基础设施,主要指景点、景区旅游公路、步游道、旅游景区停车场等设施。

除此之外,文化产业基础设施还包括各类文化产业园区,以及与文化产业区相关的公路、铁路等交通条件。

(2)存在的问题

文化产业基础设施建设在取得巨大成就的同时,也存在着一些突出的问题:总体投入规模过小;投入方式制约资金效益的最大发挥;投资结构性失衡等。

第一,资金投入数额增加,但与财政增加相比,公共文化总体投入规模过小。随着国家经济的发展和财政收入的增加,对文化事业的投入比例却不升反降;而文化基础设施投资不过是整个经济投资过热的连带受益者。在这个全球竞争的时代里,我国公民的文化素质与道德水准都迫切需要提高。国家在教育方面的投入增加相当快,但在文化方面的投入跟不上,因此,上游的文化原创与研究不足造成教育内容的滞后。

第二,近年,我国文化投资方式逐渐实现多样化,但是投资的主体方式依然是政府财政投入,使得有限的财政资金不能发挥最大效益。由于基础设施投资规模大、周期长、风险高,历来成为项目开发中的难点。文化产业化性质确立之后,投资方式逐渐多样化,但也只是开端。各级政府尤其是地方政府作为投资主体所构成的政府投资模式,是我国基础设施建设最主要的投资模式。

第三,基础建设投入结构失衡,城乡之间、经济效益与社会效益、数量与质量之间都存在着不同程度的偏差。基础建设的总体状况是重城市、轻农村,重数量、轻质量,重经济效益、轻社会效益。以广播电视为例,城市广播电视的建设目标是有效扩大广播影视数字化的覆盖面,加速推进广播影视付费节目内容的开发,发展手机广播、手机电视、移动电视、楼宇电视、网络电视(IPTV)。而农村的建设目标依然是实现自然村全部通广播电视。为了占领高端市场,大面积铺开各类数字电视和移动电视的建设,片面追求经济效益,造成基础投入的失衡。

(3)推动基础设施建设的建议

针对文化基础设施建设出现的问题,可采取增加财政投入,拓宽投资渠道,平衡财政投入等方式来解决。

第一,根据财政收入和文化基础建设的重要作用,保持资金投入的应有比例。文化设施是确保文化发展的基础,增加投入是丰富文化生活的应有之意。财政投入应倾向于事业性的文化设施,比如剧院、文化艺术中心、图书馆、音乐厅、美术馆、展览馆、博物馆、烈士陵园、纪念馆、图书馆、档案馆、公园等。产业性设施可以通过其他渠道融资建设。

第二,拓宽融资渠道,财政投入应做到以**小投资吸引大投入**,起到抛砖引玉的效果。现在的经济建设规模和社会发展水平与**过去已经不可同日而语**,现有的政府单方投入为主的建设方式难以承担文化产业发展的历史使命。在政策允许的范围内,吸引社会资本的进入成了**必然的选择**。比如旅游产业,由于旅游基础设施有强烈的经济属性,具有较强的**私益性、可收费性和可竞争性**。这些经济属性决定了这类基础设施在供给上的"**市场性**"特征,可以通过市场主体供给,其余的市场主体消费的方式进行。有利润空间的存在,就可以吸引非公有资本的进入,比如可以通过公、私共建,**发布债券等方式融资**。

第三,通过行政手段介入基础建设进程,**平衡资金流向,保证公益性设施的**建设。资本拥有追求增值的天性,趋利避害。**即使政府财政,也倾向创造利润**的行业,这需要相关部门的人为干涉,保证文化的和谐发展。

三、要推动社会各部门的配合

文化产业需要包括行政、立法、金融、科技、高校、文化等在内的各部门的密切配合和扶持。

(一)主要部门

1. 行政部门

行政部门配合文化产业的展开,首先在于部门权责的界定和明晰。政企不分、职能畸形是行政部门目前面临的重大问题,也是文化体制改革的主要目标之一。文化行政部门曾经既是行使公共文化管理权力的主体,又代表政府对文化事业单位进行行政拨款。行政部门只有在摈弃这种旧有职能,转向公共服务之后,才能在新的时代条件之下发挥其应有的作用,配合文化产业的展开。与此同时,精简机构,提高服务水平,推行可持续发展战略也必不可少。

政策是政府公共服务的主要职能之一,合理有效的政策可以推动和促进文化产业的发展,包括:财政、税收和金融政策;人才培养和引进政策;投资基金政策等。

(1)财政与税收政策。财政与税收政策是宏观调控的常用工具之一,国家发展倾向的指示牌,并且行之有效。通过对文化产业的财政扶持,加强该行业在前产业化阶段的风险抵御能力。比如,加大对文化产业基础设施的投入,比如博物馆、音乐厅、美术馆、大剧院等经营设施,为文化产业的发展提供方便和坚实基础,甚至可以对重要项目进行直接投资。此外,作为财政政策的利器——税收,在引导生产和吸引投资方面更是左右逢源。税收的征收与否、起征点的高低、纳税环节的多少、税率的高低,都可以起到保护文化产业,提高投资者的积极性,间接引导资金流向的作用。国外常见的文化产业税收政策有:对其他经济领域和文化领域,及在文化产业内部不同部门之间采取差异甚大的税率;个人和企业赞助文化事业可以减免税;通过对纳税主体减免税收的政策,鼓励对文化领域的社会捐赠等等。研究发现,文化产业虽然是朝阳业,但是具有投入周期长、产出数应滞后的特点。文化产业的发展离不开政府的政策扶持。政府运用政策手段调节资源在产业间分配格局的行为,财政支持和税收减免可以为该行业的蓬勃发展提供不小的助力。

(2)人才引进政策。文化产业需要高素质的管理人才和复合型的人才,没有高水平的人才,发展文化企业只是一句空话。因而,政府要出台人才引进政策,促成合理的人才流动机制是非常重要的。建立完善的人才外部引进、内部培养和交流机制,为企业解决人才拓宽渠道。同时,改革分配制度,探索以"创意资本"为主的新型分配激励机制,完善技术入股、管理入股、股票期权等分配形式,使人才能得到市场化、制度化的激励,由此增强产业创新动力。好钢用在刀刃上,人尽其才,为人才安排适合的岗位,营造有利于自主创新的氛围,培育"崇尚创新、勇于突破、鼓励成功、宽容失败"的创新文化,鼓励个人创意能力的发挥。

(3)建立各种文化投资基金。文化创业投资基金指政府通过各种途径聚集,用于支持有利于产业发展的文化项目的资金,目的是为中小企业提供融资渠道,通过资本供给实现间接调控,促进产业结构优化升级。政府应按照建设公共财政的要求,加大对这些资金的管理,完善投入方式,增强导向作用,提高投资效益。目前,该项措施的各项制度并不完善,存在被挤占、挪用或私分的现象,或以筹措基金为由,进行定额摊派。健全制度,完善程序,保证基金的规范使用和发挥应有的作用是实行该措施的当务之急。

2. 立法部门

目前,文化产业领域中,法律体系的不健全,成为文化产业发展的一项制度性缺陷。其主要表现有:一是文化产业相关法律法规少,层次低。近几年来,尽管我国文化法律建设取得实质性进展,逐渐取代行政指令成为文化部门运行的指南。但是,由于文化领域的特殊性、复杂性,旧有体制的顽固和惯性,现行文化立法的数量、层次还远不能满足客观现实的需要。二是文化执法欠缺科学文明,采取刮风式、运动式的做法,临时突击、时紧时松、打打停停。缺乏严肃认真的态度,人人平等的标准。其三是随着经济全面国际化的展开,文化产业的国际化也逐渐被提上日程。但是,现行中国文化产业政策支持系统与 WTO 规制之间的差异颇大。比如,一些在发达国家常见的法律,如新闻法、出版法、电影法、广播电视法、有线电视法等此类法律,我国的立法对这些领域还未涉及,行政法规还主导着这些领域的运作。

我国目前的文化法律建设,由于在投资、税收、文化市场管理等法律制度的建立上经验不足,对国外先进模式的参考和借鉴成为方便而有效的途径。文化产业的法律体系由宪法、文化产业基本法,各个不同文化产业方向的基本法律、文化产业行政法规、文化产业地方性法规和文化产业规章组成。其内容上由文化产业主体法、文化产业经营行为法、文化产业宏观调控法、文化产业权益保障法、文化安全立法组成。而执法问题,要做到以行政手段为主向以法治手段为主的转变,还需要强化执法队伍自身素质建设,提高执法程序透明化,规范化,加强监督力度,降低监督门槛,实行社会监督。

文化产业的国际化,势必要求我国文化产业相关法律在保持社会主义特色的同时,与国际通行惯例相吻合。而目前中国与国际惯例之间的裂痕主要因为计划体制的残余和社会主义的特色要求,这里面有些是我们文化体制改革发力的方向,有些则是我们需要坚持的原则。

无论是制定针对国内还是国外的法律法规,都应该遵循这样的几个原则:合宪性原则、与其他法律相协调的原则、国际性原则、借鉴国外先进经验和立法适度超前相结合之原则、保护知识产权与文化资源共享相结合之原则、保护民族文化产业之原则。反映在其具体法律规范上以任意性、授权性规范为主。

建立完善的文化产业法律法体系的最终目的是营造良性的产业发展环境,推动并促进文化产业的健康、稳定、繁荣、发展,实现经济效益和社会效益的双丰收,特别是满足们大众精神生活的需求。

3. 金融部门

任何产业的发展离不开资金的支持,文化产业更是需要庞大资金的注入。金融部门在针对文化单位的投、融资方面应进行倾斜性的配合,比如向需扶持的文化产业优先提供贷款,在利率、贷款期限方面予以优惠。还可以在保证良性信贷的基础上放宽文化单位贷款范围等等。特别是资金短缺的小型企业,更是需要银行等金融部门的扶持。当然,银行向文化产业的倾斜要建立在文化产业评估体系完善的基础之上,对申请企业进行评估,对他们的贷款资质进行分类。有区别、有针对性地对部分文化产业项目和企业进行贷款。各级人民银行还可以代表国家信用机构为各类国有、私有的商业银行牵线搭桥,为需要资金的文化单位和项目寻求风险投资和贷款,为银行开辟投资的渠道,从而实现共赢。

4.高校

人才是我国文化产业发展除了体制之外最大的瓶颈,虽然可以通过引进得到暂时的缓解,但只也只是权宜之计。高级人才匮乏,创意人才、策划人才、营销人才、管理人才和国际人才都捉襟见肘,并且人才结构严重失衡。高校配合文化产业发展的首要任务就是培养大量的本土高级人才。高校导师应积极参与文化企业的人才交流计划,缓解企业在重大项目中的压力。同时,应加大对中国特色文化产业的理论研究,为我国文化产业提供前瞻性的理论支持。

5.科技

文化与科技融合已经成为实现文化产业整体升级转型的重要突破口。在这一趋势下,文化产业的规模和边界进一步扩大,文化产业的内涵也在不断丰富,其显著标志是,一批以高新技术为依托、以数字内容为主体、以自主知识产权为核心的新兴文化业态正在出现。但是,相对传统的旅游产业与教育培训产业所占比重仍然较大,其市场规模分别达到46%和17%,总和占整个市场的60%以上。与此同时,相对新兴的游戏、手机、网络等互动类产业在整个市场中占有率较低,总和仅为9%。对内容的缺失和价值的迷失,是当前国内文化产业发展过程中所面临的又一个瓶颈。因此,加快文化与科技的融合,是推进文化产业升级转型的必要保证。

(二)配合任务

1.优秀文化艺术宣传推介

国家、省级重点新闻媒体、新闻网站要开辟专栏、专题、专门频道,在公共文化场所开辟专门阵地,宣传推介优秀文化艺术作品、优秀文艺工作者、文化工作先进典型和重大文化活动;使公共文化信息资源共享工程通过广电网络进入千家万户;加强文化部门门户网站建设,强化部门之间、部门与企业、部门与公众之间的信息和服务的访问与传输。

2.推动与科技的融合与创意研发

文化与科技的融合、创意研发,产生了文化领域的许多新兴行业,如会展业、网络游戏业、动画制作业、版权业等。

在科技融合方面,要积极发展以数字、网络等高新技术为支撑的新兴文化业态,推动文化产业与高新技术融合发展。

(1)发展移动多媒体广播电视、网络广播影视、数字多媒体广播、高清电视,鼓励开发移动文化信息服务、数字娱乐产品等增值业务。加快广播电视传播和电影放映数字化进程,整合广电网络资源,积极推进下一代广播电视网建设。

(2)加快推进电信网、广播电视网和互联网三网融合,实现手机、电视和电脑三屏融合。支持有线广电网络开展互联网接入及信息服务(ISP/ICP)、视频点播、交互式网络电视(IPTV)等增值业务。

(3)积极开发数字出版业务,推动纸质有声读物、手机报刊、电子图书、网络出版物等新兴出版业态快速发展。

(4)加快对传统文化产业的改造和升级,在音乐、影视、演艺等方面加快关键技术设备的改造更新和核心技术研发。推动现代科技手段在演艺领域的运用,促进演出场所、演出设备、演出形式的科技提升,提高演艺科技装备水平,提高表演艺术的表现力、吸引力和感染力。

(5)积极发展与数字创意相关的网络游戏、在线娱乐、电脑特技、软件设计、数字节目制作、户外新媒体等新兴业态,不断增强文化产品的科技含量和附加值。

(6)实施一批文化创新项目,推出一批文化创新成果,推动创新成果在公共文化服务、文化产业、文化资源保护、舞台演艺等领域的推广应用。

(7)推进文化科技重点实验室建设。

此外,还要完善有利于文化创意产业发展的政策环境和市场环境,重点培育一批数字技术、广播影视、广告创意制作、动漫游戏、工艺设计、旅游策划、表演艺术、书画艺术等方面的文化创意群体,扶持发展一批能够成为研发投入主体、技术创新主体和创新成果应用主体的文化创意骨干企业。

在创意研发方面,国家提出要到2015年,艺术品市场交易总额达2000亿,形成2~3家具有世界影响的艺术产业集聚区,将中国建设成为世界艺术品重要交易中心。

(1)发掘历史文化资源和传统民间艺术资源,研究开发具有文化特色的民间艺术系列产品,加大对民间民俗产品的扶持力度,培植一批工艺美术品品牌。鼓励社会资本兴办古玩书画和工艺美术产品生产企业,通过规模化、集约化方式,整合生产要素,扩大生产能力,打造龙头产品,形成辐射全国、面向海外的民间民俗工艺品生产基地。发挥高等院校和科研院所优势,建设工艺品产业研发基地和工艺美术馆,集中研发具有鲜明特色、市场前景广阔的工艺美术品。鼓励兴办拍卖企业,支持发展高端拍卖业,提升行业附加值。支持利用闲置厂房规划建设艺术集聚区,吸引国内外艺术家、收藏家和文化机构入驻。促进艺术品销售与家居装饰、文化旅游的结合,开拓艺术品新的消费市场。形成文化产业集群、集聚区、产业园、产业带。

(2)繁荣美术创作,推动当代艺术品产业健康发展。创建艺术原创、学术评价、艺术品市场互为推进的艺术发展体系;引导、培育和建设艺术品一级市场;完善艺术区管理模式,鼓励艺术品产业集聚发展;建立中国艺术品行业登记认证数据库;积极扶持新媒体艺术;原创艺术创作,画廊业发展;鼓励各地结合自身资源建立艺术产业集聚区;建立新媒体艺术中心和视觉实验室;原创新媒体艺术;打造诚信度高、交易便捷、品种丰富的艺术品电子商务平台;举办国际化、品牌化、高品位的艺术品产业博览会;培育艺术品经纪人人才。

(3)工艺美术业。国家提出要到 2015 年,全国工艺美术业增加值超过6000 亿元,出口额超过 200 亿美元。建设一批工艺美术特色产业集聚区和工艺美术研发、设计、创意基地。挖掘丰富的民族文化内涵,提升产品附加值,增强市场竞争力,打造一批具有广泛影响力的工艺美术品牌,带动工艺美术产业全面发展。要发掘民族文化元素,突出地域特色,强化品牌意识。要支持传统工艺美术面向市场,鼓励工艺美术技艺创新和提高产品科技含量,开发更多具有自主知识产权的产品,扩大在国际市场的影响力。要依托丰富的传统民族民间手工艺品资源,以工艺资源相对富集的中小城市和村镇为主体,加强创意和技术支持,培育集创意研发、生产销售、文化体验为一体的传统民族民间工艺品集散区。要推动农村手工艺业发展,鼓励农民通过手工技艺增收致富,通过产业集聚培育一大批特色文化产业乡镇、农民专业合作社、文化个体户及乡村文化产业带头人,实现文化富民。要加强对制作传统工艺美术产品特需的珍稀矿产资源和天然原材料的保护,为传统工艺美术的研究、开发和生产提供支持。要加大资金投入力度,加强传统工艺美术技艺整理传承、人才保护和技艺保护工。

(4)创意设计业。国家提出要举办 1~2 个具有国际影响力的创意设计展会和赛事活动,支持打造 3~5 个世界知名的"设计之都"。要重点突破内容产业,以创意为核心,汲取我国文化资源优秀元素,创造文化产品著名品牌,引领文化消费时尚;强化图书报刊、广播影视、艺术演出等传统产业的内容制作能力,大力提升动漫游戏、广告会展、文化娱乐、旅游休闲等创意能力,加快发展工业设计、工艺设计、软件设计、包装设计、建筑设计、园林设计、服装设计等生产性文化创意产业,提高我省内容产业的创意水平和综合实力;充分发挥创意设计对文化产业、制造业、服务业等各产业领域的促进作用;搞活创意设计市场,开展国际性创意设计推广、创意设计交易和品牌展示活动;培育壮大拥有自主知识产权和知名品牌、具有较强竞争力、成长性好的创意设计类龙头企业;建设创意设计产业孵化器,完善创业孵化功能,为大学生创业就业创造条件,推动中小创意设计企业集聚和成长。

(5)网络文化业。国家要求提高网络音乐、网络艺术品、网络动漫、网络演出、网络文学等网络文化产品的原创能力和文化品位,发展健康向上的网络文化,进一步增强网络文化的核心竞争力。一是需要积极实施网络内容建设工程,推动优秀传统文化瑰宝和当代文化精品网络传播,制作适合互联网和移动网络传播的精品佳作,鼓励网民创作格调健康的网络文化作品,提高原创水平,提升文化品位。二是需要文化内容与网络技术结合,不断创新文化业态,丰富文化表现形式,推进文化产业结构调整;三是促进网络文化产业链相关环节的融合与沟通,创新营销推广模式,研究建立更规范、合理的分成模式;四是需要数字技术企业、网络技术企业、计算机硬件企业和通讯企业参与网络文化内容产品的生产和经营;五是需要网吧连锁化、规模化、专业化、品牌化经营。

(6)数字文化服务业。国家要求利用数字技术全面提升文化产业各门类信息化服务水平,加快传统文化产业的改造提升速度,培育基于数字技术的新兴内容产业,形成一批采用数字技术提供制作、传播、营销、推广等服务的文化服务企业,为文化产业和高新技术融合发展提供支撑。一是需要文化内容与数字等高新技术结合,不断创新文化业态,丰富文化表现形式,为各种新兴显示终端提供文化内容;二是需要以信息化服务、数字化生产、网络化传播为特点的高科技文化企业;三是加快文化资源和产品的数字化信息化进程,建设完成覆盖城乡的文化共享网络;四是需要对舞台剧目、音乐、美术、文物、非物质文化遗产和文献资源进行数字化转化和开发;五是加快科技创新成果转化,提高演艺、动漫、游戏、网络文化等领域技术装备水平,增强文化产业核心竞争力。

3.处理好各种利益的分配

文化产业每个政策的出台,每个项目的实施,特别是涉及公共资源,涉及各方面的利益,必须理清各利益主体之间错综复杂的关系。

(1)利益相关群体。一般企业利益群体包括投资者、被雇佣者、消费者、当地行政和税收部门、与企业区域相关的居民。文化产业由于其意识形态的特殊性、部分资源的公有性以及与民族文化的相关性,使其具备区别于一般企业的特征,与文化企业相关的利益群体还包括意识形态主管部门、公共资源的代理者和作为民族文化拥有者的公民。意识形态主管部门有要求文化企业的产品内容符合中国特色的社会主义精神文明的权力;公共资源代理者拥有利用资源的权力,同时也有保护资源的义务;普通公民拥有对民族文化的认可权利,要求文化以其历史样态进行发展,保证不被随意篡改,保证其不随某个群体的利益变化而变化。

(2)矛盾处理的原则。平衡原则。这是所有利益纠葛处理都应遵循的一项标准。强势群体总是试图侵占他人的份额,而现实往往如他们所愿。某一民族风情娱乐园区,由于投资方和受雇者在利益上的分配未能达成协议,导致一个效益良好的娱乐园停业。

眼前利益和长远利益结合,经济效益和社会效益并举的原则。少林寺少林武僧参与世俗生活的同时,可以把国外巡演获得的收入用于赈灾、资助贫困儿童上学等慈善事业。武术包含着积极向上、扶危济困的精神,与佛教思想有吻合之处。但武术毕竟不是佛教的核心,只有与哲学思想、禅宗智慧等佛教文化的精髓相结合,才能更好地促进佛学在世界的传播。

第八节　大力培育骨干企业

按照国家文化产业规划,要以建立现代企业制度为重点,加快推进经营性文化单位改革,加快公司制股份制改造,完善法人治理结构,形成符合现代企业制度要求、体现文化企业特点的资产组织形式和经营管理模式,培育合格市场主体。培育一批核心竞争力强的国有或国有控股大型文化企业或企业集团,在发展产业和繁荣市场方面发挥主导作用。在国家许可范围内,引导、扶持、规范非公有资本进入文化产业,非公有制文化企业在资金扶持、项目评审、投融资、税收优惠、人才引进、奖励表彰、土地使用等方面与国有文化企业一视同仁,营造公平参与市场竞争、同等受到法律保护的体制和法制环境。鼓励有实力的文化企业以资本为纽带,实行跨地区、跨行业、跨所有制、跨媒体兼并重组,形成一批有影响、有品牌、有竞争力的企业或企业集团,打造一批具有较强国际竞争力的"文化航母"。

一、影视业

要求采用合资合作、项目合作等多种形式,鼓励和吸引社会资本投资影视剧制作业,培育一批在全国具有竞争力和影响力的影视剧制作公司,提升电影、电视剧的生产能力和生产效益。

(1)创新影视剧生产、销售体制机制,增强内部活力和市场竞争力。

(2)加强影视制作、发行、播映和衍生产品开发,扩大影视剧在国内外的市场份额,积极开拓国际市场。

(3)加快影视剧的数字化进程,满足多种媒体、多种终端对影视数字内容的需求,形成广播影视产业发展新的增长点。

(4)以城乡电影院线建设推动电影发行放映改革,支持多院线竞争发展;例如山东将新世纪电影院线和银星电影院线建成地域性品牌院线。

(5)发展社区和农村数字影院,创建适合中低收入人群的低票价电影院线。

(6)在工商企业相对发达、人口密集的城乡结合部,建设一批高档次、多厅、多功能综合电影院和电影城人才。

(7)采取"企业经营、市场运作、政府花钱买服务"的办法,推动农村电影放映工程实施,在农村基本实现一村一月放一场电影的目标人才。

二、新闻出版业

要求繁荣发展报刊业,调整优化报刊结构,注重内涵发展,推进报刊业由数量型向规模型、特色型、品牌型、效益型转变。

(1)壮大报业集团实力。坚持"做大做强主报主业,带动其他相关产业"的发展思路,以主业为平台,开发上下游产业链;加快跨地区、跨行业、跨媒体发展步伐,着力打造一批社会效益和经济效益显著、具有较强影响力的品牌新闻出版物、品牌报刊社和龙头企业;推动报业集团以资本和产权为纽带,整合地方党报和其他非时政类报刊资源,建设主业突出、业内领先、核心竞争力强的大型报刊集团。

(2)图书出版重点是优化结构,创新品牌,用高新技术支持现代出版业的发展。努力提高一般书在图书总量中的比重,形成畅销书群、长销书群和引进版书群协调发展的图书出版格局。

(3)加快各类出版物数字化、网络化、电子商务化进程。需要积极发展网络出版,开拓出版领域;加强网络游戏和动漫出版,完成列入国家和省规划的重点音像、电子出版物出版任务。

(4)以"农家书屋"建设为载体,积极开发出版适合农村经济社会发展,农民买得起、看得懂、用得上的图书、音像电子等各类出版物;组织好服务"三农"出版物的出版工作。

(5)实施"中国图书对外推广计划",完善版权服务体系,推动优秀作品通过版权输出走向国际市场。

(6)推动出版集团体制改革,初步建成出版主业突出、多业并举、体制完善、机制灵活、综合实力和核心竞争力保持全国前列的大型综合性出版集团,打造国内外有较强竞争力的出版品牌;推动出版集团在建立完善现代企业制度、进一步做大做强的基础上,实现整体上市。

三、广播电视业

要求做大做强广播电视,培育一批具有竞争力的广播影视市场经营主体。

(1)加快发展广播影视内容产业,打造名牌栏目、频道人才。推动生活、娱乐、体育类节目制播分离改革,吸引社会资本投资广播电视节目制作,提高市场化开发和公司化运作水平。

(2)着力提高广播电视节目制作的科技含量人才。包括推进广播影视制作、播映、存储、交易及影视衍生产品开发等领域的数字化;建设区域性节目制作中心和流通中心。

(3)大力发展广播电视数字新媒体产业。包括搭建有线数字广播电视平台,开发无线广播电视数字多媒体业务人才;积极开展数字广播、数字付费电视、手机电视、移动电视、互动电视、高清电视及其他业务。

(4)以资产为纽带,以行政推动与市场调节为手段,加快广播电视传输网络整合。包括加快有线电视网络升级换代和数字化改造,努力实现县以上城区由模拟向数字化的整体转移。

(5)加强广播电视广告经营与人才管理。

(6)组建广电产业集团公司。形成节目、网络、广告三大主业并举,相关产业多元化发展的广播电视产业发展格局。

(7)深入推进广电制播分离改革和经营性单位转企改制,整合资源,发挥影视剧创作生产优势,培植全国一流、竞争力强的大型影视传媒集团。

(8)技术支撑人才。与电子集团合作,建设大型媒体云内容基地,研发新一代广电网络技术,实现广电网络整合走出去。

第九节　加强文化市场的培育与管理

现代的文化市场体系,是一个由文化产品、文化服务市场和各文化要素市场在相互联系和相互作用中形成的文化市场有机整体。文化市场作为文化商品包括文化服务交换关系的总和,是整个社会市场体系的有机组成部分。目前我国初步形成的文化市场包括演出市场、电影市场、音像市场、娱乐市场、书报刊市场、文物市场、旅游文化市场、文化信息市场等等。现代文化市场的特点是它的统一性、开放性、竞争性和有序性,它的功能是提高资源配置效率,促进文化经济相互联系和调整各种利益关系。

一、文化市场的培育

1. 当前我国文化市场存在的问题

我国当前文化产品和服务的供给问题突出。改革开放之前,我国的文化产品都是国家或国家委托的事业单位提供,改革开放以后,特别是近年来非公经济进入文化产业步伐加快,文化产品和服务的供给能力有很大的提高,但仍不能满足市场需求,尤其是深受市场欢迎的原创产品供给不足。目前我国文化市场存在的侵权盗版现象屡治不绝,原因是多方面的,但向市场提供的文化产品无法满足消费需求是根本原因。

文化消费、文化市场的发展,更离不开经济建设成果。人们进入了小康,首先考虑的消费领域是衣食住行、子女教育、医疗养老等方面,真正用于文化消费的对大多数人来说尚未排上重要日程。文化消费某种意义上说是一种娱乐消费,而娱乐消费观传统上是同我国主流的文化价值观冲突的。但市场形成和发展的基础是消费,没有消费也就没有市场,没有成熟的市场,产业也就难以形成。从这个意义上说,我国的文化市场主体——企业和消费者——都处在成长阶段。在这种状况下,建设现代文化市场体系,任务是艰巨而又复杂的。

我国市场经济体制还处在建设和完善中,在这个过程中,完全靠市场手段,不能解决公平问题,比如在农村,尤其是我国中西部地区广大农村,农民的文化消费尚不充分,文化市场没有真正形成,市场还未成为配置文化资源的主要方式,农民的文化生活十分匮乏,一方面政府要加大农村公共文化服务的建设和提供;另一方面要积极发展经济,培育文化消费市场,推动农村文化市场的培育和发展。

规范的行业组织是现代市场经济主体的重要组成部分,而我国文化市场的行业组织建设严重滞后,各个市场门类之间发展也不平衡,发挥的作用也有待加强。原因是多方面的,首先是对行业组织的功能和作用认识上不一致,行业组织的职能界定缺少可操作性的法律法规;行业组织自身依赖政府的现象普遍存在;文化市场机制建设不健全。①

2. 培育文化市场的必要性和紧迫性

培育文化市场,发展文化产业,是建设面向现代化、面向世界、面向未来的民族的科学的大众的有中国特色社会主义文化的迫切需要。

面向国内,培育文化市场,发展文化产业,是为了繁荣文化艺术,满足人民精神文化需要。改革开放促进了社会生产力的大解放大发展,伴随着全社会温饱问题的基本解决,人们的精神文化需求快速增长。建设中国特色社会主义文化的基本目标,就是满足人们日益增长的文化需求,提高人们的文化生活质量。发展社会主义文化产业正是以生产健康文明的精神文化产品或服务,来满足人们的精神文化需求的。

面向世界,培育文化市场,发展文化产业,也是改革开放的大势所趋。我国在本世纪末发展文化产业从一开始就与改革开放结合在一起。发展文化产业,有利于吸收世界各国先进的科学技术与经营管理经验,在与世界各民族文化的交流碰撞中发展进步,展示中华民族辉煌的文化成就。在经济科技全球化的今天,文化产业的竞争日趋激烈,大力发展本国的文化产业,抵御新的文化殖民攻势,抗击文化信息产业中的霸权行为,成为一项紧迫的任务。

培育文化市场,发展文化产业,对国民经济及整个社会物质文明和精神文明建设具有极大的推动作用。文化产业不仅以其广阔的领域和巨大的潜力对

---

① 叶取源,王永章,陈昕:《中国文化产业评论(第二卷)》,上海人民出版社2004年版。

社会生产具有广泛的覆盖、辐射、渗透力,同时由文化产业本身及其带动下的科学技术、场馆、设备建设、餐饮宾馆、交通运输等相关行业的发展及投资环境的改善,为国民经济结构优化与发展及社会安排就业开辟了广阔的发展空间。更重要的是,当今社会文化产业凭借其知识密度大、科技含量高的优势,对社会各行各业产生着长远的、持续的巨大影响,具有远见卓识的企业家越来越重视自己企业和产品的文化含量,经济效益越来越依赖于文化底蕴与积淀。知识的积累与创新,文化产业的多学科交叉综合,为提高劳动者素质创造了良好条件。网上文化的产生使人们学习和发展的机会增多,有利于高层次多方面地增强人们的文化修养,培养良好的心理素质和思想道德品质,实现人的全面发展。

3. 文化市场培育和完善措施

针对我国当前特殊的文化产业现状,我们倡导的文化市场应该是:百花齐放、雅俗共赏,既通俗易懂、又能为群众提供放松身心、舒缓紧张、消遣娱乐的通俗文化和流行文化。

(1)加强文化市场的制度建设。文化市场的完善、文化产业的发展,需要相关的制度支持以及体制的转换,这是产业发展的必然条件。因此我们既要做好知识产权保护等相关的法规体系建设,也要健全保护消费者权益的法律、法规等。

(2)加大文化产业的投资力度。由于文化企业必须参与国际竞争,而发达国家文化企业都有雄厚的资本为依托,因此政府在实行积极财政政策的同时,应该尽快启动民间资本。要从那种原始的、自发的多元化投入,慢慢地逐步走向规范的良性循环的多元化投入。建立一种规范的、良性循环的多元化的投资机制。

(3)加强文化产业的"硬件"建设。文化产业如同其他产业一样,需要物质技术基础,所以我们要重视文化产业的硬件建设。首先,对于传统的、标志性的大型文化设施应该成为城市建设必不可少的一部分。其次,高科技的、现代化的文化设施也必须高瞻远瞩地进行设计和规划。传统的歌剧院、博物馆、图书馆,高科技的、现代化的文化设施,群众性的、小型的,但又是星罗棋布的、富有地方特色的文化产业硬件,都必须引起高度重视。

(4)加大文化消费主体的培养。首先,提高居民受教育的水平,增加居民的知识储备。从宏观上确立教育产业的发展战略,推进教育产业的市场化改革,加强对教育产业的经济规制,引入竞争机制,鼓励多种形式的办学,开拓多种教育形式等;其次,提高居民对各层次文化消费产品的鉴赏水平。积极普及开展群众性文化活动,丰富和活跃群众文化生活,提高群众的艺术修养和鉴赏水平;再次,提高居民分辨文化产品精华和糟粕的能力。政府应积极引导人们树立正确的、高尚的消费观,形成良好的舆论氛围;也应加强对文化市场的宏观调控,严格监督文化产业的发展。

(5)培育现代文化市场体系,加强文化市场监管是十分必要的一环。要建立依法经营、违法必究、公平交易、诚实守信的文化市场秩序,创造公开公平公正的文化市场环境,进一步加强和完善制度建设,构建文化市场管理信息网络,利用科技手段加强市场监管,强化文化市场知识产权保护和文化安全。

二、文化市场的管理

一手抓繁荣、一手抓管理,在管理上我们也必须有所创新,必须研究和探讨如何提高文化市场在这一进程中的管理问题。

人民群众对文化消费需求是各式各样的、与时俱进的,在各种形式的文化产品中,不健康甚至有害的现象也是客观存在的。因此,从文化市场及文化产业总体而言,要以发展的眼光来看待和解决文化市场前进中所存在的问题,要把重点放在发展和引导上,结合规范化管理,而不仅仅是打击和整顿。

1. 繁荣发展与规范管理相结合

完善文化市场管理机制,就要努力把市场繁荣和市场管理更好地结合起来。繁荣是根本,管理是保障。繁荣发展是必需的,是文化市场的主线,只有抓好这一点,才能从根本上解决问题。按照"转变观念创新思路,推动文化娱乐业发展"的要求,遵循大力发展先进文化、积极支持健康有益的文化、努力改造落后文化、坚决抵制腐朽文化的原则,正确处理好发展与管理的关系。要把重点放在促繁荣抓发展上,降低准入门槛,本着凡是法律、政策没有禁止的文化基础设施、公共文化事业社会资本皆可进入的原则,鼓励社会和个人积极参与文化建设,形成全社会办文化的格局,尽可能地拓展文化市场。积极支持大型集团企业,同时热心扶持小型经营单位。以多种形式满足不同层次的文化消费群体。充分发挥管理部门的导向作用和宏观调控职能,加强行业引导,创造有利于在获取最大社会效益的同时获得更好经济效益的市场环境,争取在市场中实现两个效益的统一。必须严格把握政策界限,坚持以法律法规为准绳,积极保护知识产权,维护文化市场正常秩序,采取有力措施,坚决地、不间断地打击和取缔丑恶有害的东西,保障文化市场在健康有序的轨道上繁荣发展。

2. 行使权力与尽职尽责相结合

文化市场点多面广,牵连颇多,经营单位也是五花八门,要管理好这样的一个市场,就要积极消除阻碍文化发展的各种体制性障碍,解放和发展文化生产力,处理好立法与执法、日常监管、政府管理与社会监督的关系。要加快立法立规进程,建立以文化市场基本法为核心,以各门类文化市场行政法规和地方法规为骨干,以部门规章和地方规章以及各类规范性文件为基础的文化市场法制体系。

目前文化市场实行属地管理原则,大部分的经营场所的设立都是由县、区负责,因此,在将权力下移的同时,必须强化县、区的权责意识,有多大权就有多大责,能承担多大责任才能行使多大权力,只有充分认识到责任,敢于承担责任,才能行使好权力。市级管理部门应主要负责制定全市文化市场的总体发展方向,指导各县、市区贯彻全市统一发展合理布局的策略,监督基层组织的行政执法行为,建立和完善行政追究责任制,督促行政机关效能建设,提高为民服务意识,引导经营单位沿着既定方针持续发展。

同时还要改变以往重审批、轻管理的思路,要认识到当文化市场行业法规逐步修订以后,随着市场化程度的提高,行政审批的事项会逐步减少,不要以为不审批就不必管理了,相反,不审批非但不是不管理了,反而是增加了管理的难度。政府监管的职能仍未改变,管理职责没有降低。只有加强对文化市场的内容监管,才能确保文化产品内容健康,才能保证文化的方向,保证人民群众的文化需求得到正当的满足。形成党委领导、政府管理、行业自律、社会监督的立体监管体系,多层次全方位地加强文化市场管理。做到管理者牢固树立管理就是服务的执政观念,自觉加大对文化市场的监管力度,求真务实,敢于负责,敢于碰硬,敢于同文化市场的违法经营活动作坚决的斗争;经营者明确树立守法经营、文明经营就是效益的理念,自觉接受文化市场监管部门的依法监管;社会各界形成"文化市场事关你我他,事关国和家"的共识,自觉支持文化市场监管部门的依法行政。

3.加强队伍的建设,提高行政管理人员的综合素质能力

随着文化市场的产业化进程,从事市场管理的人员也应向知识型和技能型过渡,其知识结构的要求越来越高。市场管理需要的不仅仅是简单的审批和稽查业务知识,还需要有一定的文化功底、分析和解决问题的能力以及对科学技术的应用技能。更重要的是市场管理人员要主动研究市场发展的规律,为文化市场从业人员提供一定的理论指导,特别是对于迫切需要此类指导的经营业主。反观全国各省、市目前的管理队伍现状,有相当一部分县(市)区的管理队伍不健全,其能力和素质的现状不容乐观,有时甚至严重制约和影响了市场的

繁荣发展,起着桎梏的消极作用。如何尽快提高现有管理人员的能力已到刻不容缓的地步了。

作为一名文化市场管理人员,应当全面了解市场经济相关知识,掌握发展市场经济基本原理的知识,了解本辖区文化市场的动态,掌握发展趋势,有敢为天下先的创新意识。创新并不是要凭空想象,而是要在法律、法规和有关政策的基础上,结合本地文化市场的实际,积极探索,努力寻求最能突出本地特色、繁荣市场,拉动经济的途径。还应熟练掌握文化市场相关法律法规,主要应当掌握两方面的法规知识,一是行政执法专业法规。如:行政许可法、行政处罚法、行政复议法、行政诉讼法等行政执法共用法律法规;二是文化市场专项法规,各单项条例、管理办法、规定等实际工作中运用的法律。然而在熟悉各项法律法规之前,有一课是必须要补的,就是法学原理,只有清楚明白地理解我国社会主义法制的基本原则,才能够真正无歧义地理解和贯彻各项法律法规的内涵,否则失之毫厘,谬以千里,就会给市场管理带来难以估量的损失和缺憾。①

4.加强指导,充分发挥行业协会的作用

文化市场行业协会是沟通政府行政管理部门与人民群众的桥梁与纽带,对政府行政管理以及经营者的生产经营产生了重要的影响,在开展信息交流、人才培养、学术研讨、倡导以健康有益的文娱活动、丰富群众文化生活、促进两个文明建设中发挥了较大的作用。要充分发挥协会作用,加强经营者的自律意识,应在日常管理中对于协会的存在给予充分的重视,通过积极指导协会的工作,使协会的市场协调、行业自律、服务维权等功能得到有效体现。作为文化行业的行政主管部门,应在协会的运作过程中,充分发挥自身优势,将会员团结在一起,经常性地向会员传达文化行政管理部门的相关政策精神、管理措施并通过协会不定期的举办各类行业经营业主和从业人员政策、法规培训班等等。

每个协会成员单位在日常经营活动中,遇到某些问题均可通过协会,传达他们的意愿,经常性地与政府管理部门沟通,及时化解矛盾,使行业协会在安定稳定社会方面起着重要作用。政府管理部门也可能通过协会及时了解和发现成员单位在经营活动中存在的不足之处,及时予以劝导和帮助,并为企业排忧解难,共同维护和发展文化娱乐业,使文化产业朝着构建社会主义和谐社会的方向健康稳步发展。

---

① 任鸿桥:《16 节科学管理课》,人民出版社 2006 年版,第 25 页。

第十节 解决文化产业的人才需求

文化产业人才是文化产业可持续发展的最重要资本。文化产业大发展,就需要大量受过行业、专业训练的产业人才。我们必须积极创造条件,开发和培养大批的文化产业人才,发挥人才在文化产业发展中的重要作用。

尽管我国是文明古国,文化人才较多,但是拔尖的、大师级的人才很少;适应信息时代文化产业高科技技术化的人才缺乏;文化产业经营管理人才更为短缺,尤其缺乏既有宽广人文视野、又有精深产业理念的复合型高素质经营管理人才;文化产业领域有许多新兴行业,如会展业、网络游戏业、动画制作业、版权业等,专业人才十分缺乏。高端人才匮乏与技能人才不足并存,制约着全国文化产业结构调整和产业升级。

一、人才的基本素质

1. 一般素质

政治素质。是指一个人所持有的世界观,以及建立在这个世界观基础之上的政治理论、政治心理、政治信仰和政治价值观等,是人们从事社会政治活动所必需的基本条件和基本品质。其中,政治理论指马列主义、毛泽东思想、邓小平理论等相关思想;政治心理是人们对政治生活的直接反应,表现为一定的政治感觉、政治情感、政治态度等;政治信仰是一个人世界观、人生观、价值观的集中体现。在我国,政治信仰主要是指坚持社会主义的政治方向,树立中国特色社会主义的政治信念。

(1)心理素质。是指人们认识和把握自我的能力,是个体在成长与发展过程中形成的比较稳定的心理机能,是多种心理品质的综合表现。心理素质是现代人最重要的素质之一,健康的心理素质包括乐观的人生态度,保持自信的心理状态和坚韧的意志品质。

(2)道德素养。是社会生活中调整人与人之间以及人与社会之间的行为规范的总和,是辨别是非善恶的标准。道德素质是人的核心素质,决定一个人的发展方向和发展限度。在我国,社会公德、职业道德、家庭美德建设是整个社会主义道德建设的着力点。

(3)文化素质。包括传统文化教育和审美教育,这是狭义上的内容,广义的文化素质内涵极其丰富。

(4)知识素质。则包括宽厚和扎实基础知识,比如语文、数学、物理、科技、外语和哲学等基础学科知识;精深先进专业知识与熟练技能素质。

2. 行业特有素质

文化底蕴。既指一个民族的文化沉淀,是一个民族历史元素的总和,囊括了历史上形成的一切文化符号和习俗,也指个人对文化的感知和掌握。

(1)创新意识。原意有三层含义,一是更新;二是创造新的东西;第三则是改变。

(2)独立人格。是对自我意见的坚持和善于综合正确意见的结合。

(3)自由的精神。所谓精神自由,是指精神无禁锢、思维无定式、心灵无负担。精神自由是突破传统思维的有力武器。发散思维方法、收敛思维方法、形象思维方法(想象、联想)、直觉与灵感思维方法等来寻求对问题的全新、独特性的解答,寻求对问题的全新的独特的思考。

(4)广泛而浓厚的兴趣。个人对某一事物或某一领域产生浓烈的感情,进而产生积极的思维和不竭的研究动力。

(5)敏锐的观察力。观察力是搜集第一手资料的重要手段,许多重要线索都是由观察得来。尤其是现代科学方法的兴起,实验在科研活动中占据了重要的地位。敏锐的观察力经常成为研究成败的关键,一个细节的疏忽,一个数据的细微误差,都有可能导致研究的失败。观察力与好奇心相伴相生,强烈的好奇心是不断深入观察的助力。它为观察提供线索,为观察提供思路,它不断地问为什么,不断将观察引向研究的深处。

(6)坚韧不拔的毅力。创新的巨大回报决定了它的难度,而难度决定了坚韧不拔的毅力在该活动中的重要性。创新活动需要高昂的成本和承担巨大的风险,损失和失败如影随形。关于通过坚忍不拔的努力而取得成功的事例不胜枚举,其中众人皆知的当数电灯泡的发明。

二、解决文化人才缺乏的渠道

针对文化产业人才状况整体偏差现象,企业解决人才问题的渠道包括引进、聘用、培养、交流等多种途径。坚持多样化的人才引进机制,在方法上新旧结合,取长补短,构建合理稳定的企业人才机制。将长期任用的引进方法与灵活机动的聘用相结合;将稳定的内部培养和立竿见影的外部交流相结合。

1. 引进

文化产业处于起步阶段,高级人才,包括创意人才、策划人才、国际型人才、高科技人才与管理人才等人才匮乏。企业可以从国内外引进任期长、甚至是终身制的中高级人才,实现企业人才骨干的快速聚集。对处于"前产业化"阶段的中国文化产业,该方法尤其重要。人才引进的最大优势就是不受现有人才条件的限制,周期短、效率高、目的性强、自由度大,能够针对自身发展需要有选择地锁定目标人才,形成结构比较合理的人才队伍。对解决人才结构不合理的问题效果显著。

但是,该方法的缺陷也很明显。人才引进,在概念上有狭义和广义之分。狭义的人才引进即人才的招聘与录用。广义的人才引进指狭义的人才引进与后续管理的结合。也就是说,人才引进是一项系统的管理工作,招聘与录用只是其中的一部分,后续的管理是决定了人才能否稳定地发挥作用、实现人才引进目的的重要环节。人才引进包括"引得进、留得住、用得好"三个环节。"引得进、留得住"以巨大的投入为基础,为高素质人才支付高报酬,是市场经济的基本要求,这使得引进成本变得高昂。而"用得好"涉及是否能充分发挥人才生产力。引进的人才空降到一个新的行业,新的部门,新的企业,新的环境,人才是否适应工作环境,是否能快速承担分配的工作,是否能与同事群策群力,都是一个未知数。引进人才的企业,需要承担人才无法发挥作用的风险。

2. 聘用

人才招聘工作是人力资源管理的一项基本工作,是指企业为了发展的需要,根据人力资源规划和工作分析,进行岗位配置,通过采用一些科学的方法去寻找,吸引那些有能力、又有兴趣到本企业工作的人员,并从中选出适宜人员予以录用的过程。招聘工作已成为现代业人力资源管理过程中一项重要的、具体的、经常性的工作,是为企业发展提供合格人才队伍的重要保障。在文化产业中,聘用是介于引进和培养之间的人才聚集和挑选方式,也是在市场环境下,最常见、最有效的途径。人才聘用在时间上以合同协定为准,脱离编制,时间一般较短,可全职也可兼职。人才招聘的程序包括企业内部的人才需求诊断与预测、制订人才队伍建设计划、招聘信息发布、招募求职者、招聘测试、岗前培训、任职考核、正式聘用上岗。招聘主要针对一般的文化人才。相对于引进来说,招聘的成本和风险虽然存在,却降低了不少。人才的留与去都是遵照合同的协议进行,符合要求的人才继续聘用,不合适的人才及时解聘。对于酬薪的支付,文化企业占有更大的主动权,可以根据自己的标准制定招聘人才的工资。

3. 培养

人才的培养分为内部培养和学校委托培养两个方面。内部培养是根据企业的岗位设定,通过对公司内部人员的考核,确定将来适合胜任该岗位的人,并对其进行针对性的训练。而学校委托培养则主要则重于人才的理论知识,特别是理论的全面性和系统性。文化产业处于多学科交叉的中心,基础学科包括文学、美学、社会学、心理学等,专业学科涉及经济学、管理学、营销学、文化学、传播学、新闻学、各类艺术学科以及与计算机相关的各类学科,特别是网络、软件编程和数码。高校委托培养的方法对文化人才基础的充实和扩充有着无与伦比的优势。企业内部的人才培养可以是组织培训班,进行集体指导;可以是老带少的工作现场指导,也可以是安排具体的岗位和工作,在工作中逐步培养。培养模式的优势在于成本较低。无论是高校委培还是内部培养,都可以在工作的同时进行,特别是内部培养,成长的过程也就是人才接受培训的过程,是他们为企业不断创造效益的过程。即使是委托培养,也可以是工读兼顾。培养的另一个优势是风险低。接受培养的人才,都来自企业内部,企业血统明显,其为人品质、专业特长和创新能力是经过长时间观察了解的,能够令人比较放心的用在重要岗位、关键岗位、紧缺岗位。但其也存在不可忽视的缺陷:周期太长。周期的要求导致培养模式无法适应千百变万化的市场需求,当能力转化成生产力的时候,市场风向却早已转变。培养模式一般适用于岗位明确、职责明晰的骨干人才的塑造。

4. 交流

交流指企业与国内外相关单位,比如高校、其他文化企业共享资源的一种方法,可以是邀请高校导师参与企业项目,与国外伙伴单位互相派遣人员学习交流,也可以是派遣单位职工执教高校,与学校进行人才互换。广州日报报业集团早在上个世纪90年代末就与美国密苏里大学新闻学院签订人才交流计划,相互之间每年派遣三名学者、三名留学生进行交流。该方法既能够以借助外脑的方法解决暂时的人才短缺问题,又能通过学习提高人才素质,是企业解决人才问题的重要手段。对由于其规模的限制,决定了该方法职能事作为人才建设的辅助手段。

三、文化产业的人才类型

据国家统计局2011年最新统我国文化及相关产业就业人口达到了1274

万人,占就业人口的 5%;创造增加值 3577 亿元,占 GDP 的 3.1%。

文化产业人才可以分为文化部门和非文化部门两大类别;文化部门人才按照行业类别进行区分的话,可以分为图书馆业、文艺科研、群众文化服务业、艺术业以及文物业等;按照所有制进行区分的话,可以分为国有、集体、其他经济等三大类别;还有按照职称进行区分以及按照单位的事业性质与经营性质进行区分的多种情况。综合各类分类标准,分类如下:

1. 文化部门市场人才

文化市场主体一般是指各类文化产业单位。在我国,文化市场主体一般包括演出业、图书报刊业、广播影视业、娱乐业、音像业、艺术品经营业、网络文化业、文物拍卖业、文化旅游业等门类。因此,按照《文化市场管理条例》,可将文化部门市场人才分为娱乐场所与企业从业人员、营业性演出企业人员、美术品经营单位人才、艺术培训单位、印刷企业与复印打印单位人才、国外资本和民间资本项目人才、文化产业园区及基地和文化产业项目人才、文化创意产业人才等。

(1)娱乐场所与企业从业人员。互联网上网服务营业场所(企业)从业务人员。根据《互联网上网服务营业场所管理条例》规定,互联网上网服务营业场所是指通过计算机等装置向公众提供互联网上网服务的网吧、电脑休闲室等营业性场所;从业人员指的是有与其经营活动相适应并取得从业资格的安全管理人员、经营管理人员、专业技术人员。

娱乐企业从业人员。根据《娱乐场所管理条例》规定,娱乐场所是指以营利为目的,并向公众开放、消费者自娱自乐的歌舞、游艺等场所;从业人员包括娱乐场所的管理人员、服务人员、保安人员和在娱乐场所工作的其他人员。

随着社会经济的快速发展以及人民生活水平、消费支付能力的提高,各种娱乐场所、消费市场迅猛发展。不仅在数量上,在种类上也更加多样化。包括大量的 KTV、游戏厅、网吧、桑拿、台球、餐饮、购物、健身等休闲娱乐场所。各娱乐场所的经营规模也在不断扩大,其从业人员更是量大面广,人员成分复杂,且流动极为频繁。

(2)营业性演出企业人员。按照《营业性演出管理条例》规定,营业性演出是指以营利为目的为公众举办的现场文艺表演活动。国家鼓励文艺表演团体、演员创作和演出思想性艺术性统一、体现民族优秀文化传统、受人民群众欢迎的优秀节目,鼓励到农村、工矿企业演出和为少年儿童提供免费或者优惠的演出。设立文艺表演团体,应当有与其演出业务相适应的专职演员和器材设备。

设立演出经纪机构,应当有 3 名以上专职演出经纪人员和与其业务相适应的资金。设立演出场所经营单位,应当依法到工商行政管理部门办理注册登记,领取营业执照,并依照有关消防、卫生管理等法律、行政法规的规定办理审批手续。以从事营业性演出为职业的个体演员和以从事营业性演出的居间、代理活动为职业的个体演出经纪人,应当依法到工商行政管理部门办理注册登记,领取营业执照。文艺表演团体、个体演员可以自行举办营业性演出,也可以参加营业性组台演出。营业性组台演出应当由演出经纪机构举办;但是,演出场所经营单位可以在本单位经营的场所内举办营业性组台演出。演出经纪机构可以从事营业性演出的居间、代理、行纪活动;个体演出经纪人只能从事营业性演出的居间、代理活动。民间游散艺人的营业性演出,省、自治区、直辖市人民政府可以参照本条例的规定制定具体管理办法。

可见,演艺经营人才,指的是演艺经营机构所有的演职人员与演艺设备、演艺器材等人员,包括戏剧、影视、音乐、舞蹈、曲艺、杂技等艺术专业的编剧、作曲(作词)、导演(编导、指导)、指挥、舞台美术设计以及摄影(摄像)、录音、剪辑等技术工作人员,艺术专业的文学编辑、音乐编辑等技术人员,戏剧、音乐、舞蹈、曲艺、杂技等艺术专业的舞台表演及影视表演等技术人员,戏剧、影视、音乐、舞蹈、曲艺、杂技等艺术专业的器乐演奏或伴奏等技术人员,戏剧、音乐、舞蹈、影视、曲艺、杂技等艺术专业的灯光、道具、服装、效果、化妆等演出工作中的制作、操作和管理等技术工作以及影视制作与放映技术人员。

(3)美术品经营单位人才。按照《美术品经营管理办法》规定,美术品经营活动者包括创作者、经营者、消费者。美术品,是指绘画作品、书法篆刻作品、雕塑雕刻作品、艺术摄影作品、装置艺术作品、工艺美术作品等及上述作品的有限复制品。美术品经营活动,是指美术品的收购、销售、租赁、装裱、经纪、评估、咨询以及商业性美术品展览、比赛等活动。那么,经营者指的就是美术品的收购、销售、租赁、装裱、经纪、评估、咨询以及商业性美术品展览、比赛、拍卖等活动的个人或者团体。

(4)艺术培训单位。根据各地《文化市场管理条例实施细则》,按照审批政策,只要有不少于 3 名具有相应文化艺术类中、高级职称以上的专业师资人员;不少于 20 万元的注册资本;有适应教学的合法使用场所;制定有明确的收费标准;有详细的教学计划及方案;电影、电视演员培训必须由经合法批准的影视制作机构、电影制作单位申办;符合营业性文化艺术培训单位总量、结构、布局规划的,就可以审批艺术培训单位。

（5）印刷企业与复印打印单位人才。根据《印刷业管理条例》《印刷业经营者资格条件暂行规定》，本条例适用于出版物、包装装潢印刷品和其他印刷品的印刷经营活动。出版物，包括报纸、期刊、书籍、地图、年画、图片、挂历、画册及音像制品、电子出版物的装帧封面等。包装装潢印刷品，包括商标标识、广告宣传品及作为产品包装装潢的纸、金属、塑料等的印刷品。其他印刷品，包括文件、资料、图表、票证、证件、名片等。印刷经营活动，包括经营性的排版、制版、印刷、装订、复印、影印、打印等活动。

只要具备以下条件，就可以批准：有单位的名称、章程；有确定的业务范围；有适应业务需要的固定生产经营场所，厂房建筑面积不少于 15 平方米，且不在有居住用途的场所内；注册资本或资金数额不少于 10 万元人民币；有必要的复印机、计算机、打印机、名片印刷机等设备（不应有八开以上轻印刷设备）；有适应业务范围需要的组织机构和人员，单位负责人必须取得县级以上出版行政部门颁发的《印刷法规培训合格证书》；有健全的承印验证、登记、保管、交付、销毁等经营管理制度。

（6）国外资本和民间资本项目人才。文化部 2012 年 7 月出台《鼓励和引导民间资本进入文化领域的实施意见》。《意见》提出，鼓励民间资本投资文化产业。要建立健全多元化、多层次、多渠道的文化产业投融资体系，鼓励和支持民营文化企业借助资本市场做大做强。支持民营文化企业通过信贷、信托、基金、债券等金融工具融资，支持民营文化企业通过并购重组、上市等方式融资。鼓励和引导民间资本参与的金融机构、中介组织、各类投资基金进入文化产业领域。其从业人员统计体系还没有建立起来。

（7）文化产业园区、基地和文化产业项目人才。国外将文化产业园区定义为一个空间有限和具有明显地理区域，文化产业和设施高度集中的地方。这些集群由文化企业和一些自己经营或自由创作的创意个体组成。园区内特殊活动可包括儿童玩乐的场所、图书馆、开放和非正式的娱乐场地。在这些园区中鼓励文化运用和一定程度的生产和消费的集中。包括以积极的外形、地方文化、艺术和工艺传统为基础而建立的产业型、有正规机构，并将产权和商标分配给受限制的机构型、是围绕博物馆网络而建位于具有悠久历史的城市市区的博物馆型、以信息技术、表演艺术、休闲产业和电子商务为基础而建立的都市型。在我国，也叫艺术园区、创意产业园区，是以地方政府主导建设、企业参与，相关的资金支持和税收优惠也由当地政府来确定。有的以旧厂房和仓库为区位依附，利用现有建筑创造了创意产业发展的平台；有的以大学为区位依托；有的以开发区为区位依附；有的以传统特色文化社区、艺术家村为区位依附。有的是产业型的，园区内产业集群发展相对比较成熟，有很强的原创能力，产业链相对完整，形成了规模效应；有的是混合型的，依托科技园区发展文化产业；有的是艺术型的，原创能力强；有的是休闲娱乐性的，主要满足当地居民及外来游客的文化消费需求。

（8）文化创意产业人才。文化创意产业人才包括广告、策划、设计、动漫、创意研发的人才，网络游戏产业人才。如国家级和省级广告产业创意园区（基地）；公益广告作品、广告作品、"创意杯"广告作品；动漫制作、动漫作品、动漫衍生产品、数字动漫体验等动漫作品和服务；新媒体动漫艺术展映；各类手机游戏、网络游戏；在线娱乐产品技术和节目内容；游戏机产品及附件、游戏周边产品及各种衍生产品等。

文化创意产业为文化新业态，涉及的管理部门和市场参与部门比较多，也是我国经济转型的重要成果，由各省市广电局、工商部门、省广告协会、文化厅、省经济和信息化委、省科技厅、省新闻出版局、省通信管理局等管理。是文化与科技、旅游、金融、贸易、创意、休闲等产业融合发展的最新成果，现代气息浓厚，以科技创新为支撑。包括以高新技术为载体的文化创意、数字出版、移动多媒体、动漫游戏等文化新业态及新装备行业的从业人员，其人员为文化产业高层次人才。

2. 文化产业融合人才

在经济全球化条件下，知识、信息、人才等科技资源流动加快，新兴学科、交叉学科不断涌现，技术更新与技术转移速度越来越快，高技术产业和新兴产业的竞争焦点已从产品竞争扩展到高技术研发、成果的快速转移、规模产业化速度、高技术人才的吸引凝聚以及各种资源与市场的快速有效组合等方面。纳米科技、生物技术、信息技术、认知科学四个迅速发展的科学技术领域的协同和融合。[①]

产业融合也是产业结构升级中出现的一些融合性业态，指的是在传统产业升级过程中积极开发的文化产业企业。包括大型骨干企业、大型金融机构的文化产业项目；以国际品牌、中华老字号、名牌等为代表的文化企业。

专业技术人才是技术融合的核心性因素。技术融合跨越了学科专业的界限，使不同学科知识体系融合为一个新的知识体系，学科知识体系相互交叉与

---

① 李彬：《产业融合与人才培养综合化研究》，《中国科技论坛》2011 年第 1 期。

融合,本质上是知识创新的结果。

3. 报刊出版与传媒等骨干企业的人才

这部分的人才,为我国文化产业主力,原来由广播电影电视、新闻出版等部门分管,属于事业单位;现在经过改制,成为我国文化产业领域里的国有垄断企业。

其大致可以分为:传媒等骨干企业人才:包括广播电视专用网和频道频率的技术人才;卫星广播电视地面接收设施的管理人才;广播电视节目的传输、监测和安全播出人才;电影、广播电视节目、卫星电视收录节目、信息网络视听节目(包括影视类音像制品的网上播放)和公共视听载体播放节目人才;广播电视节目制作的民办机构人才;电影发行、放映人才。网络数字人才:包括网络、电子、数字人才。由广播电视局、文化厅等管理。出版与发行人员:包括出版社人才;报业人才;内部资料性出版物人才;著作权人才;版权中介服务人才;从事出版活动的民办机构进人才;印刷发行。

4. 文化旅游人才

文化旅游指的是通过旅游实现感知、了解、体察人类文化具体内容之目的的行为过程。包括鉴赏异国异地传统文化、追寻文化名人遗踪,参加当地举办的各种文化活动等。寻求文化享受是文化旅游的突出特点。这部分人才由旅游局、文化局管理。

文化旅游人才包括文化旅游景区、旅游产品、旅游节庆、旅游演艺和旅游商品等经营与管理人才,这类人才增强了文化与旅游的深度融合。其具体统计由旅游管理部门负责。包括旅行社(国际旅行社国内旅行社)、旅游涉外饭店(内资饭店外资饭店)、旅游车船公司、旅游商贸服务公司、其他旅游企业。

5. 领导与管理人才

由政府主管部门管理,包括原来的文化系统、广播电视电影系统、旅游系统、新闻与出版系统等。

(1)文化管理部门。省级为文化厅、新闻出版局、广播电视厅。地市县改制合并后称为文广新局;有的叫旅游与文广新局。此外,还有公共图书馆、群众艺术馆、文化馆(站)、村文化活动室、社区文化活动中心等单位的基层文化工作人才;群众文艺的创作、普及、培训人才人才;非物质文化遗产保护和优秀民族文化的传承人才。

(2)新闻出版管理部门。新闻出版管理部门从国家的新闻出版总署到省以下县以上的新闻出版局,也是一个庞大的管理体系;此外,各省市自治区还有专门的出版总社,也是副厅级单位,现在多改制为出版集团,为企业编制。

(3)广播电影电视管理部门。广播电影电视管理部门为广播电视厅,地市县为广播电视局。包括公务员编制和事业单位编制人才,还有一部分为技术工人编制。包括广播电视台、广电网路有限公司、影视传媒集团有限公司人才,以及局属单位广播电台、电视台、电影电视剧制作中心、传媒职业学院、广播电视信息网络中心、有线电视中心、广播电视报社、广播电视科学研究所、广播电影电视局微波总站、中波转播台管理中心、广播电影电视局广播电视技术中心、新闻研究所、广播电视监测中心、广播电影电视局机关服务中心、影视基地、转播台、电影洗印厂、音像资料馆、电影制片厂等。

6. 经营与技术人才

文化产业经营与技术人才指的是掌握系统全面的文化市场基础理论知识和扎实的文化产业宣传、策划、营销、管理等实际操作技能,能胜任文化市场行业管理与经营的高技能专门人才。由工商、文化、人事与劳动保障部门、行业协会等管理。

该类人才主要有:书画人才,包括书画展览、创作、经营、美术品拍卖等活动范围的人才。工艺美术品从业人员。非物质文化遗产与传统民俗人才,包括生产经营民间文学、传统音乐、传统舞蹈、传统戏剧、传统体育、传统美术、传统民俗技艺、具有民俗特色的各类产品的公司和个人。

7. 节会会展人才

节会会展包括会议、节庆、展览。人才分为营销师、会展策划师、会展专员、现场管理工程师、会展职业经理人、会展搭建员、展台设计员、会展设计师等等类型。由外经委、商业部门、贸促会、城市会展管理办公室、省市会展行业协会等管理。

8. 体育健身产业化人才

我国体育场地设施不断增加,各类体育场馆已超过100万个,社会体育指导员超过65万人。人员由文体、工商等部门管理。这些人员包括体育健身休闲、体育竞赛表演、体育中介等体育服务业、体育用品业等从业人员;还包括体育旅游、体育传媒、体育会展等相关业态人员。如运动器材、体育服装、场地设备、体育旅游、赛事推广、健身器材、健身俱乐部、户外装备等生产经营人员。

9. 相关层生产与经营人才

从事相关文化服务的"相关层"文化用品设备及相关文化产品的生产、文化用品设备及相关文化产品的销售两个行业大类。即文化用品、设备及相关文化产品的生产业和销售业的人才。相关层生产与经营人才由工商、工业等部门管理。

10.研究与培养、培训人才

研究与培养、培训人才大致分为以下几类：一是国民教育系列的人才，包括高校文化产业与创意人才，国际教育合作交流项目、教育培训项目、留学咨询服务，教育教学设备、器材、文具等从业人员。他们的主业是培养文化产业人才。二是研究机构的人才，主要包括专家库人才、文化研究基地人才、产学研园区的人才、协会学会及论坛内的相关人才。三是社会培训机构的人才。这些由教育部门、宣传部门、文化部门、劳动与人力资源部门分管。

11.文化建设与文化事业人才

包括基础文化设施与文化建设、文化服务人才，属于文化部门管理的事业单位编制的从业人员；另外也包括企业、街道、社区、学校、单位、机关中从事文化建设的工作人员。这些人才由党委政府及其有关部门管理。

四、文化产业的人才对策

1.转变观念，解决人才制约因素

（1）人才观念的制约因素

①人才观狭隘。主要表现为不了解文化产业人才的特点，将文化产业人才的引进、使用、评价等同于一般的人才。

②用人意识不端。有的对人才工作口头上重视，行动上忽视，谈意义、谈作用头头是道，抓行动、促落实消极懈怠；有的在人才的认定和评价上，搞一言堂，符合自己口味，顺从自己要求的就是人才；有的不思进取，缺乏求贤若渴、识人断玉、容才用能的追求，缺乏甘为人梯的境界，对人才引进与培养武大郎开店，设置障碍。

③缺乏储备人才的意识，重视引进，忽视培育。很多用人企业和单位缺乏人才就高薪引进，导致了引进人才与原有人才的待遇、使用等方面的极大差异，形成了很多矛盾，影响了原有人才的成长和工作情绪。

④人才队伍建设规划缺失。由于机制和体制的问题，很多领导在一个工作位置上的任期限定只有三五年，往往导致了人才计划规划不够，政策多变。

（2）破除制约人才发展的各种思想观念

要破除制约人才发展的各种思想观念，倡导科学的、发展的、规范、持续的人才观念。

①树立科学理念,坚定不移地确立人才资源是文化产业第一资源的人才价值观。人才资源、人力资本是知识经济时代经济增长的第一要素,是经济社会发展的重要支撑。人才是文化产业第一竞争力、第一驱动力、第一生产力,人才是文化产业科技的支撑,是创新的源泉,是发展的动力。真正把人才队伍建设作为竞争之本、转型之要、活力之源,确立人才作为战略性资源的地位,确立人力资源优先发展的战略布局,加快形成人才竞争的比较优势,大力引进人才、培养人才、用好人才。

②构建符合文化产业特点的人才体系。文化产业有它的独特性发展规律,其人才体系建设也有较为明显的特色。第一,在人才培育导向上,牢固树立为事业长远发展育才、聚才、引才的理念。牢固树立人才资本是人才投入效益最大的理念,走人力资本优先积累之路。形成政府引导、用人单位主体、个人和社会多元化投入的人才投资机制。第二,在人才结构优化上,牢固树立充分调动两个方面人才积极性的理念。坚持一手抓现有人才队伍素质提升,使各类人才在各自岗位上,充分发挥主力军的作用;一手抓外来人才吸收引进,弥补人才的短板和薄弱环节。第三,探索建立符合国际惯例的企业人才管理模式和收入分配制度。相对于其他人才,文化产业人才的流动性和国际性更强,因此,一定要建立国际化的人才使用管理制度与收入分配制度。第四,把人才优先发展的要求具体化、政策化、项目化。制定引进、培育各类文化产业人才的详细规划、计划,踏实推进人才队伍建设。第五,建设全方位的人才队伍。包括产业发展急需的、储备的各类领军人才,社会事业领域的专业技术人才、规划人才,企业转型升级的管理人才、新型业态实用人才、创意人才、融合型人才。

③打破人才身份的制约。要有新的人才观,不唯学历、职称、身份,应把品德、知识、能力作为衡量人才的重要标准。

④要对人才求贤若渴。把人才管理作为一项重要工作内容,突出抓好人才引进、留住、用好三个环节。

⑤需要引导相关部门积极主动参与到人才建设中来。编制、公安、财政、人事等诸多部门主动参与,才能解决好人才引不进、留不住、用不好的问题。

⑥逐步建立健全各种人才激励机制。通过激励机制,形成全社会尊重、爱护人才的浓厚氛围,形成人人争做人才,以成为人才为骄傲的良好局面。

2. 出台积极政策,解决政策制约问题

政策是人才发挥作用的有效保障,创新政策是改革人才体制机制的重要前提和基础。以人才重大政策突破带动体制机制创新,既是我国改革开放以来人才发展实践经验的深刻总结,又是人才发展改革思路的重大创新。

必须加快推进改革创新,构建充满活力、富有效率、更加开放的人才政策体系,把人才资源的巨大潜力释放出来,把人才的规模优势转化为人才的质量优势,打造参与国内外人才竞争的新优势。

(1)人才政策制约的两个层面

①人事部门政策的制约。人事计划单列制度、人才引进考试制度、引进人才的地区限制、人才入户前的统一培训、城市基础设施增容费、入户指标卡、分类管理制度、职称评比制度;等等,都制约着文化产业人才的引进与流动。

②单位用人政策的制约。比如考核、提拔、晋级、竞岗只看来本单位工作的时间,兼职必须工作多长时间,人才流动家属必须调离,必须在多少岁之内等等。

如果不能为人才排除客观制约,提供好的环境,那不光人才引进是一句空话,人才流失的问题也会愈演愈烈。

(2)突破人才政策的各种制约

①加强对现有人才政策梳理、评估,制定全面的人才优先发展政策。第一,完善引人、留人、用人三个环节的政策体系,加大人才引进、挖掘、培养、使用的力度。取消人事部门政策的制约;取消下达人才引进各种指标制约;建立当地海外人才居留证制度;对柔性流动方式的国内高层次人才,实施当地人才居住证制度,并提供保障服务;放开兼职;推行自由职业制度;为柔性流动人才打开方便之门等。第二,制定引进、培养、激励、关爱人才的配套政策。通过政府补贴、奖励等办法,切实帮助文化产业企业降低人才引进、培养成本;完善柔性引才政策,通过项目聘用、任务聘用等灵活用人方式,着力引进一流紧缺型人才、创新型人才,吸引更多专家、高级技术人才以兼职或短期工作的方式到国内、省内、地区内从事文化产业发展。

②建立人才服务制度。对获得省部级以上荣誉称号或科研成果奖的主要完成人、有突出贡献的中青年专家、被聘任为高级专业技术职务的人员、处级以上管理人员、博士学位获得者和工作满一年的硕士学位获得者,均不受年龄、分居时间和指标等方面的限制,随时可以申请办理两地分居夫妻的户口迁移;对于国有大中型企业和非公有制企业招收的大专以上学历人员,在与企业签订劳动合同并有固定住所后,可以申请办理本人现住地的落户手续。

③建立创业扶持、创新激励制度。文化产业主要是内容的创意,是创意的产业,对创意人员的激励机制特别重要。

④建立统一的人才管理使用制度。目前,干部、公务员、事业单位、企业人才采用分类管理的体制,导致了人才过度集中于国家机关和事业单位,而在企业中从事一线生产工作的专业技术人才日益紧缺。

⑤出台人才共享政策。建立全国高级人才资源档案,在全国范围内实现资源共享,促进人才资源的高效使用,确保中高端人才引得进、留得住、用得活。

⑥出台和完善委托人才引进、评估政策。委托猎头公司,帮助企业引进急需的高层次人才;并建立多渠道多方位的人才评估政策。

⑦出台鼓励、帮助企业引进人才政策。目前全国企业急需的人才包括高端技术人才、研发人员、技术工人、管理人员、营销人员等,而技术力量、管理能力、营销能力的薄弱已成为文化产业企业发展的瓶颈。要创新引才引智方式,外接科研机构,就近借才引智,或与高校院所共建研发中心,推进科技创新;积极引进国外智力等等。帮助企业突破高端技术瓶颈。

⑧改变比较狭隘的人才政策,形成包容性更大的大人才政策思路。不仅是高端人才,也包括目前那些还没有成才的,但是具备未来成为高端人才有潜力的青年人;不仅是科技人才,也包括公司管理和企业家等各类人才;不仅是来源于欧美日本等发达国家的人才,也包括来自其他国家的人才。

⑨对高层次和高技能人才、有突出贡献特殊人才、德艺双馨艺术名家、濒危稀有剧种和非物质文化遗产传承人及团队等,制定专门扶持保护政策,制定专门的宽松的年龄与经费政策,甚至推动终身就业从业政策。

⑩完善与落实国家的人才工程。一是落实国家《关于促进文化产业发展的若干政策》,鼓励高等院校与文化企业创设人才培养、研发等基地,开展国际交流与培训,大力培养引进高级管理、经纪、创新创业人才。二是落实"十二五"规划与文化发展规划,加强人才队伍建设加强文化产业领域高层次人才培养。三是实施好各种重大的人才建设工程,对入选人才进行重点培养、重点管理、重点使用、重点资助。四是实施非物质文化遗产项目代表性传承人扶持计划。加大对非物质文化遗产的保护传承,每年重点培养、扶持一批非物质文化遗产项目代表性传承人。

3.加大改革力度,建立以才为先的机制体制

(1)人才体制机制的制约因素

目前存在的问题是体制不完善。这严重影响着人才资源的优化配置,人才队伍建设未能真正从市场效益中获得动力,在岗不在编、在编不在岗现象很多。

①人才使用机制效益低下。一是人才缺乏、人浮于事。一方面企业人才缺

乏,一方面机关、事业单位人浮于事。二是用非所长,用非所专。目前科研人才、技术人才受"官本位""行政化"等方面影响,不能潜心,制约了作用的发挥。

②人才管理机制僵化。在人才管理上条块分割、职能交叉、多头管理的体制尚未根本改变,用人单位和人才的自主权尚未真正落实,人才资源配置的市场化、社会化程度不高。

③人才流动机制的制约。第一,信息渠道不畅,阻碍人才的合理流动。尽管人事部门和劳动部门下属的人才市场和劳动力市场、网络人才市场很多,但是文化产业人才的供需双方相互间的信息渠道仍然不够畅通,并且人才市场在空间层面上相对闭塞,缺乏与其他省份、地区特别是经济文化发达地区高层次人才市场的跨区域对接。第二,人才流动制度僵化。户籍、档案、社会保障等碍依然存在,人才激励保障机制尚不健全,人才创新活力不足。第三,大量人才的加速外流折射出了人才机制上的缺失。

④人才评价机制片面。人才评价手段单一,唯身份、唯学历、唯职称、唯资历,以品德、知识、能力和业绩为核心的各类人才的科学评价标准和机制尚不健全,人才评价"重论文、重学历"的导向依然十分严重。

(2)改革人才体制机制

要进一步优化用人环境,积极引进和培养管理人才和复合型人才,人才使用应实行评聘分开,突破人才的区域制约,完善与创新人才引进、使用、培养、激励、保护及流动等方面的机制体制。

①创新用人机制。第一,提倡项目用人机制。靠产业项目和具体工作岗位需求用人,真正体现事业留人、按岗设人,按才使用。第二,推进人才储备工程。树立人才是产业研发、发展的第一要素的理念,建立相关储备人才的制度,做好相关发展的人才储备工作。第三,建立人才与产业发展成果的共享制度。如创新建立企业股权和分红激励机制,把科研人才与企业发展绑在一起,增加企业对人才的凝聚力。

②打破人才流动中的刚性制约,建立待遇平等、渠道畅通、来去自由的柔性流动机制。第一,树立"不求人才为我所有、只求人才为我所用"的理念,打破传统的国籍、户籍、身份、档案等人才引进中的刚性制约,以柔性流动方式引进人才。第二,用人单位可以打破现有工资制度和工资标准的限制,通过双方协商的方式实行协议工资;以技术、工作项目为核算单位,实行项目工资。第三,体现政策倾向性和公平性。各类流动人员在政策待遇上,享受当地同类人员的同等政策待遇。

③建立符合产业发展实际的人才工作体制机制。第一,要优先调整人才结构。加快推进人才结构战略性调整,确立国际化、高端化人才发展导向,加大企业、科技、文化创新团队建设,创新产业人才集聚区建设,以谋划和实现人才专业素质结构、层次结构、分布结构的战略调整。第二,加大体制机制的改革力度,激发文化人才的创造活力。优化机制选人才、产业优势聚人才、高薪延揽引人才、孵化培训育人才、竞争上岗用人才,实行按劳分配和按生产要素分配相结合,允许特殊人才以其拥有的文化品牌、创作成果、科技成果和管理经验等作价入股,参与利润分配。推行人才签约制度和绩效分配制度,做到一流人才一流贡献一流报酬。

④加大企业、科技、文化创新团队建设。第一,重点培养一批领军人物,以高层次人才引领高水平发展。领军人物贡献大、团队效应突出,是文化产业繁荣发展的"灵魂"。要推行"领军人物＋团队"模式,实现文化产业的高水平发展。建立领军人物遴选、培训和管理机制,支持领军人物开展学术研究、技术革新,为领军人才提供施展才华、发挥才智、创造业绩的舞台,建立项目制、事业部制,授权其自行组建团队,给予完全的"责、权、利"。第二,加快培养企业技术大军。搭建一流平台、凝聚一流技术人才、创造一流技术业绩,靠项目研发、产业发展重大工程、技术攻关等,建立专业技术人才集聚平台、小高地,形成各种技术研发品牌和特色。第三,引进和培育文化创新、复合、融合人才。目前,这三类人才特别缺乏,且才源也特别少,但是却是文化产业内容创意的高效益关键人才。要善于发现、引进这些人才,同时也要善于在本单位、本行业、本企业发现、培养有这类人才倾向的人才。

4. 突破环境制约,建设人才环境

从根本上来说,未来的区域竞争实质上就是人才竞争,人才竞争说到底就是人才环境的竞争。能否创造适宜的环境,是吸引人才、留住人才、让人才有所作为的根本措施。所以,必须直面人才环境的制约因素,突破人才环境的制约瓶颈,注重人才环境建设,努力营造有利于人才引进、培养、成长和发展的社会环境,增强对各类人才的吸引力,聚集起一批人才真正干事创业。

(1)人才环境的制约因素

①地方经济条件方面的因素。目前全国文化产业人才分布及其不平衡,多集中在东部城市,在待遇收入上,基本性工资收入方面实现了统筹,但津贴却实行一地一策,地区差异很大,收入相差几倍;在生活环境上,因教育、卫生、医疗及其他基础设施落后,很多人才考虑到人居环境、自身发展、子女教育等因素,

不愿意到县就业;在政府财政投入上,市地县级尤其是山区县,因工商业基础薄弱,税源紧缺,县级财政基本上是吃饭财政,保人员供养已经捉襟见肘,根本拿不出多少钱来提高人才待遇,更不用说筑巢引凤。所以,县级人才不但引不进、留不住,而且还使本地辛苦培养出来的人才严重流失。

②用人作风方面的因素。有不少管理者、领导者用人不是从有利于党和人民的事业、有利于地方建设、有利于单位发展的角度出发,而是从个人私利出发。用人上的不正之风,直接导致优秀人才受到压制和埋没。有些单位选人用人只在机关里挑,在领导身边选,在少数熟面孔中找,在小圈子中觅。还有的选人用人以亲疏划圈子、以出身论长短、以资历定取舍、以关系决胜负,愿意干事业、真正干事业的人才受到冷落。

③制约人才合理流动的障碍。长期以来在计划经济体制下形成的人才在不同部门之间流动的管理制度和管理方式,包括城乡、区域、部门、行业、身份、所有制等方面,对目前人才流动产生了很大的制约、限制。

(2)加快人才环境建设

①高度重视人才环境建设。一是建设物质生活条件的硬环境。二是加大与创新人才事业发展和个人成长的高端需要相关的"软环境"建设力度。人才"软环境"就是指满足人才非物质的,特别是精神上需求的各种环境条件。要研究和出台一些更具有竞争力的政策举措,满足人才的高端需求。

②优化人才服务。要从生活上关心人才,工作上爱护人才,为人才搞好医疗、养老、失业等基本保险,完善人才待遇保障措施,解除人才在干事创业上的后顾之忧,使其能够全身心地投入到工作中。

③因事设人。搭建好人才施展才干的平台,以事业聚才,以事业留才,以事业成就人才,积极为人才提供事业发展空间和舞台。要将人才用在刀刃上,用在最能发挥和施展才干的地方,产生人才作用的最大效应,确保不浪费人才,不湮灭人才。一是将人才推向重要岗位,重要岗位包括领导岗位、技术支柱岗位;将紧缺人才推向关键岗位。二是将人才推向重点攻关部位。三是将人才推向公众关注的热点部位。四是将人才推向有利于锻炼成长的岗位。

④宽容相待。应遵照人才成长规律,对人才不求全责备,不急于求成。

⑤促进人才的可持续发展。建立人才的继续教育培训机制,使人才在不断充电中持续成长。

⑥规范管理,解难释困,多角度留住人才。在人生观和理想信念上搞好正面引导,对人才取得的成绩,除给予精神鼓励外,还结合其创造的经济和社会效

益给予物质奖励。

5.积极主动,推进人才引进工作

必须认清形势,分析现状,多渠道引进人才。目前,全省范围内文化产业人才匮乏,二高层次人才培养缓慢落后,远远满足不了产业发展的需求;另外,现有的人才培养渠道与培养体系也没有建立起来,这是总体形势。那么,多渠道、多方位、多层次引进人才就显得特别重要。

(1)人才引进的制约因素

①没有积极主动性。有些单位领导求稳求安,维持现状,得过且过,没有长远的发展眼光和战略思维,对引进人才工作觉得可做可不做;还有甚者存在武大郎开店的思维,觉得人才威胁自身。所以,不积极,不主动,不善于利用国家、省委省府引进人才的大好机遇和时机,影响了单位的人才储备。

②目的性、计划性不强。本单位到底需要哪些人才,需要哪些方面的人才,需要哪些层次的人才,哪些人才可以从本单位原有人才中选拔培养,那些人才必须引进,哪些人才需要长期引进,哪些人才属于临时需求,没有明确的目的,导致了人家怎么引进咱就怎么引进,人家引进什么咱就引进什么现象出现,因此使用上也就不会人尽其才了。

③没有建设足够的人才平台,出台的人才引进政策多为物质的,缺乏吸引力。应该知道,大多数人才尤其是高水平的人才在选择人才流动时首先会考虑未来的发展潜力,这其中包括新单位的发展前景也包括个人的发展平台。

④住房问题已成为制约全国引进人才的突出因素。由于住房政策的制约,人才引进工作遇到了很大的阻碍。

⑤对于中档次人才的工资、职称、条件、待遇太低,影响了人才的阶梯性发展。各地各单位对于高层次人才可谓不惜重金,但是对于一般人才的各个方面的引进条件却很苛刻,导致了人才的结构断裂现象和后续发展不可持续性问题。

⑥人才供需信息不畅。在过去,制度制约一直是人才流动的最大障碍,随着近几年人事政策的不断改革出新,情况有所好转。目前全国已经建立了近3000家人才市场,人才流动的观念也已经深入人心,但是,由于没有建立人才档案和网络人才信息系统,人才交流信息沟通仍然不畅,人才找不到需要的企业,企业找不到合适的人才的现象很多。

(2)积极推进人才引进工作

①调整人才引进思路。拓展文化产业人才概念,不唯学历论、不唯身份论、不唯职称高低论,将品德、知识、能力作为衡量人才的标准,把品德良好与否、知

识程度深浅、能力水平高低作为选拔人才的依据。

②重视管理型人才的引进。管理型人才作为人才的重要范畴,是单位生存和发展的领头雁,是干部职工的主心骨,其作用是任何专业技术人员都不能代替的。管理人才质量不高,就会导致领导班子不团结,没有坚强的凝聚力、战斗力,没有科学的管理决策、管理观念,干部职工对班子成员鲜有信任感,有的甚至还有抵触情绪,导致工作不能有效开展。因此,引进精管理、懂技术的管理型人才是文化产业发展的重要任务。

③构建人才高地。第一,加大高端紧缺人才引进和培养力度,建立高端人力资源储备库。鼓励跨国公司和国内外培训机构引进先进的人才培训理念和模式。全面推进高端人才的交流合作,招揽国内外高端行业领军人物。制定高端人才分类开发计划,引导高等院校、社会培训机构发展不同层次和类型的高端教育。第二,健全企业家服务体系,吸引和培育更多具有创新精神和创业意识的企业家。第三,完善以知识资本化为核心的激励机制,积极推进技术入股、管理人员持股、股票期权激励等新型分配方式,建立人才柔性流动机制,建设全国重要的高端产业人才交流中心和集聚中心。

④注重专业人才的引进。目前文化产业的专业人才,大致上可以分为四类,这四类人才的引进,支撑了文化、创意、融合等产业新型业态的发展。一是复合型人才引进。文化产业中主要缺乏复合型人才和新兴行业专业人才;既有宽广人文视野、又有精深产业理念的复合型高素质经营管理人才是目前文化产业重点需要的人才。二是创意型人才引进。内容创新是所有文化创新形式中的核心内容,只有不断创新内容才能提升文化产业价值,才能赢得市场。就全省目前的创意人才状况来看,网络出版、编创、动漫制作和广告创意等人才尤为紧缺。全国创意产业从业人员在总的就业人口中所占的比例不过千分之一,不仅人才的储备不够,而且结构也不尽合理,尤其是缺少一批顶尖的领军人物式的创意人才。三是新兴业态人才引进。在文化产业领域的许多新兴行业,如会展业、网络游戏业、动画制作业、版权业等,专业人才十分缺乏。例如目前的版权代理机构仅仅几十家,根本无法构成文化产业链中的一环。四是融合型人才引进。加强融文化与经营管理、与金融、与市场经济、与营销策划、与创意、与旅游等等各个经济领域的人才的引进。

⑤采用多种形式吸引文化人才。要探讨不同形式的人才引进政策,要创新人才引进工作。一是创建产业平台。建立各种产业基地、研究中心、开发园区,为人才的发展搭建了一个良好的平台,有利于吸引人才。二是提高薪酬水平。

有数据表明,从薪酬水平来看,文化创意从业人员年度薪酬水平在5万以内的员工人数达到46%,薪酬水平在5万至10万范围内的员工人数占到35.38%,薪酬水平在10万元以上的员工人数为18.46%,可见高薪水很重要。三是允许和鼓励自主创业。对于具有自主知识产权的文化人才创办文化企业,或以文化品牌、创作和科研成果等生产要素占有企业股份,参与利润分配,使其价值得到充分体现的情况,有关部门应该加以鼓励并成立专门资助、培养文化产业人才的基金会,给其提供适当的资助。四是采取调入、借用、聘请、兼职等多种形式引进各类急需人才。五是从人才的使用、职务晋升、职称评定、工资分配、社会保障、住房、配偶安置、子女入学与就业各方面提供适当的倾斜政策。

6.加强人才平台建设,强化人才统计工作

(1)从业人员与人才统计统计缺失

由于文化产业归口管理很多、很复杂,因此从业人员与人才统计工作地十分复杂繁琐。一是文化、广电、新闻出版、体育等管理部门统计的仅仅是其归口管理的部分,大量的市场企业和从业人员不在统计之内;二是各个协会统计的只是各协会会员、会员单位的,还有大量的文化产业行业和门类没有成立协会或者没有加入协会;三是统计系统尽管也安排了各管理部门、协会进行产业统计,但是统计的都是产业发展情况,没有设立单独的从业人员与人才统计。

因此,到现在为止,还没有任何的独立的整个产业人才统计。专业的专门的产业人才和从业人员统计工作是一个空白。这极不利于我国文化产业行业人才的结构调整、效益考核、管理、引进、培训、使用,也极不利于我省文化产业规划、发展与管理。

(2)建立产业人才统计的体系

①确立文化产业人才统计的范围。一是管理人才范围:工商管理的人才范围、文化管理的人才范围、广电管理的人才范围、新闻出版管理的人才范围、旅游管理人才范围。二是后备人才范围:省内外各培养院校包括职业学院专科、本科、研究生、博士等毕业生范围。三是高端人才范围:省内外文化产业各行业领军人才、技术人才、管理人才、研究人才范围;国外相关产业人才范围。四是从业人员范围:分行业部门统计。

②确立文化产业人才统计的内容。一是一般从业人员:统计从业人员数量、年龄、学历、技术类型、职称级别等内容。二是研究人员:统计研究方向、研究成果、在研课题。三是领军人才:统计领域成就突出业绩、主要做法和经验、行业影响力、排名。四是技术人才:统计工种、职称、级别、专利发明等。五是后

备人才:统计学历、专业、就业倾向。

③建立统计制度。一是建立和完善统计网络。建立一个三位一体的统计体系,工商统计、主管部门统计、协会统计;建立一个以统计平台为主,各分管、主管部门为统计分工,设置各企业部门单位兼职统计员具体负责的统计网络。二是会同有关部门建立企业单位部门上报制度、与统计局产业统计分工合作制度、网络上报制度、定期公布与提供服务制度。三是建立统计成果服务产业发展的成果研发制度,探讨产业人才指标排名榜制度。

(3)建设产业统计的平台

整合各个部门、协会、环节的统计力量,加大人才统计建设力度。

①加大投入。一是成立统计站,购置设备满足统计需要;二是建立统计网络和兼职统计员制度,并支付一定的劳务费用。

②建立人才统计网站。扩大影响力,提高知名度,便于服务产业发展。

③建立人才培养和培训的信息。推出分类培训、特色培训等培训服务产品。

④与引进、评价、使用、交流等环节作对接。延伸行业产业服务与社会服务,充分发挥平台作用,不断推出具有人才建设力度的举措。

(4)建立人才供求详细目录

①教学研究人才需求目录。将我国各院校文化产业与相关专业人才需求的详细情况,建立目录,包括需求的岗位、学历要求、职称要求,以及需求人员的岗位设置、工作要求、待遇与条件。

②企业经营管理需求目录。将我省各企业、公司、各地文化产业与相关产业人才需求的详细情况分类作出详细目录,分为经营管理人才需求目录、技术专业人才需求目录、从业人员需求目录、创意人才需求目录、融合人才需求目录。

③产业规划与管理需求目录。与各地市人民政府以及相关管理、领导部门协作,建立地方产业规划与管理人才详细目录。

④各类毕业生推荐目录。将每年应届毕业生的详细情况建立目录,包括毕业学校、专业、就业倾向。

⑤就业人员、调动工作人员详细目录。将其人员的调动自然信息、专业技能、成就与发明、条件与愿想等情况一一登记,作为人才交流的重要平台。

⑥全国与我省文化产业领军人才目录。将我省与全国文化产业各领域各行业的领军人物,包括管理精英、经营经营、研究领域大家专家,建立详细目录。

参考文献

①蒋三庚:《文化创意产业研究》,首都经济贸易大学出版社 2006 年版。

②侯聿瑶:《法国文化产业》,外语教学与研究出版社 2007 年版。

③汤丽萍,殷瑜,殷俊:《世界文化产业案例选析》,四川大学出版社 2006 年版。

④张胜冰,徐向昱,马树华:《世界文化产业概要》,云南大学出版社 2006 年版。

⑤欧阳坚,丁伟:《国际文化发展报告》,商务印书馆 2005 年版。

⑥唐任伍,赵莉:《文化产业——21 世纪的潜能产业》,贵州人民出版社 2004 年版。

⑦蔡尚伟,温洪泉等:《文化产业导论》,复旦大学出版社 2006 年版。

⑧徐浩然,雷琛烨:《文化产业管理》,社会科学文献出版社 2006 年版。

⑨孙安民:《文化产业理论与实践》,北京出版社 2005 年版。

⑩《国家"十一五"时期文化发展规划纲要》。

⑪张晓明,胡惠林,章建刚:《2001—2002:中国文化产业发展报告》《2003:中国文化产业发展报告》《2004:中国文化产业发展报告》《2005:中国文化产业发展报告》《2006:中国文化产业发展报告》《2007:中国文化产业发展报告》《2008:中国文化产业发展报告》,社会科学文献出版社 2002、2003、2004、2005、2006、2007、2008 年版。

⑫皇甫晓涛:《文化产业新论》,湖南人民出版社 2007 年版。

⑬汤莉萍,殷瑜,殷俊:《世界文化产业案例选析》,四川大学出版社 2006 年版。

⑭林拓,李惠斌、薛晓源:《世界文化产业发展前沿报告(2003～2004)》,社会科学文献出版社 2004 年版。

⑯陈少峰:《文化产业战略与商业模式》,湖南文艺出版社 2006 年版。

⑰瞿鹤鸣:《江泽民文化建设思想初探》,《湖南社会科学》2002 年第 2 期。

⑱杜超,周哲:《第三代中央领导集体关于社会主义文化建设的理论贡献》,《社会主义研究》2000 年第 6 期。

⑲沈建荣:《论构建和谐社会中的文化市场管理》,《引进与咨询》2006 年第 12 期。

⑳刘玉珠:《积极培育现代文化市场体系》,《文汇报》2006 年 2 月 17 日。

㉑李建花,田雪芹,万锦霞:《新世纪我国文化消费现状分析及文化市场培育的再思考》,《法制与社会》2006 年第 1 期。

㉒明锐:《加强管理创造良好文化市场环境》,《实践》2008 年第 1 期。

㉓常光兴:《构建社会主义和谐文化市场管理模式探索》,《胜利油田党校学报》2007 年第 5 期。

㉔李晓明,周聪颖:《加强文化市场管理的措施分析》,《中国集体经济》2007 年第 3 期。

㉕李康化:《文化市场营销学》,上海文艺出版社 2005 年版。

㉖方光明:《文化市场与营销》,上海人民出版社 2003 年版。

㉗赵玉忠:《文化市场概论》,中国时代经济出版社 2004 年版。

㉘冯益谦:《涉外文化管理》,华南理工大学出版社 2006 年版。

㉙蔡嘉清:《文化产业营销》,清华大学出版社 2007 年版。

㉚邹广文,徐庆文:《全球化与中国文化产业发展》,中央编译出版社 2006 年版。